北语学人书系

第二辑

方铭

孔子暨儒学文化研究文集

方铭 著

北京语言大学出版社
BEIJING LANGUAGE AND CULTURE UNIVERSITY PRESS

图书在版编目（CIP）数据

方铭孔子暨儒学文化研究文集 / 方铭著．-- 北京：
北京语言大学出版社，2020.7（2023.2重印）
（北语学人书系．第二辑）
ISBN 978-7-5619-5713-4

Ⅰ.①方…　Ⅱ.①方…　Ⅲ.①孔丘（前551－前479）
－儒家－哲学思想－文集　Ⅳ.① B222.05-53

中国版本图书馆 CIP 数据核字（2020）第 138753 号

方铭孔子暨儒学文化研究文集

FANGMING KONGZI JI RUXUE WENHUA YANJIU WENJI

排版制作：北京创艺涵文化发展有限公司
责任印制：周　燚

出版发行：北京语言大学出版社
社　　址：北京市海淀区学院路 15 号，100083
网　　址：www.blcup.com
电子信箱：service@blcup.com
电　　话：编 辑 部　8610-8230 3647/3592/3724
国内发行　8610-8230 3650/3591/3648
海外发行　8610-8230 3365/3080/3668
北语书店　8610-8230 3653
网购咨询　8610-8230 3908
印　　刷：北京虎彩文化传播有限公司

版　　次：2020 年 7 月第 1 版　　印　　次：2023 年 2 月第 2 次印刷
开　　本：787 毫米 × 1092 毫米　1/16　　印　　张：23.25
字　　数：378 千字
定　　价：88.00 元

PRINTED IN CHINA
凡有印装质量问题，本社负责调换。售后QQ号1367565611，电话010-82303590

出版说明

北京语言大学是一所以语言教学与研究为特色和优势，中文、外语及相关学科协同发展的多科性大学，已成为我国中外语言、文学、文化研究的学术重镇和培养涉外高级人才的摇篮。近年来，随着中国语言文学和外国语言文学两个一级学科博士点的建立和发展，中、外语言文学已然成为北京语言大学的两大支柱学科。依托这两大学科，一批学科带头人和学术骨干脱颖而出，其中有的已成为本专业领域的领军人物。北语学人在学界已成为一支不可或缺和不可忽视的力量。

倏忽之间，北语建校已经55周年。55年来，代有才人出。5年前，建校50周年时，在中央高校基本科研业务费专项资金的支持下，学校对北语学人珍贵的学术积累进行了系统梳理，将北语学人的优秀成果集结成册，交由北京语言大学出版社出版，“北语学人书系（第一辑）”得以问世。为体现北语学术的原创性和延续性，“北语学人书系（第二辑）”的出版计划于2017年北语55周年校庆之际制订，科研处根据校学术委员会的遴选标准征集了10位博士生导师的论文，每人自成一册，陆续出版。书系内容涉及语言、文学、文化研究的诸多方面，可谓百花齐放。

为完成这批高质量书稿的征集和出版工作，校科研处做了大量的组织工作，各位作者积极甄选论文，北京语言大学出版社的领导高度重视，编辑们付出了辛勤的劳动。这正是北语精神的具体体现，亦当记录并彰扬也。

北京语言大学

2017年12月

序

1987年硕士毕业后，我曾在中国政法大学工作过四年，在授课之余，主要从事法律古籍的整理工作。1994年博士毕业以后，我到北京语言学院（今北京语言大学）任教，转眼已经二十余年了。最近北京语言大学科研处和学术委员会愿意资助我出版一部学术文集。虽然这些年我受学术大势的裹挟，出版了数十种著作，发表了二百余篇文章，但这些著作和文章多是酬世之作，谈不上有什么价值。为了尽量避免和别的论文集重复，同时也能体现本文集的学术价值和意义，我从经学、诸子、辞赋研究中选择了部分与孔子和儒学相关，或者有助于认识孔子及儒学影响力的文章。这些文章的主题集中在中国传统文化的核心内容方面，供方家批评指正，同时也希望这些文章有助于推动对中国传统价值观中最核心部分的理解和传承。因此，本文集所选文章也不仅仅限于孔子与儒学文化本体研究。

因为是从已经发表的文章中进行选择，不同文章之中的观点和内容重复的现象一定不少，这也是源于我本人在一些问题的看法上有一定的连贯性和持续性。这次的编选虽然尽量避免内容重复，但限于水平和精力，文献的重出也没有办法完全避免，在此向各位读者表示歉意。

这些文章发表在不同的时间段，而最近一些年，我们的学术规范对形式的要求渐渐发生了变化。为了符合出版的要求，我也对这些文章的注释方式重新进行了调整。因为当年撰写文章时的一些参考书已经找不到了，为了方便，在调整注释时，选择了方便找到的新版本，这样注释中就出现了参考文献的版本时间晚于文章发表时间的现象。同时，这次也对文章在撰写和发表过程中产生的编校错误进行了重新校对。而这些工作都是由北京语言大学的博士研究生伊雯君、甄桢，硕士研究生赵爽，博士后人员李燕博士，以及国家图书馆副研究馆员胡宏哲博士协助完成的，在此对以上同学表示感谢。

感谢北京语言大学学术委员会和科研处，也感谢北京语言大学出版社以及责任编辑李凯先生细心和辛苦的工作。

方　铭

2020年3月

目　录

上编　道与道统问题研究

中编　经学与文学问题研究

下编　思想史与文化问题研究

上　编

道与道统问题研究

中国传统文化是传承道统的中国文化

以优秀传统文化涵养社会主义核心价值观，首先需要我们明确什么是优秀的中国传统文化，即优秀的中国传统文化所指是什么，包含哪些核心内涵。只有搞清楚了优秀的中国传统文化的内涵，我们才能正确理解社会主义核心价值观所包含的富强、民主、文明、和谐、自由、平等、公正、法治、爱国、敬业、诚信、友善这十二个关键词的内涵。

一 传统的本义

“易姓为代，传统为朝”[①]，夏后启废禅让而实行世袭制度，开始了“天下为家”的时代。“传统”一词，本义用于说明政统传承在纯粹性和系统性基础上的合法性，即在同一姓之间嫡系体系中的传承，如《后汉书·东夷列传》载：“倭在韩东南大海中，依山岛为居，凡百余国。自武帝灭朝鲜，使驿通于汉者三十许

① [清]章学诚著，叶瑛校注：《文史通义校注》卷四，北京：中华书局，1985年，第374页。

国，国皆称王，世世传统。其大倭王居邪马台国。”[①] 倭国即今日本，“世世传统”指倭国王位一直在有血缘关系的宗亲之中传承。

又《通典·孙为庶祖持重议》载，南朝宋礼学家庾蔚之在讨论孙应为庶祖服重服时也提到了传统的问题：“祖庶父嫡，己承父统，而不谓之继祖，则祖谁当祭之？所谓继，是承其后，为之祭，故云传重而服之斩。若杜琬所言‘祖父俱嫡’，乃是继曾祖耳。祖虽非嫡，而是己之所承，执祭传统，岂得不以重服服之乎？己服祖以斩，故祖亦服己以周。长子之服，义则不同，要须己身承祖祢之正，乃得为长子斩。按《小记》云，‘庶子不得为长子斩，不继祖与祢’，是明庶子不继祖祢，故不得为长子斩，非据子之身。若据长子身，不得云不继祢也。”[②]

政统传承中“统”的问题，有的时候是会引起极大纠纷的。明朝的“大礼议”事件便体现了明朝众臣对于政统传承的严肃态度，而这个事件的关键，就是检讨中国古代的“传统”问题。

明武宗正德皇帝去世后，无子，武宗的母亲孝宗皇后和内阁议决由兴献王的长子、武宗的亲叔伯弟弟朱厚熜继承皇帝位，此即世宗嘉靖皇帝。兴献王是孝宗弘治皇帝之弟，嘉靖皇帝在即位之时就与朝廷大臣因为“传统”问题发生争执，内阁认为应该用太子礼迎接嘉靖皇帝即位，即朱厚熜由东华门进入，居于文华殿；但嘉靖皇帝认为“遗诏以我嗣皇帝位，非皇子也”[③]，不愿意受太子礼。最后皇太后令群臣上笺劝进，嘉靖皇帝“入自大明门，遣官告宗庙社稷，谒大行皇帝几筵，朝皇太后，出御奉天殿，即皇帝位”[④]。嘉靖皇帝即位后，便与内阁大臣杨廷和、毛澄等因为谁为嘉靖帝宗法意义上的父亲以及嘉靖皇帝的生父兴献王的尊称问题发生了争执，这场争论持续了三年半。

据《明史·席书传》载，曾提携过王守仁的席书，于嘉靖年间以右副都御史职巡抚湖广，见中朝议“大礼”未定，而持反对意见的大臣们常常引宋英宗的故

---

① ［南朝宋］范晔撰，［唐］李贤等注：《后汉书》卷八十五，北京：中华书局，1965 年，第 2820 页。

② ［唐］杜佑撰：《通典》卷八十八，北京：中华书局，1988 年，第 2430 页。

③ ［清］张廷玉等撰：《明史》卷十七，北京：中华书局，1974 年，第 215 页。

④ 《明史》卷十七，第 215 ～ 216 页。

事作为根据，席书认为嘉靖皇帝和宋英宗的情况不同：

> 昔宋英宗以濮王第十三子出为人后，今上以兴献王长子入承大统。英宗入嗣在衮衣临御之时，今上入继在宫车晏驾之后。议者以陛下继统武宗，仍为兴献帝之子，别立庙祀，张璁、霍韬之议未为非也。然尊无二帝。陛下于武宗亲则兄弟，分则君臣。既奉孝宗为宗庙主，可复有他称乎？宜称曰“皇考兴献王”，此万世不刊之典。礼臣三四执奏，未为失也。然礼本人情，陛下尊为天子，慈圣设无尊称，可乎？故尊所生曰帝后，上慰慈闱，此情之不能已也。为今日议，宜定号曰“皇考兴献帝”。别立庙大内，岁时祀太庙毕，仍祭以天子之礼，似或一道也。盖别以庙祀则大统正而昭穆不紊，隆以殊称则至爱笃而本支不沦，尊尊亲亲，并行不悖。至慈圣宜称皇母某后，不可以兴献加之。献，谥也，岂宜加于今日。[①]

宋英宗在仁宗在世时过继给仁宗当太子，而嘉靖皇帝是以兴献王长子的身份入宫继承皇位的。虽然嘉靖皇帝继承了武宗的皇位，但仍是兴献王之子，应另为兴献王立庙。但皇帝不能有两个，嘉靖皇帝与武宗虽是兄弟，却也是君臣。孝宗皇帝是宗庙神主，嘉靖皇帝的亲生父亲应称为“皇考兴献王”，可在宫廷中立庙，太庙祭祀以后，仍用天子之礼在宫中祭祀。

席书的主张深合嘉靖皇帝之意，最终成为调节双方争执的折中方案。席书在上书中两次提到“传统”一词，认为三代“传统之礼”坏于汉、唐之世：

> 三代之法，父死子继，兄终弟及，自夏历汉二千年，未有立从子为皇子者也。汉成帝以私意立定陶王，始坏三代传统之礼。宋仁宗立濮王子，英宗即位，始终不称濮王为伯。今陛下生于孝宗崩后二年，乃不继武宗大统，超越十有六年上考孝宗，天伦大义固已乖悖。又未尝立为皇子，与汉、宋不同。自古天子无大宗、小宗，亦无所生、所后。《礼经》所载，乃大夫士之礼，不可语于帝王。伯父子侄皆天经地义，不可改易。今以伯为父，以父为叔，伦理易常，是为大变。
>
> 夫得三代传统之义，远出汉、唐继嗣之私者，莫若《祖训》。《祖训》

① 《明史》卷一百九十七，第5202页。

曰“朝廷无皇子，必兄终弟及”。则嗣位者实继统，非继嗣也。伯自宜称皇伯考，父自宜称皇考，兄自宜称皇兄。今陛下于献帝、章圣已去本生之称，复下臣等大议。臣书、臣璁、臣萼、臣献夫及文武诸臣皆议曰：世无二道，人无二本。孝宗皇帝，伯也，宜称皇伯考。昭圣皇太后，伯母也，宜称皇伯母。献皇帝，父也，宜称皇考。章圣皇太后，母也，宜称圣母。武宗仍称皇兄，庄肃皇后宜称皇嫂。尤愿陛下仰遵孝宗仁圣之德，念昭圣拥翊之功，孝敬益隆，始终无间，大伦大统两有归矣。奉神主而别立祢室，于至亲不废，隆尊号而不入太庙，于正统无干，尊亲两不悖矣。一遵《祖训》，允合圣经。复三代数千年未明之典礼，洗汉、宋悖经违礼之陋习，非圣人其孰能之。①

二　传统与道统之传

“传统”本义指的是政统传承的纯粹性和系统性，体现的是传统的严肃性和重要性。中国传统文化既然以传统标榜，这就决定了中国传统文化的内涵并不是一个可以随意定义的，或者具有无限包容性的，而是应该有明确所指的体现原初性、纯粹性和传承性的。

刘勰《文心雕龙·原道》曰：

爰自风姓，暨于孔氏，玄圣创典，素王述训，莫不原道心以敷章，研神理而设教，取象乎《河》《洛》，问数乎蓍龟，观天文以极变，察人文以成化；然后能经纬区宇，弥纶彝宪，发辉事业，彪炳辞义。故知道沿圣以垂文，圣因文而明道，旁通而无滞，日用而不匮。《易》曰：“鼓天下之动者存乎辞。”辞之所以能鼓天下者，乃道之文也。②

孔子是中国传统文化的集大成者，而《诗》《书》《礼》《乐》《易》《春秋》是中国传统文化的源头。《礼记·经解》云：

---

① 《明史》卷一百九十七，第 5203 ～ 5204 页。

② ［南朝梁］刘勰著，范文澜注：《文心雕龙注》卷一，北京：人民文学出版社，1958 年，第 2 ～ 3 页。

孔子曰:“入其国，其教可知也。其为人也，温柔敦厚,《诗》教也；疏通知远,《书》教也；广博易良,《乐》教也；洁静精微,《易》教也；恭俭庄敬,《礼》教也；属辞比事,《春秋》教也。故《诗》之失愚,《书》之失诬,《乐》之失奢,《易》之失贼,《礼》之失烦,《春秋》之失乱。其为人也，温柔敦厚而不愚，则深于《诗》者也；疏通知远而不诬，则深于《书》者也；广博易良而不奢，则深于《乐》者也；洁静精微而不贼，则深于《易》者也；恭俭庄敬而不烦，则深于《礼》者也；属辞比事而不乱，则深于《春秋》者也。”①

孔子认为六经所标举在于培养温柔敦厚、疏通知远、广博易良、洁静精微、恭俭庄敬的人格，欲人之不愚、不诬、不奢、不贼、不烦、不乱，而养志知事，行端性和，明乎阴阳名分。

但是到了战国时期，六经受到了挑战。《庄子·天下》云：

古之人其备乎！配神明，醇天地，育万物，和天下，泽及百姓，明于本数，系于末度，六通四辟，小大精粗，其运无乎不在。其明而在数度者，旧法世传之史尚多有之。其在于《诗》《书》《礼》《乐》者，邹、鲁之士搢绅先生多能明之。《诗》以道志,《书》以道事,《礼》以道行,《乐》以道和,《易》以道阴阳,《春秋》以道名分。其数散于天下而设于中国者，百家之学时或称而道之。

天下大乱，贤圣不明，道德不一，天下多得一察焉以自好。譬如耳目鼻口，皆有所明，不能相通。犹百家众技也，皆有所长，时有所用。虽然，不该不遍，一曲之士也。判天地之美，析万物之理，察古人之全，寡能备于天地之美，称神明之容。是故内圣外王之道，暗而不明，郁而不发，天下之人各为其所欲焉以自为方。悲夫，百家往而不返，必不合矣！后世之学者，不幸不见天地之纯，古人之大体，道术将为天下裂。②

① [汉]郑玄注，[唐]孔颖达等正义:《礼记正义》卷五十,《十三经注疏》，北京：中华书局，2009年，第3493页。

② [清]郭庆藩撰，王孝鱼点校:《庄子集释》卷十下,《新编诸子集成》，北京：中华书局，2012年，第1062～1064页。

在战国之前，六经之道一以贯之，而自诸子兴起，百家未能融会贯通六经之学而各执一词，不能兼备众善众美之纯正，所以，“道术将为天下裂”。这个意思，《汉书·艺文志》也曾有陈述：“今异家者各推所长，穷知究虑，以明其旨，虽有蔽短，合其要归，亦六经之支与流裔。”①

由于诸子之徒对孔子之学的曲解，自战国时期始，孟子、荀子、扬雄、刘勰、韩愈等人就提出了原道、征圣、宗经的重要性，其目的就是为了维护传统文化的纯粹性。《孟子·滕文公下》云：

> 世衰道微，邪说暴行有作，臣弑其君者有之，子弑其父者有之。孔子惧，作《春秋》。《春秋》，天子之事也。是故孔子曰：“知我者其惟《春秋》乎！罪我者其惟《春秋》乎！”圣王不作，诸侯放恣，处士横议，杨朱、墨翟之言盈天下。天下之言不归杨，则归墨。杨氏为我，是无君也；墨氏兼爱，是无父也。无父无君，是禽兽也。公明仪曰：“庖有肥肉，厩有肥马；民有饥色，野有饿莩，此率兽而食人也。”杨墨之道不息，孔子之道不著，是邪说诬民，充塞仁义也。仁义充塞，则率兽食人，人将相食。吾为此惧。②

原道、征圣、宗经，实际是为了说明道统与孔子的密切关系。朱熹《中庸章句序》曰：

> 《中庸》何为而作也？子思子忧道学之失其传而作也。盖自上古圣神继天立极，而道统之传有自来矣。其见于经，则“允执厥中”者，尧之所以授舜也；“人心惟危，道心惟微，惟精惟一，允执厥中”者，舜之所以授禹也。尧之一言，至矣，尽矣！而舜复益之以三言者，则所以明夫尧之一言，必如是而后可庶几也。③

即道统始于尧、舜，成于孔子。归有光曰：

> 得圣贤之意，则可以知圣贤之言；知圣贤之言，则可以明道统之说。……圣贤之论，至孔子而定。继孔子者，孟子也。孔、孟，亲有之而

---

① ［汉］班固撰，［唐］颜师古注：《汉书》卷三十，北京：中华书局，1962 年，第 1746 页。

② ［汉］赵岐注，［宋］孙奭疏：《孟子注疏》卷六下，《十三经注疏》，北京：中华书局，2009 年，第 5903 ～ 5904 页。

③ ［宋］朱熹撰：《四书章句集注》，《新编诸子集成》，北京：中华书局，2012 年，第 14 页。

> 亲见之者也。后之学者，当据之以为定，而岂可因之以为疑哉？……呜呼，道统之传，自孟子之后，得宋儒而愈白；自宋儒之没，而愈晦矣。章缝之士，耳剽目采，孰不曰周、孔，孰不曰颜、孟，言之日似，行之日远，斯道之真，亡灭坏烂，几于不振，此则有志者之所深耻也，主张斯文者，所以为深忧也。[①]

在中华文明的历史上，政统的传承有时而斩，但道统的传承却历久弥新。如果把中国传统文化严格限制在“载道”的区域，就要树立“道统之传”自于孔子这个基本常识，如果在孔子之外寻求道统，显然是舍本逐末。近些年来，我们不断听到对于中国传统文化的互相对立的评价。事实上，之所以会产生对中国传统文化的各种矛盾认识，就是缘于我们把中国传统文化与中国过去的文化、中国古代的文化、中国固有的文化画了等号。因此，在讨论中国传统文化价值的时候，我们首先应该准确定义中国传统文化的内涵，区分中国传统文化和中国文化的不同。

准确地说，中国文化的内容应该包括中国过去的文化、中国古代的文化、中国固有的文化，甚至包括20世纪的中国文化，其时间的长度和地域的宽度可以无限延伸，其内容可能涉及各个方面，有道有器，有粗有精，有伪有真。但是，中国传统文化就其本义而言，只应该是中国传承道统的文化，也就是那些传自轴心时代而体现人类文明方向的核心价值，是“载道”的文化。讨论国学教育问题，我们应该分清作为专业知识的国学教育和作为培养共同价值观的国学教育的区别。对于非从事专业研究中国文化的人来说，学习国学文化应该突出重点，抓住核心，紧紧围绕着传承道统这个中心，既可以节省精力，又可以避免对中国传统价值观的多样性理解。

三　忠恕、均平、仁惠

孔子所倡导的中国传统文化，以“天下为公”为基本出发点，其核心内容

---

① [明]归有光著，周本淳校点：《震川先生集》别集卷之一，上海：上海古籍出版社，1981年，第710～712页。

可以分为三个层次：简单而言，孔子所谓“恕”，即把一切人都看作是平等的主体；扩展而言，孔子所谓“忠恕”，“忠”为尽己之道，“恕”为推己之道，有尽我所能的责任，有推己及人的立场；如果再扩展，就是“忠恕、均平、仁惠”，“忠恕”是个体行为准则，“均平”是社会运行原则，“仁惠”是国家的基本立场。

建立在“天下为公”这一基本出发点上的“忠恕、均平、仁惠”思想，完全包容法国大革命以来西方近代的文明成果——“自由、平等、博爱”思想，而内涵则更为丰富和深刻。如果能以“天下为公”为基本出发点，以“忠恕、均平、仁惠”为核心价值，个人有“忠恕”德行，社会运行贯彻“均平”原则，国家能有全心全意为人民服务的“仁惠”情怀，传承道统、弘扬中国传统文化的目的就达到了。

一般来说，我们认为孔子思想的核心是强调“仁”，仁的内涵无限丰富。不过，在孔子自己的论述中，他认为“恕”才是他终身奉行的基本价值。《论语·卫灵公》载：

> 子贡问曰：“有一言而可以终身行之者乎？”子曰：“其恕乎！己所不欲，勿施于人。”①

孔子以“恕”为终身行之之道，与孔子强调“仁”的重要性并不矛盾。《论语·雍也》载：

> 子贡曰：“如有博施于民而能济众，何如？可谓仁乎？”子曰：“何事于仁，必也圣乎！尧、舜其犹病诸！夫仁者，己欲立而立人，己欲达而达人。能近取譬，可谓仁之方也已。”②

《论语·颜渊》载：

> 子曰：“出门如见大宾，使民如承大祭。己所不欲，勿施于人。在邦无怨，在家无怨。”③

---

① ［三国魏］何晏集解，［宋］邢昺疏：《论语注疏》卷十五，《十三经注疏》，北京：中华书局，2009年，第5470页。

② 《论语注疏》卷六，《十三经注疏》，第5385页。

③ 《论语注疏》卷十二，《十三经注疏》，第5436页。

可见，“仁”即是“恕”，“恕”即是“仁”，都在“己欲立而立人，己欲达而达人”“己所不欲，勿施于人”上下功夫。

《论语·里仁》载：

子曰：“参乎！吾道一以贯之。”曾子曰：“唯。”子出，门人问曰：“何谓也？”曾子曰：“夫子之道，忠恕而已矣！”①

《礼记·中庸》载，孔子曰：

道不远人，人之为道而远人，不可以为道。《诗》云：“伐柯伐柯，其则不远。”执柯以伐柯，睨而视之，犹以为远。故君子以人治人，改而止。忠恕违道不远，施诸己而不愿，亦勿施于人。君子之道四，丘未能一焉，所求乎子以事父，未能也；所求乎臣以事君，未能也；所求乎弟以事兄，未能也；所求乎朋友先施之，未能也。庸德之行，庸言之谨；有所不足，不敢不勉，有余，不敢尽；言顾行，行顾言，君子胡不慥慥尔！②

“恕”本身包含有对己对人的态度，所以，“忠恕”即“恕”，“恕”即“忠恕”。“忠”是正心诚意、敬业守信，是尽己之道；“恕”是“己欲立而立人，己欲达而达人”“己所不欲，勿施于人”，是推己之道。我们平常所说的良心就包含在“忠恕”之中。

孔子及儒家强调“礼”的重要性，“礼”虽然有区别长幼秩序的意义，不过孔子及原始儒家历来强调礼尚往来的重要性，“礼”从来都是对等的，而作为统治者，对“礼”的实现承担有首要的责任。因此，“礼”与“均平”并不是对立的。

《论语·季氏》载：

孔子曰：“求，君子疾夫舍曰欲之而必为之辞。丘也闻有国有家者，不患寡而患不均，不患贫而患不安。盖均无贫，和无寡，安无倾。夫如是，故远人不服，则修文德以来之；既来之，则安之。今由与求也，相夫子，远人不服，而不能来也；邦分崩离析，而不能守也，而谋动干戈于邦内。

---

① 《论语注疏》卷四，《十三经注疏》，第5367页。
② 《礼记正义》卷五十二，《十三经注疏》，第3531页。

吾恐季孙之忧，不在颛臾，而在萧墙之内也。”①

“均平”不仅仅是财富公平，也包括政治权利的公平，宋代改革者提出的“均贫富、等贵贱”的主张就是根植于孔子思想的。“远人不服，则修文德以来之”，既是处理国内不同族群和不同阶层之间应该尊奉的原则，更是建立世界和平新秩序的不二门径。

《礼记·礼运》云：

> 大道之行也，天下为公。选贤与能，讲信修睦。故人不独亲其亲，不独子其子，使老有所终，壮有所用，幼有所长，矜、寡、孤、独、废、疾者皆有所养，男有分，女有归。货恶其弃于地也，不必藏于己；力恶其不出于身也，不必为己。是故谋闭而不兴，盗窃乱贼而不作，故外户而不闭，是谓大同。②

“大同”之道就是均平之道，就是公平之道，就是公正之道。

郭店楚简《唐虞之道》云：

> 尧舜之行，爱亲尊贤。爱亲故孝，尊贤故禅。孝之方，爱天下之民。禅之传，世亡隐德。孝，仁之冕也。禅，义之至也。六帝兴于古，咸由此也。爱亲忘贤，仁而未义也。尊贤遗亲，义而未仁也。③

中国古代家庭伦理的孝悌观念，也是以“天下为公”为最高原则的。

《唐虞之道》又云：

> 虞诗曰：“大明不出，万物皆暗。圣者不在上，天下必坏。”治之至，养不肖。乱之至，灭贤。④

虞诗是虞舜时代的诗歌，“尊贤”和“养不肖”，“矜、寡、孤、独、废、疾者皆有所养”，体现了孔子赞扬尧、舜时代的平等思想所包含的文明高度，这也正是我们今天和未来所要实现的目标。

《尚书·尧典》载：

---

① 《论语注疏》卷十六，《十三经注疏》，第5476页。

② 《礼记正义》卷二十一，《十三经注疏》，第3062页。

③ 荆门市博物馆：《郭店楚墓竹简》，北京：文物出版社，1998年，第157页。

④ 《郭店楚墓竹简》，第158页。

> 唐尧曰："钦、明、文、思、安安，允恭克让，光被四表，格于上下。克明俊德，以亲九族。九族既睦，平章百姓。百姓昭明，协和万邦。黎民于变时雍。"①

尧亲睦"九族""百姓""万邦"，就是践行仁惠之德。

《论语·公冶长》载：

> 子谓子产："有君子之道四焉：其行己也恭，其事上也敬，其养民也惠，其使民也义。"②

《论语·宪问》载：

> 子路问君子。子曰："修己以敬。"曰："如斯而已乎？"曰："修己以安人。"曰："如斯而已乎？"曰："修己以安百姓。修己以安百姓，尧、舜其犹病诸。"③

《论语·尧曰》载：

> 子张问于孔子曰："何如斯可以从政矣？"子曰："尊五美，屏四恶，斯可以从政矣。"子张曰："何谓五美？"子曰："君子惠而不费，劳而不怨，欲而不贪，泰而不骄，威而不猛。"子张曰："何谓惠而不费？"子曰："因民之所利而利之，斯不亦惠而不费乎？择可劳而劳之，又谁怨？欲仁而得仁，又焉贪？君子无众寡，无小大，无敢慢，斯不亦泰而不骄乎？君子正其衣冠，尊其瞻视，俨然人望而畏之，斯不亦威而不猛乎？"子张曰："何谓四恶？"子曰："不教而杀谓之虐。不戒视成谓之暴。慢令致期谓之贼。犹之与人也，出纳之吝，谓之有司。"④

"仁惠"建立在公平公正的基础上，节用而爱人，善待百姓，就是"仁惠"的具体表现。

---

① [汉]孔安国传，[唐]孔颖达等正义：《尚书正义》卷二，《十三经注疏》，北京：中华书局，2009年，第249～250页。

② 《论语注疏》卷五，《十三经注疏》，第5374页。

③ 《论语注疏》卷十四，《十三经注疏》，第5461页。

④ 《论语注疏》卷二十，《十三经注疏》，第5509页。

四 中国传统文化的特征

中国传统文化是强调爱人为本的文化。《论语·学而》载："子曰：'道千乘之国，敬事而信，节用而爱人，使民以时。'"[①]《论语·颜渊》载："樊迟问仁。子曰：'爱人。'问知。子曰：'知人。'"[②]《论语·阳货》载，夫子曰："君子学道则爱人，小人学道则易使也。"[③]《礼记·大学》云："大学之道，在明明德，在亲民，在止于至善。知止而后有定，定而后能静，静而后能安，安而后能虑，虑而后能得。物有本末，事有终始。知所先后，则近道矣。"[④]有人以"亲民"为"新民"，实际是脱离了孔子立足于"爱人"之原意的。

中国传统文化是强调天下情怀和士人责任的文化。《礼记·大学》云："古之欲明明德于天下者，先治其国；欲治其国者，先齐其家；欲齐其家者，先修其身；欲修其身者，先正其心；欲正其心者，先诚其意；欲诚其意者，先致其知。致知在格物。物格而后知至，知至而后意诚，意诚而后心正，心正而后身修，身修而后家齐，家齐而后国治，国治而后天下平。自天子以至于庶人，一是皆以修身为本。其本乱而末治者否矣。其所厚者薄，而其所薄者厚，未之有也。"[⑤]《论语·子张》载，孔子弟子子张曰："士见危致命，见得思义，祭思敬，丧思哀，其可已矣。"[⑥]《论语·卫灵公》载，孔子曰："志士仁人，无求生以害仁，有杀身以成仁。"[⑦]《论语·泰伯》载，孔子弟子曾子曰："士不可以不弘毅，任重而道远。仁以为己任，不亦重乎？死而后已，不亦远乎？"[⑧]孔子及其弟子强调天下情怀和士人的社会责任，这与战国时期诸子中主张隐逸的庄子等道家学说截然不同。

中国传统文化强调底线意识，知止有定。《论语·卫灵公》载，孔子"在陈绝粮，从者病，莫能兴。子路愠见曰：'君子亦有穷乎？'子曰：'君子固穷，小

---

① 《论语注疏》卷一，《十三经注疏》，第 5336 页。
② 《论语注疏》卷十二，《十三经注疏》，第 5440 页。
③ 《论语注疏》卷十七，《十三经注疏》，第 5484 页。
④ 《礼记正义》卷六十，《十三经注疏》，第 3631 页。
⑤ 《礼记正义》卷六十，《十三经注疏》，第 3631 页。
⑥ 《论语注疏》卷十九，《十三经注疏》，第 5501 页。
⑦ 《论语注疏》卷十五，《十三经注疏》，第 5468 页。
⑧ 《论语注疏》卷八，《十三经注疏》，第 5401 页。

人穷斯滥矣。’”[①]《论语·泰伯》载：“子曰：‘好勇疾贫，乱也；人而不仁，疾之已甚，乱也。’”[②]这是说君子在最艰难的时候也不能违背底线。

《论语·子罕》载，孔子曰：“可与共学，未可与适道；可与适道，未可与立；可与立，未可与权。”[③]这是说士人既要坚持追求“道”的恒心，同时也注重过程的正义性以及坦然面对结果的智慧。

《论语·微子》载，孔子曰：“不降其志，不辱其身，伯夷、叔齐与！谓柳下惠、少连，降志辱身矣。言中伦，行中虑，其斯而已矣。谓虞仲、夷逸，隐居放言，身中清，废中权。我则异于是，无可无不可。”[④]《礼记·大学》云：“知止而后有定，定而后能静，静而后能安，安而后能虑，虑而后能得。物有本末，事有终始。知所先后，则近道矣。”[⑤]这是说无论什么环境都要保持基本道义。

《荀子·王霸》云：“行一不义、杀一无罪而得天下，仁者不为也。”[⑥]《说苑·贵德》云：“孔子曰：‘里仁为美，择不处仁，焉得智？’夫仁者，必恕然后行，行一不义，杀一无罪，虽以得高官大位，仁者不为也。夫大仁者，爱近以及远，及其有所不谐，则亏小仁以就大仁。大仁者恩及四海，小仁者止于妻子。”[⑦]这是说君子不能为了自己的私利，或者为了某种崇高的目标，牺牲他人的基本权利。

中国传统文化是一心向善的文化。《易传·坤文言》曰：“积善之家，必有余庆；积不善之家，必有余殃。”[⑧]《论语·阳货》载，子路记孔子之言曰：“亲于其身为不善者，君子不入也。”[⑨]《礼记·大学》云：“所谓诚其意者，毋自欺也。如恶

---

① 《论语注疏》卷十五，《十三经注疏》，第5467页。
② 《论语注疏》卷八，《十三经注疏》，第5401页。
③ 《论语注疏》卷九，《十三经注疏》，第5411页。
④ 《论语注疏》卷十八，《十三经注疏》，第5496页。
⑤ 《礼记正义》卷六十，《十三经注疏》，第3631页。
⑥ [清]王先谦撰，沈啸寰、王星贤点校：《荀子集解》卷七，《新编诸子集成》，北京：中华书局，1988年，第202页。
⑦ [汉]刘向撰，向宗鲁校正：《说苑校正》卷五，北京：中华书局，1987年，第99页。
⑧ [三国魏]王弼、[晋]韩康伯注，[唐]孔颖达等正义：《周易正义》卷一，《十三经注疏》，北京：中华书局，1980年，第19页。
⑨ 《论语注疏》卷十七，《十三经注疏》，第5485页。

恶臭，如好好色，此之谓自谦。故君子必慎其独也。小人闲居为不善，无所不至，见君子而后厌然，掩其不善，而著其善。人之视己，如见其肺肝然，则何益矣。此谓诚于中，形于外，故君子必慎其独也。曾子曰：‘十目所视，十手所指，其严乎！’富润屋，德润身，心广体胖，故君子必诚其意。”[①]

如果仔细考察，中国传统文化具有五个明显特征：一是萌芽和生长在中国的文化，这是主体性特征；二是被中国人长期坚守的文化，这是传承性特征；三是符合人道主义原则的文化，这是普遍性特征；四是符合人类文明发展方向的文化，这是世界性特征；五是可以作为建构未来的文化，这是永恒性特征。这五个特征既保证了中国传统文化的独特性，又保证了与人类文明的同一性。

所谓主体性特征，是说中国传统文化必须是中国固有的文化。某些学者认为佛教文化是中国传统文化，这是没有认识到中国传统文化应该是产生于中国本土的文化。有些外来文化可能因符合道统而被中国传统文化吸收，但也有些外来文化也可能因其鲜明的差异性而与中国传统文化不相适应。毋庸讳言，佛教文化虽然与中国传统文化有着诸多共性，但我们也不能说佛教文化就是中国传统文化。

所谓传承性特征，是说中国传统文化是那些体现核心价值的文化。因此，中国传统文化的传承性具有无限的长度。中国文化包含中国的一切文化和文明成果及习俗，而其产生和消亡也是有可能的，但中国传统文化必然是永远被中国人所传承下去的。只要有中国人，就有中国传统文化的传承，这个传承性特征应该论万世而不论一时。也就是说，中国传统文化可能在一个历史阶段沉寂，但绝不会被抛弃。

所谓普遍性特征，是说中国传统文化以人为核心，其起始和归宿都在谋求人类的幸福。孔子所言忠恕之道即是仁道，而仁道以平等为基础，一切反人道主义的文化都是与中国传统文化格格不入的，一切反对公平的文化都不能称为中国传统文化。

所谓世界性特征，是说中国传统文化具有兼容性。中国传统文化是体现人类共同价值的文化，是利他的文化，不是自利的文化。中国传统文化是国际主义的

---

① 《礼记正义》卷六十，《十三经注疏》，第 3631 页。

文化，不是唯我独尊的文化。中国传统文化的价值并非与世界文明对立，而是于几千年前就为世界的未来指明了方向。

所谓永恒性特征，是说中国传统文化是我们建构未来中国文化的基础。作为中国人，天然地肩负着传承中国传统文化的责任。中华文明没有断绝的原因，就在于中国上古时期的文明在今天和未来仍然是有生命力的。我们要建立文化自信，更需要在中国传统文化中寻找文化自信。

有人认为，近代中国的衰弱说明中国传统文化是没有生命力的。实际上，以孔子为代表的中国传统文化具有普适性，而自汉以来，中国古代社会的种种弊病以及近代中国的衰弱都是因为没有真正贯彻"天下为公"之道，没有真正按照轴心时代孔子所阐述的政治理想的完整体系去建设我们的政治文化，没有真切地贯彻"忠恕、均平、仁惠"的价值观，而是把主要精力放在剥削和压迫人民上，导致中国在漫长的历史进程中治乱轮替。治世必然是或多或少贯彻了孔子思想的时代，而乱世必然是在实践中完全违背了孔子思想的时代。《荀子·子道》云："入孝出弟，人之小行也；上顺下笃，人之中行也；从道不从君，从义不从父，人之大行也。"[①] 中国历史上，一些可以改变历史进程的人没有能在"从道"和"从义"上下功夫，这才导致了近代中国社会的衰弱。

《朱子语类》卷十九云，道统"道理至广至大"。因此，道统之传不仅仅是"言忠信，行笃敬"，如果仅仅是"言忠信，行笃敬"，"则自汉唐以来，岂是无此等人"[②]。也就是说，道统之传在汉唐以后就打了折扣。《朱子语类》卷十三云："人须是有廉耻。孟子曰：'耻之于人大矣！'耻便是羞恶之心。人有耻，则能有所不为。……人言今人只见曾子唯一贯之旨，遂得道统之传。此虽固然，但曾子平日是个刚毅有力量、壁立千仞底人……学者当常以'志士不忘在沟壑'为念，则道义重，而计较死生之心轻矣。"[③] 学习国学是为了建设具有文明价值的传统文化价值观，这就需要全社会完整地领会中国传统文化的核心价值理念，树

---

① 《荀子集解》卷二十，《新编诸子集成》，第 529 页。

② [宋]黎靖德编，王星贤点校：《朱子语类》卷十九，《理学丛书》，北京：中华书局，1986 年，第 435 页。

③ 《朱子语类》卷十三，《理学丛书》，第 241 页。

立“能有所不为”的知止观，做一个坚持中国传统，“刚毅有力量、壁立千仞”的人。

社会主义核心价值观，既与人类的文明价值相通，也根植于中国传统文化价值理念。培育和践行社会主义核心价值观，需要深入挖掘社会主义核心价值观与中国传统文化的密切联系。而要挖掘社会主义核心价值观与中国传统文化的密切联系，就需要正确认识中国传统文化的内涵和价值。以中国传统文化为基础践行社会主义核心价值观，是当代中国人对中国传统文化所应具有的民族情怀，也是当代中国人所承担的历史使命。

原载《中国文化研究》2017年秋之卷
主要内容见于《如何认识中国传统文化》
（《光明日报·光明讲坛》，2017-09-27）及《新华文摘》（2017年第23期）

孔子德治思想与先周文明的联系

德治在孔子政治思想中具有重要地位。《论语·为政》载，孔子曰："为政以德，譬如北辰，居其所而众星共之。"又曰："道之以政，齐之以刑，民免而无耻。道之以德，齐之以礼，有耻且格。"[①]德政是社会向善的基础，而德政的特点就是统治者身体力行，要让百姓做到的，自己首先做到。《论语·颜渊》载，齐景公问政于孔子，孔子对曰："君君、臣臣、父父、子子。"子张问政，子曰："居之无倦，行之以忠。"季康子问政于孔子，孔子对曰："政者，正也。子帅以正，孰敢不正？"季康子患盗，问于孔子，孔子对曰："苟子之不欲，虽赏之不窃。"季康子问政于孔子曰："如杀无道，以就有道，何如？"孔子对曰："子为政，焉用杀？子欲善，而民善矣。君子之德风，小人之德草，草上之风，必偃。"[②]《论语·子路》载，子路问政，子曰："先之劳之。"请益，曰："无倦。"又曰："苟正

① [三国魏]何晏集解，[宋]邢昺疏：《论语注疏》卷二，《十三经注疏》，北京：中华书局，1980年，第2461页。

② 《论语注疏》卷十二，《十三经注疏》，第2502～2504页。

其身矣，于从政乎何有？不能正其身，如正人何？"[①]实际上，孔子这些论述中最重要的有两点：第一，统治者先天下之忧而忧，吃苦在前；第二，坚持不懈地实践吃苦在前的原则。

清华简有《保训》一篇，是周文王病重后对周武王的训话。李学勤先生《清华简〈保训〉释读补正》释文云：

> 惟王五十年，不豫，王念日之多历，恐坠宝训，戊子，自靧水，己丑，昧[爽]……[王]若曰："发，朕疾壹甚，恐不汝及训。昔前人传宝，必受之以詷，今朕疾允病，恐弗念终，汝以书受之。钦哉，勿淫！昔舜旧作小人，亲耕于历丘，恐求中，自稽厥志，不违于庶万姓之多欲。厥有施于上下远迩，乃易位迩稽，测阴阳之物，咸顺不逆。舜既得中，言不易实变名，身兹备惟允，翼翼不懈，用作三降之德。帝尧嘉之，用受厥绪。呜呼！发，祗之哉！昔微假中于河，以复有易，有易服厥罪，微无害，乃归中于河。微志弗忘，传贻子孙，至于成唐，祗备不懈，用受大命。呜呼！发，敬哉！朕闻兹不旧，命未有所延。今汝祗备毋懈，其有所由矣。不及尔身受大命，敬哉，勿淫！日不足，惟宿不详。"[②]

周文王告诫继承人姬发的核心思想可以理解为两个层次：一是虞舜不违背百姓的意愿因而受到百姓的拥戴，所以才会得到唐尧的称赞，而能承袭天下；二是要"祗备毋懈"，不能淫失，学习成汤先祖上甲微"无害"之德，敬慎不懈，才能有所作为。而这两条与孔子之言"先之劳之"和"无倦"完全契合，这说明孔子的德治思想与先周文明是一脉相承的。孔子说："周监于二代，郁郁乎文哉！吾从周。"[③]孔子从周文明，即是服膺周对德治文明的贡献。

一　不窋奔戎狄应该在夏后启篡权前后

周民族的兴起，最早可以追溯到五帝的晚期，周人先祖弃率周登上政治舞台的

---

① 《论语注疏》卷十三，《十三经注疏》，第2506～2507页。

② 李学勤：《清华简〈保训〉释读补正》，载《中国史研究》，2009年第3期，第8页。

③ 《论语注疏》卷三，《十三经注疏》，第2467页。

时间是唐尧时期，并在虞舜时期得到发展。《史记·周本纪》载，弃儿时以“种树麻、菽（豆类）”为游戏，而且对种植业颇有心得，“麻、菽美”。及为成人，“遂好耕农，相地之宜，宜穀者稼穑焉，民皆法则之。帝尧闻之，举弃为农师，天下得其利，有功。帝舜曰：‘弃，黎民始饥，尔后稷播时百穀。’封弃于邰，号曰后稷，别姓姬氏。后稷之兴，在陶唐、虞、夏之际，皆有令德。后稷卒，子不窋立。不窋末年，夏后氏政衰，去稷不务，不窋以失其官而奔戎狄之间”①。

弃成人后，在唐尧之时任后稷之官，唐尧、虞舜、夏禹皆老寿，所以后稷弃之子不窋“奔戎狄之间”的时间应该是在夏后启篡权之际。《史记·夏本纪》载，夏禹死后，“三年之丧毕，益让帝禹之子启，而辟居箕山之阳。禹子启贤，天下属意焉。及禹崩，虽授益，益之佐禹日浅，天下未洽。故诸侯皆去益而朝启，曰‘吾君帝禹之子也’。于是启遂即天子之位”②。

夏后启的即位结束了近年考古学界有人提到的“古国”时代，而建立了以地方自治为特点的“方国”时代。夏后启取代其父夏禹，开始了父死子继的世袭制，以“天下为公”变“天下为家”，这是上古社会的一次大变革，这一“家天下”的制度直到辛亥革命胜利才被终结。这次变革对官制的设置和官员的影响都是不难想象的。

《礼记·礼运》云：

> 昔者仲尼与于蜡宾，事毕，出游于观之上，喟然而叹。仲尼之叹，盖叹鲁也。言偃在侧，曰：“君子何叹？”孔子曰：“大道之行也，与三代之英，丘未之逮也，而有志焉。大道之行也，天下为公。选贤与能，讲信修睦。故人不独亲其亲，不独子其子，使老有所终，壮有所用，幼有所长，矜、寡、孤、独、废、疾者皆有所养，男有分，女有归。货恶其弃于地也，不必藏于己；力恶其不出于身也，不必为己。是故谋闭而不兴，盗窃乱贼而不作，故外户而不闭，是谓大同。今大道既隐，天下为家。各亲其亲，各子其子。货力为己。大人世及以为礼，城郭沟池以为固，礼义以为纪，以

---

① ［汉］司马迁撰，［南朝宋］裴骃集解，［唐］司马贞索隐，［唐］张守节正义：《史记》卷四，北京：中华书局，1959年，第112页。

② 《史记》卷二，第83页。

正君臣，以笃父子，以睦兄弟，以和夫妇，以设制度，以立田里，以贤勇知，以功为己，故谋用是作，而兵由此起。禹、汤、文、武、成王、周公，由此其选也。此六君子者，未有不谨于礼者也，以著其义，以考其信，著有过，刑仁讲让，示民有常，如有不由此者，在执者去，众以为殃，是谓小康。"①

五帝时期是有"道"时期，是以"天下为公"为基本制度的"大同"时代，统治者的遴选采用"选贤与能"的禅让制，统治者的责任是保证社会的公平性和公正性。而夏禹之子取后益而代之，开始了以"天下为家"为基本制度的"小康"社会，贯彻德治原则，代表性的时代是夏、商、周三王时代，统治者的任用采取世袭制，社会的公平公正被颠覆。小康相对于大同，是一种彻底的社会退化。因此，对于夏禹来说，或者对于忠于"天下为公"观念的五帝时期的百姓来说，夏后启时代的开始就是夏禹"政衰"的开始。

有学者提出不窋奔戎狄的时间应在夏末。《史记·周本纪》说后稷之兴"在陶唐、虞、夏之际，皆有令德"。《史记》所载周世系不详，因此认为不窋之前，后稷的后代皆任后稷之官，后稷不只是弃一人，可能是多代，因此，不窋作为最后一任后稷之子也是完全成立的。假设夏代有后稷之官，而这位后稷之官就是弃的后代，那么不窋奔戎狄的时间就可能存在于夏朝的任何政衰阶段。夏后启之子太康失国时期以及夏末夏桀无道亡国时期，都可以看作是其中可能性最大的时间点。不过，如果仔细辨析"在陶唐、虞、夏之际，皆有令德"一句，其意应该是指唐尧、虞舜、夏禹三位首领交接的时间段，而不必一定包含夏朝。因此，不窋奔戎狄的时期应该确定在夏后启篡权前后。

二　先周文明产生的时间应在不窋奔戎狄之后

周先祖后稷开始了农耕文明，但是后稷时代的农耕文明只是先周文明形成的

---

① [汉]郑玄注，[唐]孔颖达等正义：《礼记正义》卷二十一，《十三经注疏》，北京：中华书局，1980年，第1413～1414页。

基础。当不窋把农耕文明带到戎狄之间的庆阳[①]，农耕文明脱离了唐虞文化的范围而独立发展为先周文明。

先周文明萌芽于五帝之时的尧、舜时期，并最终在戎狄形成和发展起来。《国语·周语一》载，周穆王将征犬戎，祭公谋父谏曰："昔我先王世后稷，以服事虞、夏。及夏之衰也，弃稷弗务，我先王不窋用失其官，而自窜于戎狄之间，不敢怠业，时序其德，纂修其绪，修其训典，朝夕恪勤，守以敦笃，奉以忠信，亦世载德，不忝前人。"[②]祭公谋父对不窋在开创先周文明方面所做贡献的评价是非常中肯的。

不过，正像一切文明发展的规律一样，任何文明都不可能在封闭状态中独立运行，随着周民族沿泾河流域向镐京迁徙，周人的居住地东移，与商朝文明渐渐有了联系，并成为商的方国之一。随着武王伐纣，商朝灭亡，先周文明顺利过渡为周文明，并成为中国古代文化史上最重要和最有影响力的文明之一。

周文明是一个层叠累积的历史。孔子说："殷因于夏礼，所损益，可知也；周因于殷礼，所损益，可知也。其或继周者，虽百世，可知也。"[③]周文明对商文明，商文明对夏文明都有因革，"因"是继承，"损益"就是革新。继承文化，有可能保留的是文化糟粕；损益传统，有可能损减的是文化精华，增益的是文化糟粕。所以，有继承有革新并不代表其价值，只有通过损益，把过往的文化推向一个新的高度，才是有价值的。孔子说："周监于二代，郁郁乎文哉！吾从周。"[④]孔子认为，周对夏、商的损益是取夏、商两代的文化之长，而开辟了最有价值的新文明。

---

① [晋]杜预《春秋释例》卷七《土地名》云："不窋故城在庆州。"[清]江永《春秋地理考实》卷四之《王朝列国兴废说·王朝兴废说》云："周，姬姓，黄帝之苗裔，后稷之后也。后稷封于郃，今武功县也，及夏之衰，后稷之子不窋，失其官，窜于西戎。《括地志》云，不窋故城在庆州弘化县，今庆阳府、安化县也，不窋之孙公刘徙居豳。今邠州东北有豳亭，三水县西有古豳城，皆是也。公刘传九世至太王，去邠邑于岐山之阳，今岐山县也。文王受命作邑于丰，今西安府鄠县南有酆城。武王克商而有天下，定都于镐，镐在丰水之东，丰在丰水之西，相去二十五里。平王迁都王城，今洛阳县西，河南故城是也。敬王又迁成周，今洛阳县东洛阳故城是也。平王四十九年鲁隐公立，敬王三十九年获麟之岁也。后九王二百二十年而赧王为秦所灭。"

② 徐元诰撰，王树民、沈长云点校：《国语集解》，北京：中华书局，2002年，第3～5页。

③ 《论语注疏》卷二，《十三经注疏》，第2463页。

④ 《论语注疏》卷三，《十三经注疏》，第2467页。

周文明得到了孔子的赞扬，而周文明的集大成者周公旦“制礼作乐”也受到孔子的崇敬。孔子说：“甚矣吾衰也！久矣吾不复梦见周公！”[①]孔子把梦不见周公当作自己衰老的重要征兆。《论语·泰伯》载，孔子曰：“如有周公之才之美，使骄且吝，其余不足观也已。”[②]孔子也把周公看作是能力和品德的化身，周公有才之美，同时不骄傲，不贪婪。对于一个普通人来说，不骄不吝是容易做到的，但是对于像周公这样一个当过摄政王的人来说，不骄不吝就很难了。容易做到不骄不吝的普通人，即使骄吝，对于社会也不会有太大危害，而周公这样的人如果骄吝，社会就危险了。

由于对夏、商文明中价值文化和制度文化了解的欠缺，我们不能判断周文明中究竟有多少是来自夏、商两代的文明成果，但我们相信，周文明在周公时期就达到了高峰，这说明周文明必然是以先周文明为蓝本，以夏、商文明为补充。而《保训》中所载周文王对周武王的训诫让我们知道，周文王心中的文明构成结合了五帝时期的为民思想与商代的敬慎思想。这说明周文明并不仅仅继承了商文明，而是超越了商文明，并上承了五帝时期的文明价值。

三　德治为先周文化的主要价值观

《国语·周语一》载，祭公谋父反对伐戎，指出周代“先王耀德不观兵”，“先王之于民也，懋正其德而厚其性，阜其财求而利其器用，明利害之乡，以文修之，使务利而避害，怀德而畏威，故能保世以滋大”[③]。祭公谋父专门将不窋的德治事迹作为例证，认为不窋“时序其德，纂修其绪，修其训典，朝夕恪勤，守以敦笃，奉以忠信，亦世载德，不忝前人”。德治的核心就是严以律己、宽以待人。到了武王时期，实在是因为商纣王无道，周武王不伐纣则不能履行救民于水火、解民于倒悬的伟大使命。祭公谋父说：“至于武王，昭前之光明，而加之以慈和，事神保民，莫弗欣喜。商王帝辛，大恶于民。庶民不忍，欣戴武王，以致戎于商

① 《论语注疏》卷七，《十三经注疏》，第 2481。
② 《论语注疏》卷八，《十三经注疏》，第 2487 页。
③ 《国语集解》，第 1 ～ 3 页。

牧。是先王非务武也，勤恤民隐而除其害也。”[①]祭公谋父的论述说明，无论是先周文明萌芽时期的后稷，还是先周文明形成和发展时期的不窋等人，以及到了先周文明至周文明转换时期的周武王，其文明核心都是继承五帝时期的文化传统，都是奉行以“勤恤民隐而除其害也”为核心的价值追求。

《史记·刘敬叔孙通列传》载，刘邦欲迁都洛阳，与周室比隆，刘敬说：

> 陛下取天下与周室异。周之先自后稷，尧封之邰，积德累善十有余世。公刘避桀居豳。太王以狄伐故，去豳，杖马箠居岐，国人争随之。及文王为西伯，断虞芮之讼，始受命，吕望、伯夷自海滨来归之。武王伐纣，不期而会孟津之上八百诸侯，皆曰纣可伐矣，遂灭殷。成王即位，周公之属傅相焉，乃营成周洛邑，以此为天下之中也，诸侯四方纳贡职，道里均矣，有德则易以王，无德则易以亡。凡居此者，欲令周务以德致人，不欲依阻险，令后世骄奢以虐民也。及周之盛时，天下和洽，四夷乡风，慕义怀德，附离而并事天子，不屯一卒，不战一士，八夷大国之民莫不宾服，效其贡职。及周之衰也，分而为两，天下莫朝，周不能制也。非其德薄也，而形势弱也。今陛下起丰沛，收卒三千人，以之径往而卷蜀汉，定三秦，与项羽战荥阳，争成皋之口，大战七十，小战四十，使天下之民肝脑涂地，父子暴骨中野，不可胜数，哭泣之声未绝，伤痍者未起，而欲比隆于成、康之时，臣窃以为不侔也。[②]

刘敬关于后稷至公刘十余世以及公刘避夏桀的说法未必可靠，但是关于周以德治国的认识，却是代表了秦汉间人的普遍共识。

《论语·泰伯》载，孔子赞扬文王大伯泰伯曰：“泰伯，其可谓至德也已矣。三以天下让，民无得而称焉。”又曰：“三分天下有其二，以服事殷。周之德，可谓至德也已矣。”[③]孔子所赞扬的泰伯以及周之“至德”，就是不把天下当作自己的私产。孔子对泰伯的看法可以和孔子对尧、舜、禹的看法联系起来，《论语·泰伯》载，孔子曰：“大哉尧之为君也！巍巍乎！唯天为大，唯尧则之，荡荡乎，民无能名焉。

---

① 《国语集解》，第 6 页。
② 《史记》卷九十九，第 2715 ～ 2716 页。
③ 《论语注疏》卷八，《十三经注疏》，第 2486 ～ 2487 页。

巍巍乎！其有成功也，焕乎其有文章！”又曰：“巍巍乎！舜、禹之有天下也而不与焉！”又曰：“禹，吾无间然矣。菲饮食而致孝乎鬼神，恶衣服而致美乎黻冕，卑宫室而尽力乎沟洫。禹，吾无间然矣。”①《论语·卫灵公》引孔子之言曰：“无为而治者，其舜也与！夫何为哉？恭己正南面而已矣。”②《论语·雍也》载：“子贡曰：‘如有博施于民而能济众，何如？可谓仁乎？’子曰：‘何事于仁，必也圣乎！尧、舜其犹病诸！夫仁者，己欲立而立人，己欲达而达人。能近取譬，可谓仁之方也已。’”③《论语·宪问》载：“子路问君子。子曰：‘修己以敬。’曰：‘如斯而已乎？’曰：‘修己以安人。’曰：‘如斯而已乎？’曰：‘修己以安百姓。修己以安百姓，尧、舜其犹病诸。’”④

四　帝、王、霸与道治、德治、仁政

在战国、秦汉之际，学者对中国古代社会由五帝至三王、由三王至五霸、由五霸至七雄的历史蜕变是清楚的，对这个变化过程中由道而德、由德而仁、义、礼的演变也是清楚的。除了《礼记·礼运》关于由五帝之大同到三王之小康的论述以外，《老子》云：“故失道而后德，失德而后仁，失仁而后义，失义而后礼。夫礼者，忠信之薄而乱之首。前识者，道之华而愚之始也。”⑤《庄子·知北游》引黄帝之言曰：“失道而后德，失德而后仁，失仁而后义，失义而后礼。礼者，道之华而乱之首也。”⑥这里所说的“道、德、仁、义、礼”的变化正是帝、王、霸社会发展的真实反映。

《战国策·燕策一》载郭隗之言，有“帝者与师处，王者与友处，霸者与

① 《论语注疏》卷八，《十三经注疏》，第 2487 ～ 2488 页。
② 《论语注疏》卷十五，《十三经注疏》，第 2517 页。
③ 《论语注疏》卷六，《十三经注疏》，第 2479 页。
④ 《论语注疏》卷十四，《十三经注疏》，第 2513 ～ 2514 页。
⑤ 徐梵澄：《老子臆解》，北京：中华书局，1988 年，第 55 页。
⑥ [清]郭庆藩撰，王孝鱼点校：《庄子集释》卷七下，《新编诸子集成》，北京：中华书局，1961 年，第 731 页。

臣处，亡国与役处”[①]四句。帝道、“帝者”指五帝时代，王道、“王者”指夏、商、周三王时代，霸道、“霸者”指春秋时期，强国之术、“亡国”指的是战国时期。五帝时代，特别是尧、舜时期，效法天道，政治制度以“天下为公”为基础，政治文化以大同为价值，经济权利和政治权力的平等是这个时期的社会特征，简单说，就是有饭大家同吃，有衣大家同穿。三王时期虽是“天下为家”的时代，但社会文化氛围强调德治，即统治者要为百姓的利益着想，先天下之忧而忧，后天下之乐而乐。在笔者看来，夏、商两代谈不上有德治传统，德治精神应该是周人克商之后建立的文化体系所体现的价值。周先祖不窋在夏后启破坏禅让体制、篡权建立世袭制政治体制后去夏，辗转在泾河流域的义渠，在周民族部落中传承大同文化。但是周克商后，民族融合，周人面临继承的“家天下”的政治制度遗产和固有的大同的政治文化遗产的冲突，因此，提出德治来调节百姓和周天子利益相悖可能带来的困境。德治的特征，简单说，就是百姓没有饭吃，统治者不吃饭；百姓没有衣服穿，统治者不穿衣。五霸时代，霸主挟天子以令诸侯，其文化价值在于承认统治者的特权，但是统治者仍能“推恩”，具体体现就是贯彻仁政观念，统治者在享受特权的时候，也需要兼顾百姓的生存问题。简单说，就是统治者吃肉的时候，应该给百姓留一点儿肉汤喝。而强国之术强调的政治文化是弱肉强食，《论语·颜渊》载:“爱之欲其生，恶之欲其死。”[②]《韩非子·五蠹》指出:“当今争于气力。”[③]《史记·天官书》载:“顺之胜，逆之败。”[④]这些话所表述的行事原则就代表了这个时代的文化价值。简单说，就是百姓顺从统治者，则有饭吃，有衣穿；不顺从统治者，则没有饭吃，没有衣穿。

从大同至小康，从小康至春秋，从春秋至战国，是中国社会制度不断退化的

---

① ［汉］刘向集录:《战国策》卷二十九，上海：上海古籍出版社，1985年，第1064页。

② 《论语注疏》卷六，《十三经注疏》，第2503。

③ ［清］王先慎撰，钟哲点校:《韩非子集解》卷十九，《新编诸子集成》，北京：中华书局，2003年，第445页。

④ 《史记》卷二十七，第1319页。

过程。《孟子·告子下》云："五霸者，三王之罪人也。今之诸侯，五霸之罪人也。"[①]而实际上，三王也是尧、舜之罪人，大体说的也是从大同以下的社会蜕变带来的观念变化，道与大同时期相联系，德与小康时期相联系，而仁、义、礼则是小康之后至五霸时期的政治文化。

《史记·商君列传》载商鞅游说秦孝公：

> 孝公既见卫鞅，语事良久，孝公时时睡，弗听。罢而孝公怒景监曰："子之客妄人耳，安足用邪！"景监以让卫鞅。卫鞅曰："吾说公以帝道，其志不开悟矣。"后五日，复求见鞅。鞅复见孝公，益愈，然而未中旨。罢而孝公复让景监，景监亦让鞅。鞅曰："吾说公以王道而未入也。请复见鞅。"鞅复见孝公，孝公善之而未用也。罢而去。孝公谓景监曰："汝客善，可与语矣。"鞅曰："吾说公以霸道，其意欲用之矣。诚复见我，我知之矣。"卫鞅复见孝公。公与语，不自知膝之前于席也。语数日不厌。景监曰："子何以中吾君？吾君之欢甚也。"鞅曰："吾说君以帝王之道比三代，而君曰：'久远，吾不能待。且贤君者，各及其身显名天下，安能邑邑待数十百年以成帝王乎？'故吾以强国之术说君，君大说之耳。然亦难以比德于殷周矣。"[②]

商鞅游说秦孝公，先说五帝"天下为公"之道，孝公不觉悟；然后说三王德治之道，孝公也无兴趣；最后改说春秋五霸之道，孝公以为善。商鞅明白孝公是个功利之徒，所以索性以等而下之的富国强兵之道投合孝公，因此得重用，而商鞅自己也知道，以富国强兵之道治国，必然没有办法达到三代的水平，所谓"道之以政，齐之以刑，民免而无耻。道之以德，齐之以礼，有耻且格"[③]。

桓谭《新论·王霸》曰：

> 夫上古称三皇、五帝，而次有三王、五霸，此皆天下君之冠首也。故言三皇以道治，而五帝用德化；三王由仁义，五霸用权智。其说之曰：无制令刑罚，谓之皇；有制令而无刑罚，谓之帝；赏善诛恶，诸侯朝事，谓

---

① [汉]赵岐注，[宋]孙奭疏：《孟子注疏》卷十二下，《十三经注疏》，北京：中华书局，1980年，第2759页。

② 《史记》卷六十八，第2228页。

③ 《论语注疏》卷二，《十三经注疏》，第2461页。

之王；兴兵众，约盟誓，以信义矫世，谓之霸。王者，往也，言其惠泽优游，天下归往也。五帝以上久远，经传无事，唯王霸二盛之美，以定古今之理焉。夫王道之治，先除人害，而足其衣食，然后教以礼仪，而威以刑诛，使知好恶去就，是故大化四凑，天下安乐，此王者之术。霸功之大者，尊君卑臣，权统由一，政不二门，赏罚必信，法令著明，百官修理，威令必行，此霸者之术。王道纯粹，其德如彼；霸道驳杂，其功如此；俱有天下，而君万民，垂统子孙，其实一也。汤、武则久居诸侯方伯之位，德惠加于百姓。夫王道之主，其德能载，包含以统乾元也。儒者或曰："图王不成，其弊亦可以霸"。此言未是也。传曰："孔氏门人，五尺童子，不言五霸事者，恶其违仁义而尚权诈也。"①

桓谭关于"三皇以道治，而五帝用德化；三王由仁义，五霸用权智"的说法，明显与其前代学者不同，这大概源于他在五帝之前加了一个三皇。实际上，战国、秦汉间人的说法更为可靠，即五帝用道治，三王用德治。五霸将仁、义、礼相结合，仁在人心，义在行动，礼则是仁、义的物化形态。至于战国七雄，则以先权谋，再继之以气力争天下。不过，道包含德，德包含仁、义、礼，而五霸之行仁、义，又与智谋结合。因此，桓谭才会产生如此误解。桓谭说"无制令刑罚，谓之皇；有制令而无刑罚，谓之帝"，这二者可以合并。"赏善诛恶，诸侯朝事，谓之王；兴兵众，约盟誓，以信义矫世，谓之霸。王者，往也，言其惠泽优游，天下归往也"。桓谭的这个表述基本是准确的。

应该说，周朝建立的是"天下为家"的体制，"天下为家"的体制决定了统治者的恶行和善举最终都是为了维护其统治，而与"天下为公"的一切以服务于百姓利益为根本目的不同。但是，周朝的文化传统显然继承了先周文化传统，希望在"天下为家"的体制下能实现服务于百姓利益的宗旨。也正因此，《保训》之中才强调遵从百姓之欲望，以及统治者自身的自律。先周文明和周文明本身与近代以来的人类文明成果的核心价值是联系在一起的，体现了人类普遍价值的观点。

---

① [汉]桓谭著：《新论》卷上，上海：上海人民出版社，1977年，第2～3页。

在周文明的主要价值观指导下，周代文明在文化制度、社会制度、经济制度等方面都体现出了重视人权、社会公平和社会和谐的特征。这些制度，在今天仍然具有生命力。

在孔子的思想体系中，恢复周礼只是他改造社会的阶段性成果，他的最终理想是实现社会大同。因此，《论语·八佾》说："子谓《韶》，尽美矣，又尽善也。谓《武》，尽美矣，未尽善也。"[①]《韶》乐体现了"天下为公"的价值观，因此达到了至善，而《武》乐毕竟是想在"天下为家"的政治体制下实现"天下为公"的宗旨，其局限性不言而喻。《论语·先进》载孔子之言曰："先进于礼乐，野人也；后进于礼乐，君子也。如用之，则吾从先进。"[②]这句话历来有不同解释，但都不得要领，只有放在孔子对大同与小康的论述的文化背景中，才能抓住其核心内涵。礼乐文化起源于三代，其目的是为了维护"大人世继""天下为家"的社会秩序，因此，三代之前以"道"行事，不需要礼乐制度。如果按照三代礼乐制度评判，则三代之前的人如"野人"，但三代之前的文化体现了天下大同的宗旨，所以孔子从"先进"，从"野人"，而不从"后进"，不从"君子"。

无疑，周文明是孔子非常尊敬的文化传统，孔子是站在更高的文化视野，对周文明进行了重新阐释，并由此形成中国传统文化的主流文化价值观。研究孔子的德治思想，必须重视周文明和先周文明研究。

原载《晋阳学刊》2013年第5期

---

① 《论语注疏》卷三，《十三经注疏》，第2469页。

② 《论语注疏》卷十一，《十三经注疏》，第2498页。

出土文献与孔子尽善尽美的审美思想

孔子是中国文化史上最为重要的一个学者，其主要原因有二：第一，孔子的教学活动培养了中国文化史上最早的人文学者；第二，孔子的思想是中国古代人文思想建立的基础。孔子是一个教育家，孔子教学有教而无类，“欲来者不拒，欲去者不止”[①]。孔子招收学生不论等级，使普通平民通过学习可以成为文学之士，谋求到自己的社会地位，所谓“虽庶人之子孙也，积文学，正身行，能属于礼义，则归之卿相士大夫”[②]，如孔子的学生“子赣、季路，故鄙人也，被文学，服礼义，为天下列士”[③]。这种私人讲学风气在孔子弟子那里仍然得到继承，因此更多的出身庶人、皂隶、工商之“贱人”，通过努力学习而成为文士，最终投身于中国传统文化的发展事业。

孔子在培养弟子的时候，不仅仅传授知识，更重要的是培养一种积极的、进

---

① [清]王先谦撰，沈啸寰、王星贤点校：《荀子集解》卷二十，《新编诸子集成》，北京：中华书局，1988年，第536页。

② 《荀子集解》卷五，《新编诸子集成》，第148～149页。

③ 《荀子集解》卷十九，《新编诸子集成》，第508页。

取的、善良的、正直的人格。孔子常常以成为“士”“志士”“士之仁者”期许学生。孔子指出，“士志于道”[①]，“行己有耻”[②]，“志士仁人，无求生以害仁，有杀身以成仁”[③]。孔子弟子曾子曰：“士不可以不弘毅，任重而道远。仁以为己任，不亦重乎？死而后已，不亦远乎？”[④]孔子弟子子张曰：“士见危致命，见得思义。”[⑤]在孔子及其门人弟子的心目中，“士”应具有学识、志向、道德、仁义忠信、勇敢之品质和才能。士的志向就是以天下为己任，救民于水火，对天下具有强烈责任心，同时又注重自身才能智慧的培养。正是这种新士风，造就了中国古代士人强烈的社会责任心和现实使命感。这种责任心和使命感既表现为对现实政治的参与，也表现为通过著作以拯救现实社会的文化活动。

孔子的思想是中国古代人文思想建立的基础，最突出地体现在孔子与六经的关系方面。六经是孔子以前中国文化的结晶，而不仅仅是儒家文化的源头。《庄子·天下》云：“古之人其备乎！配神明，醇天地，育万物，和天下，泽及百姓，明于本数，系于末度，六通四辟，小大精粗，其运无乎不在。其明而在数度者，旧法世传之史尚多有之。其在于《诗》《书》《礼》《乐》者，邹、鲁之士搢绅先生多能明之。《诗》以道志，《书》以道事，《礼》以道行，《乐》以道和，《易》以道阴阳，《春秋》以道名分。”[⑥]道家的重要代表人物庄子不仅指出了六经的经典地位，同时对六经的内容也做了精辟的概括。

一　出土文献与孔子地位的再确认

孔子在中国文化史上地位的重要性，我们从《左传》《易传》《论语》《孟子》

---

① [三国魏]何晏集解，[宋]邢昺疏：《论语注疏》卷四，《十三经注疏》，北京：中华书局，1980年，第2471页。

② 《论语注疏》卷十三，《十三经注疏》，第2508页。

③ 《论语注疏》卷十五，《十三经注疏》，第2517页。

④ 《论语注疏》卷八，《十三经注疏》，第2487页。

⑤ 《论语注疏》卷十九，《十三经注疏》，第2531页。

⑥ [清]郭庆藩撰，王孝鱼点校：《庄子集释》卷十下，《新编诸子集成》，北京：中华书局，1961年，第1067页。

《荀子》《史记·孔子世家》《汉书·艺文志》等传世文献中是早已了解了的。孟子云："圣人之于民也，亦类也。出乎其类，拔乎其萃。自生民以来，未有盛于孔子也。"[①] 圣人之传承，自尧、舜、禹、汤、文、武、周公，再至孔子，一脉相承，而孔子又为最盛，孔子岂是浪得虚名？孔子居仁行义，为政以德，为天地立心，为生民立命，为往圣继绝学，为万世开太平。故近世儒学宗师马一浮先生学际天人，贯通中西，然后提出"六艺该摄一切学术""西来学术亦统于六艺"之论点，认为"圣人往矣，其道则寓于六艺，未尝息灭也。六艺是圣人之道，即是圣人之知，行其所知之谓道"[②]，《诗》教主仁，《书》教主智，合仁与智，则为至善；《礼》是大序，《乐》是大和，大序大和，合为至美；《易》穷神知化，显天道之常，《春秋》正名拨乱，示人道之正，常之与正，合为至真。孔子及六经所具有的现代意义是孔子在二十世纪应该发挥其不可替代作用的根据。然而，正如孟子所言："由孔子而来至于今，百有余岁，去圣人之世若此其未远也，近圣人之居若此其甚也，然而无有乎尔，则亦无有乎尔。"[③]《汉书·艺文志》也说："仲尼没而微言绝，七十子丧而大义乖。"[④] 孔子本意，至孔子弟子之后而不传，近世之人怀挑剔之怨望，望文生义，断章取义，自所难免。由于对孔子的本意不能洞察，对孔子的重要性认识不足，随着岁月的流逝，人们对孔子的思想实质出现了有歧义的解释，孔子与六经的权威性也就发生了动摇，因而就有了否定孔子的绝对权威，进而渐渐否定孔子与六经关系、否定孔子思想现代意义的言论，而二十世纪的中国学术界更是将这种倾向发展到了一个"全新的境界"。

事实无情，在检阅出土文献的时候，我们发现孔子与六经及中国古代文学的关系远比我们想象的要密切和重要得多。如《论语·述而》载："子曰：'加我数年，五十以学《易》，可以无大过矣。'"[⑤]《汉书·艺文志》载："《易》曰：'宓戏

---

① [汉]赵岐注，[宋]孙奭疏：《孟子注疏》卷三上，《十三经注疏》，北京：中华书局，1980年，第2686页。

② 刘梦溪主编：《马一浮卷》，石家庄：河北教育出版社，1996年，第23页。

③ 《孟子注疏》卷十四下，《十三经注疏》，第2780页。

④ [汉]班固撰，[唐]颜师古注：《汉书》卷三十，北京：中华书局，1962年，第1701页。

⑤ 《论语注疏》卷七，《十三经注疏》，第2482页。

氏仰观象于天，俯观法于地，观鸟兽之文，与地之宜，近取诸身，远取诸物，于是始作八卦，以通神明之德，以类万物之情。’至于殷、周之迹，纣在上位，逆天暴物，文王以诸侯顺命而行道，天人之占可得而效，于是重《易》六爻，作上下篇。孔子为之《彖》《象》《系辞》《文言》《序卦》之属十篇。故曰《易》道深矣，人更三圣，世历三古。……”①宋人欧阳修怀疑《易传》与孔子的关系，到了近代，怀疑者更多，如钱穆、李镜池等人都撰文②予以说明，认为《论语》中的五十学《易》不可靠，否认《易传》和孔子的关系，钱穆先生为此提出十个证据，其中六个证据证明孔子不作《易传》，另外四个证据“要更进一层说，孔子对于《易经》也并未有‘韦编三绝’的精深研究，那孔子作《十翼》的话自然无根据了”③。马王堆帛书《易传》之《系辞》《二三子》《易之义》《要》《缪和》《昭力》的出土，使孔子与《易传》的关系变得明晰起来了。帛书《易传》为孔子易说，而今本《易传》，虽然有部分后人杂入，但《乾文言》《坤文言》《系辞》的主要内容皆为孔子所作，已可以成为定论。④

又《史记·孔子世家》载：“古者《诗》三千余篇，及至孔子，去其重，取可施于礼义，上采契、后稷，中述殷、周之盛，至幽、厉之缺，……”⑤《汉书·艺文志》载：“《书》曰：‘诗言志，歌咏言。’故哀乐之心感，而歌咏之声发。诵其言谓之诗，咏其声谓之歌。故古有采诗之官，王者所以观风俗，知得失，自考正也。孔子纯取周诗，上采殷，下取鲁，凡三百五篇，……”⑥王充《论衡·正说》曰：“《诗经》旧时亦数千篇，孔子删其复重，正而存三百篇。”⑦后世学者则有人断然否定孔子与《诗经》的联系，否认删诗的可能性，因为今日所见逸诗不多，

---

① 《汉书》卷三十，第1704页。

② 参看钱穆《论〈十翼〉非孔子作》、李镜池《易传探源》、黄寿祺等编《周易研究论文集》（第一辑）。

③ 钱穆：《论〈十翼〉非孔子作》，《古史辨》（顾颉刚编著）第3册，上海：上海书店出版社，1931年，第90页。

④ 参看郭沂《从早期易传到孔子易说——重新检讨易传成书问题》、廖名春《帛书易传初探》。

⑤ ［汉］司马迁撰，［南朝宋］裴骃集解，［唐］司马贞索隐，［唐］张守节正义：《史记》卷四十七，北京：中华书局，1959年，第1936页。

⑥ 《汉书》卷三十，第1708页。

⑦ 黄晖撰：《论衡校释》卷二十八，《新编诸子集成》，北京：中华书局，1990年，第1129页。

殊不知三千篇中多有重复，而被删之诗其引用的概率必然较低。《国语·鲁语》载孔子先祖正考父“校商之名颂十二篇于周太师，以《那》为首”，有人怀疑《商颂》为春秋时宋国人正考父颂扬宋襄公的作品，而司马贞《史记索隐》指出宋襄公晚正考父一百余年，杨公骥教授《商颂考》[①] 据此考证《商颂》为商代作品，论证绵密，足可谓不易之论，而今《诗经》有《商颂》五篇，则《商颂》之被删，且幅度之大，于此可见一斑。由此可知，《诗经》中的作品原不止现在之数，其形成过程中经过删节也是无疑的。据《文汇报》1999 年 1 月 5 日《战国竹简露真容》一文载，近年上海博物馆收集的战国竹简共有一千二百多支，字数在三万五千字左右。竹简涉及到八十多种（部）先秦的古籍，其中孔子的《诗论》在以往的古籍中未见记载，而竹简中首次发现的一些诗歌并不见诸《诗经》，但艺术风格与《诗经》颇为相似。另外，如郭店楚墓竹简出土之《缁衣》中，既有三百篇之诗，也有逸诗。因此，我们相信以后的出土还会发现新的逸诗，而孔子与《诗经》的关系也一定比我们今天所可以确认的要更加密切。

二　孔子的大同理想和公羊三世学说

孔子地位的确认既依赖于对孔子与六经联系的重新确认，更依赖于对孔子思想现代意义的挖掘。出土文献不仅让我们重新恢复孔子与六经之间有密切联系的信念，也对于我们认识孔子思想的现代意义有新的帮助。孔子在《礼记·礼运》中提出大同理想：

> 昔者仲尼与于蜡宾，事毕，出游于观之上，喟然而叹。仲尼之叹，盖叹鲁也。言偃在侧，曰：“君子何叹？”孔子曰：“大道之行也，与三代之英，丘未之逮也，而有志焉。大道之行也，天下为公。选贤与能，讲信修睦。故人不独亲其亲，不独子其子，使老有所终，壮有所用，幼有所长，矜、寡、孤、独、废、疾者皆有所养，男有分，女有归。货恶其弃于地也，不必藏于己；

① 参看杨公骥：《商颂考》，《中国文学》第 1 分册，长春：吉林人民出版社，1980 年，第 464 ~ 484 页。

力恶其不出于身也，不必为己。是故谋闭而不兴，盗窃乱贼而不作，故外户而不闭，是谓大同。今大道既隐，天下为家。各亲其亲，各子其子。货力为己。大人世及以为礼，城郭沟池以为固，礼义以为纪，以正君臣，以笃父子，以睦兄弟，以和夫妇，以设制度，以立田里，以贤勇知，以功为己，故谋用是作，而兵由此起。禹、汤、文、武、成王、周公，由此其选也。此六君子者，未有不谨于礼者也，以著其义，以考其信，著有过，刑仁讲让，示民有常，如有不由此者，在执者去，众以为殃，是谓小康。”①

所谓“大同”，就是人人平等，而孔子之赞扬尧、舜、禹的圣治，如《论语·泰伯》之言“巍巍乎！舜、禹之有天下也而不与焉”，“大哉尧之为君也！巍巍乎！唯天为大，唯尧则之”②，指出原始氏族社会的特点是遵从天的平等公正，而“不与”，即无为，也就是说要给百姓以充分的自由。与此相对应，孔子对小康之世存有批判，“天下为家”是专制主义的特征，与大同背道而驰，所以孔子深为不满。今人多强调孔子欲恢复周礼，周礼所代表的是小康政治，殊不知孔子的最终理想是实现大同，他希望在礼崩乐坏的环境中，通过恢复周礼，为大同理想的实现积累基础，通过礼制秩序的建立，由德治最终发展为自然之道制。

孔子的大同理想在后代没有引起足够重视，是源于人们怀疑《礼记》作为先秦典籍的可靠性。近年郭店楚简出土的儒家诸典籍，不仅有《礼记》中的大量篇章，而且新出土的一些为传世文献所不载的儒家文献使我们清楚地发现了儒家限制君主、官吏的权力，倡导君主、官吏为百姓服务的宗旨，而论述禅让思想的《唐虞之道》更可以作为孔子后学发挥孔子仁爱、民主、平等思想的纲领。《唐虞之道》以禅让为大仁、大义、大圣，曰：“唐虞之道，禅而不传。尧舜之王，利天下而弗利也。禅而不传，圣之盛也。利天下而弗利也，仁之至也。”“尧舜之行，爱亲尊贤。爱亲故孝，尊贤故禅。”“孝，仁之冕也。禅，义之至也。”“爱亲忘贤，仁而未义也。尊贤遗亲，义而未仁也。”“方在下位，不

① ［汉］郑玄注，［唐］孔颖达等正义：《礼记正义》卷二十一，《十三经注疏》，北京：中华书局，1980 年，第 1413 ～ 1414 页。

② 《论语注疏》卷八，《十三经注疏》，第 2487 页。

以匹夫为轻；及其有天下也，不以天下为重。有天下弗能益，亡天下弗能损，极仁之至，利天下而弗利也。禅也者，上德授贤之谓也。上德则天下有君而世明，授贤则民兴教而化乎道。不禅而化民者，自生民则未之有也。”[①] 在这里，作者把“仁”“义”“圣”与“天下为公”的大同禅让的理想结合起来，并认为真正治世的到来必然依赖于建立禅让制度，这就使“仁”所具有的自由精神更加清晰，从而也证明孔子及儒家思想绝不是维护专制主义体制的，而是把实现大同看作是最后的归宿。

在专制时代开始以后，能准确把握孔子思想精粹的首先是西汉儒生，其实践就是鼓吹禅让，并最终在王莽时代付诸实施。不过，西汉的禅让之弊在于缺少禅让制度的逻辑发展过程，因此虽然有禅让之名，却没有大同之实。今人康有为标榜民主革命，以现代西人民主解释孔子的大同理想，则深得孔子理想之三昧。康有为在他所著《新学伪经考》《孔子改制考》《大同书》等著作中，首先标榜“爱”，也即孔子所说“仁”与孟子所说的“不忍人之心”。《孟子微》说：“不忍人之心，仁也……一切仁政，皆从不忍之心生，为万化之海，为一切根，为一切源……太平大同，皆从此出。”[②] 康有为认为，只要从博爱的立场出发，就可以产生平等、自由、民主诸观念，进而实现世界大同。这与孔子的逻辑线索是一致的。康有为把何休在解说《春秋公羊传》时提到的公羊三世与大同、小康之说联系起来，认为“三世为孔子非常大义，托之《春秋》以明之。‘所传闻世’为据乱，‘所闻世’托升平，‘所见世’托太平。乱世者，文教未明也；升平者，渐有文教，小康也；太平者，大同之世，远近大小如一，文教全备也。……此为《春秋》第一大义”[③]。在孔子看来，先有“大同”，其次“小康”，再次“乱世”，这是一个社会自觉蜕化的过程，而要拯救蜕化的社会，不可能直接由乱世实现大同，而应该以渐变的步骤，通过克己复礼实现小康，再至大同。这是一种科学的、符合人类内心诉求的、符合现代人文精神的社会

---

① 荆门市博物馆:《郭店楚墓竹简》，北京：文物出版社，1998年，第157～158页。

② 康有为撰，姜义华、张荣华编校:《孟子微》,《康有为全集》第5集，北京：中国人民大学出版社，2007年，第414页。

③ 《春秋董氏学》,《康有为全集》第2集，第324页。

发展理想。康有为正是清楚地体会到了孔子的用心，故其认为专制主义必将走向立宪政治，最后走向共和政治，实现人类真正的人权、平等、自由、博爱、独立。

三　孔子尽善尽美审美理想的新阐释

在对孔子的思想有了以上认识以后，再来挖掘孔子文学艺术观中的人文精神，我们就会有更深入一步的看法。我们发现，孔子把他对大同的渴望贯彻在他的审美理想中。他对文学艺术的最高要求既表现为对美的重视，更表现为对善的重视，而善既有普通意义的善，又以至善为最终追求，而至善就是要体现大同意志。

孔子论文强调内容与形式的统一和协调发展，所谓“质胜文则野，文胜质则史，文质彬彬，然后君子”[①]。但是，对于创作主体而言，形式永远是为内容服务的，所以孔子说“辞达而已矣”[②]，“言以足志，文以足言，不言谁知其志，言之无文，行而不远”[③]。孔子强调文学的兴、观、群、怨、事父、事君功能，就是强调文学内容的强大社会力量。孔子赞扬《诗经》三百篇的“思无邪”[④]，其立论的基点也是建立在对文学艺术作品内容的善的重视。

追求善，戒除不善，是孔子及其门人一向的追求。《论语·述而》载：“德之不修，学之不讲，闻义不能徙，不善不能改，是吾忧也。”[⑤]“三人行，必有我师焉：择其善者而从之，其不善者而改之。”[⑥]《论语·季氏》载：“见善如不及，见不善如探汤。”[⑦]孔子对善的追求，对不善的警惕，在这些论述中已一览无余。正

---

① 《论语注疏》卷六，《十三经注疏》，第 2479 页。
② 《论语注疏》卷十五，《十三经注疏》，第 2519 页。
③ ［晋］杜预集解，［唐］孔颖达等正义：《春秋左传正义》卷三十六，《十三经注疏》，北京：中华书局，1980 年，第 1985 页。
④ 《论语注疏》卷二，第 2461 页。
⑤ 《论语注疏》卷七，《十三经注疏》，第 2481 页
⑥ 《论语注疏》卷七，《十三经注疏》，第 2483 页。
⑦ 《论语注疏》卷十六，《十三经注疏》，第 2522 页。

像孟子所说："鸡鸣而起，孳孳为善者，舜之徒也；鸡鸣而起，孳孳为利者，跖之徒也。欲知舜与跖之分，无他，利与善之间也。"① 积极于善，与人为善，必然归结为追求大同；反大同，必然与人为恶，屈服于私利的驱使。所以，孔子赞扬善与他赞成大同正体现了一种必然的因果关系。

孔门对善的重视也体现在《易传》之中。《易传》是孔子及其弟子重要的思想著作，其强调善也与《论语》无二。《坤文言》曰："积善之家，必有余庆；积不善之家，必有余殃。"②《大有》象曰："君子以遏恶扬善，顺天休命。"③《益》象曰："君子以见善则迁，有过则改。"④《系辞下》曰："善不积不足以成名，恶不积不足以灭身。小人以小善为无益，而弗为也，以小恶为无伤，而弗去也。故恶积而不可掩，罪大而不可解。"⑤

孔子对善的追求体现在他的审美理想之中，是自然而然的事情。而善对于文学艺术作品来讲，就是强调文学艺术作品的内容的至高无上地位。一切文学艺术作品，其最终的归结点绝不仅仅是文采的愉悦、形式的超凡脱俗，而是对人的关怀。只有善才是符合人文精神的追求。

孔子对内容的善的重视是所谓"尽善"。《论语·八佾》载："子谓《韶》，尽美矣，又尽善也。谓《武》，尽美矣，未尽善也。"⑥《韶》，舜乐名，谓以圣德受禅，故"尽善"；《武》，武王乐也，以征伐取天下，故"未尽善"。在这里，孔子之所以强调《韶》的尽善尽美，就在于《韶》体现了大同理想，而《武》却无此精神，所以有美而无能至尽善。也就是说，文学艺术作品到达"尽美"的高度，并不是顶点，还应该再向前走，就是达到尽善，尽善就是文学艺术作品必须体现出大同的精神追求。文学艺术作品只有在内容上体现出尽善的高度才是符合孔子审美理想的终极追求。

---

① 《孟子注疏》卷十三下，《十三经注疏》，第 2768 页。

② ［三国魏］王弼、［晋］韩康伯注，［唐］孔颖达等正义：《周易正义》卷一，《十三经注疏》，北京：中华书局，1980 年，第 19 页。

③ 《周易正义》卷二，《十三经注疏》，第 30 页。

④ 《周易正义》卷四，《十三经注疏》，第 53 页。

⑤ 《周易正义》卷八，《十三经注疏》，第 88 页。

⑥ 《论语注疏》卷三，《十三经注疏》，第 2469 页。

正因为孔子认为《韶》体现了他的大同的审美理想，所以孔子对《韶》的赞扬还有不少。《论语·述而》载："子在齐，闻《韶》，三月不知肉味，曰：'不图为乐之至于斯也。'"①《论语·卫灵公》载："颜渊问为邦。子曰：'行夏之时，乘殷之辂，服周之冕，乐则《韶》《舞》。放郑声，远佞人；郑声淫，佞人殆。'"②而《左传·襄公二十九年》载，吴公子札在鲁观乐，"见舞《象箾》《南籥》者，曰：'美哉！犹有憾。'见舞《大武》者，曰：'美哉！周之盛也，其若此乎！'见舞《韶濩》者，曰：'圣人之弘也，而犹有惭德，圣人之难也。'见舞《大夏》者，曰：'美哉！勤而不德，非禹其谁能修之？'见舞《韶箾》者，曰：'德至矣哉！大矣！如天之无不帱也，如地之无不载也，虽甚盛德，其蔑以加于此矣。观止矣！若有他乐，吾不敢请已！'"③《象箾》《南籥》为颂扬文王之乐舞，《大武》为武王之乐舞，《韶濩》为汤之乐舞，《大夏》为夏禹之乐舞，《韶箾》为虞舜之乐舞。季札是孔子理想所寄托之人，其审美判断同样折射了孔子作《春秋》的意志。

应该注意到，孔子所赞扬的并不是《韶》这样的体现大同理想的乐舞等艺术形式本身，而是其内容所体现的大同的价值。夏之时、殷之辂、周之冕不过是器用，则后来者居上，而乐舞则关乎人之精神大局，所谓"兴于诗，立于礼，成于乐"④。所以，乐舞则非《韶》《武》不可，而《韶》代表了大同之精神，《武》则代表了实现大同道路上的一个标记——所谓小康的精神追求。

四　孔子尽善尽美理想的人文意义

孔子陶醉于《韶》，绝不仅仅缘于其行是尽美，而在于其内容之尽善。而此尽善，不可以简单化地理解为是相对的善，而应该看作是绝对的善，即人类对理想化社会的终极追求，应该认识到它与孔子大同理想的密切联系。如此，我们就

---

① 《论语注疏》卷七，《十三经注疏》，第 2482 页。
② 《论语注疏》卷十五，《十三经注疏》，第 2517 页。
③ 《春秋左传正义》卷三十九，《十三经注疏》，第 2008 页。
④ 《论语注疏》卷八，《十三经注疏》，第 2487 页。

知道，孔子尽善尽美的审美理想不仅仅是一种艺术追求，更体现出他对人的生存状态、生存处境的一种人文关怀。所以，文学艺术活动必须关怀人的生存境遇，没有人文关怀的文学艺术作品，其存在是没有价值的，这是孔子的尽善尽美的审美理想给我们的启示。

孔子的文学艺术观把人文关怀放在最重要的位置。不仅如此，孔子认为，至善才是一切治学最后的追求。《礼记·大学》云："大学之道，在明明德，在亲民，在止于至善。"[1]此处对"止于至善"的强调正是对孔子思想的精确把握，而"明德""亲民"正是止于至善的最好注脚。孔子在阐发六经内容时也不背弃这一点。《礼记·经解》云：

> 孔子曰："入其国，其教可知也。其为人也，温柔敦厚，《诗》教也；疏通知远，《书》教也；广博易良，《乐》教也；洁静精微，《易》教也；恭俭庄敬，《礼》教也；属辞比事，《春秋》教也。故《诗》之失愚，《书》之失诬，《乐》之失奢，《易》之失贼，《礼》之失烦，《春秋》之失乱。其为人也，温柔敦厚而不愚，则深于《诗》者也；疏通知远而不诬，则深于《书》者也；广博易良而不奢，则深于《乐》者也；洁静精微而不贼，则深于《易》者也；恭俭庄敬而不烦，则深于《礼》者也；属辞比事而不乱，则深于《春秋》者也。"[2]

《诗》《书》《礼》《乐》《易》《春秋》是中国传统文化的源头，其所标榜在于培养温柔敦厚、疏通知远、广博易良、洁静精微、恭俭庄敬的人格，欲人之不愚、不诬、不奢、不贼、不烦、不乱，而养志知事、行端性和、明乎阴阳名分。六经为孔子所厘定，孔子是六经精神的最初和最权威的诠释者，其所阐述的六经关怀人的主旨正是中国后世文化学术发展的方向。

刘勰《文心雕龙·宗经》认为，六经的这种特点既体现为内容的纯正，也表现在形式的清约简丽，是所谓"义既极乎性情，辞亦匠于文理"，"根柢槃深，枝叶峻茂，辞约而旨丰，事近而喻远"，并称"文能宗经，体有六义"。具体而言，

---

① 《礼记正义》卷六十，《十三经注疏》，第1673页。

② 《礼记正义》卷五十，《十三经注疏》，第1609页。

“一则情深而不诡，二则风清而不杂，三则事信而不诞，四则义直而不回，五则体约而不芜，六则文丽而不淫”，所以能“开学养正，昭明有融”[①]，即内容的纯正与形式清约简丽。

原载《文学前沿》2000 年第 1 期；
另载《1984—2017 孔子研究三十年论文选》
孔子基金会编，青岛出版社，2014 年

① ［南朝梁］刘勰著，范文澜注:《文心雕龙注》卷一，北京：人民文学出版社，1958 年，第 21 ～ 23 页。

清华简《保训》与周代德治文化的渊源

《国语·周语一》载，祭公谋父反对周穆王伐戎，指出周代“先王耀德不观兵”，“先王之于民也，懋正其德而厚其性，阜其财求而利其器用，明利害之乡，以文修之，使务利而避害，怀德而畏威，故能保世以滋大”，“昔我先王世后稷，以服事虞、夏。及夏之衰也，弃稷不务，我先王不窋用失其官，而自窜于戎狄之间，不敢怠业，时序其德，纂修其绪，修其训典，朝夕恪勤，守以敦笃，奉以忠信，奕世载德，不忝前人。至于武王，昭前之光明，而加之以慈和，事神保民，莫弗欣喜。商王帝辛，大恶于民。庶民不忍，欣戴武王，以致戎于商牧。是先王非务武也，勤恤民隐而除其害也”。[1]祭公谋父指出周代的文化传统就是“耀德不观兵”，“非务武也，勤恤民隐而除其害也”，并把周朝德治的传统溯源到后稷、不窋时代。

周民族的兴起，最早可以追溯到五帝时代的晚期，周人先祖弃率周登上历史舞台的时间是唐尧时期，并在虞舜时期得到发展。《史记·周本纪》载，弃好

---

① [春秋]左丘明撰，鲍思陶点校:《国语》卷一，济南：齐鲁书社，2005年，第1～2页。

农耕，帝尧闻之，举为农师，帝舜时“封弃于邰，号曰后稷，别姓姬氏。后稷之兴，在陶唐、虞、夏之际，皆有令德。后稷卒，子不窋立。不窋末年，夏后氏政衰，去稷不务，不窋以失其官而奔戎狄之间”①。唐尧、虞舜、夏禹皆老寿，所以后稷弃之子不窋“奔戎狄之间”的时间应该是在夏后启篡权之际。《史记·夏本纪》载，夏禹死后，“三年之丧毕，益让帝禹之子启，而辟居箕山之阳。禹子启贤，天下属意焉。及禹崩，虽授益，益之佐禹日浅，天下未洽。故诸侯皆去益而朝启，曰‘吾君帝禹之子也’。于是启遂即天子之位”②。

夏后启的即位结束了近年考古学界有人提到的“古国”时代，而建立了以地方自治为特点的“方国”时代。从“天下为公”变为“天下为家”，这是上古社会的一次大变革，其对官制的设置和官员的影响是不难想象的。

《礼记·礼运》云，孔子“有志”于“大道之行”的五帝时代和“三代之英”，五帝时期是有“道”时期，是以“天下为公”为基本制度的“大同”时代，统治者的遴选采用“选贤与能”的禅让制，统治者的责任是保证社会的公平性和公正性。夏以后，“大道既隐，天下为家”。但是禹、汤、文、武、成王、周公此“六君子”是“三代之英”，他们“示民有常”，建立了“小康”社会。③

在战国、秦汉之际，学者对由五帝至三王、由三王至五霸、由五霸至七雄的历史蜕变是清楚的，对这个变化过程中由“道”而“德”，由“德”而“仁”“义”“礼”的演变也是清楚的。《老子》云：“故失道而后德，失德而后仁，失仁而后义，失义而后礼。夫礼者，忠信之薄而乱之首。”④《庄子·知北游》引黄帝之言曰：“失道而后德，失德而后仁，失仁而后义，失义而后礼。礼者，道之华而乱之首也。”⑤《孟子·告子下》云：“五霸者，三王之罪人也。今之诸侯，

---

① [汉]司马迁撰，[南朝宋]裴骃集解，[唐]司马贞索隐，[唐]张守节正义：《史记》卷四，北京：中华书局，1959年，第112页。

② 《史记》卷二，第83页。

③ 参看[汉]郑玄注，[唐]孔颖达等正义：《礼记正义》卷二十一，《十三经注疏》，北京：中华书局，1980年，第1413～1414页。

④ 徐梵澄：《老子臆解》，北京：中华书局，1988年，第55页。

⑤ [清]郭庆藩撰，王孝鱼点校：《庄子集释》卷七下，《新编诸子集成》，北京：中华书局，1961年，第731页。

五霸之罪人也。”[①]《战国策·燕策一》载郭隗之言，有“帝者与师处，王者与友处，霸者与臣处，亡国与役处”[②]四句。帝道、帝者指五帝时代，王道、王者指夏、商、周三王时代，霸道、霸者指春秋时期，强国之术、亡国指的是战国时期。《史记·商君列传》载商鞅游说秦孝公，先说帝道，后说王道，再说霸道，最后以强国之术投合孝公，而商鞅自己也知道以富国强兵之道治国，“然亦难以比德于殷周矣”[③]。

夏禹时代实际是五帝时代的尾声，而不是三王时代的开始。孔子以夏禹为三代之英，是因为夏禹和启实际形成了“大人世及”的事实。夏禹之子启取后益而代之，开始了“天下为家”的时代。统治者世袭，社会的公平公正被颠覆，无疑是一种彻底的社会退化。因此，对于忠于“天下为公”观念的五帝时期的百姓来说，夏后启时代的开始就是夏禹“政衰”的开始。

因《史记》所载周世系不详，因此有人认为后稷不只是弃一人，不窋之前，弃的后代皆任后稷之官。因此，不窋是最后一任后稷。这样，不窋奔戎狄的时间就可能存在于夏朝的任何政衰阶段，而太康失国、夏桀无道亡国，都可以看作是政衰的时间节点。

《史记·刘敬叔孙通列传》载，刘邦欲都洛阳，想与周室比隆，娄敬（即刘敬）说刘邦用暴力取天下，不能与周媲美，“周之先自后稷，尧封之邰，积德累善十有余世。公刘避桀居豳”，周人“务以德致人，不欲依阻险，令后世骄奢以虐民也”。[④]娄敬指出了周以德治国、不以武力服天下的历史事实。又说后稷至公刘十余世，公刘避夏桀而在戎狄，这种说法容易让学者误会周自公刘才避居戎狄之间，但说周自后稷至公刘十余世，而夏自启至桀凡十六世，与周自不窋至公刘十余世的说法在时间上应该是吻合的。我们仔细辨析《史记·周本纪》“在陶唐、虞、夏之际，皆有令德”一句话，其意应该是指唐尧、虞舜、夏禹三位首领交接

① ［汉］赵岐注，［宋］孙奭疏：《孟子注疏》卷十二下，《十三经注疏》，北京：中华书局，1980年，第2759页。

② ［汉］刘向集录：《战国策》卷二十九，上海：上海古籍出版社，1985年，第1064页。

③ 《史记》卷六十八，第2228页。

④ 《史记》卷九十九，第2715～2716页。

的时间段，而不必一定包含夏启开始的夏朝。

周朝的德治文明肯定有一个层叠累积的历史。在孔子提到的小康时代六君子中去掉夏禹，夏就没有了德治之君，商朝只有商汤可以算是例外。因此，在漫长的商朝，德治只是例外。至周初诸王实现了较长久的德治，德治才成为主导文化。周先祖不窋奔戎狄的时间点既然在夏后启之时，而周的德治文化又是从后稷、不窋传承下来的，那么周代的德治文化就不应该与夏、商文明相关。《论语·为政》载，孔子曰："殷因于夏礼，所损益，可知也；周因于殷礼，所损益，可知也。其或继周者，虽百世，可知也。"[①] 孔子在这里提到了周文明和夏、商文明的关系，认为周文明对商文明、商文明对夏文明都有因革。但孔子这里所说，应指周统一天下、取代商纣王以后的制度变化。《论语·八佾》载，孔子曰："周监于二代，郁郁乎文哉！吾从周。"[②] 孔子认为，周对夏、商的"损益"是取夏、商两代的文化之长，而开辟了最有价值的新文明，而这个新文明就是周人早就建立的、自觉的德治文明。

《论语·为政》载，孔子曰："为政以德，譬如北辰，居其所而众星共之。"[③] 德治是社会向善的基础，而德治的特点就是统治者身体力行，率先垂范，希望百姓做到的，自己首先做到。《论语·颜渊》载，子张问政，子曰："居之无倦，行之以忠。"季康子问政于孔子，孔子对曰："政者，正也。子帅以正，孰敢不正？"季康子患盗，问于孔子，孔子对曰："苟子之不欲，虽赏之不窃。"季康子问政于孔子曰："如杀无道，以就有道，何如？"孔子对曰："子为政，焉用杀？子欲善，而民善矣。君子之德风，小人之德草，草上之风，必偃。"[④]《论语·子路》载，子路问政，子曰："先之劳之。"请益，曰："无倦。"又曰："苟正其身矣，于从政乎何有？不能正其身，如正人何？"[⑤]孔子关于为政的这些论述

---

① [三国魏]何晏集解，[宋]邢昺疏：《论语注疏》卷二，《十三经注疏》，北京：中华书局，1980年，第2463页。

② 《论语注疏》卷三，《十三经注疏》，第2467页。

③ 《论语注疏》卷二，《十三经注疏》，第2461页。

④ 参看《论语注疏》卷十二，《十三经注疏》，第2502～2504页。

⑤ 《论语注疏》卷十三，《十三经注疏》，第2506～2507页。

就是所谓德治的核心内容，而这些论述中最重要的有两点：第一，统治者率先垂范，先天下之忧而忧，吃苦在前，享乐在后，以模范行为感动百姓；第二，坚持不懈地实践吃苦在前的原则。

孔子关于德政的论述可以在近年出土的清华简中找到根据。《清华大学藏战国竹简（壹）》有《保训》篇，根据李学勤先生的释文，按照现代通行文字，其内容可以有如下表述：

> 惟王五十年，不豫，王念日之多历，恐坠宝训，戊子，自靧水，己丑，昧[爽]……[王]若曰："发，朕疾壹甚，恐不汝及训。昔前人传宝，必受之以词，今朕疾允病，恐弗念终，汝以书受之。钦哉，勿淫！昔舜旧作小人，亲耕于历丘，恐求中，自稽厥志，不违于庶万姓之多欲。厥有施于上下远迩，乃易位迩稽，测阴阳之物，咸顺不逆。舜既得中，言不易实变名，身兹备惟允，翼翼不解，用作三降之德。帝尧嘉之，用受厥绪。呜呼！发，祗之哉！昔微假中于河，以复有易，有易服厥罪，微无害，乃归中于河。微志弗忘，传贻子孙，至于成唐，祗备不懈，用受大命。呜呼！发，敬哉！朕闻兹不旧，命未有所延。今汝祗备毋懈，其有所由矣。不及尔身受大命，敬哉，勿淫！日不足，惟宿不详。"①

《保训》是周文王告诫周武王姬发的政治嘱托，其核心思想：一是要学习虞舜，身体力行，率先垂范，不违背百姓的意愿；二是要学习舜和成汤先祖上甲微的谨慎不懈。而这两条与孔子之言"先之劳之"和"无倦"完全契合。

孔子的德治思想是与周代德治思想一脉相承的，而清华简《保训》中周文王对姬发的训诫再次说明周代德治思想首先是从五帝文明中获得的价值支撑。文王对上甲微的赞扬也是因为上甲微继承了虞舜所代表的五帝文明。

在孔子的思想体系中，恢复周礼只是他改造社会的阶段性成果，他的最终理想是实现社会大同。因此，《论语·八佾》说："子谓《韶》，尽美矣，又尽善也。谓《武》，尽美矣，未尽善也。"②《韶》乐体现了"天下为公"的价值观，因此达

---

① 李学勤：《清华简〈保训〉释读补正》，载《中国史研究》，2009年第3期，第8页。

② 《论语注疏》卷三，《十三经注疏》，第2469页。

到了至善，而《武》乐体现的是“天下为家”的政治体制下的善，其局限性不言而喻。

《论语·先进》载孔子之言曰：“先进于礼乐，野人也；后进于礼乐，君子也。如用之，则吾从先进。”[①] 这句话历来有不同解释，但都不得要领，只有放在孔子论述大同与小康的文化背景中才能抓住其核心内涵。礼乐文化起源于三代，其目的是为了维护“大人世及”“天下为家”的社会秩序，因此三代之前以“道”行事，不需要礼乐制度，如果按照三代礼乐制度评判，则三代之前的人如“野人”。但三代之前的文化体现了“天下大同”的宗旨，所以孔子从“先进”、从“野人”，而不从“后进”、不从“君子”。

应该说，周朝建立的是“天下为家”的体制，“天下为家”的体制决定了统治者的恶行和善举最终都是为了维护其统治，而与“天下为公”的根本目的不同。但是，周朝的德治文化显然继承了五帝文明的传统，希望在“天下为家”的体制下能实现为百姓谋利益的宗旨。也正因此，《保训》之中才强调遵从百姓之欲望以及统治者自身的自律。

原载《文艺研究》2013 年 8 期

---

① 《论语注疏》卷十一，《十三经注疏》，第 2498 页。

公羊三世学说与孔子的政治智慧

近世学者研习六经，重视《易》《书》《诗》《礼》，而对《春秋》本身的关注不够，特别是研究思想史和哲学史的学者，并未投入更多的精力去解读《春秋》的思想价值，这从二十世纪经学研究文献的数量分布上就可以推知。其中固然有学术兴趣的差异，但也有学界普遍忽视《春秋》在六经中重要价值的缘故。这是很令人遗憾的。

一　正确认识《春秋》在六经中的独特地位

《史记·孔子世家》载："孔子以《诗》《书》《礼》《乐》教，弟子盖三千焉。"①实际上，六经之中，不独《诗》《书》《礼》《乐》是孔子的教科书，《易》《春秋》也是孔子教学的蓝本。孔子整理六经，其直接目的是为了教学，而经过教学活

① ［汉］司马迁撰，［南朝宋］裴骃集解，［唐］司马贞索隐，［唐］张守节正义：《史记》卷四十七，北京：中华书局，1959年，第1938页。

动，六经也得以传承下来。所以，孔子也间接地保存了上古文献。①

孔子编辑六经，见于孔子和孟子的言论，以及汉代学者的记载。《汉书·艺文志》载：

> 《易》曰："宓戏氏仰观象于天，俯观法于地，观鸟兽之文，与地之宜，近取诸身，远取诸物，于是始作八卦，以通神明之德，以类万物之情。"至于殷、周之际，纣在上位，逆天暴物，文王以诸侯顺命而行道，天人之占可得而效，于是重《易》六爻，作上下篇。孔氏为之《彖》《象》《系辞》《文言》《序卦》之属十篇。故曰《易》道深矣，人更三圣，世历三古。②
>
> ……
>
> 《易》曰："河出图，洛出书，圣人则之。"故《书》之所起远矣，至孔子纂焉，上断于尧，下讫于秦，凡百篇，而为之序，言其作意。③
>
> ……
>
> 《书》曰："诗言志，歌咏言。"故哀乐之心感，而歌咏之声发。诵其言谓之诗，咏其声谓之歌。故古有采诗之官，王者所以观风俗，知得失，自考正也。孔子纯取周诗，上采殷，下取鲁，凡三百五篇，遭秦而全者，以其讽诵，不独在竹帛故也。④
>
> ……
>
> 古之王者世有史官，君举必书，所以慎言行，昭法式也。左史记言，右史记事，事为《春秋》，言为《尚书》，帝王靡不同之。周室既微，载籍

---

① 六经通过孔门弟子流传后世的事实也说明孔子用六经教授的历史。洪迈《容斋续笔》（上海古籍出版社，1996年）卷十四《子夏经学》曰："孔子弟子惟子夏于诸经独有书，虽传记杂言未可尽信，然要为与他人不同矣。于《易》则有《传》。于《诗》则有《序》。而毛诗之学，一云子夏授高行子，四传而至小毛公；一云子夏传曾申，五传而至大毛公。于《礼》则有《仪礼》，'丧服'一篇，马融、王肃诸儒多为之训说。于《春秋》，所云'不能赞一辞'，盖亦尝从事于斯矣；公羊高实受之于子夏；穀梁赤者，《风俗通》亦云子夏门人。于《论语》则郑康成以为仲弓、子夏等所撰定也。后汉徐防上疏曰：'《诗》《书》《礼》《乐》定自孔子，发明章句，始于子夏。'斯其证云。"

② [汉]班固撰，[唐]颜师古注：《汉书》卷三十，北京：中华书局，1962年，第1704页。

③ 《汉书》卷三十，第1704页。

④ 《汉书》卷三十，第1708页。

残缺，仲尼思存前圣之业，乃称曰："夏礼吾能言之，杞不足征也；殷礼吾能言之，宋不足征也。文献不足故也，足则吾能征之矣。"以鲁周公之国，礼文备物，史官有法，故与左丘明观其史记，据行事，仍人道，因兴以立功，就败以成罚，假日月以定历数，借朝聘以正礼乐。有所褒讳贬损，不可书见，口授弟子，弟子退而异言。丘明恐弟子各安其意，以失其真，故论本事而作传，明夫子不以空言说经也。《春秋》所贬损大人当世君臣，有威权势力，其事实皆形于传，是以隐其书而不宣，所以免时难也。及末世口说流行，故有公羊、穀梁、邹、夹之传。①

孔子整理了《易》《诗》《书》《春秋》，而《礼》《乐》至春秋而大坏，也依赖孔子的整理。

《汉书·艺文志》载：

《易》曰："有夫妇父子君臣上下，礼义有所错。"而帝王质文世有损益，至周曲为之防，事为之制，故曰："礼经三百，威仪三千。"及周之衰，诸侯将逾法度，恶其害己，皆灭去其籍，自孔子时而不具，至秦大坏。②

……

《易》曰："先王作乐崇德，殷荐之上帝，以享祖考。"故自黄帝下至三代，乐各有名。孔子曰："安上治民，莫善于礼；移风易俗，莫善于乐。"二者相与并行。周衰俱坏，乐尤微眇，以音律为节，又为郑、卫所乱，故无遗法。③

《史记·儒林列传》载：

太史公曰：余读功令，至于广厉学官之路，未尝不废书而叹也。曰：嗟乎！夫周室衰而《关雎》作，幽厉微而《礼》《乐》坏，诸侯恣行，政由强国。故孔子闵王路废而邪道兴，于是论次《诗》《书》，修起《礼》《乐》。适齐闻《韶》，三月不知肉味。自卫返鲁，然后《乐》正，《雅》《颂》各得其所。世以混浊莫能用，是以仲尼干七十余君无所遇，曰"苟有用我者，

① 《汉书》卷三十，第1715页。
② 《汉书》卷三十，第1710页。
③ 《汉书》卷三十，第1711～1712页。

期月而已矣”。西狩获麟，曰“吾道穷矣”。故因史记作《春秋》，以当王法，其辞微而指博，后世学者多录焉。[①]

《史记·孔子世家》载：

孔子之时，周室微而礼乐废，《诗》《书》缺。追迹三代之礼，序《书传》，上纪唐、虞之际，下至秦缪，编次其事。曰：“夏礼吾能言之，杞不足征也。殷礼吾能言之，宋不足征也。足，则吾能征之矣。”观殷、夏所损益，曰：“后虽百世可知也，以一文一质。周监二代，郁郁乎文哉，吾从周。”故《书传》《礼记》自孔氏。

孔子语鲁大师：“乐其可知也。始作翕如，纵之纯如，皦如，绎如也，以成。”“吾自卫反鲁，然后乐正，《雅》《颂》各得其所。”[②]

孔子整理六经，对《春秋》用力最勤，而其效果也最为显著。孔子甚至把自己一生功过的评价都寄托在后世对《春秋》的评价上，而《春秋》之成的确也起到了预期的目的。如《孟子·滕文公下》云：

世衰道微，邪说暴行有作，臣弑其君者有之，子弑其父者有之。孔子惧，作《春秋》。《春秋》，天子之事也。是故孔子曰：“知我者其惟《春秋》乎！罪我者其惟《春秋》乎！”……孔子成《春秋》，而乱臣贼子惧。[③]

《史记·太史公自序》载太史公司马谈将亡，执司马迁手而泣曰：

余先周室之太史也。自上世尝显功名于虞夏，典天官事。后世中衰，绝于予乎？汝复为太史，则续吾祖矣。今天子接千岁之统，封泰山，而余不得从行，是命也夫，命也夫！余死，汝必为太史；为太史，无忘吾所欲论著矣。且夫孝始于事亲，中于事君，终于立身。扬名于后世，以显父母，此孝之大者。夫天下称诵周公，言其能论歌文武之德，宣周邵之风，达太王王季之思虑，爰及公刘，以尊后稷也。幽厉之后，王道缺，礼乐衰，孔子修旧起废，论《诗》《书》，作《春秋》，则学者至今则之。自获麟以来

---

① 《史记》卷一百二十一，第 3115 页。

② 《史记》卷四十七，第 1935 ～ 1936 页。

③ [汉]赵岐注，[宋]孙奭疏：《孟子注疏》卷六下，《十三经注疏》，北京：中华书局，1980 年，第 2714 ～ 2715 页。

四百有余岁，而诸侯相兼，史记放绝。今汉兴，海内一统，明主贤君忠臣死义之士，余为太史而弗论载，废天下之史文，余甚惧焉，汝其念哉！①

又说孔子作《春秋》和为什么作《春秋》云：

上大夫壶遂曰："昔孔子何为而作《春秋》哉？"太史公曰："余闻董生曰：'周道衰废，孔子为鲁司寇，诸侯害之，大夫壅之。孔子知言之不用，道之不行也，是非二百四十二年之中，以为天下仪表，贬天子，退诸侯，讨大夫，以达王事而已矣。'子曰：'我欲载之空言，不如见之于行事之深切著明也。'夫《春秋》，上明三王之道，下辨人事之纪，别嫌疑，明是非，定犹豫，善善恶恶，贤贤贱不肖，存亡国，继绝世，补敝起废，王道之大者也。《易》著天地阴阳四时五行，故长于变；《礼》经纪人伦，故长于行；《书》记先王之事，故长于政；《诗》记山川溪谷禽兽草木牝牡雌雄，故长于风；《乐》乐所以立，故长于和；《春秋》辩是非，故长于治人。是故《礼》以节人，《乐》以发和，《书》以道事，《诗》以达意，《易》以道化，《春秋》以道义。拨乱世反之正，莫近于《春秋》。《春秋》文成数万，其指数千。万物之散聚皆在《春秋》。《春秋》之中，弑君三十六，亡国五十二，诸侯奔走不得保其社稷者不可胜数。察其所以，皆失其本已。故《易》曰'失之豪厘，差以千里'。故曰'臣弑君，子弑父，非一旦一夕之故也，其渐久矣'。故有国者不可以不知《春秋》，前有谗而弗见，后有贼而不知。为人臣者不可以不知《春秋》，守经事而不知其宜，遭变事而不知其权。为人君父而不通于《春秋》之义者，必蒙首恶之名。为人臣子而不通于《春秋》之义者，必陷篡弑之诛，死罪之名。其实皆以为善，为之不知其义，被之空言而不敢辞。夫不通礼义之旨，至于君不君，臣不臣，父不父，子不子。夫君不君则犯，臣不臣则诛，父不父则无道，子不子则不孝。此四行者，天下之大过也。以天下之大过予之，则受而弗敢辞。故《春秋》者，礼义之大宗也。夫礼禁未然之前，法施已然之后；法之所为用者易见，而礼之所为禁者难知。"②

---

① 《史记》卷一百三十，第3295页。

② 《史记》卷一百三十，第3297～3298页。

司马迁引用董仲舒的话，对孔子作《春秋》的原因及《春秋》在六经中的重要地位进行了全面而准确的概括。用壶遂的话说，孔子之所以作《春秋》，是因为“孔子之时，上无明君，下不得任用，故作《春秋》”[①]。孔子作《春秋》的作用就是“垂空文以断礼义，当一王之法”，为后世建立一个评价春秋社会人事的坐标。

《史记·十二诸侯年表》载：

是以孔子明王道，干七十余君，莫能用，故西观周室，论史记旧闻，兴于鲁而次《春秋》，上记隐，下至哀之获麟，约其辞文，去其烦重，以制义法，王道备，人事浃。[②]

《史记·孔子世家》载：

子曰：“弗乎弗乎，君子病没世而名不称焉。吾道不行矣，吾何以自见于后世哉？”乃因史记作《春秋》，上至隐公，下讫哀公十四年，十二公。据鲁，亲周，故殷，运之三代。约其文辞而指博。故吴楚之君自称王，而春秋贬之曰“子”；践土之会实召周天子，而春秋讳之曰“天王狩于河阳”：推此类以绳当世。贬损之义，后有王者举而开之。春秋之义行，则天下乱臣贼子惧焉。

孔子在位听讼，文辞有可与人共者，弗独有也。至于为《春秋》，笔则笔，削则削，子夏之徒不能赞一辞。弟子受《春秋》，孔子曰：“后世知丘者以《春秋》，而罪丘者亦以《春秋》。”[③]

司马迁在这里的论述，也是在阐明孔子为何作《春秋》及《春秋》的意义问题。

对孔子作《春秋》的原因及意义的高度评价，体现了西汉学者共同的认识。西汉初年陆贾著《新语》，其中多次提及《春秋》的意义，如《术事》曰：

道近不必出于久远，取其致要而有成。《春秋》上不及五帝，下不至三王，述齐桓、晋文之小善，鲁之十二公，至今之为政，足以知成败之效，何必于三王？故古人之所行者，亦与今世同。立事者不离道德，调弦者不

① 《史记》卷一百三十，第3299页。
② 《史记》卷十四，第509页。
③ 《史记》卷四十七，第1943～1944页。

失宫商，天道调四时，人道治五常，周公与尧、舜合符瑞，二世与桀、纣同祸殃。

文王生于东夷，大禹出于西羌，世殊而地绝，法合而度同。故圣贤与道合，愚者与祸同，怀德者应以福，挟恶者报以凶，德薄者位危，去道者身亡，万世不易法，古今同纪纲。①

西汉中后期儒学复兴，涌现了大量儒学宗师，大儒刘向更是其中的代表。刘向在《说苑》和《新序》中，对孔子作《春秋》也是给予了高度的关注。他不但认为《春秋》是周德由盛而亡后必然出现的，体现了继往开来的新德，同时也赞同有国者不可不学《春秋》的论断。《说苑·君道》云：

夫天之生人也，盖非以为君也；天之立君也，盖非以为位也。夫为人君，行其私欲而不顾其人，是不承天意，忘其位之所以宜事也。如此者，春秋不予能君，而夷狄之。郑伯恶一人而兼弃其师，故有"夷狄不君"之辞，人主不以此自省惟，既以失实，心奚因知之。故曰："有国者不可以不学《春秋》。"此之谓也。

……

孔子曰："夏道不亡，商德不作；商德不亡，周德不作；周德不亡，《春秋》不作；《春秋》作而后君子知周道亡也。"②

刘向认为，孔子所作《春秋》体现了高度的社会责任感和是非正义感，体现了对天道人事的深刻认识和透彻了解。《说苑·贵德》云：

仁人之德教也，诚恻隐于中，悃愊于内，不能已于其心。故其治天下也，如救溺人。见天下强陵弱，众暴寡，幼孤羸露，死伤系虏，不忍其然。是以孔子历七十二君，冀道之一行，而得施其德，使民生于全育，烝庶安土，万物熙熙，各乐其终。卒不遇，故睹麟而泣，哀道不行，德泽不洽，于是退作《春秋》，明素王之道，以示后人，恩施其惠，未尝辍忘。是以百王尊之，志士法焉，诵其文章，传今不绝，德及之也。……

① 王利器撰：《新语校注》卷上，《新编诸子集成》，北京：中华书局，1986年，第41～43页。
② ［汉］刘向撰，向宗鲁校证：《说苑校证》卷一，北京：中华书局，1987年，第30～31页。

周天子使家父毛伯求赙金于诸侯，《春秋》讥之。故天子好利则诸侯贪，诸侯贪则大夫鄙，大夫鄙则庶人盗。上之变下，犹风之靡草也。故为人君者，明贵德而贱利，以道下，下之为恶尚不可止，今隐公贪利而身自渔济上，而行八佾，以此化于国人，国人安得不解于义？解于义而纵其欲，则灾害起而臣下僻矣！故其元年始书螟，言灾将起，国家将乱云尔。①

《说苑·至公》云：

夫子行说七十诸侯无定处，意欲使天下之民各得其所，而道不行，退而修《春秋》，采毫毛之善，贬纤介之恶，人事浃，王道备，精和圣制，上通于天而麟至，此天之知夫子也。于是喟然而叹曰："天以至明为不可蔽乎，日何为而食？地以至安为不可危乎，地何为而动？天地尚有动蔽，是故贤圣说于世而不得行其道，故灾异并作也。"夫子曰："不怨天，不尤人，下学而上达，知我者其天乎？"

孔子生于乱世，莫之能容也，故言行于君，泽加于民，然后仕；言不行于君，泽不加于民，则处。孔子怀天覆之心，挟仁圣之德，悯时俗之污泥，伤纪纲之废坏，服重历远，周流应聘，乃俟幸施道，以子百姓，而当世诸侯，莫能任用。是以德积而不肆，大道屈而不伸，海内不蒙其化，群生不被其恩。故喟然叹曰："而有用我者，则吾其为东周乎？"故孔子行说，非欲私身运德于一城，将欲舒之于天下，而建之于群生者耳。②

刘向还认为，《春秋》体现的道是君子务本的产物，《春秋》对是非的评判是国之鉴镜。《说苑·建本》云：

孔子曰："君子务本，本立而道生。"夫本不正者末必倚，始不盛者终必衰。《诗》云："原隰既平，泉流既清。"本立而道生。《春秋》之义，有正春者无乱秋，有正君者无危国。《易》曰："建其本而万物理，失之毫厘，差以千里。"是故君子贵建本而重立始。

魏武侯问"元年"于吴子，吴子对曰："言国君必慎始也。""慎始奈

① 《说苑校证》卷五，第95～111页。

② 《说苑校证》卷十四，第350～353页。

何？”曰：“正之。”“正之奈何？”曰：“明智，智不明，何以见正，多闻而择焉，所以明智也。是故古者君始听治，大夫而一言，士而一见，庶人有谒必达，公族请问必语，四方至者勿距，可谓不壅蔽矣；分禄必及，用刑必中，君心必仁，思君之利，除民之害，可谓不失民众矣；君身必正，近臣必选，大夫不兼官，执民柄者不在一族，可谓不权势矣。此皆《春秋》之意，而元年之本也。”

……

公扈子曰：“有国者不可以不学《春秋》，生而尊者骄，生而富者傲，生而富贵，又无鉴而自得者鲜矣。《春秋》，国之鉴也，《春秋》之中，弑君三十六，亡国五十二，诸侯奔走，不得保社稷者甚众，未有不先见而后从之者也。”①

二　正确认识《春秋》今文经学的价值

自汉代以来，有所谓今文经学和古文经学的分野，虽然从东汉以降，今文经学渐有式微之相，但其真正衰落却是二十世纪的事情。康有为之后，近代研究经学的学者本就已屈指可数，而因人们丧失了对孔子及中国传统文化的敬畏，推翻了作为偶像的孔子，也就清除了今文经学生存的土壤。今天的六经研究不但远离了今文经学，甚至也已经远离了古文经学。

近人周予同在《经今古文学》一书中总结了今文学和古文学的不同，提出了十三种分野②：

分野	今文经学	古文经学
1	崇奉孔子	崇奉周公
2	尊孔子为“受命”的“素王”	尊孔子为先师
3	认孔子为哲学家、政治家、教育家	认孔子为史学家
4	以孔子为“托古改制”	以孔子为“信而好古，述而不作”

① 《说苑校证》卷三，第 56～69 页。
② 朱维铮：《周予同经学史论著选集》，上海：上海人民出版社，1983 年，第 9 页。

5	以六经为孔子作	以六经为古代史料
6	以《公羊传》为主	以《周礼》为主
7	为经学派	为史学派
8	经的传授多可考	经的传授不大可考
9	西汉都立于学官	西汉多行于民间
10	盛行于西汉	盛行于东汉
11	斥古文经传是刘歆伪造之作	斥今文经学是秦火残缺之余
12	今存《仪礼》《公羊传》《榖梁传》《小戴礼记》《大戴礼记》《韩诗外传》	今存《毛诗》《周礼》《左传》
13	信纬书，以为孔子微言大义间有所存	斥纬书为妄诬

西汉学者去孔子不远，他们知道孔子是中国文化的集大成者，并知道孔子周游列国在于推介他的政治主张，以《春秋》为天下立德。所以，孔子是春秋时期的精神领袖，是“受命”的“素王”，是哲学家、政治家、教育家。他意图恢复周礼，实现仁政，“托古改制”，不能成功则退而教学，整理六经为教科书。孔子整理六经有所选择，如周秦时期晋国太子申生和秦公子扶苏都实践过的“君让臣死，臣不敢不死，不死即为不忠；父让子亡，子不敢不亡，不亡即为不孝”的观念，孔子则选取圣人革命的主题和谏父过失的行为规范，并通过教学活动，代代相传。孔子整理《诗经》，立足于“无邪”和兴、观、群、怨之主题；整理《尚书》，则独取“天视自我民视，天听自我民听”之主题；作《易传》，则立足于君子自强不息与厚德载物。如此等等，孔子为后世树立了为百姓谋利益的为政理念和修身法则。孔子之后，学生遵奉孔子学说、六经之传，虽经秦火，难免有文献缺失，但师徒授受，仍然弦歌不绝、清晰可考。所以西汉之初，今文经学借批判暴秦的时代潮流得立于学官。虽然今文经学难免有门户之见，但与古文经学徒有文字而没有系统的师承口授相比，微言大义间有所存自然是肯定的了。

古文经学的出现具有偶然性，因其把孔子仅仅看为史学家，没有能洞彻周公与孔子的区别，所以崇奉周公，以孔子为“信而好古，述而不作”，所以其仅以孔子为先师，以六经为古代史料。古文经学家只看到了今文经学是秦火残缺之余的历史事实，却没有认识到师徒私相授受的师承优势。因此，尽管《毛诗》《周礼》《左传》有其价值，但是这种价值是不能代替今文经学的独特性的。

今文经学的衰亡和古文经学的兴盛，表面上看是相信出土文献还是相信师承的问题，实际上是产生于地方自治政治环境中的思想自由时代的价值观如何在中央集权时期的专制主义旗帜下寻求生存空间的策略考量。孔子的政治主张在中央集权体制下与专制主义精神背道而驰，所以孔子从政治家蜕化演变成了文献家，最多只保留一个传承文化的教师爷的尊严，而失去了政治导师的光环。孔子作为政治家身份的全面恢复，只有当专制皇权瓦解以后才可能实现。

所以，孟子在中央集权没有开始的时候就认识到了孔子作《春秋》的价值，以及孔子作《春秋》的深意。《孟子·离娄下》云：

孟子曰："王者之迹熄而《诗》亡，《诗》亡然后《春秋》作。晋之《乘》，楚之《梼杌》，鲁之《春秋》，一也。其事则齐桓、晋文，其文则史。孔子曰：'其义则丘窃取之矣。'"①

《史记·孔子世家》载：

太史公曰：诗有之："高山仰止，景行行止。"虽不能至，然心向往之。余读孔氏书，想见其为人。适鲁，观仲尼庙堂车服礼器，诸生以时习礼其家，余祗回留之不能去云。天下君王至于贤人众矣，当时则荣，没则已焉。孔子布衣，传十余世，学者宗之。自天子王侯，中国言六艺者折中于夫子，可谓至圣矣！②

孔子至圣，然而只有善良而又有智慧的人才能理解孔子作为一个伟大圣人的价值。后世对孔子的尊崇，大部分时候不过是因其传播六经的功绩。孔子所取之义，又有多少时代能够领会呢？

在专制主义即将灭亡的时候，近代民主革命者康有为首先从今文经学，特别是从《春秋公羊学》中找到了革命的思想渊源。康有为《春秋董氏学自序》曰：

道、教何从？从圣人。圣人何从？从孔子。孔子之道何在？在六经。六经粲然深美，浩然繁博，将何统乎？统一于《春秋》。《诗》《书》《礼》《乐》并立学官，统于《春秋》，有据乎？据于孟子。孟子述禹、汤、文、武、周公而及孔子，不及其他书，惟尊《春秋》。《春秋》三传何从乎？从公羊氏。

---

① 《孟子注疏》卷八上，《十三经注疏》，第2727～2728页。

② 《史记》卷四十七，第1947页。

有据乎？据于孟子。孟子发《春秋》之学曰："其事则齐桓、晋文，其文则史，其义则丘取之矣。"《左传》详文与事，是史也，于孔子之道无与也。惟《公羊》独详《春秋》之义。孟子述《春秋》之学，曰："《春秋》天子之事也。《穀梁传》不明《春秋》王义，传孔子之道而不光焉。惟《公羊》详素王改制之义，故《春秋》之传在《公羊》也。"①

三　孔子的政治智慧和政治坚守

《孟子·万章下》云：

孟子曰："伯夷，圣之清者也；伊尹，圣之任者也；柳下惠，圣之和者也；孔子，圣之时者也。孔子之谓集大成。集大成也者，金声而玉振之也。金声也者，始条理也；玉振之也者，终条理也。始条理者，智之事也；终条理者，圣之事也。智，譬则巧也；圣，譬则力也。由射于百步之外也，其至，尔力也；其中，非尔力也。"②

孔子之所以被孟子认为是圣之时者也，在于他具有伟大的人格魅力和无所不能的政治洞察力，透彻地了解时代大势和个人际遇的关系，了解天命之不可违抗，知道用行舍藏，能与时进退，人不知而不愠，不为了闻达富贵而进，不为了个人得失而退，以天下为己任，舍生忘死，鞠躬尽瘁，死而后已。

孔子是个政治家，在他担任行政职务时，无论大小都有政声。《史记·孔子世家》载："孔子贫且贱。及长，尝为季氏史，料量平；尝为司职吏而畜蕃息。由是为司空。"③ 而夹谷之会更显出孔子的政治智慧和政治韬略。《春秋·定公十年》载："十年，春，王三月，及齐平。夏，公会齐侯于夹谷。公至自夹谷。……齐人来归郓、讙、龟阴田。"

《左传》载：

---

① 康有为撰，姜义华、张荣华编校：《春秋董氏学》，《康有为全集》第 2 集，北京：中国人民大学出版社，2007 年，第 307 页。

② 《孟子注疏》卷十上，《十三经注疏》，第 2740 ～ 2741 页。

③ 《史记》卷四十七，第 1909 页。

夏，公会齐侯于祝其，实夹谷。孔丘相。犁弥言于齐侯曰："孔丘知礼而无勇，若使莱人以兵劫鲁侯，必得志焉。"齐侯从之。孔丘以公退，曰："士，兵之！两君合好，而裔夷之俘以兵乱之，非齐君所以命诸侯也。裔不谋夏，夷不乱华，俘不干盟，兵不逼好。于神为不祥，于德为愆义，于人为失礼，君必不然。"齐侯闻之，遽辟之。将盟，齐人加于载书曰："齐师出竟，而不以甲车三百乘从我者，有如此盟！"孔丘使兹无还揖对，曰："而不反我汶阳之田，吾以共命者，亦如之。"齐侯将享公，孔丘谓梁丘据曰："齐、鲁之故，吾子何不闻焉？事既成矣，而又享之，是勤执事也。且牺、象不出门，嘉乐不野合。飨而既具，是弃礼也；若其不具，用秕稗也。用秕稗，君辱；弃礼，名恶。子盍图之？夫享，所以昭德也。不昭，不如其已也。"乃不果享。齐人来归郓、讙、龟阴之田。①

《公羊传》载：

夏，公会齐侯于颊谷。公至自颊谷。晋赵鞅帅师围卫。齐人来归运、讙、龟阴田。齐人曷为来归运、讙、龟阴田？孔子行乎季孙，三月不违，齐人为是来归之。②

《穀梁传》载：

夏，公会齐侯于颊谷。公至自颊谷。离会不致。何为致也？危之也。危之则以地致何也？为危之也。其危奈何？曰，颊谷之会，孔子相焉。两君就坛，两相相揖。齐人鼓譟而起，欲以执鲁君。孔子历阶而上，不尽一等，而视归乎齐侯，曰："两君合好，夷狄之民，何为来为？"命司马止之。齐侯逡巡而谢曰："寡人之过也。"退而属其二三大夫曰："夫人率其君与之行古人之道，二三子独率我而入夷狄之俗，何为？"罢会，齐人使优施舞于鲁君之幕下。孔子曰："笑君者罪当死。"使司马行法焉，首足异门而出。齐人来归郓、讙、龟阴之田者，盖为此也。因是以见虽有文事，必有武备。

---

① [晋]杜预集解，[唐]孔颖达等正义：《春秋左传正义》卷五十六，《十三经注疏》，北京：中华书局，1980年，第2147～2148页。

② [汉]何休解诂，[唐]徐彦疏：《春秋公羊传注疏》卷二十六，《十三经注疏》，北京：中华书局，1980年，第2341页。

孔子于颊谷之会见之矣。……齐人来归郓、讙、龟阴之田。[①]

《史记·孔子世家》载：

定公十年春，及齐平。夏，齐大夫黎锄言于景公曰："鲁用孔丘，其势危齐。"乃使使告鲁为好会，会于夹谷。鲁定公且以乘车好往。孔子摄相事，曰："臣闻有文事者必有武备，有武事者必有文备。古者诸侯出疆，必具官以从。请具左右司马。"定公曰："诺。"具左右司马。会齐侯夹谷，为坛位，土阶三等，以会遇之礼相见，揖让而登。献酬之礼毕，齐有司趋而进曰："请奏四方之乐。"景公曰："诺。"于是旍旄羽袚矛戟剑拨鼓噪而至。孔子趋而进，历阶而登，不尽一等，举袂而言曰："吾两君为好会，夷狄之乐何为于此！请命有司！"有司却之，不去，则左右视晏子与景公。景公心怍，麾而去之。有顷，齐有司趋而进曰："请奏宫中之乐。"景公曰："诺。"优倡侏儒为戏而前。孔子趋而进，历阶而登，不尽一等，曰："匹夫而营惑诸侯者罪当诛！请命有司！"有司加法焉，手足异处。景公惧而动，知义不若，归而大恐，告其群臣曰："鲁以君子之道辅其君，而子独以夷狄之道教寡人，使得罪于鲁君，为之柰何？"有司进对曰："君子有过则谢以质，小人有过则谢以文。君若悼之，则谢以质。"于是齐侯乃归所侵鲁之郓、汶阳、龟阴之田以谢过。[②]

《春秋》三传与《史记》所记，虽然详略不同，而其事迹梗概大体可以推知，孔子代行鲁国执政的短暂岁月在历史上留下了浓墨重彩的一笔。

孔子是个政治家，而且还是一个有政治坚守的政治家，这和他同时代及以后的政治家表现出了不同。《史记·孟子荀卿列传》载，战国时期如孟轲等倡导王道仁政，被认为是"迂远而阔于事情"，因为"当是之时，秦用商君，富国强兵；楚、魏用吴起，战胜弱敌；齐威王、宣王用孙子、田忌之徒，而诸侯东面朝齐。天下方务于合从连衡，以攻伐为贤，而孟轲乃述唐、虞、三代之德，是以所

① ［晋］范宁集解，［唐］杨士勋疏：《春秋穀梁传注疏》卷十九，《十三经注疏》，北京：中华书局，1980年，第2445页。

② 《史记》卷四十七，第1915～1916页。

如者不合"[1]。但是,"故武王以仁义伐纣而王，伯夷饿不食周粟；卫灵公问陈，而孔子不答；梁惠王谋欲攻赵，孟轲称大王去邠。此岂有意阿世俗苟合而已哉"[2]。孔子不答卫灵公的问阵，不是孔子不懂战阵，而是不愿做助纣为虐者；孟子不是不知道当时诸侯所好，而是不愿为了自己的功名富贵，而放弃对真理的追求。司马迁对孔子和孟子不愿"有意阿世俗苟合"的认识，正是看到了孔子和孟子作为真正的政治家的本色。

战国时期的"成功"政治家，常常是为了成就自己的功业，而不问政治的良善，趋炎附势，出卖良心。如《史记·商君列传》载商鞅游说秦孝公：

> 孝公既见卫鞅，语事良久，孝公时时睡，弗听。罢而孝公怒景监曰："子之客妄人耳，安足用邪！"景监以让卫鞅。卫鞅曰："吾说公以帝道，其志不开悟矣。"后五日，复求见鞅。鞅复见孝公，益愈，然而未中旨。罢而孝公复让景监，景监亦让鞅。鞅曰："吾说公以王道而未入也。请复见鞅。"鞅复见孝公，孝公善之而未用也。罢而去。孝公谓景监曰："汝客善，可与语矣。"鞅曰："吾说公以霸道，其意欲用之矣。诚复见我，我知之矣。"卫鞅复见孝公。公与语，不自知膝之前于席也。语数日不厌。景监曰："子何以中吾君？吾君之欢甚也。"鞅曰："吾说君以帝王之道比三代，而君曰：'久远，吾不能待。且贤君者，各及其身显名天下，安能邑邑待数十百年以成帝王乎？'故吾以强国之术说君，君大说之耳。然亦难以比德于殷周矣。"[3]

商鞅游说秦孝公，先说五帝"天下为公"之道，孝公不觉悟；然后说三王德治之道，孝公也无兴趣；商鞅改说春秋五霸之道，孝公以为善。商鞅明白孝公是个功利之徒，所以索性以等而下之的富国强兵之道投合孝公，因此得重用。而商鞅自己也知道，以富国强兵之道治国，必然没有办法达到三代的水平。所谓"道之以政，齐之以刑，民免而无耻。道之以德，齐之以礼，有耻且格"[4]。

---

① 《史记》卷七十四，第 2343 页。

② 《史记》卷七十四，第 2345 页。

③ 《史记》卷六十八，第 2228 页。

④ [三国魏]何晏集解，[宋]邢昺疏:《论语注疏》卷二,《十三经注疏》，北京：中华书局，1980 年，第 2461 页。

又《史记·苏秦列传》载，苏秦先赴秦说连横之策，不被用，而改游说六国以合纵；《史记·张仪列传》载，张仪先投苏秦，意欲合纵，不被用，而改游说连横之策。苏秦、张仪在面临分裂和统一的大是大非面前完全根据“市场”的需要，调整自己的主张，这与商鞅的自甘堕落大体相类。

孔子培养的学生大多有政治才能，《论语·雍也》载：

> 季康子问：“仲由可使从政也与？”子曰：“由也果，于从政乎何有？”曰：“赐也可使从政也与？”曰：“赐也达，于从政乎何有？”曰：“求也可使从政也与？”曰：“求也艺，于从政乎何有？”①

在孔子看来，他的学生果敢、通达、多才多艺，对于从政来说，简直就是小菜一碟。不过，孔子在肯定学生有从政能力的同时，对从政的原则也是一刻也不放松的。《论语·尧曰》载：

> 子张问于孔子曰：“何如斯可以从政矣？”子曰：“尊五美，屏四恶，斯可以从政矣。”子张曰：“何谓五美？”子曰：“君子惠而不费，劳而不怨，欲而不贪，泰而不骄，威而不猛。”子张曰：“何谓惠而不费？”子曰：“因民之所利而利之，斯不亦惠而不费乎？择可劳而劳之，又谁怨？欲仁而得仁，又焉贪？君子无众寡，无小大，无敢慢，斯不亦泰而不骄乎？君子正其衣冠，尊其瞻视，俨然人望而畏之，斯不亦威而不猛乎？”子张曰：“何谓四恶？”子曰：“不教而杀谓之虐。不戒视成谓之暴。慢令致期谓之贼。犹之与人也，出纳之吝，谓之有司。”②

概而言之，为政最重要的是真正把百姓的利益放在第一位，爱护百姓，尊重百姓。

四　公羊三世学说与孔子的政治理想

《公羊传》之《隐公元年》载：“所见异辞，所闻异辞，所传闻异辞。”③《桓

---

① 《论语注疏》卷六，《十三经注疏》，第 2478 页。

② 《论语注疏》卷二十，《十三经注疏》，第 2535 页。

③ 《春秋公羊传注疏》卷一，《十三经注疏》，第 2200 页。

公二年》载:“所见异辞，所闻异辞，所传闻异辞。”[①]《哀公十四年》载:“《春秋》何以始乎隐？祖之所逮闻也，所见异辞，所闻异辞，所传闻异辞。何以终乎哀十四年？曰：备矣！君子曷为为《春秋》？拨乱世，反诸正，莫近诸《春秋》。则未知其为是与？其诸君子乐道尧、舜之道与？末不亦乐乎尧、舜之知君子也？制《春秋》之义，以俟后圣，以君子之为，亦有乐乎此也。”[②]《公羊传》提到的所见、所闻、所传闻，东汉何休《春秋公羊传解诂》云:“所见者，谓昭、定、哀，己与父时事也；所闻者，谓文、宣、成、襄，王父时事也；所传闻者，谓隐、桓、庄、闵、僖，高祖曾祖时事也。”[③]董仲舒《春秋繁露·楚庄王》解释说：

> 《春秋》分十二世为三等：有见，有闻，有传闻。有见三世，有闻四世，有传闻五世。故哀、定、昭，君子之所见也；襄、成、宣、文，君子之所闻也；僖、闵、庄、桓、隐，君子之所传闻也。所见六十一年，所闻八十五年，所传闻九十六年。于所见，微其辞；于所闻，痛其祸；于传闻，杀其恩与情俱也。[④]

近人康有为《春秋董氏学·三世》曰：

> 三世为孔子非常大义，托之《春秋》以明之。“所传闻世”为据乱，“所闻世”托升平，“所见世”托太平。乱世者，文教未明也；升平者，渐有文教，小康也；太平者，大同之世，远近大小如一，文教全备也。大义多属小康，微言多属太平。为孔子学，当分二类，乃可得之。此为《春秋》第一大义。自伪《左》灭《公羊》而《春秋》亡，孔子之道遂亡矣。[⑤]

董仲舒和何休关于“所见、所闻、所传闻”还不算太过离谱，但到了康有为时，显然其所指已经不是《春秋》十二世所能概括得了的了。春秋时代，实际就是一个礼崩乐坏的乱世，康有为以所传闻世为据乱、所闻世托升平、所见世托太平，再把哀、定、昭三世和太平联系起来，把襄、成、宣、文和升平联系起来，

① 《春秋公羊传注疏》卷四,《十三经注疏》，第2213页。
② 《春秋公羊传注疏》卷二十八,《十三经注疏》，第2353～2354页。
③ 《春秋公羊传注疏》卷一,《十三经注疏》，第2200页。
④ 钟肇鹏:《春秋繁露校释》卷一，石家庄：河北人民出版社，2005年，第17页。
⑤ 《春秋董氏学》,《康有为全集》第2集，第324页。

把僖、闵、庄、桓、隐与据乱联系起来，这样的分类显然没有说服力。但是，康有为认为“乱世、升平、太平”的历史发展阶段论无疑是有道理的，不但有道理，并且符合孔子对中国社会发展阶段的认识。

《礼记·礼运》记载了孔子这样一段话：

> 昔者仲尼与于蜡宾，事毕，出游于观之上，喟然而叹。仲尼之叹，盖叹鲁也。言偃在侧，曰：“君子何叹？”孔子曰：“大道之行也，与三代之英，丘未之逮也，而有志焉。大道之行也，天下为公。选贤与能，讲信修睦。故人不独亲其亲，不独子其子，使老有所终，壮有所用，幼有所长，矜、寡、孤、独、废、疾者皆有所养，男有分，女有归。货恶其弃于地也，不必藏于己；力恶其不出于身也，不必为己。是故谋闭而不兴，盗窃乱贼而不作，故外户而不闭，是谓大同。今大道既隐，天下为家。各亲其亲，各子其子。货力为己。大人世及以为礼，城郭沟池以为固，礼义以为纪，以正君臣，以笃父子，以睦兄弟，以和夫妇，以设制度，以立田里，以贤勇知，以功为己，故谋用是作，而兵由此起。禹、汤、文、武、成王、周公，由此其选也。此六君子者，未有不谨于礼者也，以著其义，以考其信，著有过，刑仁讲让，示民有常，如有不由此者，在执者去，众以为殃，是谓小康。”①

所谓“大同”，就是在政治、经济、文化诸方面，人人拥有平等的权利。“天下为家”是专制主义的最大特征，统治者们为了自己的私欲，假借国家的名义，限制人民的自由权力。由于统治者丧失了人民的支持，只好用暴力来维护自己的不公正的统治，并通过强权来推行专制主义人文意识。暴力和强权破坏了自由的传统，人民的民主权力和自由地表达自己意见、自由地支配自己行为的权利被剥夺了，人民只有服从和牺牲的自由，而没有表示不满的自由，而统治者却逐渐地建立了推行专制主义的自由。孔子心所神往的是人人平等、自由的大同，小康时代虽能谨礼、著义、考信、著过，刑仁讲让，示民以常，已是不得已，至如孔子

---

① [汉]郑玄注，[唐]孔颖达等正义：《礼记正义》卷二十一，《十三经注疏》，北京：中华书局，1980年，第1413～1414页。

之时的鲁国，则违背礼义，“陪臣执国政，是以鲁自大夫以下皆僭离于正道”[1]，与小康之世相比较，在孔子眼里无疑又退了一大步。

如果把孔子关于大同、小康和乱世的三个时代和公羊三世学说结合起来，我们发现，孔子认为社会的发展经过了大同到小康、小康到乱世的一个蜕化过程，文教未明的乱世正是春秋时代；渐有文教的小康时代是升平世，对应的是夏、商、周三代，即禹、汤、文、武、成王、周公时代；而大同之世，远近大小如一、文教全备的太平世，则所指应该是五帝时代，以尧、舜禅让为标志。这个三世的蜕化过程也是商鞅游说秦孝公时等而下之的四个过程的前三个阶段。《老子》云：“故失道而后德，失德而后仁，失仁而后义，失义而后礼。夫礼者，忠信之薄而乱之首。”[2]其论述由道而德而仁而义而礼的蜕化历史，正是由五帝到三王、再到霸王、再到君主集权时代的文化轨迹，五帝以道治国，三王以德治国，霸王以仁、义治国，而到了君主集权时代则用礼法治国，甚至只用刑罚治国了。

孔子指出了社会蜕化的三个阶段后，认为社会变革也应该遵循三阶段，进行渐进式的回归。回归的第一步，就是实现以德治国的小康时代，而小康时代以周代最为进步，所以孔子主张首先恢复周礼。但是礼本身作为“家天下”的产物，孔子并不是无条件接受的，所以恢复周礼以后，最终还是要向尽善尽美的大同方向发展。

恢复周礼，走向大同，最主要的是培养仁。孔子说：“君子无终食之间违仁，造次必于是，颠沛必于是。”[3]又说：“志士仁人，无求生以害仁，有杀身以成仁。”[4]孔子的弟子曾子则说：“士不可以不弘毅，任重而道远。仁以为己任，不亦重乎？死而后已，不亦远乎？”[5]孔子的弟子问仁，孔子回答说“爱人”[6]，“爱人”就是以善心对待同类，而其前提就是承认人的平等权利，而对人的平等权利的肯定，也就意味着承认他人的自由。孔子为了贯彻“爱人”的原则，提出了“恕”

---

① 《史记》卷四十七，第 1914 页。
② 徐梵澄:《老子臆解》，北京：中华书局，1988 年，第 55 页。
③ 《论语注疏》卷四，《十三经注疏》，第 2471 页。
④ 《论语注疏》卷十五，《十三经注疏》，第 2517 页。
⑤ 《论语注疏》卷八，《十三经注疏》，第 2487 页。
⑥ 《论语注疏》卷十二，《十三经注疏》，第 2504 页。

的行动纲领，学生问他“有一言而可以终身行之者乎”，孔子回答说：“其恕乎！己所不欲，勿施于人。”① “恕”作为孔子“一以贯之”之道，是实现“仁”的基本途径，实现了“恕”，也就是实践了“仁”。孔子说：“夫仁者，己欲立而立人，己欲达而达人。能近取譬，可谓仁之方也已。”②“己欲立而立人，己欲达而达人”与“己所不欲，勿施于人”是一种行为原则的两个方面，都是“能近取譬”的“恕”。其核心是把他人看成是与自己一样有平等权利的人，自己不愿意做的事，自己不愿意承受的痛苦，绝不能强加于人；自己想实现的愿望，应该允许别人实现。也就是说，要承认他人和自己有同样的平等权利，不驱使他人，不强迫他人，要给他人自由的权利。

孔子在强调“爱人”的时候，更多的是强调给他人自由。他说，“躬自厚而薄责于人”③,“君子求诸己，小人求诸人”④，即对自己严格要求，而对别人宽宏大量。孔子这样做，并不是认为自由对自己不重要，而是要教导他的学生去治国平天下，治国平天下者只有限制自己的欲望，才能通过自己的身体力行，以模范的行为影响他人，进而创造一个好的道德环境，实现全民的福祉。孔子说：“道千乘之国，敬事而信，节用而爱人，使民以时。”⑤ “节用”就是抑制欲望，“爱人”就是强调统治者与人民的平等，“使民以时”就是要给人民更大的自由权利。孔子赞扬原始氏族社会的“无为”，他说：“无为而治者，其舜也与！夫何为哉？恭己正南面而已矣。”⑥ “无为”就是不限制人民的自由，让人民自由地生活。

康有为《孟子微》曰：“不忍人之心，仁也……一切仁政，皆从不忍之心生，为万化之海，为一切根，为一切源……太平大同，皆从此出。”⑦ 他认为，只要从博爱的立场出发，就可以产生平等、自由、民主诸观念，进而实现世界大同，这

---

① 《论语注疏》卷十五，《十三经注疏》，第 2518 页。
② 《论语注疏》卷六，《十三经注疏》，第 2479 页。
③ 《论语注疏》卷十五，《十三经注疏》，第 2517 页
④ 《论语注疏》卷十五，《十三经注疏》，第 2518 页。
⑤ 《论语注疏》卷一，《十三经注疏》，第 2457 页。
⑥ 《论语注疏》卷十五，《十三经注疏》，第 2517 页。
⑦ 康有为撰，姜义华、张荣华编校：《孟子微》，《康有为全集》第 5 集，北京：中国人民大学出版社，2007 年，第 414 页。

与孔子的逻辑线索一致。而谭嗣同《仁学》提出“仁—通”观念，认为“通之像为平等”，而“仁—通—平等”是一脉相承的。[①]

孔子把“大同”看作是最终理想的观点，我们在郭店楚简《唐虞之道》中找到了佐证。《唐虞之道》以禅让为大仁、大义、大圣，曰：“唐虞之道，禅而不传。尧舜之王，利天下而弗利也。禅而不传，圣之盛也。利天下而弗利也，仁之至也。”“尧舜之行，爱亲尊贤。爱亲故孝，尊贤故禅。”“孝，仁之冕也。禅，义之至也。”“爱亲忘贤，仁而未义也。尊贤遗亲，义而未仁也。”“方在下位，不以匹夫为轻；及其有天下也，不以天下为重。有天下弗能益，亡天下弗能损，极仁之至，利天下而弗利也。禅也者，上德授贤之谓也。上德则天下有君而世明，授贤则民兴教而化乎道。不禅而化民者，自生民则未之有也。”[②]在这里，作者把“仁”“义”“圣”与“天下为公”的大同禅让理想结合起来，并认为真正治世的到来必然依赖于建立禅让的制度，这就使“仁”所具有的平等精神更加清晰，从而也证明了儒家思想绝不是维护专制主义体制的，而是把实现大同看作是最后的归宿。

原载《中国文化研究》2009年第4期

① 蔡尚思、方行编：《谭嗣同全集》下册，北京：中华书局，1981年，第291页。

② 荆门市博物馆：《郭店楚墓竹简》，北京：文物出版社，1998年，第157～158页。

郭店楚简《唐虞之道》中原始儒家的终极理想

天下大同是近代中国革命的终极目标，这一目标，孙中山称之为“天下为公”，而首先将大同理想作为一个概念提出的则是孔子。

一 孔子对大同理想的论述

《礼记·礼运》云：

昔者仲尼与于蜡宾，事毕，出游于观之上，喟然而叹。仲尼之叹，盖叹鲁也。言偃在侧，曰：“君子何叹？”孔子曰：“大道之行也，与三代之英，丘未之逮也，而有志焉。大道之行也，天下为公。选贤与能，讲信修睦。故人不独亲其亲，不独子其子，使老有所终，壮有所用，幼有所长，矜、寡、孤、独、废、疾者皆有所养。男有分，女有归。货恶其弃于地也，不必藏于己；力恶其不出于身也，不必为己。是故谋闭而不兴，盗窃乱贼而不作，故外户而不闭，是谓大同。”①

所谓“大同”，中心是“天下为公”，而要实现“天下为公”的理想，就是要不存自私之心，在政治制度上“选贤与能”，在为人处世上“讲信”和“修睦”，与人为善。这样一来，人们“不独亲其亲，不独子其子”，亦亲人之亲，子人之子，有养老制度，老有所终；人人皆可量才任用，所谓“壮有所用”，青年人能受统一的教育，所以“幼有所长，矜、寡、孤、独、废、疾者皆有所养”；男有职分，女嫁得其人。珍惜财货，恶其弃于地，但不是为自己的财富积累，所以不必藏于己；人人争先，力恶其不出于身，但不必为己。

在孔子所描绘的大同世界，实质上就是人人平等，互相尊重，互相爱护。如果能把别人看作是像自己一样的独立而完整的人，没有欺骗，没有压迫，这就是平等的精神。

孔子赞扬的大同落实到政治制度上则是主张禅让、反对世袭。孔子生活的时代是一个世袭制流行的时代，孔子在对禅让制的推重上，就体现了他对“家天下”的态度。孔子之赞扬尧、舜、禹的圣治，抓住的核心问题就是禅让制，如《论语·泰伯》之言：“巍巍乎！舜、禹之有天下也，而不与焉”，“大哉尧之为君也！巍巍乎！唯天为大，唯尧则之”②。他指出，原始氏族社会的特点是遵从天的平等公正；而“不与”，即无为，也就是说要给人民以充分的自由，不把天下看作是自己的私产。

孔子赞扬大同，与他对小康之世的批判联系在一起，《礼记·礼运》又云：

今大道既隐，天下为家。各亲其亲，各子其子。货力为己。大人世及以为礼，城郭沟池以为固，礼义以为纪，以正君臣，以笃父子，以睦兄弟，以和夫妇，以设制度，以立田里，以贤勇知，以功为己，故谋用是作，而兵由此起。禹、汤、文、武、成王、周公，由此其选也。此六君子者，未

① [汉]郑玄注，[唐]孔颖达等正义：《礼记正义》卷二十一，《十三经注疏》，北京：中华书局，1980年，第1413～1414页。

② [三国魏]何晏集解，[宋]邢昺疏：《论语注疏》卷八，《十三经注疏》，北京：中华书局，1980年，第2487页。

有不谨于礼者也，以著其义，以考其信，著有过，刑仁讲让，示民有常，如有不由此者，在执者去，众以为殃，是谓小康。[①]

“天下为家”是专制主义的特征，与大同背道而驰，“各亲其亲，各子其子”，而不亲人亲，不子人子。爱护财货，是为了个人占有；努力工作，是为了给自己积累财富。在政治制度上推行世袭制，并把这种世袭制演化为社会规范，所谓“大人世及以为礼”。为了巩固个人利益，所以修建城郭、沟池来防备别人；以“家天下”的礼义为纲纪，以此“正君臣”“笃父子”“睦兄弟”“和夫妇”“设制度”“立田里”；把勇敢和智慧看作是贤能，“以功为已”，所以谋略就出现了，而战争也就出现了。虽然禹、汤、文、武、成王、周公，是“家天下”的贤君代表，“谨于礼”，“著其义”，“考其信”，“著有过”，“刑仁讲让，示民有常，如有不由此者，在执者去，众以为殃”，人称“小康”。但小康和大同有本质的不同，所以孔子对大同蜕变为小康深为不满。

二 郭店楚简对大同理想的推崇

孔子关于大同和小康社会的论述，代表了他的终极政治理想。“克己复礼”并不是孔子的终极理想，而是他渐进的政治理想的一个阶段，他希望通过恢复周礼，实现小康，再由小康而至大同。如果把恢复周礼视为孔子的终极政治追求，那么孔子“大同说”的可靠性就存在问题了。不过，郭店楚简的出土使我们更加确认了孔子及原始儒家把大同作为终极理想的可靠性。

郭店楚简是孔子之后、孟子之前的儒家学者的观点，这些著作的作者距孔子时代不远。其中《唐虞之道》对禅让制有详细的论述，与孔子极为一致：

唐虞之道，禅而不传。尧舜之王，利天下而弗利也。禅而不传，圣之盛也。利天下而弗利也，仁之至也。故昔贤仁圣者如此。身穷不贪，没而弗利，穷仁矣。必正其身，然后正世，圣道备矣。故唐虞之道，禅也。[②]

---

① 《礼记正义》卷二十一，《十三经注疏》，第 1414 页。

② 荆门市博物馆:《郭店楚墓竹简》，北京：文物出版社，1998 年，第 157 ～ 158 页。下同。

在原始儒家看来，尧、舜的最精华、最核心的问题是禅让而不传子，这是“圣”的最高境界；之所以能这样做，原因在于尧、舜把“利天下”看作是第一位的，而不是自利，这是最大的“仁”。圣人只有先“正其身”，然后才能“正世”。所以，在政治制度上实行禅让就是实现圣治的前提和基础。

值得注意的是，郭店楚简把禅让和孝统一在一起，《唐虞之道》云：

> 尧舜之行，爱亲尊贤。爱亲故孝，尊贤故禅。孝之方，爱天下之民。禅之传，世亡隐德。孝，仁之冕也。禅，义之至也。六帝兴于古，咸由此也。爱亲忘贤，仁而未义也。尊贤遗亲，义而未仁也。古者虞舜笃事瞽叟，乃戴其孝；忠事帝尧，乃戴其臣。爱亲尊贤，虞舜其人也。禹治水，益治火，后稷治土，足民养生。夫唯顺乎肌肤血气之情，养性命之正，安命而弗夭，养生而弗伤，知天下之政者，能以天下禅矣。

又云：

> 古者尧之与舜也；闻舜孝，知其能养天下之老也；闻舜弟，知其能事天下之长也；闻舜慈乎弟□□□知其能为民主也。故其为瞽盲子也，甚孝；及其为尧臣也，甚忠；尧禅天下而授之，南面而王天下，而甚君。故尧之禅乎舜也，如此也。

郭店楚简的作者认为，尧、舜的禅让之行体现了“爱亲尊贤”的特点。爱亲所以孝，但孝不是世袭。爱亲必须和尊贤联系在一起，尊贤就要实行禅让。爱亲需要扩展到他人之亲，这才是真正的爱亲，所以真正的孝应该是爱天下之民。由禅让而变为传子，是社会的倒退、道德的堕落。孝，是实现仁的前提；禅让，是义之最高境界。古之帝王之兴，皆由禅让。如果爱亲忘贤，虽有仁而无义；尊贤遗亲，则有义而无仁。虞舜事亲孝，为臣忠，所以说虞舜爱亲尊贤。禹治水，益治火，后稷治土，足民养生。所以，只有“顺乎肌肤血气之情，养性命之正，安命而弗夭，养生而不伤，知天下之政”的人，才是能以天下禅让贤者的人。

《唐虞之道》还从人的生理方面来肯定禅让制的优越性：

> 古者圣人二十而冠，三十而有家，五十而治天下，七十而致政，四肢倦惰，耳目聪明衰，禅天下而授贤，退而养其生。此以知其弗利了。

当圣人到了七十岁，他也会和常人一样，精神聪明衰退，当此之际，若果为民考虑，就应该禅让贤者。尧、舜能在老年以后，“禅天下而授贤，退而养其生”，就说明他们没有把天下看作是自己的私产。

《唐虞之道》也指出了不实行禅让制的危害：

> 《虞诗》曰：“大明不出，万物皆暗。圣者不在上，天下必坏。”治之至，养不肖。乱之至，灭贤。[①]

安定的天下应该是圣者在上位，如果反其道而行之，天下就要混乱了。治世的顶点是不肖者能逐渐改良，乱世的极点是贤能的人被消灭。至治之世有不肖者的生存空间，至乱之世没有贤者的生存机会。

三　大同理想为战国秦汉儒家积极追求的理想

原始儒家关于大同理想的阐述，在秦汉之际还是非常流行的。《说苑·至公》云：

> 秦始皇既吞天下，乃召群臣而议，曰：“古者五帝禅贤，三王世继，孰是？将为之。”博士七十人未对，鲍白令之对曰：“天下官则禅贤是也，天下家则世继是也。故五帝以天下为官，三王以天下为家。”秦始皇帝仰天叹曰：“吾德出于五帝，吾将官天下，谁可使代我后者？”鲍白令之对曰：“陛下行桀纣之道，欲为五帝之禅，非陛下所能行也。”秦始皇帝大怒曰：“令之前，若何以言我行桀纣之道也？趣说之，不解则死。”令之对曰：“臣请说之，陛下筑台干云，宫殿五里，建千石之钟，万石之簴，妇女连百，倡优累千，兴作骊山，宫室至雍，相继不绝。所以自奉者，殚天下，竭民力，偏驳自私，不能以及人。陛下所谓自营，仅存之主也，何暇比德五帝，欲官天下哉。”始皇暗然无以应之，面有惭色，久之曰：“令之之言，乃令众丑我。”遂罢谋，无禅意也。[②]

这段记载，起码告诉我们以下几点：

① 荆门市博物馆:《郭店楚墓竹简》，北京：文物出版社，1988 年，第 157 页。
② [汉]刘向撰，向宗鲁校证:《说苑校证》卷十四，北京：中华书局，1987年，第 347～348 页。

第一，在秦代，普遍的认识是禅让为“官天下”，即“天下为公”；世继是“家天下”，“天下为家”。五帝以天下为官，三王以天下为家。“官天下”高于“家天下”。

第二，即使是秦始皇这样的暴君，也把禅让看作是比世继崇高的政治制度，禅让应该是最高的政治理想。

第三，鲍白令之认为，禅让是圣人才能做的事情，秦始皇自私，不得如此。

禅让制的推行，在战国则有燕王的让国。燕王哙受鹿毛寿建议，欲法古圣王之道。《韩非子·说疑》载其“不安子女之乐，不听钟石之声，内不湮污池台榭，外不罼弋田猎”，“亲操耒耨，以修畎亩”[①]。其极端之事例，则是以国家政权交付子之，《战国策·燕策一》载：“子之南面行王事，而哙老不听政，顾为臣，国事皆决子之。”[②] 其结果是国家大乱，这是禅让制实践的第一次失败。

秦亡以后，汉代儒生从尊孔复古观念出发，更是积极倡导禅让制。据《汉书·眭弘传》载，眭弘在昭帝时上书，认为汉为尧后，应效法禅让，在天下求索贤人，禅让帝位，自退于野，后眭弘为霍光所杀。儒生们倡导直接禅让的策略行不通，他们便采取变通手段。《汉书·哀帝纪》载，夏贺良以赤精子之谶，认为汉运已衰，当再受命，哀帝行之。此方法虽不是禅让，但多少还有点儿禅让的味道，可惜后来哀帝觉悟，知道一旦推行再受命学说，禅让就不可避免，“家天下”就受到威胁，所以仍然杀了夏贺良。

原始儒家在专制时代开始以后，仍然不忘推行禅让制，甚至付出了生命的代价。应该说，西汉儒生对禅让制度的追求，准确把握了孔子的思想精粹。西汉儒生的努力不是没有成功的机会，王莽受禅正是西汉儒生追求禅让理想的结果。不过，西汉的禅让之弊在于缺少禅让制度的逻辑发展过程，因此虽然有禅让之名，却没有大同之实。到了王莽之后，禅让制并没有作为一种社会制度被固定下来。这是禅让制的第二次失败。

禅让制的失败，不是大同理想的失败，而是操作程序的错误，是儒生们把孔

---

① ［清］王先慎撰，钟哲点校：《韩非子集解》卷十七，《新编诸子集成》，北京：中华书局，2003年，第408页。

② ［汉］刘向集录：《战国策》卷二十九，上海：上海古籍出版社，1985年，第1058页。

子的渐变变成了突变，缺少了天时、地利与人和，最终必然导致失败。

在讨论汉代儒生的禅让理想的时候，不能不提到东汉人何休的公羊三世说。今人康有为把何休在解说《春秋公羊传》时提到的公羊三世与大同、小康之说联系起来，认为“三世为孔子非常大义，托之《春秋》以明之。‘所传闻世’为据乱，‘所闻世’托升平，‘所见世’托太平。乱世者，文教未明也；升平者，渐有文教，小康也；太平者，大同之世，远近大小如一，文教全备也。……此为《春秋》第一大义”[①]。在孔子看来，先有大同，其次小康，其次乱世，这是一个社会自觉蜕化的必然过程；而要拯救蜕化的社会，不可能直接由乱世实现大同，而应该以渐变的步骤，通过克己复礼实现小康，再至大同。这是一种科学的、符合人类内心诉求、符合现代人文精神的社会发展理想。康有为正是清楚地体会到了孔子的用心，而认为专制主义必将走向立宪政治，最后走向共和政治，实现人类真正的人权、平等、自由、博爱、独立。

四 “仁”为实现大同理想的必然途径

孔子思想以“仁”为核心，“仁”是孔子及其弟子愿意用生命捍卫的东西。所以，孔子说：“君子无终食之间违仁，造次必于是，颠沛必于是。”[②]又说：“志士仁人，无求生以害仁，有杀身以成仁。”[③]其得意门生曾子则说：“士不可以不弘毅，任重而道远。仁以为己任，不亦重乎？死而后已，不亦远乎？”[④]孔子的弟子问仁，孔子回答说“爱人”[⑤]，孔子又说“泛爱众而亲仁”[⑥]，“君子学道则爱人”[⑦]。“爱人”就是以善心对待同类，而其前提就是承认人的平等权利，而对人

---

① 康有为撰，姜义华、张荣华编校：《春秋董氏学》，《康有为全集》第2集，北京：中国人民大学出版社，2007年，第324页。

② 《论语注疏》卷四，《十三经注疏》，第2471页。

③ 《论语注疏》卷十五，《十三经注疏》，第2517页。

④ 《论语注疏》卷八，《十三经注疏》，第2487页。

⑤ 《论语注疏》卷十二，《十三经注疏》，第2504页。

⑥ 《论语注疏》卷一，《十三经注疏》，第2458页。

⑦ 《论语注疏》卷十七，《十三经注疏》，第2524页。

的平等权利的肯定，也就意味着承认他人的自由。孔子为了贯彻“爱人”的原则，提出了“恕”的行动纲领，学生问他“有一言而可以终身行之者乎”，孔子回答说：“其恕乎！己所不欲，勿施于人。”① “恕”作为孔子“一以贯之”之道，是实现“仁”的基本途径，实现了“恕”，也就是实践了“仁”。孔子说：“夫仁者，己欲立而立人，己欲达而达人。能近取譬，可谓仁之方也已。”② “己欲立而立人，己欲达而达人”与“己所不欲，勿施于人”是一种行为原则的两个方面，都是“能近取譬”的“恕”。其核心是推己以谅人，即自己不愿意做的事，自己不愿意承受的痛苦，绝不能强加于人；自己想实现的愿望，应该让别人也实现。也就是说，要承认他人和自己有同样的平等权利，不驱使他人，不强迫他人，要给他人自由的权利。

孔子在强调“爱人”的时候，更多强调的是给他人自由。他说，“躬自厚而薄责于人”③，“君子求诸己，小人求诸人”④，即对自己严格要求，而对别人宽宏大量。孔子这样做，并不是认为自由对自己不重要，而是要教导他的学生去治国平天下，治国平天下者只有限制自己的欲望，才能通过自己的身体力行，以模范的行为影响他人，进而创造一个好的道德环境，实现全民的福祉。孔子说：“道千乘之国，敬事而信，节用而爱人，使民以时。”⑤ “节用”就是抑制欲望，“爱人”就是强调统治者与人民的平等，“使民以时”就是要给人民更大的自由权利。孔子赞扬原始氏族社会的无为，他说：“无为而治者，其舜也与！夫何为哉？恭己正南面而已矣。”⑥ “无为”就是不限制人民的自由，让人民自由地生活。这个认识与近年出土的郭店楚简中的诸儒家典籍限制君主、官吏的权力，倡导君主、官吏为百姓服务的宗旨是一致的，而论述禅让思想的《唐虞之道》更可以作为孔子后学发挥孔子仁爱、民主、平等思想的纲领。《唐虞之道》以禅让为大仁、大义、大圣，曰：“唐虞之道，禅而不传。尧舜之王，利天下而弗利也。禅而不传，

① 《论语注疏》卷十五，《十三经注疏》，第2518页。
② 《论语注疏》卷六，《十三经注疏》，第2479页。
③ 《论语注疏》卷十五，《十三经注疏》，第2517页
④ 《论语注疏》卷十五，《十三经注疏》，第2518页。
⑤ 《论语注疏》卷一，《十三经注疏》，第2457页。
⑥ 《论语注疏》卷十五，《十三经注疏》，第2517页。

圣之盛也。利天下而弗利也，仁之至也。”“尧舜之行，爱亲尊贤。爱亲故孝，尊贤故禅。”“孝，仁之冕也。禅，义之至也。”“爱亲忘贤，仁而未义也。尊贤遗亲，义而未仁也。”“方在下位，不以匹夫为轻；及其有天下也，不以天下为重。有天下弗能益，亡天下弗能损，极仁之至，利天下而弗利也。禅也者，上德授贤之谓也。上德则天下有君而世明，授贤则民兴教而化乎道。不禅而化民者，自生民则未之有也。”① 在这里，作者把“仁”“义”“圣”与“天下为公”的大同禅让的理想结合起来，并认为真正治世的到来必然依赖于建立禅让制度，这就使“仁”所具有的自由主义精神就更加清晰，从而也证明孔子及儒家思想绝不是维护专制主义体制的，而是把实现大同看作是最后的归宿。

孔子认为，社会堕落的根源是“谋用是作”，要实现大同，就需要“谋闭而不兴”，所以他提出这样的口号：“民可使由之，不可使知之。”②“由”就是纵民所为，“知”则指“谋”，亦即应该给人民以自由行动的权利，却不能使民风狡诈。“仁者安仁，知者利仁”③，人民如果变得狡诈的话，就会产生私心，大同和禅让就变成了一句空话。

由孔子至楚简的作者，再至孟子，大同的理想并没有被抛弃，孟子所言“王道”，就是期望通过仁政的积累，让人民自由自主地做出选择，而不是通过暴力强迫人民的意志。为此，孟子强调人性之向善，强调恻隐、羞恶、恭敬、是非之心，认为“无恻隐之心，非人也；无羞恶之心，非人也；无辞让之心，非人也；无是非之心，非人也。恻隐之心，仁之端也；羞恶之心，义之端也；辞让之心，礼之端也；是非之心，智之端也”④。“仁、义、礼、智”是人与非人的分水岭，而人皆有仁、义、礼、智之心性，所以凡人、圣人心性本来是相通的。《孟子·告子上》之所谓“凡同类者，举相似也，何独至于人而疑之？圣人，与我同类者”⑤，正指的是凡人、圣人天赋的平等。治国需要“推恩”，因为“人皆有所

---

① 《郭店楚墓竹简》，第 157 ～ 158 页。

② 《论语注疏》卷八，《十三经注疏》，第 2487 页。

③ 《论语注疏》卷四，《十三经注疏》，第 2471 页。

④ ［汉］赵岐注，［宋］孙奭疏：《孟子注疏》卷三下，《十三经注疏》，北京：中华书局，1980 年，第 2691 页，

⑤ 《孟子注疏》卷十一上，《十三经注疏》，第 2749 页。

不忍，达之于其所忍，仁也；人皆有所不为，达之于其所为，义也。人能充无欲害人之心，而仁不可胜用也；人能充无穿窬之心，而义不可胜用也”①。推及政治，就有不忍人之政，即仁政。《孟子·公孙丑上》云：“人皆有不忍人之心。先王有不忍人之心，斯有不忍人之政矣。以不忍人之心行不忍人之政，治天下可运之掌上。”② “不忍人之政”具有孔子的“恕”的品格。孟子之后的荀子虽然强调人性之恶，但他并没有背离儒家君民关系上的基本立场，《荀子·大略》云：“天之生民，非为君也；天之立君，以为民也。”③ 这同样闪耀着民主主义的光芒。荀子主张臣道“从道不从君”④，君道则以仁为中心，“行一不义、杀一无罪而得天下，仁者不为也”⑤。这些与孔子的思想都有相似的地方。

康有为标榜民主革命，以现代西人民主解释孔子的大同理想，深得孔子理想之三昧。康有为在他所著《新学伪经考》《孔子改制考》《大同书》等著作中，首先标榜“爱”，也即孔子所说的“仁”与孟子所说的“不忍人之心”。《孟子微》说：“不忍人之心，仁也……一切仁政，皆从不忍之心生，为万化之海，为一切根，为一切源……太平大同，皆从此出。”⑥康有为认为，只要从博爱的立场出发，就可以产生平等、自由、民主诸观念，进而实现世界大同。这与孔子的逻辑线索是一致的。

原载《南通师范学院学报》2003年4期

---

① 《孟子注疏》卷十四下，《十三经注疏》，第2778页。

② 《孟子注疏》卷三下，《十三经注疏》，第2690～2691页。

③ [清]王先谦撰，沈啸寰、王星贤点校：《荀子集解》卷十九，《新编诸子集成》，北京：中华书局，1988年，第504页。

④ 《荀子集解》卷九，《新编诸子集成》，第250页。

⑤ 《荀子集解》卷七，《新编诸子集成》，第202页。

⑥ 康有为撰，姜义华、张荣华编校：《孟子微》，《康有为全集》第5集，北京：中国人民大学出版社，2007年，第414页。

儒家“迂远而阔于事情”辨

——以秦博士与秦始皇的冲突为例

战国时有人认为儒家“迂远而阔于事情”，在秦代，秦始皇也认为以儒生为主体的博士不切实用，这个观点直到今天仍被很多学者和世俗所认同。本文通过对秦博士与秦始皇之间的对立，说明儒家以仁义为理想，而秦始皇以集权为目的，公然与人民为敌。由于他们道不同，故而博士不为秦始皇所用，这也正是儒生的价值所在。

一　孟子的“迂远而阔于事情”

《汉书·艺文志》载：“儒家者流，盖出于司徒之官，助人君顺阴阳明教化者也。游文于六经之中，留意于仁义之际，祖述尧舜，宪章文武，宗师仲尼，以重其言，于道最为高。”[①]而《史记·太史公自序》引司马谈《论六家要旨》说儒家得失云：“夫儒者以六艺为法。六艺经传以千万数，累世不能通其学，当年不能究

① ［汉］班固撰，［唐］颜师古注：《汉书》卷三十，北京：中华书局，1962年，第1728页。

其礼，故曰博而寡要，劳而少功。若夫列君臣父子之礼，序夫妇长幼之别，虽百家弗能易也。”[①] 前者强调儒家是“助人君顺阴阳明教化”之学，而后者则认为儒家除了“列君臣父子之礼，序夫妇长幼之别”尚有价值外，就总体而言，是“博而寡要，劳而少功”。

《史记·孟子荀卿列传》载：

> 孟轲，驺人也。受业子思之门人。道既通，游事齐宣王，宣王不能用。适梁，梁惠王不果所言，则见以为迂远而阔于事情。当是之时，秦用商君，富国强兵；楚、魏用吴起，战胜弱敌；齐威王、宣王用孙子、田忌之徒，而诸侯东面朝齐。天下方务于合从连衡，以攻伐为贤，而孟轲乃述唐、虞、三代之德，是以所如者不合。退而与万章之徒序《诗》《书》，述仲尼之意，作《孟子》七篇。[②]

又说驺衍曰：

> （驺衍）适梁，惠王郊迎，执宾主之礼。适赵，平原君侧行撇席。如燕，昭王拥彗先驱，请列弟子之座而受业，筑碣石宫，身亲往师之。作《主运》。[③]

驺衍的境遇与孟子形成鲜明对照，司马迁感叹说：“其游诸侯见尊礼如此，岂与仲尼菜色陈蔡，孟轲困于齐梁同乎哉！故武王以仁义伐纣而王，伯夷饿不食周粟；卫灵公问陈，而孔子不答；梁惠王谋欲攻赵，孟轲称大王去邠。此岂有意阿世俗苟合而已哉！持方枘而内圆凿，其能入乎？”[④]

卫灵公问阵，而孔子不答；梁惠王谋欲攻赵，孟轲称大王去邠。不是孔子、孟子不知道卫灵公、梁惠王所想，而是不愿意迎合卫灵公、梁惠王的不义之战，所以被认为“迂远而阔于事情”。这种“迂远”，正是孔子、孟子的坚守，其“阔于事情”，是与违背仁义的事实人情保持距离，而不是不明事理。儒家的这种精

---

① [汉]司马迁撰，[南朝宋]裴骃集解，[唐]司马贞索隐，[唐]张守节正义：《史记》卷一百三十，北京：中华书局，1959年，第3290页。

② 《史记》卷七十四，第2343页。

③ 《史记》卷七十四，第2345页。

④ 《史记》卷七十四，第2345页。

神，正是中国社会保持向善力量的源泉。孔孟之后，秦代的博士与秦始皇的对立，也与此密切相关。

二　秦博士制度的建立

博士制度的建立最迟不晚于战国。董说《七国考》载："《五经异义》曰：'战国时，齐置博士之官。'班固亦云：'六国时往往有博士，掌通古今。'"[①] 刘向《说苑·尊贤》提到淳于髡为"博士"[②]，而《汉书·贾山传》说贾山之祖父贾祛曾为魏王"博士弟子"[③]，《史记·循吏列传》说公仪休为"鲁博士"[④]，《史记·龟策列传》说卫平为宋"博士"[⑤]。这说明博士制度的设立在战国时代是相当普遍的事。

《史记·李斯列传》载李斯之言曰："今万乘方争时，游者主事。"[⑥] 所谓"游者"，就是从事游说事务的文人。刘向《战国策叙》载文士之重要性，曰："所在国重，所去国轻。"[⑦] 此意王充也深表赞同，《论衡·效力》指出，战国时文人"入楚楚重，出齐齐轻，为赵赵完，畔魏魏伤"[⑧]。也就是说，谁失去了文人，谁就失去了成功。战国时期的诸侯王为了使用文人的智慧，所以设立博士之职，以备顾问。博士名称的出现，就充分地肯定了"博学的文人"的才识。

战国之时，齐国聚集的文人最多，《史记·田敬仲完世家》曰：

> 宣王喜文学游说之士，自如驺衍、淳于髡、田骈、接予、慎到、环渊之徒七十六人，皆赐列第，为上大夫，不治而议论。是以齐稷下学士复盛，

---

① [明]董说著：《七国考》卷一，北京：中华书局，1956年，第25页。
② [汉]刘向撰，向宗鲁校证：《说苑校证》卷八，北京：中华书局，1987年，201页。
③ 《汉书》卷五十一，第2327页。
④ 《史记》卷一百一十九，第3101页。
⑤ 《史记》卷一百二十八，第3229页。
⑥ 《史记》卷八十七，第2539页。
⑦ [汉]刘向集录；[宋]姚宏、鲍彪注：《战国策》，上海：上海古籍出版社，2015年，第727页。
⑧ 黄晖撰：《论衡校释》卷十三，《新编诸子集成》，北京：中华书局，1990年，第586页。

且数百千人。[①]

又《史记·孟子荀卿列传》曰：

> 自驺衍与齐之稷下先生，如淳于髡、慎到、环渊、接子、田骈、驺奭之徒，各著书言治乱之事，以干世主，岂可胜道哉！……自如淳于髡以下，皆命曰列大夫，为开第康庄之衢，高门大屋，尊宠之。览天下诸侯宾客，言齐能致天下贤士也。[②]

根据齐国稷下学宫的情况，我们认为，淳于髡等人的“列大夫”之职，大体可能就是博士的别名，其级别则为上大夫，不治而议论，属于学术顾问官。瞿蜕园《历代职官简释》曰：“博士在秦、汉为学术顾问官的性质，既各司其专门之学，又参预政事讨论，并出外巡行视察。”[③]

我们今天无法确知秦设博士始于何时，不过，秦国的客卿地位虽重，但其身份大体也有与博士相类似之处。及秦统一天下，则秦博士已经是一个常设的官职了。

关于秦博士的职掌，马非百《秦集史》指出：“其职掌有三：一曰通古今，二曰辩然否，三曰典教职。前二者政治之事也，后一者文化教育之事也。盖始皇即位之初，本有一种议事制度。凡国家有事，无小大，辄先下其议于群臣及博士，使其共同讨论，然后以讨论之结果，上之皇帝，供其采行。”[④]

就博士员额而言，秦汉时代博士人数甚众，至后代却逐渐减少，博士的地位也日益衰落。秦汉时博士常顾问侍从，而《史记·秦始皇本纪》及《史记·封禅书》说秦有博士七十人，则说明秦代博士受到了秦始皇的重视。瞿蜕园指出：“据《汉书·百官公卿表》，博士官秩为比六百石，员额多至数十人。至武帝特崇儒术，于是置五经博士，各以其家法传授于弟子，每经不止一家，故有博士十四人。其所传授之人，则称博士弟子。汉以后学术之传授多在私家，博士之任渐

---

① 《史记》卷四十六，第1895页。

② 《史记》卷七十四，第2346～2348页。

③ [清]黄本骥编：《历代职官表》附《历代职官简释》，上海：上海古籍出版社，1980年，第137页。

④ 马非百：《秦集史》，北京：中华书局，1982年，第893页。

轻。唐制，国子监博士虽为正五品官，仅置五人。其太学博士、广文馆博士以下品秩尤卑，书算学博士仅为从九品。汉代属于太常之博士，唐代仍设于太常寺，为正七品官，则仅掌议礼而已。故唐以后直至清代，惟此两处有博士。清代国子监博士仅二人，足见其尤不重视。”[①]

秦始皇重视人才，应该多少受到吕不韦的影响，因为吕不韦是秦始皇年轻的时候接触最多、同时又于秦始皇来说最重要的一位长者。吕不韦在为秦始皇的父亲谋位中有大功劳，在秦始皇的父亲公子异人流落赵国、充当人质的生涯中，带给了公子异人以新希望，后来帮助公子异人取得了秦王的权柄。他虽是商人出身，后却弃商从政。我们虽无法度量吕不韦是否有真才实学，但是他所组织编纂的《吕氏春秋》却无疑可以让人把他与文人的身份联系起来。吕不韦凭借与秦始皇的父亲公子异人的特殊关系，在秦始皇即位之初，手握重权，其招揽天下人才的行为，足可与信陵、春申、平原、孟尝诸君子比肩，其重视文章，也与齐国不相伯仲。马非百《秦集史》说吕不韦编《吕氏春秋》的缘起时，指出：“庄襄王薨，太子政即位为王，不韦为相，又益尊重，号称仲父。……当是时，魏有信陵君，楚有春申君，赵有平原君，齐有孟尝君，皆下士，喜宾客，以相倾。不韦以秦之强，羞不如，亦招致士，厚遇之。……致食客三千人。是时诸侯多辩士，如荀卿之徒，著书布天下。不韦乃使其客人人著所闻，集论以为八览、六论、十二纪，二十余万言，以为备天地万物古今之事，号曰《吕氏春秋》，布咸阳之门，悬千金其上，延诸侯游士宾客，有能增损一字者予千金。”[②]

三　秦博士事迹举隅

秦有博士七十余人，其中多为儒生，马非百《秦集史》认为今尚知名者凡十七人，如李克及其学生伏胜、淳于越、鲍白令之、桂贞、茅焦、叔孙通等人。他们在任职博士时期，按照自己的价值判断，发表了自己的看法。

---

① 《历代职官简释》，137 页。
② 《秦集史》，第 212 页。

伏胜是著名的《尚书》专家。《史记·儒林列传》载：

> 伏生者，济南人也。故为秦博士。孝文帝时，欲求能治《尚书》者，天下无有，乃闻伏生能治，欲召之。是时伏生年九十余，老，不能行，于是乃诏太常使掌故朝错往受之。秦时焚书，伏生壁藏之。其后兵大起，流亡，汉定，伏生求其书，亡数十篇，独得二十九篇，即以教于齐鲁之间。学者由是颇能言《尚书》，诸山东大师无不涉《尚书》以教矣。[①]

《汉书·儒林传》亦曰：

> 伏生，济南人也，故为秦博士。……秦时禁《书》，伏生壁藏之。[②]

鲍白令之以秦始皇无道，所以反对其实行禅让制度，体现出一个儒者的正义。《说苑·至公》云：

> 秦始皇既吞天下，乃召群臣而议，曰："古者五帝禅贤，三王世继，孰是？将为之。"博士七十人未对，鲍白令之对曰："天下官则禅贤是也，天下家则世继是也。故五帝以天下为官，三王以天下为家。"秦始皇帝仰天叹曰："吾德出于五帝，吾将官天下，谁可使代我后者？"鲍白令之对曰："陛下行桀纣之道，欲为五帝之禅，非陛下所能行也。"秦始皇帝大怒曰："令之前，若何以言我行桀纣之道也？趣说之，不解则死。"令之对曰："臣请说之，陛下筑台干云，宫殿五里，建千石之钟，万石之簴，妇女连百，倡优累千，兴作骊山，宫室至雍，相继不绝。所以自奉者，殚天下，竭民力，偏驳自私，不能以及人。陛下所谓自营，仅存之主也，何暇比德五帝，欲官天下哉。"始皇暗然无以应之，面有惭色，久之曰："令之之言，乃令众丑我。"遂罢谋，无禅意也。[③]

桂贞为儒者，据《秦集史·博士表》引宁濂《桂氏家乘序》，桂贞在坑儒时被害。[④]

《史记·秦始皇本纪》载茅焦说秦王迎太后于雍而入咸阳，云："齐人茅焦

---

① 《史记》卷一百二十一，第3124～3125页。

② 《汉书》卷八十八，第3603页。

③ 《说苑校证》卷十四，第347～348页。

④ 参看《秦集史》，第900页。

说秦王曰：‘秦方以天下为事，而大王有迁母太后之名，恐诸侯闻之，由此倍秦也。’秦王乃迎太后于雍而入咸阳，复居甘泉宫。”[①]《秦集史·茅焦传》的记载更为详尽，云：

> 秦王政九年，嫪毐为乱，事连太后，秦王夷毐三族。遂迁太后于雍，处之萯阳宫。下令曰：“敢以太后事谏者戮而杀之。”从蒺藜其脊肉四肢而积之阙下，谏而死者二十七人矣。焦乃往上谒曰：“齐客茅焦愿上谏王。”王使使出问客：“得毋以太后事谏耶？”焦曰：“然。”使者还白。王曰：“走往告之，不见阙下积死人耶？”使者问焦，焦曰：“臣闻天有二十八宿，今死者已有二十七人矣，臣所以来者，欲满其数耳。臣非畏死人也。”走入白之，焦邑子同食者尽负其衣物行亡。使者入白之。王大怒曰：“是子故来犯吾禁，趣炊镬汤煮之，是安得积阙下乎？”趣召之入。王按剑而坐，口正沫出。使者召之入。焦不肯疾行，足趣相过耳。使者趣之，焦曰：“臣至前则死矣。君独不能忍吾须臾乎？”使者极哀之。[②]

秦始皇最终没有杀茅焦，茅焦凭借其过人智慧，未蹈前二十七人之覆辙。茅焦的行为虽然类似纵横家，但其思想却明显是儒者的立场。

在秦博士中，叔孙通是有生存智慧的儒者。《史记·刘敬叔孙通传》载：

> 叔孙通者，薛人也。秦时以文学征，待诏博士。数岁，陈胜起山东，使者以闻，二世召博士诸儒生问曰：“楚戍卒攻蕲入陈，于公如何？”博士诸生三十余人前曰：“人臣无将，将即反，罪死无赦。愿陛下急发兵击之。”二世怒，作色。叔孙通前曰：“诸生言皆非也。夫天下合为一家，毁郡县城，铄其兵，示天下不复用。且明主在其上，法令具于下，使人人奉职，四方辐辏，安敢有反者！此特群盗鼠窃狗盗耳，何足置之齿牙间。郡守尉今捕论，何足忧。”二世喜曰：“善。”尽问诸生，诸生或言反，或言盗。于是二世令御史案诸生言反者下吏，非所宜言。诸言盗者皆罢之。乃赐叔孙通帛二十匹，衣一袭，拜为博士。叔孙通已出宫，反舍，诸生曰：“先生何言之

① 《史记》卷六，第227页。

② 《秦集史》，第300页。

谀也？”通曰：“公不知也，我几不脱于虎口！”乃亡去，之薛，薛已降楚矣。及项梁之薛，叔孙通从之。败于定陶，从怀王。怀王为义帝，徙长沙，叔孙通留事项王。汉二年，汉王从五诸侯入彭城，叔孙通降汉王。汉王败而西，因竟从汉。①

叔孙通返舍后马上逃亡本身，就表明了他不是为了求得富贵而曲意奉承。《史记·秦始皇本纪》载：

始皇置酒咸阳宫，博士七十人前为寿。仆射周青臣进颂曰：“他时秦地不过千里，赖陛下神灵明圣，平定海内，放逐蛮夷，日月所照，莫不宾服。以诸侯为郡县，人人自安乐，无战争之患，传之万世。自上古不及陛下威德。”始皇悦。博士齐人淳于越进曰：“臣闻殷周之王千余岁，封子弟功臣，自为枝辅。今陛下有海内，而子弟为匹夫，卒有田常、六卿之臣，无辅拂，何以相救哉？事不师古而能长久者，非所闻也。今青臣又面谀以重陛下之过，非忠臣。”始皇下其议。丞相李斯曰：“五帝不相复，三代不相袭，各以治，非其相反，时变异也。今陛下创大业，建万世之功，故非愚儒所知。且越言乃三代之事，何足法也？异时诸侯并争，厚招游学。今天下已定，法令出一，百姓当家则力农耕，士则学习法令辟禁。今诸生不师今而学古，以非当世，惑乱黔首。丞相臣斯昧死言：古者天下散乱，莫之能一，是以诸侯并作，语皆道古以害今，饰虚言以乱实，人善其所私学，以非上之所建立。今皇帝并有天下，别黑白而定一尊。私学而相与非法教，人闻令下，则各以其学议之，入则心非，出则巷议，夸主以为名，异取以为高，率群下以造谤。如此弗禁，则主势降乎上，党与成乎下。禁之便。臣请史官非秦记皆烧之。非博士官所职，天下敢有藏《诗》、《书》、百家语者，悉诣守、尉杂烧之。有敢偶语《诗》《书》者弃市，以古非今者族。吏见知不举者与同罪。令下三十日不烧，黥为城旦。所不去者，医药卜筮种树之书。若欲有学法令，以吏为师。”制曰：“可。”②

---

① 《史记》卷九十九，第2720～2721页。

② 《史记》卷六，第254～255页。

仆射周青臣进颂，当然是为了讨好秦始皇，而博士齐人淳于越的进谏，其立场无疑也是为了秦的长治久安，但是不合乎秦始皇的想法，导致了焚书。李斯如此卑劣的提议能被秦始皇认同，就在于秦始皇本身的利令智昏。不过，值得庆幸的是，淳于越的建议虽然受到李斯的批判，被认为是“愚儒”，但并没有让秦始皇或者李斯生废除博士之想。

另外，还有部分博士事迹于《史记·秦始皇本纪》中未载姓名。如秦始皇二十八年，“始皇还，过彭城，斋戒祷祠，欲出周鼎泗水。使千人没水求之，弗得。乃西南渡淮水，之衡山、南郡。浮江，至湘山祠。逢大风，几不得渡。上问博士曰：‘湘君何神？’博士对曰：‘闻之，尧女，舜之妻，而葬此。’于是始皇大怒，使刑徒三千人皆伐湘山树，赭其山。上自南郡由武关归”①。三十六年，“荧惑守心。有坠星下东郡，至地为石，黔首或刻其石曰‘始皇帝死而地分’。始皇闻之，遣御史逐问，莫服，尽取石旁居人诛之，因燔销其石。始皇不乐，使博士为仙真人诗，及行所游天下，传令乐人歌弦之”②。三十七年，“还过吴，从江乘渡。并海上，北至琅邪。方士徐市等入海求神药，数岁不得，费多，恐谴，乃诈曰：‘蓬莱药可得，然常为大鲛鱼所苦，故不得至，愿请善射与俱，见则以连弩射之。’始皇梦与海神战，如人状。问占梦，博士曰：‘水神不可见，以大鱼蛟龙为候。今上祷祠备谨，而有此恶神，当除去，而善神可致。’乃令入海者赍捕巨鱼具，而自以连弩候大鱼出射之。自琅邪北至荣成山，弗见。至之罘，见巨鱼，射杀一鱼。遂并海西”③。

又，《史记·封禅书》载：

> 即帝位三年，东巡郡县，祠驺峄山，颂秦功业。于是征从齐、鲁之儒生博士七十人，至乎泰山下。诸儒生或议曰：“古者封禅为蒲车，恶伤山之土石草木；埽地而祭，席用菹稭，言其易遵也。”始皇闻此议各乖异，难施用，由此绌儒生。而遂除车道，上自泰山阳至巅，立石颂秦始皇帝德，明其得封也。从阴道下，禅于梁父。其礼颇采太祝之祀雍上帝所用，而封

① 《史记》卷六，第248页。
② 《史记》卷六，第259页。
③ 《史记》卷六，第263页。

藏皆祕之，世不得而记也。

始皇之上泰山，中阪遇暴风雨，休于大树下。诸儒生既绌，不得与用于封事之礼，闻始皇遇风雨，则讥之。[①]

四　秦始皇的期望与秦博士理想的对立

秦始皇设立博士制度，既由于博学之士地位的尊宠，也缘于其智慧的重要。《史记·秦始皇本纪》有秦始皇的一段话，准确地表达了他对博士的期望："吾前收天下书不中用者尽去之。悉召文学方术士甚众，欲以兴太平，方士欲练以求奇药。……"[②]秦始皇设立众多博士职位，既为了显示其重视人才、招贤纳士的气度，也欲以众博士之智慧润色鸿业，敷赞革命。而后者是最重要也是最根本的目的。

应该说，自战国至于秦，秦国诸王及广大文士都有良好心态以实现君臣主客的合作。在战国文人参政过程中，尤以秦国文人地位最重，权力最大，成功最多，其原因就在于秦国任用人才不拘资历、来历，格外拔擢，如商鞅、张仪、范睢、蔡泽、吕不韦，乃至在秦始皇时代脱颖而出的李斯，皆叱咤风云，位极人臣，在秦国及战国的政治舞台上发挥了重要作用。

但是，在秦统一天下后，众博士中却鲜有飞黄腾达之人。不是因为秦始皇改变了重视人才的策略，也不是众博士无才，而是众博士的理想与秦始皇的期望大异其趣。在前述秦博士的事迹之中，很难找出真正赞同秦始皇主张的事例。原因就在于秦始皇的主张往往以专制集权为目的，而博士的建议重在体现仁义的政治诉求。

在秦统一六国后，秦始皇就重大问题多次征询博士意见，其民主精神在封建君主专制时期是很难得的。但是，对于秦始皇来讲，他需要的是博士们沿着他的思路思考，给他的主意锦上添花，而不是反对他的观点。但是，博士们却不愿意违背自己所好来曲意奉承，所以秦始皇就决议抛弃博士了。《史记·秦始皇本

① 《史记》卷二十八，第1366～1367页。

② 《史记》卷六，第258页。

纪》载：

> 侯生、卢生相与谋曰："始皇为人，天性刚戾自用，起诸侯，并天下，意得欲从，以为自古莫及己。专任狱吏，狱吏得亲幸。博士虽七十人，特备员弗用。丞相诸大臣皆受成事，倚辨于上。上乐以刑杀为威，天下畏罪持禄，莫敢尽忠。上不闻过而日骄，下慑伏谩欺以取容。秦法，不得兼方，不验，辄死。然候星气者至三百人，皆良士，畏忌讳谀，不敢端言其过。天下之事无小大皆决于上，上至以衡石量书，日夜有呈，不中呈，不得休息。贪于权势至如此，未可为求仙药。"于是乃亡去。始皇闻亡，乃大怒曰："吾前收天下书不中用者尽去之。悉召文学方术士甚众，欲以兴太平，方士欲练以求奇药。今闻韩众去不报，徐市等费以巨万计，终不得药，徒奸利相告日闻。卢生等吾尊赐之甚厚，今乃诽谤我，以重吾不德也。诸生在咸阳者，吾使人廉问，或为妖言以乱黔首。"是使御史悉案问诸生，诸生传相告引，乃自除。犯禁者四百六十余人，皆坑之咸阳，使天下知之，以惩后。益发谪徙边。始皇长子扶苏谏曰："天下初定，远方黔首未集，诸生皆诵法孔子，今上皆重法绳之，臣恐天下不安。唯上察之。"始皇怒，使扶苏北监蒙恬于上郡。[①]

秦始皇并不仅仅是因为几个方士没有得到奇药而偷偷逃跑使他蒙受经济损失才气急败坏，非杀之而后快。其坑儒的真正目的是所谓"妖言以乱黔首"，"诽谤我，以重吾不德也"。因此，其所坑杀的就不仅仅限于方士，而是株连所有儒生，并与焚书的政策联系到了一起。

我们现在所能看到的有秦博士参与的重大决策，除了上述鲍白令之在秦始皇二十六年关于禅贤与世继之议、茅焦关于迎太后之议、叔孙通在二世皇帝时候的陈词、淳于越之谏、二十八年刻石颂秦德之议、封禅望祭山川之议等之外，《史记·秦始皇本纪》还载有帝号之议、立诸子为王之议。马非百《秦集史》指出，以上事件"殆无不有博士参与其间"。博士职掌不仅有国家大事，马非百《秦集史》还指出："即皇帝个人有所疑难，亦往往就主管博士征询意见，以资参考。

① 《史记》卷六，第258页。

如三十七年始皇梦与海神战，如人状，则召问占梦博士。二十八年，始皇渡江至湘山祠，遇风不得渡，则召问随行之诸博士。二世闻陈涉起山东，则召问叔孙通等诸儒生博士。”[①]

应该说，秦始皇对博士仍然是重视的。所以，马非百《秦集史》总结说：“凡此，皆通古今、辩然否之事，始皇帝所谓‘吾悉召文学方术之士甚众，欲以兴太平’者也。其用意之善，立法之美，岂在尧咨四岳，舜察迩言下哉。惜诸博士品类不齐，又皆迂腐寡识，不谙时务。”[②] 按照马非百先生的结论，秦博士自身素质不过硬，所以才招致了最后的灭顶之灾。秦博士自身的毛病，一是“品类不齐”，即其中杂有神仙方术之士，实同骗子；二是“迂腐寡识，不谙时务”，即不能正确理解秦始皇的统治意图，不能顺应潮流，追逐时务。

秦始皇统一六国，实行中央集权政体，统一文字、货币、度量衡等，施行郡县制，是一套与成周以来以地方自治为特点的政治体制传统截然不同的社会制度。对于秦始皇的政体，并非人人可以接受。如前述博士淳于越等人并不喜欢建立在中央集权基础上的郡县政体，主张分封子弟功臣，其理由是宗室子弟功臣可以互为援助。究竟是中央集权好还是分封制好，这是一个难以一句话说得清楚的问题。西周分封，终至于尾大不掉，产生礼崩乐坏之动乱；而秦朝实行郡县制，虽可加强中央权威，防御割据势力的出现，但不能使宗室功臣得到土地人口之利，缺少奋起自卫的利益驱动，一旦有人登高一呼，天下群起响应，其危险也是巨大的。如果说分封制的危险在后世的话，郡县制中央集权的危险则在当时，这也是被秦朝的历史所证明了的。博士淳于越等人正是预见到了郡县制可能带来的危险而反对郡县制，淳于越等人赞成分封制的原因也在于分封制是为过去的历史经验所证明了的。

在分封制上，秦始皇与大臣的对立，表明秦始皇有他自己的一个全新的完全不同于过去政治制度的考虑。所以，他跟博士的对立也就是必然的了，因为他们之间的政治主张是完全背道而驰的。《史记·秦始皇本纪》载：

---

① 《秦集史》，第 894 页。

② 《秦集史》，第 894 页。

> 丞相绾等言："诸侯初破，燕、齐、荆地远，不为置王，毋以填之。请立诸子，唯上幸许。"始皇下其议于群臣，群臣皆以为便。廷尉李斯议曰："周文武所封子弟同姓甚众，然后属疏远，相攻击如仇雠，诸侯更相诛伐，周天子弗能禁止。今海内赖陛下神灵一统，皆为郡县，诸子功臣以公赋税重赏赐之，甚足易制。天下无异意，则安宁之术也。置诸侯不便。"始皇曰："天下共苦战斗不休，以有侯王。赖宗庙，天下初定，又复立国，是树兵也，而求其宁息，岂不难哉！廷尉议是。"①

秦博士数量达七十人之多，是自秦至清任何一个朝代都无法比拟的，而博士人员的构成则为"齐、鲁之儒生"，儒生守儒家之业，"游文于六经之中，留意于仁义之际，祖述尧舜，宪章文武，宗师仲尼"②，是以仁义为旗帜的。而秦始皇所心折的法家，是以强权集权为处事原则的。《商君书·更法》指出："三代不同礼而王，五霸不同法而霸。故知者作法，而愚者制焉；贤者更礼，而不肖者拘焉。"③在商鞅及其后学的眼里，夏、商、周三代礼不同而王，春秋五霸法不同而霸，制定法是智者的事情，遵守法是愚者的事情；礼是贤人所定，而不贤之人为礼拘泥。欲王欲霸，欲成为智者贤人，就得反古改制。

《史记·老子韩非列传》记载有秦始皇心仪韩非学说之事：

> 非见韩之削弱，数以书谏韩王，韩王不能用。于是韩非疾治国不务修明其法制，执势以御其臣下，富国强兵而以求人任贤，反举浮淫之蠹而加之于功实之上。以为儒者用文乱法，而侠者以武犯禁。宽则宠名誉之人，急则用介胄之士。今者所养非所用，所用非所养。悲廉直不容于邪枉之臣，观往者得失之变，故作《孤愤》《五蠹》《内外储》《说林》《说难》十余万言。……人或传其书至秦。秦王见《孤愤》《五蠹》之书，曰："嗟乎，寡人得见此人与之游，死不恨矣！"④

后来，秦始皇终于见到了韩非。虽然因李斯等人的离间，秦始皇没有任用韩非，

① 《史记》卷六，第 238 ～ 239 页。
② 《汉书》卷三十，第 1728 页。
③ 蒋礼鸿撰：《商君书锥指》卷一，《新编诸子集成》，北京：中华书局，1986 年，第 4 页。
④ 《史记》卷六十三，第 2147 ～ 2155 页。

但韩非的主张却为秦始皇所信奉，这是确定不疑的。

韩非子作为是古非今论者，其观点可谓旗帜鲜明。《韩非子·五蠹》论社会变化云：

上古之世，人民少而禽兽众，人民不胜禽虫蛇，有圣人作，构木为巢以避群害，而民悦之，使王天下，号之曰有巢氏。民食果蓏蚌蛤，腥臊恶臭而伤害腹胃，民多疾病，有圣人作，钻燧取火以化腥臊，而民说之，使王天下，号之曰燧人氏。中古之世，天下大水，而鲧、禹决渎。近古之世，桀、纣暴乱，而汤、武征伐。今有构木钻燧于夏后氏之世者，必为鲧、禹笑矣；有决渎于殷、周之世者，必为汤、武笑矣。然则今有美尧、舜、汤、武、禹之道于当今之世者，必为新圣笑矣。是以圣人不期修古，不法常可，论世之事，因为之备。宋人有耕者，田中有株，兔走触株，折颈而死，因释其耒而守株，冀复得兔，兔不可复得，而身为宋国笑。今欲以先王之政，治当世之民，皆守株之类也。古者丈夫不耕，草木之实足食也；妇人不织，禽兽之皮足衣也。不事力而养足，人民少而财有余，故民不争。是以厚赏不行，重罚不用，而民自治。今人有五子不为多，子又有五子，大父未死而有二十五孙。是以人民众而货财寡，事力劳而供养薄，故民争，虽倍赏累罚而不免于乱。①

价值观念的变化是与生存环境的变化相联系的。韩非揭橥此一颠扑不破的真理，强调因时变法的必要性，应该是不错的。但是，因此而背弃仁义，与人民为敌，则从根本上动摇了法家学说存在的基础。秦始皇以韩非子这样的理论武装自己的头脑，他所希望的博士官当然是能以自己的思维方式敷赞大业，特别是在他自己以革故鼎新的理论实现了天下一统的伟业之后，他就会更加确信法家思想的正确性，而博士淳于越等人不顾实践检验的结论，仍然只相信“事不师古而能长久者，非所闻也”，即反古可能带来一时的胜利，但却会因为破坏了以仁义为核心的古代传统，因而也就破坏了传统的惯性，失去永久性。这是明显地诅咒秦王

① [清]王先慎撰，钟哲点校:《韩非子集解》卷十九，北京：中华书局，2003年，第442～443页。

朝，并公然与秦的胜利对抗。一方是秦始皇，他握有胜利，深信胜利果实的坚固性，并为此在不断完善专制政体；一方是儒生，面对秦的胜利无动于衷，并认为秦的胜利是暂时的、不可靠的。在这样的情况下，君主的希望与博士们的理想合不上拍，因此，秦始皇对持有深刻仁义思想的博士们就有了“乖异，难施用”的结论。但最后，还是博士们的预言胜利了，秦的短祚就充分说明了这一点。

检讨秦博士与秦始皇的对立，我们认识到，秦博士的“乖异，难施用”，或者被称为“愚儒”，只是他们固守自己坚定的信念，不随波逐流、趋炎附势，而不是真的“迂远而阔于事情”。今天，当我们站在启蒙运动以来的人类普世价值的角度上再来认识孔子与孟子的主张时应该看到，孔、孟及秦博士们的理想和追求才是真正有永恒价值的思想。

原载《淮阳师范学院学报》（哲学社会科学版）2005年第2期

儒学复兴与西汉官僚的政治操守

汉朝始建，百业凋敝，至孝惠帝、吕后，经济开始恢复，而汉文帝喜行节俭，思安百姓，听从贾谊之言，令民趋本背末，开籍田，躬耕以劝百姓。后晁错又建议文帝令民入粟边，六百石爵上造，稍增至四千石为五大夫，万二千石为大庶长，让百姓可以通过纳粮取得社会地位，以建立尊农夫而贱商人的社会风尚。又除民田之租税，令民无租税之困惑。及孝景二年，已除租税十三岁，汉景帝遂令百姓半出田租，三十而税一。通过以上措施，人民得以安居乐业。及汉武帝即位，天下已是一派繁荣景象。

一　西汉盛世的来临与儒学的复兴

《汉书·食货志》云：

至武帝之初七十年间，国家亡事，非遇水旱，则民人给家足，都鄙廪庾尽满，而府库余财。京师之钱累百巨万，贯朽而不可校。太仓之粟陈陈

> 相因，充溢露积于外，腐败不可食。众庶街巷有马，仟佰之间成群，乘牸牝者摈而不得会聚，守闾阎者食粱肉；为吏者长子孙；居官者以为姓号。人人自爱而重犯法，先行谊而黜愧辱焉。[①]

西汉初年的繁荣，得益于官府不与民争利、藏富于民的行政理念。不过，长达一百余年的盛世，不与民争利、藏富于民的行政理念也会随着经济的发展、富人的骄逸、君主权威的膨胀发生一些变化。

《汉书·食货志》又云：

> 于是罔疏而民富，役财骄溢，或至并兼豪党之徒以武断于乡曲。宗室有土，公卿大夫以下争于奢侈，室庐车服僭上亡限。物盛而衰，因其变也。[②]

所谓“物盛而衰”，是一种自然规律。盛汉之际，“罔疏”体现了百姓具有的自由。但是，繁荣也带来了骄横奢侈之病，而这种病事实上也影响了汉武帝。汉武帝“外事四夷，内兴功利，役费并兴，而民去本”[③]。董仲舒曾上书劝谏，但汉武帝哪里听得进去。繁荣的经济所支撑的强盛国力已足以使他一改汉初的节俭习性，而行铺张扬厉之事，所以仲舒死后，功费愈甚，天下虚耗，人复相食。汉武帝自公元前 140 年即位，在位五十年。及其晚年，“悔征伐之事，乃封丞相为富民侯”，并下诏说：“方今之务，在于力农。”他任命赵过为搜粟都尉，采取了开垦田地，加强管理和技术投入等方法，使百姓“用力少而得谷多”。到了汉昭帝时，“流民稍还，田野益辟，颇有畜积”，而汉宣帝“用吏多选贤良，百姓安土，岁数丰穰，谷至石五钱，农人少利”，于是宣帝令在边郡筑仓，“谷贱时增其价而籴，以利农；谷贵时灭价而粜，名曰常平仓。民便之”。汉元帝即位，天下大水，关东尤甚，齐地“谷石三百余，民多饿死”，“在位诸儒多言盐铁官及北假田官、常平仓可罢，毋与民争利。上从其议，皆罢之。又罢建章、甘泉宫卫，角抵，齐三服官，省禁苑以予贫民，减诸侯王庙卫卒半。又减关中卒五百人，转谷振贷穷乏”。汉成帝时，“天下亡兵革之事，号为安乐，然俗奢侈，不以畜积为意。永始二年，梁国、

---

① ［汉］班固撰，［唐］颜师古注：《汉书》卷二十四，北京：中华书局，1962 年，第 1135 页。
② 《汉书》卷二十四，第 1136 页。
③ 《汉书》卷二十四，第 1137 页。

平原郡比年伤水灾，人相食，刺史守相坐免”。汉哀帝即位，“宫室苑囿府库之臧已侈，百姓訾富虽不及文景，然天下户口最盛矣”。汉平帝时，情势未改。及王莽建新，“因汉承平之业，匈奴称藩，百蛮宾服，舟车所通，尽为臣妾，府库百官之富，天下晏然”。[①] 可以说，在王莽即位之初，汉朝仍然能有一副盛世模样，其原因在于汉朝的统治者能够及时修正已经出现的奢侈之风，继续贯彻不与民争利的行政理念，而不是把掠夺民间资源、国富民穷当作为政的主导。

炎汉之盛，也与汉武帝时军事上的胜利分不开。汉高祖、吕后时，对匈奴实行和亲政策，以求苟安。汉文帝后元六年（公元前 158 年），匈奴侵上郡、云中，杀掠甚众，虽由周亚夫屯军细柳抵御，匈奴兵退，但两年后汉景帝即位，仍然派遣御史大夫陶青至代下与匈奴和亲。汉景帝五年，遣公主嫁匈奴单于。汉景帝中元二年（公元前 148 年），匈奴入燕地。汉景帝后元二年（公元前 142 年），匈奴入雁门，太守冯敬战死。及汉武帝即位，以卫青为大将军，七次率兵出击匈奴，斩捕首虏五万余级，霍去病、李广更是屡立战功。又通西域，击南越，征西羌，击东越，征朝鲜，皆获成功。及汉宣帝时，匈奴大衰，远遁，汉边疆渐趋安定。可以说，至汉武帝时，汉朝才拥有了比较强大的军事实力。有了强国的军备，对于汉朝人民安居而言无疑意义重大。

西汉盛世，自汉武帝始，经汉昭帝、汉宣帝、汉元帝、汉成帝，至汉哀帝、汉平帝终结，时间跨度约一百四十余年，至王莽则天下大乱。盛世的特征既体现在物质的丰盈，更体现在政治的进步、精神的自由。汉武帝之后，钱粮丰盈，政治文明，国力强大，人民生活安定，社会环境宽松，人民的自由度也就相对大。

汉朝的强盛，同时也表现在文化的繁荣方面。《汉书·礼乐志》载，至武帝“乃立乐府，采诗夜诵，有赵、代、秦、楚之讴。以李延年为协律都尉，多举司马相如等数十人造为诗赋”[②]。《汉书·艺文志》载，迄孝武世，“建藏书之策，置写书之官，下及诸子传说，皆充秘府。至成帝时，以书颇散亡，使谒者陈农求遗

① 参看《汉书》卷三十，第 1137 ～ 1143 页。
② 《汉书》卷二十二，第 1045 页。

书于天下。诏光禄大夫刘向校经传诸子诗赋，步兵校尉任宏校兵书，太史令尹咸校数术，侍医李柱国校方技”[①]。汉武帝时期，乐府这个在秦及汉初就存在的机构被赋予了采诗的新功能，一时诗赋文书之盛自然是与旧日不可同日而语。这种网罗天下文籍，重视文化事业的行为，既体现了汉朝君臣欲彻底修正暴秦政治的愿望，也反映出其雄厚的经济实力可以为文化事业的发展提供坚实的物质保证。

中国文化兴起于上古，而其精髓，至孔子整理，则有《诗》《书》《礼》《乐》《易》《春秋》，其精神实质在于关心民生，而要实现关心民生的本意，就需要维护礼制秩序。但是，到了孔子时代，礼崩而乐坏，政不自天子出，使民无所适从。孔子为了纠正社会的衰颓，振兴周代文明，周游列国，却不免菜色困穷，被人认为是不合时宜。孔子之后，其弟子仍然奔走东西，为发扬夫子之文章前仆后继。后世儒家，正是继承孔门传统的学者所代表的哲学流派。《庄子·天下篇》论学术之变迁曰："古之人其备乎！配神明，醇天地，育万物，和天下，泽及百姓，明于本数，系于末度，六通四辟，小大精粗，其运无乎不在。其明而在数度者，旧法世传之史尚多有之。其在于《诗》《书》《礼》《乐》者，邹、鲁之士、搢绅先生多能明之。《诗》以道志，《书》以道事，《礼》以道行，《乐》以道和，《易》以道阴阳，《春秋》以道名分。其数散于天下而设于中国者，百家之学时或称而道之。"[②] 此言《诗》《书》《礼》《乐》《易》《春秋》为中国文化之源头。《汉书·艺文志》载："儒家者流，盖出于司徒之官，助人君顺阴阳明教化者也。游文于六经之中，留意于仁义之际，祖述尧舜，宪章文武，宗师仲尼，以重其言，于道最为高。"[③] 案六经之文，经孔子整理，儒家游文六经，宗师仲尼，表明他们是中国传统文化的继承者。

汉代文化的繁荣，核心价值在于儒学的恢复。儒学复兴，既保证了汉代政治体现出的革命性，同时也为建立仁政秩序提供了理论支持。

《史记·儒林列传》载：

> 自孔子卒后，七十子之徒散游诸侯，大者为师傅卿相，小者友教士大

---

① 《汉书》卷二十九，第1701页。
② ［清］王先谦撰：《庄子集解》卷八，《新编诸子集成》，北京：中华书局，2012年，第345页。
③ 《汉书》卷三十，第1728页。

夫，或隐而不见。故子路居卫，子张居陈，澹台子羽居楚，子夏居西河，子贡终于齐。如田子方、段干木、吴起、禽滑厘之属，皆受业于子夏之伦，为王者师。是时独魏文侯好学。后陵迟以至于始皇，天下并争于战国，儒术既绌焉，然齐鲁之间，学者独不废也。于威、宣之际，孟子、荀卿之列，咸遵夫子之业而润色之，以学显于当世。及秦之季世，焚《诗》《书》，坑术士，六艺从此缺焉。陈涉之王也，而鲁诸儒持孔氏之礼器往归陈王。于是孔甲为陈涉博士，卒与涉俱死。陈涉起匹夫，驱瓦合适戍，旬月以王楚，不满半岁竟灭亡，其事至微浅，然而缙绅先生之徒负孔子礼器往委质为臣者，何也？以秦焚其业，积怨而发愤于陈王也。及高皇帝诛项籍，举兵围鲁，鲁中诸儒尚讲诵习礼乐，弦歌之音不绝，岂非圣人之遗化，好礼乐之国哉？故孔子在陈，曰："归与归与，吾党之小子狂简，斐然成章，不知所以裁之。"夫齐鲁之间于文学，自古以来，其天性也。故汉兴，然后诸儒始得修其经艺，讲习大射乡饮之礼。叔孙通作汉礼仪，因为太常，诸生弟子共定者，咸为选首，于是喟然叹兴于学。然尚有干戈，平定四海，亦未暇遑庠序之事也。孝惠、吕后时，公卿皆武力有功之臣。孝文时颇征用，然孝文帝本好刑名之言。及至孝景，不任儒者，而窦太后又好黄老之术，故诸博士具官待问，未有进者。及今上即位，赵绾、王臧之属明儒学，而上亦乡之，于是招方正贤良文学之士。自是之后，言《诗》于鲁则申培公，于齐则辕固生，于燕则韩太傅。言《尚书》自济南伏生。言《礼》自鲁高堂生……于赵自董仲舒。及窦太后崩，武安侯田蚡为丞相，绌黄老、刑名百家之言，延文学儒者数百人，而公孙弘以《春秋》白衣为天子三公，封以平津侯。天下之学士靡然乡风矣。[①]

据《汉书·武帝纪》载，汉武帝建元元年（公元前140年），丞相卫绾奏，"所举贤良，或治申、商、韩非、苏秦、张仪之言，乱国政，请皆罢"[②]。武帝准奏。自百家之兴到汉武帝，那些背离仁义传统的新学，如法家、纵横家之言才退出了

---

① ［汉］司马迁撰，［南朝宋］裴骃集解：《史记》卷一百二十一，北京：中华书局，1982年，第3116页。

② 《汉书》卷六，第156页。

历史舞台，其原因是随着国家的安定，辩士用不着，而法家之旨与人民为敌，不利于人心的安定。汉武帝当然明白这一点，因此不再引进法家及辩士。但是，武帝即位之初，窦太后尚执国政，而好黄老。建元二年（公元前139年）冬，倡导尊儒的御史大夫赵绾坐请毋奏事太皇太后，及郎中令王臧皆下狱，自杀。丞相婴，太尉蚡免。《史记·儒林列传》论其原因，曰："太皇窦太后好老子言，不说儒术，得赵绾、王臧之过以让上，上因废明堂事，尽下赵绾、王臧吏。后皆自杀。"[①] 可见独尊儒术的过程也是需要用生命来做铺垫的。

又《史记·儒林列传》载，清河王太傅辕固生，齐人，以治《诗》，在孝景帝时为博士，他曾在景帝面前与黄生争论。黄生是司马谈的老师，汉初有名的黄老学家。黄生说："汤、武非受命，乃弑也。"辕固生说："不然。夫桀、纣虐乱，天下之心皆归汤、武，汤、武与天下之心而诛桀、纣。桀、纣之民不为之使而归汤、武。汤、武不得已而立。非受命为何？"黄生说："冠虽敝，必加于首；履虽新，必关于足。何者？上下之分也。今桀、纣虽失道，然君上也；汤、武虽圣，臣下也。夫主有失行，臣下不能正言匡过以尊天子，反因过而诛之，代立践南面。非弑而何也？"辕固生说："必若所云，是高帝代秦即天子之位，非邪？"于是景帝说："食肉不食马肝，不为不知味；言学者无言汤、武受命，不为愚。"此后学者"莫敢明受命放杀者"。黄生欲攻击儒学，抓住儒家津津乐道的汤、武革命的典故，而欲说明儒学之弑上，辕固生欲维护圣人革命的合法性，甚至以刘邦代秦为比，其态度之决绝，于此可窥一斑。[②]

又《史记·儒林列传》载，窦太后好老子书，召辕固生问老子书，辕固生说："此是家人言耳！"意即"家人"相与清静无为，不能致用，所谓老生常谈。窦太后大怒，曰："安得司空城旦书乎！"司空是主管刑徒之官，城旦是汉朝的一种刑名。黄老学者认为儒家学说支离破碎，如法律条文等。窦太后之意是说，"道家难道比不上儒家的那些支离破碎的法律条文吗？"因此命辕固生入圈杀猪。景帝了解太后发怒，但辕固生直言无罪，于是给辕固生利刃，下圈杀猪，正中猪

① 《史记》卷一百二十一，第3122页。
② 参看《史记》卷一百二十一，第3123页。

心，猪应手而倒，太后才放过了辕固生。[①]

又《史记·汲郑列传》载，汲黯当时好任侠，又好黄老之言，“治官理民，好清静，择丞史而任之”，“治务在无为而已，弘大体，不拘文法”，武帝招文学儒者，汲黯颇不以为意，曰：“陛下内多欲而外施仁义，奈何欲效唐、虞之治乎？”[②]汲黯虽为批评武帝而言，然其不欲儒家之治也昭然若揭。汲黯是汉初有名的直谏大臣，为人好学，可以说是文士，但其有战国游侠之风，不好儒家的彬彬有礼，确实具代表性。

二　董仲舒“君权神授”学说限制君权的本意

董仲舒，广川（今河北省）人，是汉代今文经学的大宗师。少治《春秋》，孝景时为博士。《汉书·董仲舒传》载，董仲舒“下帷讲诵，弟子传以久次相授业，或莫见其面。盖三年不窥园，其精如此。进退容止，非礼不行，学士皆师尊之”[③]。

据《汉书·武帝纪》载，汉武帝即位，即“诏丞相、御史、列侯、中二千石、诸侯相举贤良方正直言极谏之士”[④]。《汉书·董仲舒传》载，董仲舒以贤良对策，先后三次，号称“天人三策”，认为“国家将有失道之败，而天乃先出灾害以谴告之，不知自省，又出怪异以警惧之，尚不知变，而伤败乃至”，“道者，所由适于治之路也，仁义礼乐皆其具也”，“夫人君莫不欲安存而恶危亡，然而政乱国危者甚众，所任者非其人，而所由者非其道，是以政日以仆灭也”[⑤]，强调天人感应，强调通过仁义以达治道对国家存亡的重要性。

董仲舒建立其理论的基础是《春秋》大义及孔子言论。在“天人三策”之中，董仲舒屡言《春秋》，“臣谨案《春秋》之中，视前世已行之事，以观天人相与之际，甚可畏也”，“臣谨案《春秋》之文，求王道之端，得之于正”，“臣谨

---

① 参看《史记》卷一百二十一，第3123页。
② 《史记》卷一百二十，第3105～3106页。
③ 《汉书》卷五十六，第2495页。
④ 《汉书》卷六，第155～156页。
⑤ 《汉书》卷五十六，第2498～2499页。

案《春秋》谓一元之意，一者万物之所从始也，元者辞之所谓大也。谓一为元者，视大始而欲正本也。《春秋》深探其本，而反自贵者始。故为人君者，正心以正朝廷，正朝廷以正百官，正百官以正万民，正万民以正四方。四方正，远近莫敢不壹于正，而亡有邪气奸其间者"，"孔子作《春秋》，上揆之天道，下质诸人情，参之于古，考之于今。故《春秋》之所讥，灾害之所加也；《春秋》之所恶，怪异之所施也"，"古者修教训之官，务以德善化民，民已大化之后，天下常亡一人之狱矣。今世废而不修，亡以化民，民以故弃行谊而死财利，是以犯法而罪多，一岁之狱以万千数。以此见古之不可不用也，故《春秋》变古则讥之"，"《春秋》大一统者，天地之常经，古今之通谊也。今师异道，人异论，百家殊方，指意不同，是以上亡以持一统；法制数变，下不知所守。臣愚以为诸不在六艺之科、孔子之术者，皆绝其道，勿使并进。邪辟之说灭息，然后统纪可一而法度可明，民知所从矣"。① 董仲舒引述《诗》《书》及孔子之言也不胜枚举。

综合董仲舒对策意旨，核心是尊孔而复古，由尊孔复古引发大一统，即在思想上、政治上的统一，特别是提出罢黜百家，以六艺之学及孔子之术为尊。董仲舒提出"天人感应"学说，可以看作是对孔子之术的新革命。董仲舒"天人感应"学说的落脚点，是认为圣上应以孔子所倡导的仁义政治保持德治传统，以百姓为父母，而不是与百姓为敌，否则必受上天惩戒。以此出发点建立其政治学说，就决定了他的这种学说的内涵是进步的。

孔子思想的核心是仁，而仁的意旨是爱人，欲人忠恕而已，即"已所不欲，勿施于人"，"已欲立而立人，已欲达而达人"。具有此仁义之心，必然具有慈悲之行。董仲舒高举孔子的旗帜，正可以修补人民因法治之酷而带来的创伤。孔子的最高理想是大道之行的"天下为公"，即《礼记·礼运》所谓大同，大同不能实现，则退而求小康。小康以大人世及为礼，但尚信修睦，使民有常，是通往大同的必由之路。大同、小康的共同特点都是有一个统一的秩序，政出自上，而非政出多门。因此，百姓才不至于左右维谷、无所适从。《春秋》大义在于尊王

① 参看《汉书》卷五十六，第 2495 ～ 2523 页。

攘夷，贬天子，退诸侯，维护礼制秩序，也就是维护周天子的一统天下，天下的统一是百姓安居乐业的前提。从此意义出发，董仲舒从《春秋》中总结出大一统的主题，并非牵强附会。

孔子思想代表了中国传统文化的精华，其仁义慈悲的胸怀必然为一切善良的人所拥戴。随着汉王朝统治的巩固，社会的秩序逐渐恢复常态，人们的善良愿望渐趋旺盛，这就是儒学在汉武帝时必然复兴的原因。

《汉书·董仲舒传》载，董仲舒受诏，“对既毕，天子以仲舒为江都相，事易王”①。据《汉书·景十三王传》载，江都易王非，程姬所生，“有材气”，“以军功赐天子旗”，“好气力，治宫馆，招四方豪桀，骄奢甚”。② 及董仲舒为江都相，“以礼谊匡正，王敬重焉”。齐王非问董仲舒：“粤王勾践与大夫泄庸、种、蠡谋伐吴，遂灭之。孔子称殷有三仁，寡人亦以为粤有三仁。桓公决疑于管仲，寡人决疑于君。”董仲舒回答说：“臣愚不足以奉大对。闻昔者鲁君问柳下惠：‘吾欲伐齐，何如？’柳下惠曰：‘不可。’归而有忧色，曰：‘吾闻伐国不问仁人，此言何为至于我哉！’徒见问耳，且犹羞之。况设诈以伐吴乎？由此言之，粤本无一仁。夫仁人者，正其谊不谋其利，明其道不计其功，是以仲尼之门，五尺之童羞称五伯，为其先诈力而后仁谊也。苟为诈而已，故不足称于大君子之门也。五伯比于他诸侯为贤，其比三王，犹武夫之与美玉也。”③ 从这一段话中，我们仍然可以看出董仲舒不仅在理论上尊孔，而且在政治实践和对历史人物的评价上也是推崇古圣贤言论，以仁义为衡量是非的标准。这与楚汉战争时的实用主义心态有很大区别。也就是说，董仲舒更强调原则性，而不注重实用性。这种思想倾向适应了汉王朝渐趋稳定、社会逐步走上秩序化道路的形势需要。

《汉书·董仲舒传》载：“仲舒治国，以《春秋》灾异之变推阴阳所以错行，故求雨，闭诸阳，纵诸阴，其止雨反是；行之一国，未尝不得所欲。”④《春秋繁露·郊语》曰：“天者，百神之大君也。事天不备，虽百神犹无益也。何以言其然

---

① 《汉书》卷五十六，第 2523 页。
② 《汉书》卷五十三，第 2414 页。
③ 《汉书》卷五十六，第 2523 ～ 2524 页。
④ 《汉书》卷五十六，第 2524 页。

也？祭而地神者，《春秋》讥之。孔子曰：‘获罪于天，无所祷也。’是其法也。”[①]董仲舒敬天，认为天有意志，《阴阳义》曰：“天亦有喜怒之气、哀乐之心，与人相副。以类合之，天人一也。春，喜气也，故生；秋，怒气也，故杀；夏，乐气也，故养；冬哀气也，故藏。四者天人同有之。”因此，董仲舒认为，“有其理而一用之。……故为主人之道，莫明于在身之与天同者而用之，使喜怒之气必当义而出，如寒暑之必当其时乃发也”[②]。《春秋繁露·顺命》云：“父者，子之天也；天者，父之天也。无天而生，未之有也。天者万物之祖，万物非天不生。独阴不生，独阳不生，阴阳与天地参然后生。”又曰：“天子受命于天，诸侯受命于天子，子受命于父，臣妾受命于君，妻受命于夫。诸所受命者，其尊皆天也，虽谓受命于天亦可。天子不能奉天之命，则废而称公，王者之后是也。”[③]《春秋繁露·玉杯》曰：“屈民而伸君，屈君而伸天，《春秋》之大义也。”[④]董仲舒以阴阴灾异之行，推导出社会秩序，强调天命的重要性，灾异作为天命的表现形式，是检验天命实施情况的试金石。《春秋繁露·必仁且知》曰：“天地之物有不常之变者，谓之异，小者谓之灾。灾常先至而异乃随之。灾者，天之谴也；异者，天之威也。谴之而不知，乃畏之以威。”[⑤]董仲舒认为，灾异的产生虽表明天有不满，但并不表明天欲改朝换代，而是欲救之也。所以，《春秋繁露·必仁且知》曰：“国家之失乃始萌芽，而天出灾害以谴告之；谴告之而不知变，乃见怪异以惊骇之，惊骇之尚不知畏恐，其殃咎乃至。以此见天意之仁而不欲陷人也。”[⑥]

董仲舒发明心得，提出“君权神授”之主张，《春秋繁露·顺命》曰：“德侔天地者，皇天右而子之，号称天子。”[⑦]即强调天子以其德行受天庇护，同时又总结出灾异之变，实欲以此神秘主义理论督导君主向善，在君主的世俗权力上，寻

---

① 苏舆撰，钟哲点校:《春秋繁露义证》卷十四,《新编诸子集成》北京：中华书局，1992年，第398页。

② 《春秋繁露义证》卷十四,《新编诸子集成》，第341～342页。

③ 《春秋繁露义证》卷十五,《新编诸子集成》，第410～413页。

④ 《春秋繁露义证》卷一,《新编诸子集成》，第32页。

⑤ 《春秋繁露义证》卷八,《新编诸子集成》，第259页。

⑥ 《春秋繁露义证》卷八,《新编诸子集成》，第259页。

⑦ 《春秋繁露义证》卷十五,《新编诸子集成》，第410页。

到了一个既抽象又具体的“神”。不过，即使是董仲舒的学生，也未必认为其师之学说有何可取。《汉书·董仲舒传》载：“先是辽东高庙、长陵高园殿灾，仲舒居家推说其意，未上，主父偃候仲舒，私见，嫉之，窃其书而奏焉。上召视诸儒，仲舒弟子吕步舒不知其师书，以为大愚。于是下仲舒吏，当死，诏赦之。仲舒遂不敢复言灾异。”①

董仲舒为人廉直，在当世有口碑，因与公孙弘不睦，出为胶西王相。胶西王刘端与江都易王刘非都出自程姬，为汉武帝之兄长。《汉书·景十三王传》载，刘端“为人贼戾”，“相二千石至者，奉汉法以治，端辄求其罪告之，亡罪者诈药杀之。所以设诈究变，强足以距谏，知足以饰非。相二千石从王治，则汉绳以法。故胶西小国，而所杀伤二千石甚众”。②公孙弘心嫉董仲舒，遂对汉武帝说“独董仲舒可使相胶西王”，目的是为了置董仲舒于死地。据《汉书·董仲舒传》载，“胶西王闻董仲舒大儒，善待之，仲舒恐久获罪，病免。凡相两国，辄使骄王，正身以率下，数上疏谏争，教令国中，所居而治”③。连胶西王、江都易王这样的骄王也不得不善待董仲舒，足见董仲舒人格力量的博大。

《汉书·五行志》载：“景武之世，董仲舒治《公羊春秋》，始推阴阳，为儒者宗。”④作为儒学大师，董仲舒著述丰富，《汉书·董仲舒传》载，“仲舒所著，皆明经术之意，及上疏条教，凡百二十三篇。而说《春秋》事得失，《闻举》《玉杯》《蕃露》《清明》《竹林》之属，复数十篇，十余万言，皆传于后世”。董仲舒好学，“及去位归居，终不问家产业，以修学著书为事”。董仲舒以其丰富学说、优良人格赢得了尊敬，“仲舒在家，朝廷如有大议，使使者及廷尉张汤就其家而问之，其对皆有明法”，“及仲舒对册，推明孔氏，抑黜百家。立学校之官，州郡举茂材孝廉，皆自仲舒发之”。⑤董仲舒的尊孔主张带来了儒学的复兴，并直接促成了儒学独尊地位的建立。

---

① 《汉书》卷五十六，第2524页。
② 《汉书》卷五十三，第2418～2419页。
③ 《汉书》卷五十六，第2525页。
④ 《汉书》卷二十七，第1317页。
⑤ 参看《汉书》卷五十六，第2525页。

三　儒学独尊与公孙弘及兒宽的操守

儒学独尊地位的确立，对西汉政治的影响是极其深远的。赵翼《廿二史札记》所举“汉时以经义断事”可以作为证明：

汉初法制未备，每有大事，朝臣得援经义，以折衷是非。如张汤为廷尉，每决大狱，欲傅古义，乃请博士弟子，治《尚书》《春秋》者，补廷尉史，亭疑奏谳；兒宽为廷尉掾，以古义决疑狱，奏辄报可；张敞为京兆尹，每朝廷大议，敞引古今，处便宜，公卿皆服是也。今见于各传者：宣帝时，有一男子诣阙，自称卫太子，举朝莫敢发言，京兆尹隽不疑至，即令缚之。或以为是非未可知，不疑曰：“昔蒯聩违命出奔，辄拒而不纳，《春秋》是之。卫太子得罪先帝，已为罪人矣。”帝及霍光闻之曰：“公卿当用经术明大义者。”匈奴大乱，议者遂欲举兵灭之。萧望之曰：“《春秋》，士匄侵齐，闻齐侯卒，引师还，君子善其不伐丧。今宜遣使吊问，则四夷闻之，咸服中国之仁义。”宣帝从之，呼韩邪单于遂内属。朱博、赵玄、傅晏等奏，何武、傅喜虽已罢退，仍宜革爵。彭宣劾奏，博、玄、晏等欲禁锢大臣，以专国权。诏下公卿议。龚胜引叔孙侨如欲专国，谮季孙行父于晋，晋人执囚行父，《春秋》重而书之。今傅晏等职为乱阶，宜治其罪。哀帝乃削晏封户，坐玄罪。哀帝宠董贤，以武库兵送其第，毋将隆奏：“《春秋》之谊，家不藏甲，所以抑臣威也。孔子曰：‘奚取于三家之堂。’臣请收还武库。”贾捐之与杨兴迎合石显，上书荐显，为显所恶，下狱定谳，引《书》“谗说殄行”，《王制》“顺非而泽”，请论如法。捐之遂弃市，兴减死一等。此皆无成例可援，而引经义以断事者也。援引古义，固不免于附会，后世有一事，即有一例，自亦无庸援古证今，第条例过多，竟成一吏胥之天下，而经义尽为虚设耳。①

五经在汉代的传播依赖儒生们的努力，而五经传播的过程正体现了儒学的发展。大量士子投身五经的学习，既反映了儒学独尊地位的确立，也反映了汉代宗经尊孔的精神已深入到文人心态之中，成为文人生活的基本组成部分。而传承五

---

① ［清］赵翼著：《廿二史札记》卷二，北京：中国书店，1987年，第26页。

经之人，率皆从政的儒生。

汉武帝之后，儒学独尊伴随着儒生独尊，儒生从黄老之学的压抑中解脱出来。随着公孙弘由博士而宰相，这也开辟了儒生入仕的新时代。

儒生入仕并进而执掌国柄是一场政治革命。在儒生入仕之前，以武人执政，功臣执政，其弊端层出不穷。武人的愚昧野蛮、功臣的骄横跋扈自私都可能导致政治的黑暗滑稽，而儒生深受圣人教诲，即使其本人行为有妨，但口所言、心所惟，总不能脱离仁、义、礼、智，能近取譬，推己谅人，而具有恻隐、忍让、是非、恭敬诸胸怀，这是文人政府与军人政府的区别。可以说，儒生的大量入仕，大大提高了政治的清明程度和文明程度。

儒学的独尊、儒生的独尊使学习五经成为一种社会大趋势。而学习儒经，首先需要师承，汉代虽有私人转相授受，而拜经学博士为师则是最受重视的方法，因为在汉代，几乎所有的著名经学家都被天子网罗在京师，并加以博士的头衔。而儒生们或为博士，或为博士弟子，甚至在太学郡国学也等于踏入了仕宦的门槛。以治五经而至大官，在汉武帝后数见不鲜。即使某些皇帝可能并不见得喜欢儒生，但也不得不任用儒生，因为对儒生的器重已是一个时代人心之所向。

自武帝之后，儒生一方面可以通过博士之官广招门生，另一方面在明习经典后，踏上仕途，出将入相，取功名易如反掌。而皇帝及太子、诸侯王、公卿士大夫也好学儒术，又反过来促进了儒生数量的扩张。儒生几乎占据了西汉盛世的全部政治舞台，由于他们读圣贤书，因而重视名节，廉洁自守，声援正义，西汉的政治便能步入儒家的仁政轨道。赵翼《廿二史札记》解释了汉代君主虽有庸主而无暴君的原因正是儒学精神对汉代君主的影响。《汉书·魏相丙吉传》赞曰：

> 近观汉相，高祖开基，萧、曹为冠。孝宣中兴，丙、魏有声。是时黜陟有序，众职修理，公卿多称其位，海内兴于礼让。览其行事，岂虚乎哉！①

又《汉书·匡张孔马传》赞曰：

> 自孝武兴学，公孙弘以儒相，其后蔡义、韦贤、玄成、匡衡、张禹、

① 《汉书》卷七十四，第 3151 页。

翟方进、孔光、平当、罗宫及当子晏，咸以儒宗居宰相位，服儒衣冠，传先王语，其酝藉可也。然皆持禄保位，被阿谀之讥。彼以古人之迹见绳。乌能胜其任乎？[①]

虽说汉诸丞相生当盛世，劝谏不如古人，但其儒学之高明，甚至作为一家之宗师的学养，对他们正确理解孔子大同及忠恕的本意，无疑深有帮助。

汉代儒生中，位次之高，首推公孙弘。据《汉书·公孙弘卜式兒宽传》载，“公孙弘，菑川薛人，少时为狱吏，有罪，免。家贫，牧豕海上。年四十余，乃学《春秋》杂说”。武帝初即位，公孙弘年六十，以贤良而被征为博士。“使匈奴，还报，不合意”，武帝怒，以为无能，公孙弘遂以病免。元光五年（公元前130年），再征贤良文学，菑川人举荐，公孙弘推辞不就，菑川人不许，公孙弘遂至太常。汉武帝问曰：

天人之道，何所本始？吉凶之效，安所期焉？禹汤水旱，厥咎何由？仁、义、礼、智四者之宜，当安设施？属统垂业，物鬼变化，天命之符，废兴何如？天文地理人事之纪，子大夫习焉。其悉意正义，详具其对，著之于篇，朕将亲览焉，靡有所隐。

公孙弘对武帝策曰：

臣闻上古尧禹之时，不贵爵赏而民劝善，不重刑罚而民不犯，躬率以正而遇民信也；末世贵爵厚赏而民不劝，深刑重罚而奸不止，其上不正，遇民不信也。夫厚赏重刑未足以劝善而禁非，必信而已矣。是故因能任官，则分职治；去无用之言，则事情得；不作无用之器，即赋敛省；不夺民时，不妨民力，则百姓富；有德者进，无德者退，则朝廷尊；有功者上，无功者下，则群臣逡；罚当罪，则奸邪止；赏当贤，则臣下功。凡此八者，治之本也。故民者，业之即不争，理当则不怨，有礼则不暴，爱之则亲上，此有天下之急者也。故法不远义，则民服而不离；和不远礼，则民亲而不暴。故法之所罚，义之所去也；和之所赏，礼之所取也。礼义者，民之所服也，而赏罚顺之，则民不犯禁矣。故画衣冠，异章服，而民不犯者，此

---

① 《汉书》卷八十一，第3366页。

道素行也。

臣闻之，气同则从，声比则应。今人主和德于上，百姓和合于下，故心和则气和，气和则形和，形和则声和，声和则天地之和应矣。故阴阳和，风雨时，甘露降，五谷登，六畜蕃，嘉禾兴，朱草生，山不童，泽不涸，此和之至也。故形和则无疾，无疾则不夭，故父不丧子，兄不哭弟。德配天地，明并日月，则麟凤至，龟龙在郊，河出图，洛出书，远方之君莫不说义，奉币而来朝，此和之极也。

臣闻之，仁者爱也，义者宜也，礼者所履也，智者术之原也。致利除害，兼爱无私，谓之仁；明是非，立可否，谓之义；进退有度，尊卑有分，谓之礼；擅杀生之柄，通壅塞之涂，权轻重之数，论得失之道，使远近情伪必见于上，谓之术。凡此四者，治之本，道之用也，皆当设施，不可废也。得其要，则天下安乐，法设而不用；不得其术，则主蔽于上，官乱于下。此事之情，属统垂业之本也。

臣闻尧遭鸿水，使禹治之，未闻禹之有水也。若汤之旱，则桀之余烈也。桀纣行恶，受天下罚；禹汤积德，以王天下。因此观之，天德无私亲，顺之和起，逆之害生。此天文地理人事之纪。……[①]

当时对策之人有百余，太常以公孙弘居下，而汉武帝擢为第一，“召入见，容貌甚丽，拜为博士，待诏金马门”[②]。检公孙弘之对策，其核心在于顺乎民心，和于阴阳，仁、义、礼、智之德，这正是自孔子以来儒家思想的基本内核。公孙弘欲以此治国，改变自秦以来的异端。

公孙弘在行为处事原则上也极有特色。《汉书·公孙弘卜式兒宽传》载：“每朝会议，开陈其端，使人主自择，不肯面折庭争。于是上察其行慎厚，辩论有余，习文法吏事，缘饰以儒术，上说之，一岁中至左内史。”[③]公孙弘与汲黯同时，《汉书·张冯汲郑传》载，汲黯好黄老言，“为人性倨，少礼，面折，不能容人之过。合己者善待之，不合者弗能忍见，士亦以此不附焉。然好游侠，任气

① 《汉书》卷五十八，第 2614 ～ 2617 页。

② 《汉书》卷五十八，第 2617 页。

③ 《汉书》卷五十八，第 2618 页。

节，行修洁。其谏，犯主之颜色”①。他与公孙弘之爱好和行为处世原则正相反，然两人也有合作。《汉书·公孙弘卜式兒宽传》载：“弘奏事，有所不可，不肯庭辩。常与主爵都尉汲黯请间，黯先发之，弘推其后，上常说，所言皆听，以此日益亲贵。尝与公卿约议，至上前，皆背其约以顺上指。”而汲黯不满，当庭诘问公孙弘曰：“齐人多诈而无情，始为与臣等建此议，今皆背之，不忠。”武帝以问公孙弘，公孙弘答曰：“夫知臣者以臣为忠，不知臣者以臣为不忠。”②

孔子虽强调“信”的重要性，如《论语·为政》曰：“人而无信，不知其可也。”③但是,《论语·子路》曰：“言必信，行必果，硁硁然小人哉！”④如果一定要把“信”看作是超越仁、义、礼、智的存在，那就大错特错了。一旦“信”违背了仁、义、礼、智，就应该抛弃“信”，所以《孟子·离娄下》曰：“大人者，言不必信，行不必果，惟义所在。”⑤《汉书·公孙弘卜式兒宽传》载，公孙弘“为人谈笑多闻，常称以为人主病不广大，人臣病不俭节。养后母孝谨，后母卒，服丧三年”。及为御史大夫，数谏武帝东置苍海，北筑朔方郡，“以为罢弊中国以奉无用之地，愿罢之”⑥，则说明公孙弘并非一味阿谀主上，也具有讽谏之勇气，只是更注意守护礼义、维护帝王的尊严而已。

公孙弘在当时被认为是沽名钓誉之人,《汉书·公孙弘卜式兒宽传》载，汲黯曰：“弘位在三公，奉禄甚多，然为布被，此诈也。”武帝问公孙弘，公孙弘答曰：“有之。夫九卿与臣善者无过黯，然今日庭诘弘，诚中弘之病。夫以三公为布被，诚饰诈欲以钓名。”公孙弘对自己欲通过行为自律以谋求名誉的心态供认不讳。公孙弘于元朔中为宰相，封平津侯，“于是起客馆，开东阁以延贤人，与参谋议。弘身食一肉，脱粟饭，故人宾客仰衣食，奉禄皆以给之，家无所余”。⑦

---

① 《汉书》卷五十，第 2317 页。
② 参看《汉书》卷五十八，第 2619 页。
③ [三国魏]何晏集解，[宋]邢昺疏:《论语注疏》卷二,《十三经注疏》，北京：中华书局，1980 年，第 2463 页。
④ 《论语注疏》卷十三,《十三经注疏》，第 2508 页。
⑤ [清]焦循撰:《孟子正义》卷十六,《新编诸子集成》，北京：中华书局,2015 年，第 598 页。
⑥ 《汉书》卷五十八，第 2619 页。
⑦ 《汉书》卷五十八，第 2620 页。

此虽有沽名钓誉之嫌，但不忘故旧、好贤之优点也不能一笔抹杀。

重视名誉，本来是自孔子以来儒生们所树立的传统，但公孙弘的重视名誉却被人视为沽名钓誉，受人责难，其原因大概在于“其性意忌，外宽内深。诸常与弘有隙，无近远，虽阳与善，后竟报其过。杀主父偃，徙董仲舒胶西，皆弘力也”①。这就让人感觉到他的节俭爱才都有虚伪的成分。从这个意义上来说，公孙弘对孔孟之旨并未能深刻领会并贯彻到行动之中。

《汉书·公孙弘卜式兒宽传赞》载：

公孙弘、卜式、兒宽皆以鸿渐之翼困于燕爵，远迹羊豕之间，非遇其时，焉能致此位乎？是时，汉兴六十余载，海内艾安，府库充实，而四夷未宾，制度多阙。上方欲用文武，求之如弗及，始以蒲轮迎枚生，见主父而叹息。群士慕向，异人并出。卜式拔于刍牧，弘羊擢于贾竖，卫青奋于奴仆，日磾出于降虏，斯亦曩时版筑饭牛之朋已。汉之得人，于兹为盛，儒雅则公孙弘、董仲舒、兒宽，笃行则石建、石庆，质直则汲黯、卜式，推贤则韩安国、郑当时，定令则赵禹、张汤，文章则司马迁、相如，滑稽则东方朔、枚皋，应对则严助、朱买臣，历数则唐都、洛下闳，协律则李延年，运筹则桑弘羊，奉使则张骞、苏武，将率则卫青、霍去病，受遗则霍光、金日磾，其余不可胜纪。是以兴造功业，制度遗文，后世莫及。孝宣承统，纂修洪业，亦讲论六艺，招选茂异，而萧望之、梁丘贺、夏侯胜、韦玄成、严彭祖、尹更始以儒术进，刘向、王褒以文章显，将相则张安世、赵充国、魏相、丙吉、于定国、杜延年，治民则黄霸、王成、龚遂、郑弘、召信臣、韩延寿、尹翁归、赵广汉、严延年、张敞之属，皆有功迹见述于世。参其名臣，亦其次也。②

汉至武帝，经济繁荣，又兼武帝不拘一格任用人才，人才之盛，后代难出其右；而到孝宣皇帝，以儒学任用贤才，也不输于武帝。《汉书·五行志》载，昭帝时，泰山有大石自立，上林苑中大柳树断仆地，一朝起立，生枝叶，有虫食其

---

① 《汉书》卷五十八，第 2621 页。
② 《汉书》卷五十八，第 2633 页。

叶，成文字，曰："公孙病已立"；又昌邑国社有枯树复生枝叶，儒生眭孟因此认为木阴类，下民象，当有故废之家公孙氏从民间受命为天子，霍光认为此乃妖言惑众，杀了眭孟。后宣帝即位，一方面喜游侠，斗鸡走马；另一方面高材好学，受《诗》于东海澓中翁，学《诗》《论语》《孝经》，慈仁爱人，及即位，崇尚法治，用刑深刻。其子元帝颇有不解，《汉书·宣帝纪》载，宣帝曰："汉家自有制度，本以霸王道杂之，奈何纯任德教，用周政乎？"又认为儒生"不达时宜，好是古非今，使人眩于名实，不知所守，何足委任"。但他却为儒生眭孟平反，认为眭孟所言公孙氏正指自己，因为宣帝为故皇太子之孙，被迫流落民间，而灾异之说正为自己的即位提供了理论依据。所以，自宣帝始，今文经学家凭借着阴阳灾异的威力而平步青云。至刘歆之后，古文经学家也开辟了广阔的政治前程。

兒宽，汉千郡千乘县人，"治《尚书》，事欧阳生，以郡国选诣博士，受业孔安国。贫无资用，尝为弟子都养。时行赁作，带经而锄，休息辄读诵，……以射策为掌故，功次，补廷尉文学卒史"。兒宽"为人温良，有廉知自将，善属文，然懦于武，口弗能发明也"，被张汤派至北地视畜数年。后为张汤引为奏谳掾，"以古法义决疑狱"。张汤为御史大夫，兒宽为侍御史，为武帝讲经学，武帝非常喜欢，"从问《尚书》一篇。擢为中大夫，迁左内史"。兒宽"治民，劝农业，缓刑罚，理狱讼，卑体下士，务在于得人心；择用仁厚士，推情与下，不求名声，吏民大信爱之。……奏开六辅渠，定水令以广溉田"，不多收租税。武帝时，司马相如之遗书奏言武帝封禅，兒宽对曰："陛下躬发圣德，统楫群元，宗祀天地，荐礼百神，精神所向，征兆必报，天地并应，符瑞昭明。其封泰山，禅梁父，昭姓考瑞，帝王之盛节也。然享荐之义，不著于经……"武帝遂"自制仪，采儒术以文焉"，"即成，拜兒宽为御史大夫，从东封泰山"。[①]

公孙弘和兒宽皆以儒生侍武帝之世，位列三公，而兒宽之行为举止更有儒者仁义之风，其尊敬圣人之心态比之公孙弘更见彻底。兒宽在位九年，"以称意任职，故久无有所匡谏于上"，"以官卒"。[②]

---

① 参看《汉书》卷五十八，第 2628 ～ 2632 页。
② 《汉书》卷五十八，第 2633 页。

在兒宽出任御史大夫之际，儒生褚大，时任梁相，通五经，兒宽为博士弟子，褚大为博士。御史大夫缺，征褚大，褚大自以为要出任御史大夫。到洛阳后，听说兒宽任御史大夫，褚大认为兒宽才学不及，故大笑。及见兒宽，与论封禅事，自以为不及，曰："上诚知人。"此事也反映了儒生们尊敬贤才的优良品质。

四　西汉儒生大官的道德操守举隅

以儒生而至大臣，前已举公孙弘、兒宽为例，他们的时代在汉武之世。嗣后，儒生做大官已成时代大势。《汉书·武五子传》载，戾太子刘据七岁时立为皇太子，诏受《公羊春秋》及《穀梁传》。燕剌王刘旦"博学经书杂说"，其原因在于皇帝重视经学。有皇帝之重视，并让子弟从师诵习，儒生做大官也就顺理成章了。

《汉书·公孙刘田王杨蔡陈郑传》载，司马迁的外孙杨恽读外祖《太史公记》，治《春秋》，"好交英俊诸儒，名显朝廷"，其父杨敞为丞相，封安平侯，而杨恽也封平通侯，后官居诸吏光禄勋，"轻财好义"，"廉洁无私，郎官称公平"。及免官，广治产业，其"伐其行治，又性刻苦，好发人阴伏，同位有忤已者，必欲害之，以其能高人"，则与公孙弘有相同之毛病。蔡义，河内温人，以明经通《韩诗》，为光禄大夫、给事中，"进授昭帝"，后官少府，迁御史大夫，升任丞相，封阳平侯，其任丞相时已八十余，"短小无须眉，貌似老妪，行步俯偻，常两吏扶夹乃能行"，时人以大将军霍光秉政，"置宰相不选贤，苟用可颛制者"。①

此诸位可谓儒生中利用仁义之人。但是，对于大部分儒生大官来说，其虽不免有缺点，但忠直、廉俭、仁义总是具备的。

《汉书·杨胡朱梅云传》载，朱云，字游，鲁人，"徙平陵。少时通轻侠，借客报仇，长八尺余，容貌甚壮，以勇力闻"。至四十岁，"变节从博士白子友受《易》……又从萧望之受《论语》……好倜傥大节，当世以是高之"，后以说《易》

---

① 《汉书》卷六十六，第2889～2898页。

为博士。因反对石显，与御史中丞陈咸下狱。成帝时，以“今朝廷大臣上不能匡主，下亡以益民，皆尸位素餐”批评帝师安昌侯张禹，几乎被杀，后因“旌直臣”的需要，而不受刑。[①]

《汉书·隽疏于薛平彭传》载，隽不疑，字曼倩，渤海人。“治《春秋》，为郡文学，进退必以礼，名闻州郡”，出为青州刺史、京兆尹，“京师吏民敬其威信。每行县录囚徒还，其母辄问不疑：‘有所平反，活几何人？’即不疑多有所平反，母喜笑，为饮食语言异于他时；或亡所出，母怒，为之不食。故不疑为吏，严而不残”。大将军霍光欲以女妻之，不疑不肯。[②]

《汉书·王贡两龚鲍传》载，王吉，字子阳，琅琊皋虞人，“少好学明经”，曾任云阳令，后任昌邑中尉，昌邑王“好游猎，驱驰国中，动作亡节”，王吉“辄谏争，甚得辅弼之义，虽不治民，国中莫不敬重焉”。后昌邑王“以行淫乱废”，昌邑群臣“皆下狱诛”，唯王吉与龚遂“以忠直数谏正得减死”。后王吉官至益州刺史、博士、谏大夫，讽谏必以儒道，所以班固说：“若不吉、贡禹、两龚之属，皆以礼让进退云。”另载，王吉少时居长安，东家有枣树垂于王吉庭中，王吉妻子以枣啖王吉，王吉食后知枣为东家之树，“乃去妇”，东家闻而欲伐树，邻里共阻止，其妻方才未被休。王吉通五经，其子王骏“孝廉”，“经明行修”，官居幽州刺史、司隶校尉、少府、京兆尹、御史大夫等职，后其妻死，其称“德非曾参，子非华、元，亦何敢娶”，“不复娶”。王骏子王崇，“以父任为郎，历刺史、郡守，治有能名”，后任御史大夫。王莽时为大司空，封扶平侯，后辞职。班固称“自吉至崇，世名清廉”。[③]

《汉书·韦贤传》载，韦贤，字长儒，鲁国邹人，“贤为人质朴少欲，笃志于学，兼通《礼》《尚书》，以《诗》教授，号称‘邹鲁大儒’”。历任博士、给事中，授昭帝《诗》，迁光禄大夫詹事、大鸿胪。宣帝即位，赐爵关内侯，后迁长信少府，代蔡义为丞相，封扶阳侯。后因年老辞官，开辟了丞相退休之先例。其少子韦玄成“复以明经历位至丞相”，时人曰：“遗子黄金满籝，不如一经。”韦

---

① 参看《汉书》卷六十七，第 2912 ～ 2915 页。
② 参看《汉书》卷七十一，第 3035 ～ 3038 页。
③ 参看《汉书》卷七十二，第 3058 ～ 3068 页。

玄成，字少翁，“少好学，修父业，尤谦逊下士。出遇知识步行，辄下从者，与载送之，以为常。其接人，贫贱者益加敬，由是名誉日广”，后为谏大夫、大河都尉。及韦贤死，玄成之兄韦弘得罪，家人以玄成为嗣，玄成不欲，竟自佯狂。元帝即位，为少府、太子大傅、御史大夫，后代于定国为丞相。[①]

《汉书·魏相丙吉传》载，魏相，字弱翁，济阴定陶人，徙平陵。少学《易》，举贤良，后任茂陵令、河南太守，宣帝时为大司农、御史大夫，后代韦贤为相，封高平侯。魏相“禁止奸邪，豪强畏服”，后劾霍光宗族罪恶，“宣帝始亲万机，厉精为治，练群臣，核名实，而相总领众职，甚称上意”。魏相“明《易经》，有师法，好观汉故事及便宜章奏，以为古今异制，方今务在奉行故事而已。数条汉兴以来国家便宜行事，及贤臣贾谊、晁错、董仲舒等所言，奏请施行之”，认为“时用之宜，惟民终始”。其“为人严毅”。[②]

《汉书·眭两夏侯京翼李传》载，夏侯胜，字长公，“少孤，好学，从始昌受《尚书》及《洪范五行传》，说灾异”，后征为博士、光禄大夫。宣帝立，夏侯胜为太后授《尚书》，后任长信少府。夏侯胜因反对宣帝之诏，认为“武帝虽有攘四夷广土斥境之功，然多杀士众，竭民财力，奢泰亡度，天下虚耗，百姓流离，物故者半。蝗虫大起，赤地数千里，或人民相食，畜积至今未复。亡德泽于民，不宜为立庙乐”，而丞相长史黄霸不举劾，夏侯胜与黄霸系狱当死，“霸欲从胜受经，胜辞以罪死，霸曰：‘朝闻道，夕死可矣。’胜贤其言，遂授之。系再更冬，讲论不怠”。后遇大赦，夏侯胜为谏大夫给事中，黄霸为扬州刺史。夏侯胜“为人质朴守正，简易亡威仪”，认为“人臣之谊，宜直言正论，非苟阿意顺指。议已出口，虽死不悔”，对其弟子云：“士病不明经术；经术苟明，其取青紫如俯拾地芥耳。学经不明，不如归耕。”夏侯胜后为太子太傅，及其死，太后赐钱二百万，为之素服五日，“以报师傅之恩，儒者以为荣”。[③]

《汉书·赵尹韩张两王传》载，韩延寿，字长公，燕人，“徙杜陵，少为郡文学”。因其父强谏被杀，韩延寿被擢为谏大夫、淮阳太守。“延寿为吏，上礼义，

---

① 参看《汉书》卷七十三，第 3101 ～ 3108 页。

② 参看《汉书》卷七十四，第 3133 ～ 3141 页。

③ 参看《汉书》卷七十五，第 3155 ～ 3159 页。

好古教化，所至必聘其贤士，以礼待用，广谋议，纳谏争；举行丧让财，表孝悌有行；修治学官”，“纳善听谏”。[①]

《汉书·盖诸葛齐郑孙毋将何传》载，盖宽饶，字次公，魏郡人，“明经为郡文学，以孝廉为郎。举方正，对策高第，迁谏大夫”，后任司马，对士卒爱护备至。至为太中大夫，“使行风俗，多所称举贬黜，奉使称意。擢为司隶校尉，刺举无所回避”。盖宽饶“为人刚直高节，志在奉公”，月俸半付吏民，“子常步自行戍北边”。其上书，常引经术，批评“圣道浸废，儒术不行”，后得罪被免，自杀。[②]

《汉书·萧望之传》载，萧望之，字长倩，东海兰陵人，“好学，治《齐诗》，事同县后仓且十年。以令诣后至太常受业，复事同学博士白奇，又从夏侯胜问《论语》《礼服》。京师诸儒称述焉”。萧望之历官郎、谏大夫、丞相司直、左冯翊等，“经明持重，论议有余，材任宰相”，为左冯翊三年，“京师称之”，迁大鸿胪，反对和亲政策，后代丙吉为御史大夫，迁为太子太傅，为太子授《论语》《礼服》。宣帝临终，以望之、少傅周堪等遗诏辅政，而中书令弘恭、石显久典枢机，与侍中乐陵侯史高等互为表里，萧望之与周堪与之对抗，不敌，自杀。班固曰：“萧望之历位将相，籍师傅之恩，可谓亲昵亡间。及至谋泄隙开，谗邪构之，卒为便嬖宦竖所图，哀哉！望之堂堂，折而不挠，身为儒宗，有辅佐之能，近古社稷臣也。”[③]

《汉书·冯奉世传》载，冯奉世，字子明，上党潞人，年三十余，学《春秋》，历任执金吾、左将军、光禄勋，有军功。其子四人至大官：冯野王，字君卿，受业博士，通《诗》，历令、太守、左冯翊、大鸿胪，“刚强坚固，确然亡欲”，因其姊为元帝昭仪，生子为中山孝王，故不得为三公九卿；冯逡，字子产，通《易》，官至陇西太守，“治行平廉”；冯立，字圣卿，通《春秋》，历官五原、西河、上郡、东海、太原太守，“居职公廉”；冯参，字叔平，通《尚书》，为昭仪冯媛少弟，行为“敕备”，历官太守、谏大夫，封宜乡侯，“性好礼仪，终不改

① 参看《汉书》卷七十六，第 3210 ～ 3212 页。
② 参看《汉书》卷七十七，第 3243 ～ 3248 页。
③ 参看《汉书》卷七十八，第 3271 ～ 3292 页。

其恒操”，后遭哀帝祖母傅太后之诬陷自杀。班固曰：“《诗》称‘抑抑威仪，惟德之隅’。宜乡侯参鞠躬履方，择地而行，可谓淑人君子，然卒死于非罪，不能自免，哀哉！谗邪交乱，贞良被害，自古而然。”①

《汉书·匡张孔马传》载，匡衡，字稚圭，东海承人，“好学，家贫，庸作以供资用，尤精力过绝人”，“经学精习，说有师道，可观览”。元帝即位后，匡衡历任博士、给事中、光禄大夫、太子少傅、光禄勋、御史大夫，后代韦玄成为丞相，封乐安侯。“衡为少傅数年，数上书陈便宜，及朝廷有政议，傅经以对，言多法义。”成帝即位，“衡上疏戒妃匹，劝经学威仪之则”。后因事免官，其子匡咸“明经，历位九卿。家世多为博士”。②

以上所列，为《汉书》所载以儒生而为大官者的行止，他们言必称经典，反映其尊孔精神，而其行为也大体以正直、直谏、忠世论，虽各人不免有过失过错，但大节不失。比之武帝时个别利用仁义者及汉初之武夫，他们更合于圣人对儒生的要求，其政治主张也更多体现爱民、忠君之精神。《汉书》所载之佞幸、酷吏基本都不是儒生，就说明学习儒学本身，通过修身持正足可以贯彻在齐家治国平天下之实践中。因此，儒学的复兴与儒生入仕对汉朝政治，特别是西汉官僚操守的影响，无疑是积极的。

原载《中国文化研究》2006年春之卷

---

① 参看《汉书》卷七十九，第3293～3308页。

② 参看《汉书》卷八十一，第3331～3347页。

中　编

经学与文学问题研究

《诗序》与《诗经》文学传统的建立 *

《诗序》与《诗经》文学传统的建立这个题目，要说明的是《诗序》在建立《诗经》文学传统过程中的地位问题，而讨论《诗序》的地位问题，又与《诗序》的作者问题牵连在一起。

一 郑玄关于《诗序》作者的陈述最为可靠

《诗序》的作者问题是一个充满了争议的问题，而其争议的起源在于，郑玄的多次貌似矛盾的表述为后代好疑古者提供了“可乘之机”，而郑樵断言《诗序》“皆是村野妄人所作”[②]，实际上是彻底否定了《诗序》的价值。这种显然不合实际的观点，今天仍然为有些学者所坚持。而讨论《诗序》在建立《诗

* 本文原题《〈诗序〉与〈诗经〉现实主义文学传统的建立》，本文集将“现实主义”移去，以《〈诗序〉与〈诗经〉文学传统的建立》一题收录，文内略有修改，故此说明。

① [宋]黎靖德编，王星贤点校：《朱子语类》卷八十，《理学丛书》，北京：中华书局，1986年，第2076页。

经》现实主义文学传统过程中的地位问题，实际前提是承认《诗序》是有价值的。要证明《诗序》的价值，就必须首先确认《诗序》是有渊源的。由于《诗序》作者问题的重要性，古往今来研究者甚众，而关于《诗序》的作者问题的看法也就五花八门。张西堂先生总结前人关于《诗序》作者的观点，认为“大约有十六种说法”①，而山东大学冯浩菲博士总结有十四种②，陈子展③、韩明安④等则概括为三种。

我们注意到，虽然关于《诗序》作者的说法不少，但除了汉儒的说法应该来源于师传以外，其余的学说或者是在汉儒的见解基础之上的发挥，或者是纯粹的臆测，总之没有什么足可以推翻汉儒说法的证据。因此，在讨论《诗序》作者的时候，我们首先应注意的是汉儒的说法。其原因在于汉儒去古不远，亲受师说，虽经焚书之祸，却最是重视师承，自孔子而后迄两汉之亡，学者之学皆守祖训，师承相传，不绝如缕，如有背叛，不仅不容于师门，亦为君主及博士弟子所不齿。在这样的环境中，一个具有盛名的大儒是不可能信口雌黄的。

汉朝是《诗经》学术繁荣的时期。就汉而论，经师既众，著作也就不少。其中又各自立门户，号称四家，其中今文学家《齐诗》《鲁诗》《韩诗》三家，西汉初俱在学官，得立为博士，而《毛诗》在汉平帝及王莽时也在学官。其中盛况，班固《汉书·艺文志》已有著录，而《汉书·儒林传》记载，西汉传《诗》而成门派的，《鲁诗》有韦氏之学、张氏之学、唐氏之学、褚氏之学，《齐诗》有翼氏之学、匡氏之学、师氏之学、伏氏之学，《韩诗》有王氏之学、食氏之学、长孙氏之学。东汉之时，传诸家《诗》者，有高诩、包咸、包福、魏应、伏恭、任末、景鸾、薛汉、杜抚、召驯、杨仁、赵晔、张匡、卫宏等，而大儒郑众、贾逵、马融、郑玄等人传《毛诗》，因此《毛诗》大盛。

汉代治《诗》的学者虽多，著作却基本不存，而《诗序》的作者问题相信

---

① 张西堂：《诗经六论》，北京：商务印书馆，1957年，第120页。

② 冯浩菲：《论〈毛诗序〉的形成及其作者》，载中国诗经学会编《第三届诗经国际学术研讨会论文集》，香港：香港天马图书公司，1998年，第133页。

③ 陈子展：《诗经直解》，上海：复旦大学出版社，1983年，第10页。

④ 韩明安：《诗经研究概观》，哈尔滨：黑龙江教育出版社，1988年，第31页。

在两汉之际并不是需要大家研究的重点，所以汉代学者几乎没有专门对这个问题的论述。检索两汉学者的观点，唯有综合今古文经学的大儒郑玄在他的论述中提到了《诗序》的作者问题，其观点如下：第一，《毛诗·南陔白华华黍序笺》之云子夏作；第二，《诗谱》之云子夏、毛公合作。由于子夏作《诗序》及子夏、毛公合作《诗序》的说法皆出自郑玄，因此子夏所作和子夏、毛公合作的说法应该是两个不相矛盾的版本，其中的歧义应该来源于郑玄说话时的不同语境所突出的侧重点，即子夏所作和子夏、毛公合作实际是一个同一的主张。

郑玄之言《诗序》为子夏或者子夏、毛公合作，其观点与其说是指子夏或者子夏、毛公作，倒不如说是子夏述《诗序》。陆德明《经典释文·毛诗音义上》曰："案郑《诗谱》意，《大序》是子夏作，《小序》是子夏、毛公合作，卜商意有不尽，毛更足成之。"[①] 而《毛诗·南陔白华华黍序笺》曰："子夏序《诗》，荐义合编，故《诗》虽亡而义犹在也。毛氏《训传》各引《序》冠其篇首，故《序》存而《诗》亡。"[②]《毛诗正义·小雅·棠棣》引《郑志》曰："此《序》子夏所作，亲受圣人，足自明矣。"[③] 意即《诗序》虽为子夏所作，但其基本观点当传自孔子，子夏书诸文字，而毛公为之增益润色。郑玄笺《诗》，"于毛义有未合者，间下己意，或参取三家说之。计异于毛者，无虑数百事"[④]。郑玄也实在没有故意杜撰出一个大名鼎鼎的子夏作《诗序》来和自己作对的理由。

关于郑玄所述的《诗序》著作权问题，略后于郑玄时代的魏晋六朝及唐代的学者并没有异议，王肃《孔子家语·七十二弟子解》、陆玑《毛诗草木疏》、萧统《昭明文选》、成伯玙《毛诗指说》、陆德明《经典释文》、魏征等《隋书·经籍志》皆肯定郑玄所说的《诗序》与子夏的关系。唯《后汉书·儒林列传》曰："初，九江谢曼卿善《毛诗》，乃为其训。宏从曼卿受学，因作《毛诗序》，善得

① [唐]陆德明撰:《经典释文》卷五，北京：中华书局，1983年，第53页。

② [汉]毛亨传，[汉]郑玄笺，[唐]孔颖达等正义:《毛诗正义》卷九—二，《十三经注疏》，北京：中华书局，1980年，第418页。

③《毛诗正义》卷九—二，《十三经注疏》，第408页。

④ 黄焯:《毛诗郑笺平议》，上海：上海古籍出版社，1985年，第1页。

《风》《雅》之旨，于今传于世。”[①] 其中所谓《毛诗序》与我们今天在某些场合讨论的也称为《毛诗序》的《诗序》不同，因为在卫宏之前《诗序》早已存在，这也是被证明了的。因此，卫宏不是我们现在所说的《诗序》的作者，这是为历代有识见的学者[②] 所共同主张的，已毋庸再论。

《诗序》为子夏所作，而其来源为孔子教授弟子的讲义，这应该是没有问题的。但是，孔子的讲义也不应该是凭空杜撰，成伯玙《毛诗指说》云：“序者，绪也，如蚕丝之有绪，申其述作之意也。”[③] 那么，《诗序》的最初作者应该是《诗》的原作者或者整理者，后来被太师引用在教学活动中。孔子之教学活动常以《诗》为教材，述而不作，必用前人之《序》。如果认为采诗官所收集的诗可能没有诗人的创作背景和创作动机，以六《诗》教国子和陈诗以观的太师不知道每一首诗的主题，天子在欣赏诗乐舞时不知道所赖以“观风俗、知善恶、自考正”的风雅的主题，庙堂祭祀者不知所奏音乐的内容，那无疑是荒唐的。所以，王安石云：“《诗序》，诗人所自制。”[④] 又云：“世传以为言其义者，子夏也。……《诗》上及于文王、高宗、成汤，如《江有汜》之美媵，《那》之为祀成汤，《殷武》之为祀高宗，方其作时，无义以示后世，则虽孔子亦不得而知，况于子夏乎？”[⑤]程颐之主张国史写《小序》之首句，说诗者续补，作诗大义非后代人所可知者，如《二程遗书》卷二十四《伊川先生语十》曰：“《诗大序》孔子所为，其文似《系辞》，其义非子夏所能言也。《小序》国史所为，非后世所能知也。”[⑥] 这种观点虽出自推测，但与郑玄的主张并不对立，因为郑

① [南朝宋]范晔撰，[唐]李贤等注：《后汉书》卷七十九下，北京：中华书局，1965年，第2575页。

② 可参看黄焯《毛诗郑笺平议·序》香港朱冠华先生《关于〈毛诗序〉的作者问题》(《文史》第十六辑，北京：中华书局，200年)、陈子展《诗经直解·论〈诗序〉作者》和冯浩菲《论〈毛诗序〉的形成及其作者》等。

③ 《诗经六论》，第121页。

④ 转引自朱彝尊《经义考》卷九十九《诗二》。参看[清]朱彝尊撰，林庆彰、蒋秋华、杨晋龙等主编：《经义考新校》(第5册)，上海：上海古籍出版社，2010年，第1845页。

⑤ [宋]王安石著，邱汉生辑注：《诗义钩沉》诗义卷第一，北京：中华书局，1982年，第11页。

⑥ [宋]程颢、程颐著，王孝鱼点校：《二程集》(第2集)，北京：中华书局，1981年，第312页。

玄谓子夏受之孔子，而孔子述而不作，信而好古，因此能成功地把诗人或者国史所写的序传之后世。当然，如果认为孔子及子夏没有发挥，那是不可能的。所以，《诗序》应该是诗人或者采诗官所记，太师所传，至孔子删诗有所删正，子夏传之，毛公加以申说。所以，《四库全书总目提要》之认为《诗序》包含毛苌以前经师所传的“首两语”及毛苌以下弟子所附的“续申之词”，虽嫌模糊，却也庶几近之。

由此可以认为，《诗序》是诗人创作动机及汉代以前的学者研究《诗经》的结晶，而其中浸染的孔子心得一定不少。《论语》关于《诗》的论述与《诗序》的精神相合，而孔子的《诗经》学说远不至此。据《文汇报》1999 年 1 月 5 日《战国竹简露真容》一文载，近年上海博物馆收集的战国竹简共有一千二百多支，字数在三万五千左右。竹简涉及八十多种（部）先秦的古籍，其内容涉及儒家、道家、兵家、杂家等。其中孔子的《诗论》在以往的古籍中未见记载，而竹简中首次发现的一些诗歌并不见诸《诗经》，但艺术风格与《诗经》颇为相似。相信该批竹简的公布将为《诗经》学者提供大量帮助，也将像近年的多次出土资料提供的事实一样，再次让我们明白汉儒确实未尝欺骗我们。

二 《诗序》是把握《诗经》各篇主旨的钥匙

郭店楚简《语丛一》曰：“《诗》所以会古今之恃（疑为‘志’）也者。”[1] 其观点与《诗序》相同。诗者言志，所言之志，当然首先是作诗者之志，而作诗者之志，不能靠后人的推测，所以作者的第一手阐述是最为重要的。由于《诗序》即是现存最早的关于《诗经》各篇主旨的论述，其中必然包括诗人的阐述和采诗官的解说，今天我们没有充分坚实的证据证明《诗序》是村野妄人之杜撰，也就没有理由怀疑其准确性。

《汉书·艺文志》载：

> 《书》曰：诗言志，歌咏言。故哀乐之心感，而歌咏之声发。诵其言谓

---

① 荆门市博物馆：《郭店楚墓竹简》，北京：文物出版社，1998 年，第 194 页。

之诗，咏其声谓之歌。故古有采诗之官，王者所以观风俗，知得失，自考正也。孔子纯取周诗，上采殷，下取鲁，凡三百五篇，遭秦而全者，以其讽诵，不独在竹帛故也。汉兴，鲁申公为诗训故，而齐辕固、燕韩生皆为之传。或取《春秋》，采杂说，咸非其本义。与不得已，鲁最为近之。三家皆列于学官。又有毛公之学，自谓子夏所传，而河间献王好之，未得立。①

根据班固的意见，我们可知《毛诗》之学来源于子夏，而子夏是孔子学生中文学一科的代表，《史记·仲尼弟子列传》云："孔子既没，子夏居西河教授，为魏文侯师。"司马贞《史记索隐》曰："子夏文学著于四科，序《诗》，传《易》，又孔子以《春秋》属商。又传《礼》，……"②《论语·八佾》载有孔子与子夏讨论《诗》的对话，子夏作为《诗》的专家应该是没有问题的。三家《诗》及《毛诗》皆祖子夏，因此《诗序》绝不是《毛诗》一家之序。钱大昕《十驾斋养新录》卷一《诗序》云，《孟子·万章上》说《北山》之诗意用《小序》；惠栋《后汉书补注》证明东汉的服虔、杨震、李尤、蔡邕皆用《诗序》之言；而朱冠华更指出《礼记·乐记》用《鄘风·桑中序》，《易传·兑卦·象》用《豳风·东山序》，又云三家《诗》义与《诗序》并无矛盾，与《毛诗》的差别只是解说水平的高下而已。

《隋书·经籍志》载："《齐诗》魏代已亡；《鲁诗》亡于西晋；《韩诗》虽存，无传之者。……又有《业诗》，奉朝请业遵所注，立意多异，世所不行。"③三家《诗》消亡的原因，清人陈奂《诗毛氏传疏叙》说得很清楚："两汉信鲁而齐亡，魏晋用韩而鲁亡，隋唐以迄赵宋称郑而韩亦亡，近代说诗兼习毛郑。"三家是随着《毛诗》与《郑笺》的攀升而衰落，并最终消亡，其原因在其自身。正如陈奂所言："三家多采集杂说，与《仪礼》《论语》《孟子》《春秋内外传》论《诗》往往或不合。三家虽自出于七十子之徒，然而孔子既没，微言已绝，大道多歧，异端共作。又或潜以讽动时君，以正诗为刺诗，违诗人之本志，故齐鲁韩

① ［汉］班固撰，［唐］颜师古注：《汉书》卷三十，北京：中华书局，1962年，第1708页。
② ［汉］司马迁撰，［南朝宋］裴骃集解，［唐］司马贞索隐，［唐］张守节正义：《史记》卷六十七，北京：中华书局，1959年，第2203页。
③ ［唐］魏征等撰：《隋书》卷三十二，北京：中华书局，1973年，第918页。

可废，毛不可废。”[①] 也就是说，虽然研究《诗经》的学派和著作众多，但在学术发展史上的确存在一个优胜劣汰的自然发展过程，《毛诗》就是在这个过程中逐渐显示出其强大生命力的。黄焯先生《毛诗郑笺平议·序》云：“《诗》自夫子录为三百篇，以授子夏；子夏取其义著之于《序》，数传而至大毛公，作《训传》。小毛公承其学，故名其诗曰《毛诗》。汉初，《诗》别有齐、鲁、韩三家，说往往与毛异。盖自秦焚弃儒术，三百篇虽以讽诵得传，而于篇义，久之或莫能省记。至取《春秋》，采杂说，而弥失其本义。又以口耳相传，说《诗》者或以作诗之人与赓诗之事兼收并采，记之者乃互有详略，有记作诗之人而遗赓诗之人，记赓诗之事而遗作诗之事者，于是说互歧而派别立。校其朔，则皆出自子夏，与《毛传》足互相发明，有未可偏废者。《毛诗》以篇义独完，故详于训诂，而于义稍略，于数家中最可依据。故两汉诸大儒多有论述。顾以出稍晚，未得立于学官。”[②] 黄焯先生论述三家《诗》及《毛诗》的消长，可谓极其客观。

《诗序》之渊源久远，但《诗序》分散入各篇。在汉代，郑玄说毛亨在作《训传》时把《诗序》冠于各篇之首，应该是准确的。也正因此，《南陔》等笙诗才能在《诗》亡以后存有《诗》意，而安徽阜阳出土的汉简中《诗经》无《诗序》的情况也可以为郑玄的说法提供证据。可以认为，三家《诗》及《毛诗》等经师在教导学生《诗经》时是没有《诗序》及注解的版本的，而诸家师徒相传主要是按照《诗序》的线索来解说三百零五篇。《诗序》到了子夏才有了文字版本，为《诗经》的普及提供了方便，这也是适应孔子设立私学以后学生和导师增多的现实需要。毛亨把《诗序》置于《诗经》各诗篇首，使《诗经》的阅读者更加便于直接掌握各诗篇之主旨，相信是在学习《诗经》不依赖于博士讲授以后最有效的方法，这肯定在客观上为《毛诗》的脱颖而出提供了方便。

《诗序》是学习和研究《诗经》诸篇的门径，但并不是说《诗序》的每一句

---

① [清]陈奂著:《诗毛氏传疏·条例》，北京：中国书店，1984年，第5～6页。

② 《毛诗郑笺平议》，第1页。

话皆不可怀疑，特别是作诗之人多用修辞，或比或兴，言多不足实证，如果字字坐实，必然损害《诗》的整体。在这个时候，坚定对《诗序》的认识，不仅仅是关系到某一首诗的正确解读问题，而且关系到学风是否端正的问题。《史记·太史公自序》曰："夫《诗》《书》隐约者，欲遂其志之思也。"[①]《诗》之隐约而微，是适应表现其"志"的要求的，因此难以等同于明白畅晓之入道见志之书。扬雄《法言·寡见》曰："说志者莫辨乎《诗》。"[②]《诗》之说志最辨，就在于最为隐晦。《孟子·万章上》曰："故说《诗》者，不以文害辞，不以辞害志，以意逆志，是为得之。"[③] 孟子在解说《北山》诗时，揭橥此一原则，就是强调不要因为对《诗》的文辞的不同理解而影响对《诗》的主旨的把握，更不能因此成为怀疑《诗序》的口实。正像钱大昕所说："诗人之志见乎《序》，舍《序》而言《诗》，孟子所不取。后儒去古益远，欲以一人之私意，窥测古人，亦见其惑矣。"[④] 黄焯先生指出："《诗》之本义，皆见于《序》。《序》义乃孔子亲问于太师，以授子夏。使《诗》而无《序》，虽圣人不能知其本义。今试读同时人集，去其前题，而以意测其诗旨云何，犹鲜有当者。况出于古人二千余年以上之诗篇哉？吕氏《读诗记》引程氏曰：'学《诗》而不求《序》，犹欲入室而不由户也。'《序》间有后人附益，或毛公续作者，然要为周秦旧说，确具师承，皆可依信。"[⑤] 因此，我们研究《诗经》主旨，主要任务不是发明与《诗序》不同的《诗经》主旨，而是应该在《诗序》所确定的框架内，尽力解决看似有"以文害辞""以辞害志"的地方，真正恢复作《诗》者的本意。

---

① 《史记》卷一百三十，第 3300 页。

② ［汉］扬雄著：《法言》卷五，《丛书集成初编》，北京：中华书局，1985 年，第 19 页。

③ ［汉］赵岐注，［宋］孙奭疏：《孟子注疏》卷九上，《十三经注疏》，北京：中华书局，1980 年，第 2735 页。

④ ［清］钱大昕著，陈文和、孙显军校点：《十驾斋养新录》卷一，南京：江苏古籍出版社，2000 年，第 23 页。

⑤ 《毛诗郑笺平议》，第 2～3 页。

三 《诗经》的文学传统是《诗序》所阐释的传统

《诗经》作为六经之一，其对中国古代文学及文化的影响极其深远，而此影响前人概括为“风雅”“比兴”“兴寄”“美刺”传统，今人则引进西学称为现实主义传统。而此现实主义传统是建立在《诗序》所阐述的《诗经》各篇主旨的基础上的。孔子称《诗经》“思无邪”[①]，“《关雎》乐而不淫，哀而不伤”[②]，“《诗》可以兴、可以观、可以群、可以怨”[③]，强调的正是《诗经》关心现实、关心民生的现实主义精神。而孔子的基本观点在《诗序》中都得到了体现，《关雎序》曰：“治世之音安以乐，其政和；乱世之音怨以怒，其政乖；亡国之音哀以思，其民困。”[④]又云：“上以风化下，下以风刺上，主文而谲谏，言之者无罪，闻之者足以戒，故曰风。至于王道衰，礼义废，政教失，国异政，家殊俗，而变风变雅作矣。国史明乎得失之迹，伤人伦之废，哀刑政之苛，吟咏情性，以风其上。达于事变，而怀其旧俗者也。故变风发乎情，止乎礼义。……雅者，正也，言王政之所由废兴也。……”[⑤]而《关雎》以下，特别是“变风变雅”，皆直言讽刺，而所美颂，皆美可美，皆颂可颂，不违背仁义之德和爱民之性，无虚美隐恶之嫌。很显然，《诗经》的作者尚无后代无行文人奉承的恶习，其原因在于天子欲以诗观政教善恶的目的是真诚的，诗人欲以诗讽谏的动机是纯正的，而“言之者无罪，闻之者足以戒”的结局也使写诗者和读诗者不存芥蒂。也正因此，《诗序》才能直陈写诗主旨而无曲折。这样，《诗序》和《诗经》相辅而成，既保证了《诗经》的艺术性，又不致影响读者对《诗经》各篇主旨的解读。

如果没有《诗序》的存在，《诗经》的大部分篇章的主旨可能失传，人们面对《诗经》不免望洋兴叹，又如何来挖掘《诗经》的“风雅”“比兴”“兴寄”“美

---

① ［三国魏］何晏集解，［宋］邢昺疏：《论语注疏》卷二，《十三经注疏》，北京：中华书局，1980年，第2461页。

② 《论语注疏》卷三，《十三经注疏》，第2468页。

③ 《论语注疏》卷十七，《十三经注疏》，第2525页。

④ 《毛诗正义》卷一，《十三经注疏》，第270页。

⑤ 《毛诗正义》卷一，《十三经注疏》，第271～272页。

刺”传统？事实上，如朱熹所言：“凡诗之所谓风者，多出于里巷歌谣之作，所谓男女相与咏歌，各言其情者也。”[①] 且不说《诗经》时代的里巷男女无由识文断字，作不出如许诗歌。试想以里巷男女之情歌，何以有用于世事，又如何能建立《诗经》的现实主义传统？因此，读者解读的《诗经》，特别是自汉至唐的读者理解的《诗经》，是《诗序》阐释的“风雅”“比兴”“兴寄”“美刺”传统，如果没有《诗序》，就没有《诗经》与“风雅”“比兴”“兴寄”“美刺”传统之间的桥梁。所以，与其说现实主义传统是《诗经》建立的，倒不如说是《诗序》在阐释《诗经》的时候建立的。

毫无疑问，否定《诗序》的研究者跳出《诗序》的框架，为《诗经》的多义性的理解提供了一个新思路，为全面、准确地理解《诗经》开创了新思维。但是，这样的结果，且不说可能背离作诗者的本义，同时也极大地削弱了《诗经》传统的号召力。我们检索自汉至唐的学者所提及的《诗经》传统，无不有《诗序》的影子。如《史记·太史公自序》云，“《诗》三百篇，大抵圣贤发愤之所为作也。此人皆意有所郁结，不得通其道，故述往事，思来者”[②]，即强调诗人的圣贤发愤特征。《史记·屈原贾生列传》云，“屈平之作《离骚》，盖自怨生也。《国风》好色而不淫，《小雅》怨诽而不乱。若《离骚》者，可谓兼之矣”[③]，即强调《离骚》学习风雅之旨。《汉书·艺文志》云，“春秋之后，周道浸坏，聘问歌咏不行于列国，学《诗》之士逸在布衣，而贤人失志之赋作矣。大儒孙卿及楚臣屈原离谗忧国，皆作赋以风，咸有恻隐古诗之义”，便是说讽谏的传统影响了战国的辞赋作家；又云，“自孝武立乐府而采歌谣，于是有代、赵之讴，秦、楚之风，皆感于哀乐，缘事而发，亦可以观风俗，知薄厚云”[④]，也是言汉乐府继承了《诗经》的现实主义精神，而乐府机构的产生正是效法故事。《汉书·司马相如传赞》云，“司马迁称‘……《大雅》言王公大人，而德逮黎庶；《小雅》讥小己之得失，其流及上。所言虽殊，其合德一也。相如虽多虚辞滥说，然其要归引之

---

① [宋]朱熹集注，赵长征点校：《诗集传》，北京：中华书局，2011年，第2页。

② 《史记》卷一百三十，第3300页。

③ 《史记》卷八十四，第2482页。

④ 《汉书》卷三十，第1756页。

于节俭，此亦《诗》之风谏何异？’”[1]，就是言司马相如不忘《诗》的讽谏。班固《两都赋序》云，“或曰：‘赋者，古诗之流也。’”[2]，就是言赋是《诗经》传统的继续。王逸《楚辞章句序》云，“昔者孔子睿圣明哲，天生不群，定经术，删《诗》《书》，正《礼》《乐》，制作《春秋》，以为后王法。门人三千，罔不昭达。临终之日，则大义乖而微言绝。……而屈原履忠被谗，忧悲愁思，独依诗人之义而作《离骚》，上以讽谏，下以自慰。遭时暗乱，不见省纳，不胜愤懑，遂复作《九歌》以下，凡二十五篇”[3]，是言屈原继承了《诗经》的讽谏精神。又云，“夫《离骚》之文，依托五经以立意焉”[4]，是言《离骚》没有背离《诗经》等经典的传统。《楚辞章句·离骚经序》云，“《离骚》之文，依诗取兴，引类譬喻”[5]，是言《离骚》继承了《诗经》的比兴传统。《文心雕龙·辨骚》则说，《楚辞》及《离骚》有“典诰之体”“规讽之旨”“比兴之义”“忠怨之辞”四者“同于风雅者也”。[6]陈子昂不满于六朝至唐的文风，批评其“兴寄都绝”“风雅不作”“逶迤颓靡”，无“风骨”。[7]杜甫则以“近风骚”评价汉魏文学，以“亲风雅”号召人们去伪存真。[8]白居易批评自《诗经》而后“六义”暂缺，先是“上不以诗补察时政，下不以歌泄导人情，乃至于谄成之风动，救失之道缺”，终至于“嘲风月，弄花草而已”，诗人之“风雅比兴”如李白、杜甫等也“十无一焉”，因此主张“文章合为时而著，歌诗合为事而作”[9]，“为君、为臣、为民、为物、为事而作，不为文

---

① 《汉书》卷五十七下，第2609页。

② [南朝梁]萧统编，[唐]李善注:《文选》卷一，上海：上海古籍出版社,1986年，第1页。

③ [宋]洪兴祖撰:《楚辞补注》，北京：中华书局，1983年，第47～48页。

④ 《楚辞补注》，第49页。

⑤ 《楚辞补注》，第2页。

⑥ 参看[南朝梁]刘勰著，范文澜注:《文心雕龙注》卷一，北京：人民文学出版社,1958年，第46页。

⑦ 参看陈振鹏、章培恒主编:《古文鉴赏辞典》(上)，上海：上海辞书出版社，1997年，第847～848页。

⑧ 参看[唐]杜甫著，[清]仇兆鳌注:《杜诗详注》卷十一，北京：中华书局，1999年，第899页。

⑨ [唐]白居易著，顾学颉校点:《白居易集》卷四十五,，北京：中华书局，1999年，第962页。

而作也”[①]，“为诗意如何？六义互铺陈。风雅比兴外，未尝著空文”。[②]而白居易的新乐府诗无不效法《诗序》，在诗首首先说明作诗的讽谏目的。凡此种种，说明影响中国古代文学创作方向的《诗经》传统，绝不是今天的许多学者理解的民间情歌，而是体现在通过《诗序》所阐释的现实主义精神方面。

《诗序》所阐释的《诗经》的文学传统，不仅对《诗经》地位的确立具有决定性的影响，同时对中国文学创作及发展的影响也体现在以下两方面：第一，在文学的内容及题材选择上，强调文学反映政治的善恶，反映真实的现实，积极地批判黑暗现实；第二，在作家创作目的论方面，强调关注普通人的生活境遇，关注国家现状，关注社会道德，关注民俗。同时，《诗序》所体现的价值标准对中国传统文人人格的形成也产生了巨大影响，这主要表现在以下两方面：第一，以天下为己任的社会关怀；第二，威武不屈的精神支持。以上影响贯穿于自《诗经》及《诗序》出现后的两千余年的创作实践和人生实践中，是一切优秀作家所始终坚持的，也是所有优秀作家成功的根本原因。所以，《诗序》不仅在《诗经》研究史上的地位是不可动摇的，在整个中国文学史的发展上也具有举足轻重的地位。

原载《第四届诗经国际学术研讨会论文集》
中国诗经学会编，学苑出版社，2000年

① 《白居易集》卷三，第52页。
② 《白居易集》卷一，第2页。

《孔子诗论》第一简与《诗序》

《孔子诗论》第一简“孔子曰”后应为“诗亡隐志，乐亡隐情，文亡隐意”，而“隐”的释义应该是“私”。孔子的意思是说“诗没有表达私志的，乐没有表达私情的，文没有表达私意的”，所表达的都应该是合于仁义的无邪之志、无淫之情、无私之意。同时应该注意，《孔子诗论》第一简意义的完整性，诗、乐、文表达的无邪之志、无淫之情、无私之意，正是王道教化的功绩，人的动物性的私欲被人的文化属性所取代，正是体现了王道的景象。所以，“行此者其有不王乎”与“诗亡隐志，乐亡隐情，文亡隐意”正是紧紧相扣的，而《孔子诗论》的这一思想也是与传世《诗序》一致的。

一 《孔子诗论》第一简“孔子曰”后应为“诗亡隐志，乐亡隐情，文亡隐意”

上海博物馆藏战国楚竹书中《孔子诗论》包含二十九支竹简，《孔子诗论》

的整理者马承源先生把这二十九支竹简分为六部分，其中第一至第四共四支竹简为《诗序》的内容，第五、第六共两支竹简为《讼》的内容，第七共一支竹简为《大夏》的内容，第八、第九共两支竹简为《少夏》的内容，第十至第十七共八支竹简为《邦风》的内容，第十八至第二十九共十二支竹简为《综论》的内容。其中第一部分《诗序》第一简虽然残破，但是却表达了一段具有相对完整内容的重要观点，马承源先生认为这个第一简可以隶定为以下文字：

行此者其有不王乎？

孔子曰："诗亡离志，乐亡离情，文亡离言。"①

《孔子诗论》第一简"行此者其有不王乎"后有一个较粗的墨节，马承源先生认为这是文章分篇的隔离记号，或者是大段落的隔离记号。他指出，由于《诗论》中还有其他与此相同的两道隔离记号，上下所论都是诗的内容，有可能是大段落的记号。因此推断，"行此者其有不王乎"这一段话，"据辞文，是论述王道的，这语气和《子羔》篇、《鲁邦大旱》篇内容不相谐和，当然也非《诗序》，由此揣测当另有内容"②。如此，按照马承源先生的看法，"行此者其有不王乎？孔子曰：'诗亡离志，乐亡离情，文亡离言。'"实际包含两个部分，即"行此者其有不王乎"和"孔子曰：'诗亡离志，乐亡离情，文亡离言'"两段话，这两段话涉及两个大段落，因此就全文而言，不能说没有关联，在具体文意的把握上，又不能说有什么直接的传承或者隶属关系。

由于马承源先生认为《孔子诗论》第一简"从辞意看，应该是《诗论》的首简"，又认为"行此者其有不王乎"几个字"当然也非《诗序》"。③所以，按照马承源先生的观点，《诗序》第一简的中心内容应该是去掉"行此者其有不王乎"这几个字，直接变成这样一段话：

孔子曰："诗亡离志，乐亡离情，文亡离言。"

关于马承源先生的隶定，在《上海博物馆藏战国楚竹书（一）》出版前就存

---

① 马承源主编：《上海博物馆藏战国楚竹书（一）》，上海：上海古籍出版社，2001年，第123页。为了阅读的方便，该文引文按照马承源先生所改的今日通行文字写出。

② 《上海博物馆藏战国楚竹书（一）》，第123页。

③ 参看《上海博物馆藏战国楚竹书（一）》，第126页。

在着各种各样的不同意见，等到《上海博物馆藏战国楚竹书（一）》出版以后，这些不同意见先后发表，如裘锡圭先生就曾在《关于〈孔子诗论〉》一文中指出“孔子曰”中三个“亡”字后的字“可能应释为‘隐’”[①]。关于最后一字，裘锡圭先生也认为应该释为“意”字，其释文如下：

孔子曰：“诗亡隐志，乐亡隐情，文亡隐意。”

另外，李学勤《〈诗论〉简的编联与复原》认为《诗论》二十九支竹简应该分为四组，即第十、十四、十二、十三、十五、十一、十六、二十四、二十、二十七、十九、十八为第一组，第八、九、十七、二十五、二十六、二十三、二十八、二十九、二十一、二十二、六为第二组，第七、二、三为第三组，第四、五、一为第四组。李学勤先生认为，“如果以上四组编排可以接受的话，《诗论》全篇始于论国风，其次风与小雅，继之大雅和颂，以通说《诗》旨终结，确是有比较严密组织的著作”[②]。李学勤先生在该文的附录《〈诗论〉分章释文》中，把《孔子诗论》分为十二章，其中第十一章和第十二章包含了马承源先生《孔子诗论》的内容。李学勤先生的释文如下：

第十一章《清庙》，王德也，至矣！敬宗庙之礼，以为其本；“秉文之德”，以为其业；肃雍[显相]……五……行此者其有不王乎？

第十二章 孔子曰：“诗亡隐志，乐亡隐情，文亡隐意。”[③]

可以看出，李学勤先生不仅认为“行此者其有不王乎”与后面孔子的话是两个段落（这与马承源先生相同），而且比之马承源先生更进了一步，为“行此者其有不王乎”找到了一个合适的归宿。同时，李学勤先生认为马承源先生所释“诗亡离志，乐亡离情，文亡离言”，应该是“诗亡隐志，乐亡隐情，文亡隐意”，其“隐”字、“意”字之认定与裘锡圭先生意见一致。

关于《孔子诗论》第一简，还有一些其他的释文，如廖名春教授《上海博物

---

① 裘锡圭：《关于〈孔子诗论〉》，载《中国哲学》编辑部编《经学今诠三编》，沈阳：辽宁教育出版社，2002 年，第 139 ～ 140 页。

② 李学勤：《〈诗论〉简的编联与复原》，载《中国哲学史》，2002 年第 1 期，第 5 ～ 6 页。

③ 《〈诗论〉简的编联与复原》，第 8 页。为了阅读方便，本文引文按照李学勤先生所改的今日通行文字写出。

馆藏诗论简校释》的释文，虽然仍与马承源先生一样把该简放在第一简的位置，但是释文却与马承源先生和李学勤先生有细小差别，其释文如下：

行此者其有不王乎？孔子曰："诗亡泯志，乐亡泯情，文亡泯言。"①

周凤五《〈孔子诗论〉新释文及注解》竹简排列同于马承源先生，关于第一简三个"亡"字后的字，则同李学勤先生的意见，其释文如下：

行此者其有不王乎？孔子曰："诗亡隐志，乐亡隐情，文亡隐言。"②

王志平《〈诗论〉笺释》竹简排列同于马承源先生，关于第一简三个"亡"字后的字，则释为"吝"字，其释文如下：

行此者其有不王乎？孔子曰："诗亡吝志，乐亡吝情，文亡吝言。"③

另外，饶宗颐先生也是主张《孔子诗论》第一简三个"亡"字后的字应该解释为"吝"。④

何琳仪《沪简〈诗论〉选释》则认为《孔子诗论》第一简三个"亡"字后的字应该解释为"邻"，而"邻"又应该读为"陵"，其释文云：

孔子曰："诗亡陵志，乐亡陵情，文亡陵言。"⑤

可以看出，关于《孔子诗论》第一简"孔子曰"中三个"亡"字后的字如何认定，是所有的释文者都很关注的问题，同时也是分歧比较大的一个问题。就《孔子诗论》第一简的字形而言，三个"亡"字后面的字形，释"隐"无疑比释为"离""泯""陵"可能更准确一些，这也是很多研究者都注意到的问题。上举周凤五的释文，以及陈桐生教授的专著《〈孔子诗论〉研究》⑥、黄怀信教授

---

① 廖名春：《上海博物馆藏诗论简校释》，载《中国哲学史》，2002年第1期，第9页。

② 周凤五：《〈孔子诗论〉新释文及注解》，载上海大学古代文明研究中心、清华大学思想文化研究所编《上博馆藏战国楚竹书研究》，上海：上海书店出版社，2002年，第152页。

③ 王志平：《〈诗论〉笺释》，载上海大学古代文明研究中心、清华大学思想文化研究所编《上博馆藏战国楚竹书研究》，上海：上海书店出版社，2002年，第210页。

④ 参看饶宗颐：《竹书〈诗序〉小笺》，载上海大学古代文明研究中心、清华大学思想文化研究所编《上博馆藏战国楚竹书研究》，上海：上海书店出版社，2002年，第228页。

⑤ 何琳仪：《沪简〈诗论〉选释》，载上海大学古代文明研究中心、清华大学思想文化研究所编《上博馆藏战国楚竹书研究》，上海：上海书店出版社，2002年，第243～244页。为了阅读方便，本文引文直接把"亡"字后字写为"陵"。何文把"亡"读为"无"，由于习见，故引文未改。

⑥ 参看陈桐生：《〈孔子诗论〉研究》，北京：中华书局，2004年，第257页。

的专著《上海博物馆藏战国楚竹书〈诗论〉解义》[①] 的释文，在“隐”字的认定上，都和裘锡圭、李学勤先生相同。黄怀信关于该简次序的观点也与李学勤先生相同。

另外，关于“言”与“意”的认定，由于《孔子诗论》第一简底端残破，最后一字已不完整，虽然很多研究者都使用“言”字，但是裘锡圭先生等人释为“意”应该更接近古代人的用词习惯。李学勤先生《谈〈诗论〉“诗无隐意”章》除了指出此字应为“意”外，还指出“意”字的写法可以参看中华书局1985年出版之容庚《金文编》第717页之“意”字，并认为孔子曰“诗亡隐志，乐亡隐情，文亡隐意”一句，“实有总括全文之意”。[②] 而陈桐生教授虽然用“诗亡隐志，乐亡隐情，文亡隐言”的释文，但是对于“言”这个字，却解释为“言意”。[③] 实际上就是对释为“言”的积极修补，实际上他也是看出了释“言”不如释为“意”更为妥帖。

二　关于“诗亡隐志，乐亡隐情，文亡隐意”文意的主要见解

综上所述，就目前的普遍可以接受的认识来看，《孔子诗论》第一简的释文，应该是“行此者其有不王乎？孔子曰：‘诗亡隐志，乐亡隐情，文亡隐意’”。理解“诗亡隐志，乐亡隐情，文亡隐意”这句话的文意，最关键的是如何认识“隐”字的字义，对于“隐”字字义的理解将直接关系到对“诗亡隐志，乐亡隐情，文亡隐意”这句话的理解。

关于其中“隐”字的字义，裘锡圭先生认为：“第一简的‘亡’应读为‘无’。诗言志，乐表情，文达意，但诗文之志意不见得一目了然，乐之情也不是人人

① 参看黄怀信：《上海博物馆藏战国楚竹书〈诗论〉解义》，北京：社会科学文献出版社，2004年，第22页。

② 参看廖名春：《清华简帛研究》（第二辑），清华大学思想文化研究所，2002年（内部交流资料），第26页。

③ 参看《〈孔子诗论〉研究》，第257页。

都能听出来的。孔子之意当谓，如能细心体察，诗之志，乐之情，文之意都是可知的。所以说：‘诗亡隐志，乐亡隐情，文亡隐意。’‘隐’有不可知之意。孔子说诗，也就是要明诗之志。”①

因为《孔子诗论》第二十简有“其隐志必有以喻也”之句，裘锡圭先生认为：“《木瓜》作者通过礼物的投报，将‘藏愿’表达出来，就是使其‘隐志’得‘喻’。这跟‘诗无隐志’并不矛盾。”②也就是说，第一简的“隐”与第二十简的“隐”表达的是同样的含义。如此，《孔子诗论》第一简的意思是说“诗没有不知志的，乐没有不知情的，文没有不知意的”。

李学勤先生在《谈〈诗论〉“诗无隐意”章》中，详细地说明了《孔子诗论》第一简孔子之言中三个“亡”字后之字应该释为“隐”的原因，并认为“隐”就是“隐藏”的“隐”③，则《孔子诗论》第一简的意思为“诗没有隐藏志的，乐没有隐藏情的，文没有隐藏意的”。

陈桐生教授认为“隐”是“隐藏”之意，认为“诗亡隐志，乐亡隐情，文亡隐言”的意思是“诗不要隐藏情志，乐不要隐藏性情，文不要隐藏言意”。④

黄怀信教授也是以“隐”为“隐藏”之意，认为“诗亡隐志，乐亡隐情，文亡隐言”的意思是说“诗没有隐藏思想的，乐没有隐藏情感的，文字没有隐藏含义的”。⑤

虽然目前普遍接受的是以“诗亡隐志，乐亡隐情，文亡隐意”释文者的观点，但是通过上面的介绍，我们看到也有学者仍未放弃以“诗亡隐志，乐亡隐情，文亡隐言”释文的观点，即使我们已经知道以“文亡隐言”释文者可能并不准确。同样，我们对于把本应释为“隐”的字，释为“离”“泯”“吝”“陵”者，也应该给予关注。

马承源以“诗亡离志，乐亡离情，文亡离言”释文，则“离”为“离开”之

---

① 《关于〈孔子诗论〉》，第 141 ～ 142 页。
② 《关于〈孔子诗论〉》，第 142 页。
③ 《清华简帛研究》（第二辑），第 26 ～ 28 页。
④ 参看《〈孔子诗论〉研究》，第 257 页。
⑤ 参看《上海博物馆藏战国楚竹书〈诗论〉解义》，第 277 页。

意，也就是说，《孔子诗论》第一简为“诗没有离开志的，乐没有离开情的，文没有离开言的”。

廖名春认为《孔子诗论》第一简为“诗亡泯志，乐亡泯情，文亡泯言”。关于“泯”，廖名春教授认为乃“灭”之意，认为“诗亡泯志”即“诗言志”之否定之否定。[①] 也就是说，《孔子诗论》第一简孔子之言应该是说“诗无无志，乐无无情，文无无言”。

王志平认为《孔子诗论》第一简为“诗亡吝志，乐亡吝情，文亡吝言”，以“吝”为“贪”，“吝志”为“贪志”。[②] 也就是说，《孔子诗论》第一简为“诗无贪婪之志，乐无贪婪之情，文无贪婪之言”。

饶宗颐先生《竹书〈诗序〉小笺》虽然也认为《孔子诗论》第一简为“诗亡吝志，乐亡吝情，文亡吝言”，但是，他认为“吝”应该是“吝惜”的意思。他说：“隐是完全隐藏而不显露，吝是有所吝惜而保留。吝有所惜，故又训为啬。《老子》说：‘治人事天莫若啬。’‘亡吝’则无所惜，尽情尽意而为之，比‘隐’更进一层。‘诗亡吝志’者，谓诗在明人之志；‘乐亡隐情’者，谓乐在尽人之情；‘文亡吝言’者，谓为文言之要尽意，无所吝惜。”[③]

何琳仪认为《孔子诗论》第一简为“诗亡陵志，乐亡陵情，文亡陵言”，而“陵”的意思是“凌”，即“越”的意思，他认为这句话的意思是“诗歌不可以使心志陵越，音乐不可使感情陵越，文章不可使言辞陵越”。[④]

三　如何正确认识“诗亡隐志，乐亡隐情，文亡隐意”的文意

我们注意到，上述诸学者之释文无论是“诗亡隐志，乐亡隐情，文亡隐意”，还是“诗亡隐志，乐亡隐情，文亡隐言”，以及“诗亡离志，乐亡离情，文亡离

---

① 参看《上海博物馆藏诗论简校释》，第 9 页。
② 参看《〈诗论〉笺释》，第 210 页。
③ 《竹书〈诗序〉小笺》，第 231 页。
④ 参看《沪简〈诗论〉选释》，第 244 ～ 245 页。

言”“诗亡泯志，乐亡泯情，文亡泯言”“诗亡吝志，乐亡吝情，文亡吝言”“诗亡陵志，乐亡陵情，文亡陵言”，大多着眼于诗的言志功能，这说明各位研究者的解释都试图抓住孔子及中国古代诗学的核心问题，所以其诠释都是非常有参考价值的。

即使如此，我们觉得以上诠释仍然有需要重新思考的地方。比如裘锡圭先生认为，“隐”是不可知的意思，那么“诗亡隐志，乐亡隐情，文亡隐意”的意思就是说“诗没有不知志的，乐没有不知情的，文没有不知意的”。这个解释完全符合孔子的言志思想，就是说“诗言志，乐言情，文言意”。如果说“诗言志”“乐言情”是因为存在着不言志的诗、不言情的乐，难道还存在着不言意的文吗？文本身就是要表达意思的，如果没有意思，那就不是文了，所以，所有的文都是表达意的。既然所有的文都是表达意的，而某些诗可能不表达志，或者没有表达“无邪”之志，某些乐可能不表达情，或者表达的情不符合《韶》《武》之情。孔子曰：“《诗》三百，一言以蔽之，曰思无邪。”[①] 又说：“乐则《韶》《舞》。放郑声，远佞人；郑声淫，佞人殆。”[②] 那么，“诗亡隐志”说的是诗表达的应该是无邪之志，其意思就应该是“诗不能不知道无邪之志”；“乐亡隐情”说的是乐应该表达《韶》《武》之情，而不是表达郑、卫之情，其意思就应该是“乐不能不知道《韶》《武》之情”。应该说，如果把“隐”理解为“不可知”，对于解释“诗亡隐意”“乐亡隐情”无疑是有效的。但是，对于解释“文亡隐意”，此处孔子要求文所要表明的是何种“意”，如果我们没有对“意”有一个肯定或者否定的界定，其意思一定是欠明确的。

李学勤先生等人以“隐藏”解释“隐”，则“志”“情”“意”或者“言”，就只能存在于普通意义上。所说就是“诗亡隐志”指“诗没有隐藏志的”，所以，所有诗都表现了“志”；“乐亡隐情”指“乐没有隐藏情的”，所以，所有乐都表现了“情”；“文亡隐意”或者“文亡隐言”指的是“文没有隐藏意或者言意的”，所以，所有文都表现了“意”。固然，因为孔子所见诗都是表达志的，

---

① ［三国魏］何晏集解，［宋］邢昺疏：《论语注疏》卷二，《十三经注疏》，北京：中华书局，1980 年，第 2461 页。

② 《论语注疏》卷十五，《十三经注疏》，第 2517 页。

而《诗经》的“志”都是体现“无邪”精神的，然乐则有《韶》《武》与郑、卫之区别，如果不隐藏郑、卫之情，则乐无以道和。《礼记·乐记》曰：“乐者，天地之和也。”①《史记·太史公自序》曰：“《乐》乐所以立，故长于和。”又曰：“《乐》以发和。”②《礼记·乐记》曰：

魏文侯问于子夏曰：“吾端冕而听古乐，则唯恐卧，听郑卫之音，则不知倦。敢问古乐之如彼，何也？新乐之如此，何也？”

子夏对曰：“今夫古乐，进旅退旅，和正以广，弦匏笙簧，会守拊鼓，始奏以文，复乱以武，治乱以相，讯疾以雅。君子于是语，于是道古，修身及家，平均天下。此古乐之发也。今夫新乐，进俯退俯，奸声以滥，溺而不止，及优侏儒，獶杂子女，不知父子。乐终不可以语，不可以道古。此新乐之发也。今君之所问者乐也，所好者音也。夫乐之与音，相近而不同。”

文侯曰：“敢问何如？”

子夏对曰：“夫古者，天地顺而四时当，民有德而五谷昌，疾疢不作，而无妖祥，此之谓大当。然后圣人作，为父子君臣，以为纪纲。纪纲既正，天下大定。天下大定，然后正六律，和五声，弦歌诗颂，此之谓德音，德音之谓乐。《诗》云：‘莫其德音，其德克明。克明克类，克长克君。王此大邦，克顺克俾。俾于文王，其德靡悔。既受帝祉，施于孙子。’此之谓也。今君之所好者，其溺音乎。”

文侯曰：“敢问溺音，何从出也？”

子夏对曰：“郑音好滥淫志，宋音燕女溺志，卫音趋数烦志，齐音敖辟乔志。此四者，皆淫于色而害于德，是以祭祀弗用也。《诗》曰：‘肃雍和鸣，先祖是听。’夫肃肃，敬也；雍雍，和也。夫敬以和，何事不行？为人君者，谨其所好恶而已矣。君好之，则臣为之；上行之，则民从之。《诗》云

---

① [汉]郑玄注，[唐]孔颖达等正义：《礼记正义》卷三十七，《十三经注疏》，北京：中华书局，1980年，第1530页。

② [汉]司马迁撰，[南朝宋]裴骃集解，[唐]司马贞索隐，[唐]张守节正义：《史记》卷一百三十，北京：中华书局，1959年，第3297页。

‘诱民孔易’，此之谓也。然后圣人作为鞉、鼓、椌、楬、埙、篪，此六者，德音之音也。然后钟、磬、竽、瑟以和之，干戚、旄狄以舞之。此所以祭先王之庙也，所以献酬酳酢也，所以官序贵贱，各得其宜也，所以示后世有尊卑长幼之序也。

钟声铿，铿以立号，号以立横，横以立武，君子听钟声，则思武臣。石声磬，磬以立辨，辨以致死，君子听磬声，则思死封疆之臣。丝声哀，哀以立廉，廉以立志，君子听琴瑟之声，则思志义之臣。竹声滥，滥以立会，会以聚众，君子听竽笙箫管之声，则思畜聚之臣。鼓鼙之声欢，欢以立动，动以进众，君子听鼓鼙之声，则思将帅之臣。君子之听音，非听其铿锵而已也，彼亦有所合之也。①

魏文侯是有德君主，虽然如此，他还是听古乐而欲眠，听郑、卫之音则不知疲倦。子夏分析其中的原因，认为古乐目的在于“修身及家，平均天下”，新声乐“终不可以语，不可以道古”，只有声音而已。乐者乐也，乐不同于音，就在于乐有教化的目的。圣人“正六律，和五声，弦歌诗颂”，谓之德音，故称为乐，可以为父子君臣纪纲，为天下大定，郑、卫之音，为“溺音”。如“郑音好滥淫志，宋音燕女溺志，卫音趋数烦志，齐音敖辟乔志”，皆“淫于色而害于德”，君主如果好淫声，必然导致上行下效。圣人以雅乐之鞉、鼓、椌、楬、埙、篪此六者为德音之音，以钟、磬、竽、瑟和之，以干戚、旄狄舞之，以此“祭先王”，“献酬酳酢”，“官序贵贱”，“示后世有尊卑长幼之序”。君子之鼓舞歌诗绝不是为了音律的铿锵动听，而是为了德治的需要。子夏关于郑声与雅乐的区别，归根结底就是郑声追求音律的轻柔低靡，引人沉醉于音乐形式之中，追求鼓舞歌诗艺术美的享乐感受，而雅乐所追求的则是音乐背后所暗示的道德力量，是移风易俗的伟大魅力。如果不区分乐所体现的情的性质，只强调不隐藏情，显然也与孔子的基本乐论精神不相符合。至于文没有隐藏“意”或者“言意”，更是一个没有意义的表述。因为文都是表现“意”的，就这个意义上说，“文无隐意”就是一句没有意义的话了。但是，有些人文过饰非，所表达又不是真正的“意”，在这个

① 《礼记正义》卷三十八～卷三十九，第1538～1541页。

意义上，“文无隐意”又是一句脱离实际现象的过于复杂的话了。

至于把“隐”释为“离”，即说“诗没有离开志的，乐没有离开情的，文没有离开言的”；把“隐”释为“泯”，即说“诗无无志，乐无无情，文无无言”。这两个释义虽然在“隐”字的认定上可能有误，但是所表达的关于诗、乐、文的意思与在“隐藏”的意思上解释“隐”的观点实际上并无不同，其缺憾也同于在“隐藏”的意义上解释“隐”。而饶宗颐先生以“吝”为“吝惜”，认为“吝惜”是有所保留，和“隐藏”有程度的不同，所谓“诗在明人之志”，“乐在尽人之情”，“为文言之要尽意，无所吝惜”，意思实际与解释为“隐藏”并无多大不同。何琳仪以“陵”为“越”，所谓“诗歌不可以使心志陵越，音乐不可使感情陵越，文章不可使言辞陵越”，与我们所知的孔子诗论精神很难建立联系。

那么，究竟应该怎么解释“诗亡隐志，乐亡隐情，文亡隐意”这句话，我认为“隐”应该训解为“私”，则这句话的意思就一目了然了。孔子的意思是说，“诗没有表达私志的，乐没有表达私情的，文没有表达私意的”，所表达的都应该是合于仁义的无邪之志、无淫之情、无私之意。

按以“隐”训“私”，在传世文献中是很普遍的，如《吕氏春秋·圜道》云：“先王之立高官也，必使之方，方则分定，分定则下不相隐。”高诱注曰：“隐，私也，君臣上下无私邪相壅蔽之。”[①]又《文选·颜延年〈赭白马赋〉》有“恩隐周渥”句，李善注引贾逵《国语注》曰：“隐，私也。”[②]《后汉书·第五钟离宋寒列传·钟离意》云：“帝性褊察，好以耳目隐发为明，故公卿大臣数被诋毁，近臣尚书以下至见提拽。”李贤等注云：“隐，犹私也。”[③]而《说文解字·阜部》云：“隐，蔽也。”[④]《广雅·释诂一》曰：“隐，翳也。”“蔽”“翳”的意思，实际和我

① 许维遹撰，梁运华整理：《吕氏春秋集释》卷三，《新编诸子集成》，北京：中华书局，2009年，第81页。

② [南朝梁]萧统编，[唐]李善注：《文选》卷十四，上海：上海古籍出版社，1986年，第622页。

③ [南朝宋]范晔撰，[唐]李贤等注：《后汉书》卷四十一，北京：中华书局，1965年，第1409～1410页。

④ [汉]许慎撰，段玉裁注：《说文解字注》卷十四下，上海：上海古籍出版社，1981年，第734页。

们所说的“私”的意思紧密联系，都是源于为一己之私所隐蔽，而不能克己。《论语·颜渊》载：“颜渊问仁，子曰：‘克己复礼为仁。一日克己复礼，天下归仁焉。’”[①]“克己”就是克服私欲，用人的文化属性约束人的类似于动物的私性。

我们认为虽然王志平把“隐”释为“吝”是欠妥的，但是他把“吝”和“贪”联系起来，认为“诗无贪婪之志，乐无贪婪之情，文无贪婪之言”。这个意思注意到孔子所论述的是诗、乐、文的一种理想的境界，这个看法已经很接近把“隐”理解为“私”了。因为贪婪实际上就是“私”的一个重要表现，贪婪也必然带来邪恶和壅蔽，对诗、乐、文都是有害的。

根据《孔子诗论》第二十简与第十八、十九简的内容，按照马承源先生的释文，应该全是有关《木瓜》的评说文字。关于这一点，几乎所有的释文者都同意。第十八简有关《木瓜》的释文如下：

> 因《木瓜》之报，以喻其怨者也。

第十九简有关《木瓜》的释文如下：

> 《木瓜》有藏愿而未得达也。[②]

《孔子诗论》第二十简有“其隐志必有以喻也”，这句话也是说《木瓜》一诗的。而第二十简所谓“隐志”，也就是第十九简之“藏愿”，这个“藏愿”实际就是“私志”，也就是第十八简所谓“怨”。

四　如何认识《孔子诗论》第一简与《诗序》的逻辑关系

《孔子诗论》第一简云：“行此者其有不王乎？孔子曰：‘诗亡隐志，乐亡隐情，文亡隐意。’”按照马承源、李学勤先生的看法，“行此者其有不王乎”与“诗亡隐志，乐亡隐情，文亡隐意”在内容上没有密切的关系，其主要根据是“行此者其有不王乎”与“诗亡隐志，乐亡隐情，文亡隐意”之间有一墨节，马

---

① 《论语注疏》卷十二，《十三经注疏》，第 2502 页。

② 《关于〈孔子诗论〉》，第 142 页。

承源认为“行此者其有不王乎”不属于《孔子诗论》中的《诗序》内容，李学勤先生则把“行此者其有不王乎”放在属于讨论《清庙》内容的第五简后，因为第五简提到了“王德”。

范毓周教授《上海博物馆楚简〈诗论〉的释文、简序和分章》把这个墨节定义为墨钉，与这个墨钉类似的有《孔子诗论》中第五简“颂是也”与“《清庙》王德也”之间的墨钉，以及第十八简最后一字后的墨钉。此外，还有大量的比墨钉细的墨节，几乎每一简都有，而且每一简不止一处。[①]我个人认为，这个大的墨钉或许与细的墨节并没有多大区别，而且《孔子诗论》的作者用这样的符号来有意识地区别章节，在出土的竹简中尚缺乏充分的证据来说明。即使这个墨钉真如大家所说的是章的分界，也不能说明二者之间意思存在很大区别，马承源先生因此认为“行此者其有不王乎”不是《孔子诗论》中《诗序》的内容，而“诗亡离志，乐亡离情，文亡离意”是《孔子诗论》之《诗序》，更是难以令人信服的。

实际上，在孔子及其后学看来，诗是反映世道人心的，“诗没有表达私志的，乐没有表达私情的，文没有表达私意的”，其所表达的都是合于仁义的无邪之志、无淫之情、无私之意。也就是说，王道教化的功绩发挥了作用，人的动物性的私欲被人的文化属性所取代，这是一种体现王道的景象。所以“行此者其有不王乎”与“诗亡隐志，乐亡隐情，文亡隐意”正是紧紧相扣的。《诗序》云：

> 诗者，志之所之也。在心为志，发言为诗，情动于中，而形于言，言之不足，故嗟叹之，嗟叹之不足，故永歌之，永歌之不足，不知手之舞之足之蹈之也。情发于声，声成文谓之音。治世之音安以乐，其政和；乱世之音怨以怒，其政乖；亡国之音哀以思，其民困。故正得失，动天地，感鬼神，莫近于诗。先王以是经夫妇，成孝敬，厚人伦，美教化，移风俗。故诗有六义焉：一曰风，二曰赋，三曰比，四曰兴，五曰雅，六曰颂。上以风化下，下以风刺上，主文而谲谏，言之者无罪，闻之者足以戒，故曰风。至于王道衰，礼义废，政教失，国异政，家殊俗，而变风变雅作矣。

---

① 参看范毓周:《上海博物馆藏楚简〈诗论〉的释文、简序与分章》，载上海大学古代文明研究中心、清华大学思想文化研究所编《上博馆藏战国楚竹书研究》，上海：上海书店出版社，2002 年，第 173 ～ 177 页。

> 国史明乎得失之迹，伤人伦之废，哀刑政之苛，吟咏情性，以风其上。达于事变，而怀其旧俗者也。故变风发乎情，止乎礼义。发乎情，民之性也；止乎礼义，先王之泽也。是以一国之事，系一人之本，谓之风；言天下之事，形四方之风，谓之雅。雅者，正也，言王政之所由废兴也。政有小大，故有小雅焉，有大雅焉。颂者，美盛德之形容，以其成功，告于神明者也。是谓四始，诗之至也。①

诗之志的善否与社会政治的善否紧密结合在一起，这是《诗序》的作者早就揭示的真理。没有私志的无邪的诗可以“正得失，动天地，感鬼神”，所以诗也是先王“经夫妇，成孝敬，厚人伦，美教化，移风俗”的主要工具。治世之音的安而乐，体现政和的特色；乱世之音的怨而怒，体现政乖的蕴蔽；亡国之音的哀而思，反映了人民困苦的状态。只有在治世，才能出现没有私志的无邪之诗、无淫情之乐。所以，《孔子诗论》第一简反映的思想是与传世的《诗序》一脉相承的。那种把传世《诗序》和《孔子诗论》对立起来或者割裂开来的做法，是没有道理的。

原载《文艺研究》2006 年第 7 期

---

① [汉]毛亨传，[汉]郑玄笺，[唐]孔颖达等正义:《毛诗正义》卷一,《十三经注疏》，北京：中华书局，1980 年，第 269 ～ 272 页。

从出土文献诗与志的关系看文学的价值

出土简帛文献强调诗与志的联系，没有志也就没有诗，这也是中国传统诗学理论的核心命题。自《诗经》而后，中国古代作家在文学创作中无不体现出重视诗志的价值判断。而对志的重视，就是文学对善的追求，善是高于美的审美价值判断，是古代文学人文关怀的体现。我们今天研究古代文学，应该真实地描述古代文人创作的真正目的，把挖掘古代作家对人文关怀的关注当作我们的重要研究目的。

一　无志即无诗

郭店楚简的作者说:“《易》所以会天道人道也，《诗》所以会古今之恃（疑为‘志’）也者，《春秋》所以会古今之事也。”[①] 上海博物馆藏楚简《诗论》曰:“诗

① 荆门市博物馆:《郭店楚墓竹简》，北京：文物出版社，1998 年，第 194 ～ 195 页。

亡离志，乐无离情，文亡离言。”① 可以看出，在出土简帛文献中，志的问题是诗的根本问题，诗的创作目的就是体现志，无志也就无诗。

事实上，“诗言志”，文学体现人文精神和人文关怀，是文学区别于其他著作形式的最重要和最根本的标志，这在传世文献中有大量证据，也是多次被出土文献证明了的。战国竹简在说诗时毫无例外地强调其志，并把志看作是区别诗与其他著作的标志，志于诗的重要性不言而喻。也就是说，没有志，也就没有诗存在的价值。所以，刘勰说：“昔诗人什篇，为情而造文。”② 情与志正是一而二、二而一的东西。情侧重在主观直观感性的感受，志则更多强调已经超越主观感性的客观理性成分。

今天最早被我们纳入文学研究视野的中国古代文学作品是诗歌。古代作家和学者对于诗歌的创作目的及诗歌的功能和价值有许多经典的论述，这些论述所表达的观点是诗歌之所以产生并受到重视的根本原因，如果没有诗歌创作的目的，没有功能和价值，诗歌就不可能产生，诗歌这样的文学形式也就无从谈起。

关于诗歌创作的直接目的，《尚书·尧典》曰：“诗言志，歌永言，声依永，律和声。”③ 在这里，作者对诗创作目的的概括只有一个“志”字，而不及其余，对歌、声、律，也只强调其形式特征。这说明诗这一文学形式的存在，其价值首先在于其精神和内容功能。《诗序》曰：“诗者，志之所之也。在心为志，发言为诗，……先王以是经夫妇，成孝敬，厚人伦，美教化，移风俗。”又曰：“上以风化下，下以风刺上，……国史明乎得失之迹，伤人伦之废，哀刑政之苛，吟咏情性，以风其上。”④ 说明诗之志是有关人生与人对所生活的社会环境的感触和评价的，诗是体现以人为根本的价值观的，是为了人类的生存境遇的改善而创作出来的，是人文精神的直接体现。所以，《诗序》的作者认为在诗歌中可以看到“治

① 该批竹简之部分内容疑为孔子或者子夏之诗论。

② [南朝梁]刘勰著，范文澜注：《文心雕龙注》卷七，北京：人民文学出版社，1958年，第538页。

③ [汉]孔安国传，[唐]孔颖达等正义：《尚书正义》卷二，《十三经注疏》，北京：中华书局，1980年，第131页。

④ [汉]毛亨传，[汉]郑玄笺，[唐]孔颖达等正义：《毛诗正义》卷一，《十三经注疏》，北京：中华书局，1980年，第269～271页。

世”“乱世”“亡国”诸特征[①]。

《诗序》立足于以《诗经》各篇作者的原始创作动机来解说诗意，其立论在于美刺、兴寄，即以文学关心人生、关心人类的生存状态，这是论者所公认的。不过，今天仍然有大量学者怀疑《诗序》的可靠性，所以我们不妨从《诗经》中明确有原初作者陈述创作动机的诗篇中找直接的论述，如：

维是偏心，是以为刺。——《魏风·葛屦》

夫也不良，歌以讯之。——《陈风·墓门》

家父作诵，以究王讻。——《小雅·节南山》

作此好歌，以极反侧。——《小雅·何人斯》

寺人孟子，作为此诗，凡百君子，敬而听之。——《小雅·巷伯》

君子作歌，维以告哀。——《小雅·四月》

王欲玉女，是用大谏。——《大雅·民劳》

这些诗句本身是诗的一部分，也毫无疑问代表作者的意志。从这些诗句中我们知道，《魏风·葛屦》的作者作诗的目的在于批评主宰自己命运的君主的偏心，自己与夫人（所谓“好人”，即美人）的处境迥然不同；《陈风·墓门》的作者有鉴于陈佗的不良（又说刺陈桓公不能去陈佗），作诗以警告；《小雅·节南山》的作者家父作诗是为了讨伐周幽王重用小人师尹；《小雅·何人斯》为诗人绝交之诗，声讨反复无常的小人；《小雅·巷伯》的作者寺人孟子，作诗的目的是为了诅咒周幽王的听信谗言、暴虐无道；《小雅·四月》的作者写诗，是大夫为了发泄对周幽王的不满而发出的哀告；《大雅·民劳》的作者写诗，是为了批评周厉王之追求珠玉美女。[②]

《诗经》的作者创作诗的动机非常清楚，就是要通过诗体现对集体或者个体生存环境和生存境遇的关怀，所谓“哀乐之心感，而歌咏之声发”[③]，“饥者歌其

① 《诗序》曰：“治世之音安以乐，其政和；乱世之音怨以怒，其政乖；亡国之音哀以思，其民困。”参看《毛诗正义》卷一，《十三经注疏》，第 270 页。

② 此用林义光《诗经通解》（上海：中西书局，2012 年）之说。

③ ［汉］班固撰，［唐］颜师古注：《汉书》卷三十，北京：中华书局，1962 年，第 1708 页。

食，劳者歌其事”[①]。一言以蔽之，就是“诗言志”。

志、情不仅对诗如此重要，对其他文学样式也同样如此。《楚辞·九章》多次言及屈原之创作动机，《惜诵》曰：“惜诵以致愍兮，发愤以抒情。”[②]《抽思》曰：“道思作颂，聊以自救兮。”[③]《悲回风》曰：“介眇志之所惑兮，窃赋诗之所明。”[④]屈原的这些论述，包含有情、志两者，言志、抒情正是屈原创作《楚辞》的直接动机。《史记·屈原贾生列传》载：“屈平既嫉之，虽放流，眷顾楚国，系心怀王，不忘欲反，冀幸君之一悟，俗之一改也。其存君兴国而欲反覆之，一篇之中三致志焉。”[⑤]屈原以其作品体现“存君兴国”之志、发愤之情，与《诗经》的传统一脉相承。

屈原之后，宋玉创作大量赋文学，如《风赋》《高唐赋》《神女赋》《登徒子好色赋》等，或讽谏楚王关注平民之苦，或为自己的人格品德辩解，情与志存在于字里行间。又《史记·司马相如列传》载：“相如虽多虚辞滥说，然其要归引之节俭，此与《诗》之讽谏何异。”[⑥]司马相如之赋，如《子虚赋》《上林赋》《大人赋》《长门赋》，虽有侈艳的形式、雕琢的语言，但是作者创作赋的目的，或者说赋的最终归宿，则归于讽谏。至于客观效果如何，则不单纯是作者的责任了。《汉书·扬雄传》曰：“雄以为赋者，将以讽也。”[⑦]扬雄的《长杨赋》《羽猎赋》《甘泉赋》《河东赋》《逐贫赋》《太玄赋》诸赋，或表达讽谏之志，或表达孤寂落寞之情。刘勰曰：“赋者，铺也，铺采摛文，体物写志也。”[⑧]赋文学需要“丽辞雅义”，但是“文虽新而有质，色虽糅而有本，此立赋之大体也”，这个“大体”，或者称为“质”“本”，就是志，背离志就是舍本逐末。所以，刘勰批评说：“逐末之俦，蔑

① [汉]何休解诂，[唐]徐彦疏：《春秋公羊传注疏》卷十六，《十三经注疏》，北京：中华书局，1980年，第2287页。
② [宋]洪兴祖撰：《楚辞补注》，北京：中华书局，1983年，第121页。
③ 《楚辞补注》，第141页。
④ 《楚辞补注》，第157页。
⑤ [汉]司马迁撰，[南朝宋]裴骃集解，[唐]司马贞索隐，[唐]张守节正义：《史记》卷八十四，北京：中华书局，1959年，第2485页。
⑥ 《史记》卷一百一十七，第3073页。
⑦ 《汉书》卷八十七下，第3575页。
⑧ 《文心雕龙注》卷二，第134页。

弃其本，虽读千赋，愈惑体要，遂使繁华损枝，膏腴害骨，无贵风轨，莫益劝戒……”①因此，赋文学之创作动机，同样也不可背离讽谏之志这个根本。

二　古代文学注重对社会及人生产生积极影响

和诗人的创作动机及目的联系在一起的，还有诗的内容。《论语·为政》载，孔子曰："《诗》三百，一言以蔽之，曰思无邪。""无邪"是诗人创作动机及目的纯正性和合理性的必然体现，是孔子删诗使之能列入先王政典、成为体现"恒久之至道，不刊之鸿教"②之范本的重要原因。《史记·孔子世家》载："古者诗三千余篇，及至孔子，去其重，取可施于礼义，上采契、后稷，中述殷、周之盛，至幽、厉之缺。"③《汉书·艺文志》载："孔子纯取周诗，上采殷，下取鲁，凡三百五篇。"④王充《论衡·正说》曰："《诗经》旧时亦数千篇，孔子删其重复，正而存三百篇。"⑤孔子删诗，其目的就是要保存那些体现无邪精神、可以发挥积极的社会功效、教人向善的诗篇。

创作动机决定内容，内容决定功能。诗的功能与诗创作的动机联系在一起，作者阐述自己的创作目的和动机，着眼于主观愿望；学者论述诗歌的功能，立足于客观效果。也正因此，诗的功能与诗的内容联系在一起。古往今来，论文学之功能，最全面、准确、深刻者无有逾孔子者。孔子之关于文学功能的论述，见于他讨论《诗经》的文字中，现择大家最为熟悉的几条罗列如下：

兴于《诗》，立于礼，成于乐。——《论语·泰伯》

诵《诗》三百，授之以政，不达，使于四方，不能专对，虽多，亦奚以为。——《论语·子路》

不学《诗》，无以言。——《论语·季氏》

---

① 《文心雕龙注》卷二，第136页。
② 《文心雕龙注》卷一，第21页。
③ 《史记》卷四十七，第1936页。
④ 《汉书》卷三十，第1708页。
⑤ 黄晖撰：《论衡校释》卷二十八，《新编诸子集成》，北京：中华书局，1990年，第1129页。

《诗》可以兴，可以观，可以群，可以怨，迩之事父，远之事君，多识于鸟兽草木之名。——《论语·阳货》

人而不为《周南》《召南》，其犹正墙面而立也与。——《论语·阳货》

在孔子看来，诗的功能体现在个体修身的层面，也体现在维护社会秩序的层面。修身必须以读《诗》为始，不读《诗》则不能在社会中立足，不可以成人。同时，读《诗》又必须把个人修身与社会责任结合在一起，所以要能为政，“使于四方”。也就是说，诗歌不仅仅是体现个人之哀乐，还要通过对个人哀乐的表现，成为培养人格、实现美好政治理想的工具。即文学必须体现以人为中心的思想，文学应该关心人，关心人的成长和生活，反映人的喜怒哀乐。

如果把《礼记·大学》中关于修齐治平的思想与孔子的《诗论》结合起来，我们会发现，读《诗》正是孔子倡导的实现完善人格的重要途径。《礼记·大学》曰：

古之欲明明德于天下者，先治其国；欲治其国者，先齐其家；欲齐其家者，先修其身；欲修其身者，先正其心；欲正其心者，先诚其意；欲诚其意者，先致其知。致知在格物。物格而后知至，知至而后意诚，意诚而后心正，心正而后身修，身修而后家齐，家齐而后国治，国治而后天下平。自天子以至于庶人，一是皆以修身为本。其本乱而末治者否矣。[①]

治国平天下应始于修身齐家，修身齐家则应从正心诚意开始，正心诚意又依赖于格物致知。格物致知从读《诗》开始，无疑正是孔子“兴于诗”的意思所在。

《诗序》曰：“故正得失，动天地，感鬼神，莫近于诗。先王以是经夫妇，成孝敬，厚人伦，美教化，移风俗。”《汉书·艺文志》曰：“故古有采诗之官，王者所以观风俗，知得失，自考正也。”[②] 诗的功能可以使王者自考正，当然可以让士大夫知自立、自强、自爱、自重。所以，荀子发挥孔子“兴于诗”的说法，强调

① [汉]郑玄注，[唐]孔颖达等正义:《礼记正义》卷六十,《十三经注疏》，北京：中华书局，1980年，第1673页。

② 《汉书》卷三十，第1708页。

学习之“始乎诵经，终乎读礼”，修身之“始乎为士，终乎为圣人”。[①]

如此，诵读包括《诗经》这样的经典，正是君子格物致知的必然途径。所以，孔子对于诗的要求，就不仅仅是尽美的问题，而更重要的是尽善。《论语·八佾》载：“子谓《韶》，尽美矣，又尽善也。谓《武》，尽美矣，未尽善也。”[②]《韶》，舜乐名，谓以圣德受禅，以天下为大同，故尽善；《武》，武王乐也，以征伐取天下，故未尽善。孔子在这里虽就乐而言，但诗、乐、舞在中国古代的同一性使《韶》《武》必然包含诗在其中，更何况乐本身在孔子的修身体系中是最终的境界，即所谓“成于乐”。

孔子之所以强调《韶》的尽善尽美，就在于《韶》体现了大同理想，而《武》却无此精神，所以有美而未能至尽善。也就是说，文学艺术作品到达尽美的高度并不是顶点，还应该再向前走，就是达到尽善。尽善就是文学作品必须体现出大同的精神追求，文学作品只有在内容上体现出尽善的高度才是符合孔子审美理想的终极追求。

追求善，戒除不善，是孔子一向的追求。《论语·述而》载，孔子曰：“德之不修，学之不讲，闻义不能徙，不善不能改，是吾忧也。”[③]又曰：“三人行，必有我师焉：择其善者而从之，其不善者而改之。”[④]《论语·季氏》载，孔子曰：“见善如不及，见不善如探汤。”[⑤]孔子对善的追求，对不善的警惕，在这些论述中已一览无余。正像孟子所说：“鸡鸣而起，孳孳为善者，舜之徒也；鸡鸣而起，孳孳为利者，跖之徒也。欲知舜与跖之分，无他，利与善之间也。”[⑥]积极于善，与人为善，必然归结为追求大同；反大同，必然与人为恶，屈服于私利的驱使。所以，孔子赞扬善与他赞成大同，正体现了一种必然的因果关系。

---

① 参看［清］王先谦撰，沈啸寰、王星贤点校：《荀子集解》卷一，《新编诸子集成》，北京：中华书局，1988年，第11页。

② ［三国魏］何晏集解，［宋］邢昺疏：《论语注疏》卷三，《十三经注疏》，北京：中华书局，1980年，第2469页。

③ 《论语注疏》卷七，《十三经注疏》，第2481页。

④ 《论语注疏》卷七，《十三经注疏》，第2483页。

⑤ 《论语注疏》卷十六，《十三经注疏》，第2522页。

⑥ ［汉］赵岐注，［宋］孙奭疏：《孟子注疏》卷十三下，《十三经注疏》，北京：中华书局，1980年，第2768页。

孔门对善的重视，也体现在《易传》之中。《易传》是孔子及其弟子重要的思想著作，其强调善也与《论语》无二。《坤文言》曰："积善之家，必有余庆；积不善之家，必有余殃。"[①]《大有》象曰："君子以遏恶扬善，顺天休命。"[②]《益》象曰："君子以见善则迁，有过则改。"[③]《系辞下》曰："善不积不足以成名，恶不积不足以灭身。小人以小善为无益，而弗为也，以小恶为无伤，而弗去也。故恶积而不可掩，罪大而不可解。"[④]而《礼记·大学》开宗明义，曰："大学之道，在明明德，在亲民，在止于至善。"这个至善的追求，实际就是孔子对文学价值和功能的期望，也是孔子重视文学的最直接的原因。

孔子对善的追求体现在他的审美理想之中，是自然而然的事情。而善对于文学作品来讲，就是强调文学作品内容的至高无上地位。一切文学作品，其最终的归结点，绝不仅仅是文采的愉悦、形式的超凡脱俗，而是对人的关怀。只有善，才是符合人文精神的追求。文学的人文功能在人格至善的同时，也包含了政治的至善，所以文学应该批评不良政治。《诗序》曰："上以风化下，下以风刺上。……国史明乎得失之迹，伤人伦之废，哀刑政之苛，吟咏情性，以风其上。……"讽谏君主、批评乱政正是志的体现，孔子把至善寄托在大同理想就是对政治至善的期待。

正因为孔子认为《韶》体现了他的大同的审美理想，所以孔子对《韶》的赞扬还有不少：

> 子在齐，闻《韶》，三月不知肉味，曰："不图为乐之至于斯也。"——《论语·述而》
>
> 颜渊问为邦。子曰："行夏之时，乘殷之辂，服周之冕，乐则《韶》《舞》。放郑声，远佞人；郑声淫，佞人殆。"——《论语·卫灵公》

而《左传·襄公二十九年》载，吴公子札在鲁观乐，"见舞《象箾》《南籥》

---

① [三国魏]王弼、[晋]韩康伯注，[唐]孔颖达等正义：《周易正义》卷一，《十三经注疏》，北京：中华书局，1980年，第19页。

② 《周易正义》卷二，《十三经注疏》，第30页。

③ 《周易正义》卷四，《十三经注疏》，第53页。

④ 《周易正义》卷八，《十三经注疏》，第88页。

者，曰：'美哉！犹有憾。' 见舞《大武》者，曰：'美哉！周之盛也，其若此乎！' 见舞《韶濩》者，曰：'圣人之弘也，而犹有惭德，圣人之难也。' 见舞《大夏》者，曰：'美哉！勤而不德，非禹其谁能修之？' 见舞《韶箾》者，曰：'德至矣哉！大矣！如天之无不帱也，如地之无不载也，虽甚盛德，其蔑以加于此矣。观止矣！若有他乐，吾不敢请已！'"①《象箾》《南籥》为颂扬文王之乐舞，《大武》为武王之乐舞，《韶濩》为汤之乐舞，《大夏》为夏禹之乐舞，《韶箾》为虞舜之乐舞。季札是孔子理想所寄托之人，其审美判断同样折射了孔子作《春秋》的意志。

三　古代文学评价要体现人文关怀

今日社会是一个强调现实价值的实用主义时代，其特征就是强调一切行为的目的性和合目的性。对于从事古代文学研究的学者来说，研究古代文学的目的是什么，是一个非常重要的问题，同时这也是一个使我们感到困惑的问题。

中国传统文化的价值地位毋庸置疑，并且在当代仍然具有无可替代的价值地位。同时，古代文学的存在，体现的是中国古代文学家的灵魂的呐喊，是古代文学家对他们所生存时代的社会境遇的真实感受，他们之中的大部分人具有非常明确的价值伦理，是非感和社会责任感非常强烈，个人人格高大，并坚持而不动摇。而所有这一切，对于我们今天以及未来的作家和学者来说，是永远不会过时的。

古代文学是中华优秀传统文化的最重要的组成部分。研究古代文学最重要的目的，应该是挖掘古代文学所包含的对人的生存境遇的关怀，对由个体人构成的集体所表现出来的权利意志带来的社会不公的揭露、对黑暗政治的批判之类的人文精神。研究古代文学，目的既是为了了解历史，同时也是为了把古代文学家及其作品所表现出的人文关怀和人文精神贯彻到我们今天的文学评价体系之中。古

---

① [晋]杜预集解，[唐]孔颖达等正义：《春秋左传正义》卷三十九，《十三经注疏》，北京：中华书局，1980年，第2008页。

代文学研究者在研究古代文学之时，有义务、有责任挖掘古代文学家强烈的社会责任感和独立人格，并把这种社会责任和独立人格的内涵介绍给当代学者和读者，以此作为建构中国当代文化的基础。

古代“文学”[①]的概念，实际包含了今天几乎所有的人文活动，古代文学研究的对象具有充分的人文内涵，这就要求古代文学研究主体，即研究者，应该具有人文关怀。也就是说，我们应该防止所谓的“文学就是文学”“文学艺术”等给文学加上特殊定义的观点。有学者公开强调“文学就是文学”，而其所说的文学概念，既与汉语“文学”一词的本义无关，也比西方社会所说的文学概念狭窄。某些教科书在确定其研究范围的时候，再次强调文学的纯洁性，要写所谓的“纯文学史”。因此，他们认为文学的价值就在于文学“本分”，而此“本分”实际背离文学之“本”，所以他们认为，古代文学研究的意义就在于把一首诗或者一部小说的美挖掘出来，让读者能享受诗和小说的音节之响亮、语言之光灿、情节之曲折，而忘记文学欣赏“得意忘言”的主旨。

纯文学论者在实践中看不到文学的丰富性和复杂性，把文学局限在艺术领域，热衷于讨论文学的形式美感和文学修辞技巧，以此来发挥在中国古代并不占主流地位的严羽、司空图的理论观点。虽然当代研究者对艺术形式的重视是缘于过去古代文学研究成为政治斗争附庸的惨痛教训，但是过分强调文学的形式因素，并以此为评判文学的主要尺度，那就忘记了古代文学产生及存在的最根本也是最原始的创作动机和功能，因而放弃文学曾经具有的社会责任，堕落为刘勰批评的“逐末”之徒。毫无疑问，从一个极端走向另一个极端，必然会有过犹不及的缺憾。如果我们不知道什么是文学，即文学为什么产生，有什么创作动机，我们又如何去明晰文学的“本分”，又如何去把握“纯文学”的尺度？如果按照纯粹形式美感的标准去把握，文学就变成了修辞学，是一种文字游戏，而不再是包含了思想与情感的实在的活灵活现的体现人类灵魂的载体。如果这样，文学的价值和在人类生活中的意义必然变得无足轻重，中国古代文学家的丰富的创作活动以及他们所留下的宝贵的文化遗产就会逐渐失去其光华，而研究古典文学本身，

① 关于先秦“文学”一词的内涵，可参见方铭《战国文学史》。

也会成为一件非常无聊的、无益于现实人生的事情。

事实上，忽视文学作品人文精神的倾向，在古代文学各个发展阶段都有不同程度的表现，当然也受到了各个时代有责任心的学者和作家的批判，如汉赋，如六朝美文，如形式主义诗风等。孔子曰“辞达而已矣”[①]，不是忽视文学形式之美，而是强调文学形式之美感总归是要服务于文学之志的，所以，孔子又说“言之无文，行而不远”[②],“文质彬彬，然后君子”[③]。扬雄眼见赋文学之讽谏没有效果，则曰“童子雕虫篆刻”，“壮夫不为也”；又说“诗人之赋丽以则，辞人之赋丽以淫”。[④]即《诗经》的作者不忘突出其志，而汉赋的作者过分注重形式美，而淹没了讽谏之初衷。扬雄有鉴于此，所以得出结论，认为过分注重形式必然“非法度所存，贤人君子诗赋之正也，于是辍不复为”[⑤]。刘勰认为内容为形式淹没，或者乌有情志，即无骨干。《文心雕龙·风骨》曰：“瘠义肥辞，繁杂失统，无骨之征也。”[⑥]所以，认识文学内容比形式重要是文学创作所必须牢记的，因此《文心雕龙·定势》曰：“情固先辞。”[⑦]《文心雕龙·情采》曰：“故为情者要约而写真，为文者淫丽而烦滥。而后之作者，采滥忽真，远弃风雅，近师赋颂，故体情之制日疏，逐文之篇愈盛。”[⑧]刘勰在此分析了“为情”和“为文”的区别，警告“为文”的危害性，这可以成为我们今天研究者的借鉴。如果把文学之属于语言修辞层面的特点凌驾于文学所体现的情志之上，那不就把古典文学变成了“逐文之篇”了吗？显然，这是违背我们今天的学者的研究目的的。

原载《中国文化研究》2001 年第 4 期

---

① 《论语注疏》卷十五，《十三经注疏》，第 2519 页。
② 《春秋左传正义》卷三十六，《十三经注疏》，第 1985 页。
③ 《论语注疏》卷六，《十三经注疏》，第 2479 页。
④ 参看扬雄著:《法言》卷二，《丛书集成初编》，北京：中华书局，1985 年，第 5 页。
⑤ 《汉书》卷八十七下，第 3575 页。
⑥ 《文心雕龙注》卷六，第 513 页。
⑦ 《文心雕龙注》卷六，第 531 页。
⑧ 《文心雕龙注》卷七，第 538 页。

《左传》的叙事方式与文体特征的再认识

《汉书·艺文志》有《春秋》一类，包括“《左氏传》三十卷”，云作者为“左丘明，鲁太史”。[①]现代学术分野废除了六艺之经学一类，而划分了所谓哲学、政治学、史学、文学等类。按照现代的学术分野，作为经学原典的《春秋》固然可以归入史学类，而作为解释《春秋》的《左传》及《公羊传》《穀梁传》等，却未必可以按照历史著作去归类。《公羊传》《穀梁传》解经的体例使它们具有了政治学著作的特点；而《左传》虽然记载了比较具体的历史事件，但是由于作者所具有的明确的叙述立场，以及强烈的情感倾向、政治理想色彩、批判现实精神和文学化的描写手段，它也就成为了一部具有强烈政治学色彩的文学化著作，而与以客观实录精神为特征的历史著作表现出了明显的文体差异。这一点正体现了中国传统学术中经学著作的独特性，因此，把《左传》这样的经学著作等同于历史学著作是片面的。

---

① ［汉］班固撰，［唐］颜师古注：《汉书》卷三十，北京：中华书局，1962年，第1713页。

一 《左传》具有明确的叙述立场

《左传》记载了自鲁隐公元年（公元前722年）至鲁悼公四年（公元前454年）共二百六十余年的史事。作者在历史的记述中，运用自己的道德是非尺度，对历史事件、历史人物予以评判，或褒或贬，抑扬有度，劝善而惩恶，具有明确的叙述立场。

首先，《左传》的作者通过对历史事件的叙述，对春秋时的暴君虐主、乱臣贼子进行了批判。如齐襄公是战国时期齐国一个荒淫的君主，《庄公八年》载齐连称、管至父之乱，曰：

> 齐侯使连称、管至父戍葵丘。瓜时而往，曰："及瓜而代。"期戍，公问不至。请代，弗许，故谋作乱。……冬十二月，齐侯游于姑棼，遂田于贝丘。见大豕，从者曰："公子彭生也。"公怒曰："彭生敢见！"射之，豕人立而啼。公惧，坠于车，伤足，丧屦。反，诛屦于徒人费，弗得，鞭之见血。走出，遇贼于门，劫而束之。费曰："我奚御哉！"袒而示之背，信之。费请先入，伏公而出斗，死于门中。石之纷如死于阶下。遂入，杀孟阳于床。曰："非君也，不类！"见公之足于户下，遂弑之。①

虽说如徒人费、石之纷如、孟阳等愿为齐襄公而死，但齐襄公暴虐无常，在叛乱者眼中不足以为君，可以杀之而后快。齐襄公与其妹文姜私通，文姜于鲁桓公十八年（公元前694年）与桓公入齐，桓公因谴责齐侯与文姜之私情而得罪齐侯，齐侯遂令公子彭生杀桓公，后又杀彭生以谢鲁人，而留文姜于齐，频频私会，其荒淫可见一斑，最终导致杀身之祸，也是事出必然。

《宣公二年》载：

> 晋灵公不君，厚敛以雕墙，从台上弹人，而观其辟丸也。宰夫胹熊蹯不熟，杀之，置诸畚，使妇人载以过朝。赵盾、士季见其手，问其故，而患之。将谏，士季曰："谏而不入，则莫之继也。会请先，不入则子继之。"三进，及溜，而后视之。曰："吾知所过矣，将改之。"稽首而对曰："人谁无

① [晋]杜预集解，[唐]孔颖达等正义：《春秋左传正义》卷八，《十三经注疏》，北京：中华书局，1980年，第1765页。

过？过而能改，善莫大焉。《诗》曰：‘靡不有初，鲜克有终。’夫如是，则能补过者鲜矣。君能有终，则社稷之固也，岂唯群臣赖之。又曰：‘衮职有阙，惟仲山甫补之。’能补过也。君能补过，衮不废矣。”犹不改。宣子骤谏，公患之，使鉏麑贼之。晨往，寝门辟矣，盛服将朝，尚早，坐而假寐。麑退叹而言曰：“不忘恭敬，民之主也。贼民之主，不忠；弃君之命，不信。有一于此，不如死也。”触槐而死。

秋九月，晋侯饮赵盾酒，伏甲将攻之。其右提弥明知之，趋登曰：“臣侍君宴，过三爵，非礼也。”遂扶以下，公嗾夫獒焉。明搏而杀之。盾曰：“弃人用犬，虽猛何为。”斗且出，提弥明死之。

初，宣子田于首山，舍于翳桑，见灵辄饿，问其病。曰：“不食三日矣。”食之，舍其半。问之，曰：“宦三年矣，未知母之存否，今近焉，请以遗之。”使尽之，而为之箪食与肉，置诸橐以与之。既而与为公介，倒戟以御公徒，而免之。问何故。对曰：“翳桑之饿人也。”问其名居，不告而退，遂自亡也。乙丑，赵穿攻灵公于桃园。宣子未出山而复。大史书曰：“赵盾弑其君。”以示于朝。宣子曰：“不然。”对曰：“子为正卿，亡不越竟，反不讨贼，非子而谁？”宣子曰：“乌呼，‘我之怀矣，自诒伊戚’，其我之谓矣！”孔子曰：“董狐，古之良史也，书法不隐。赵宣子，古之良大夫也，为法受恶。惜也，越竟乃免。”①

晋灵公残暴不仁、贪婪无道，《左传》真实地记录了晋灵公的劣迹，同时用“不君”来说明晋灵公的荒唐。在作者看来，他不是一个君主，因此不为君隐。及晋灵公因无道而被赵穿所杀，董狐以赵盾（赵宣子）为正卿，“亡不越境，反不讨贼”，曰：“赵盾弑其君。”而作者又引孔子之言，说董狐乃“古之良史”，“书法不隐”，自然没有过错，而赵宣子又是“古之良大夫”，也没有过错，但是因为制度设计的问题而要承担杀晋灵公的恶名。他认为这是一件可惜的事情，如果赵盾能离开赵国，就可以不承担责任了。作者字里行间并不见对赵盾不追究赵穿弑君之罪的责难，反倒有对赵盾蒙不白之冤的同情。

---

① 《春秋左传正义》卷二十一，《十三经注疏》，第 1866 ～ 1867 页。

《宣公九年》载：

陈灵公与孔宁、仪行父通于夏姬，皆衷其衵服，以戏于朝。泄冶谏曰："公卿宣淫，民无效焉，且闻不令，君其纳之。"公曰："吾能改矣。"公告二子，二子请杀之。公弗禁。遂杀泄冶。[①]

《宣公十年》载：

陈灵公与孔宁、仪行父饮酒于夏氏，公谓行父曰："征舒似女。"对曰："亦似君。"征舒病之。公出，自其厩射而杀之。二子奔楚。[②]

夏姬是陈国重臣的遗孀，而陈灵公及大臣孔宁、仪行父与夏姬通奸，并公然在朝堂上宣淫，荒淫无耻，又杀掉进谏的正直大臣，最终为夏姬之子征舒所杀，也是罪有应得。

《左传》在揭露无道君主、乱臣贼子之荒淫奸佞的同时，也正面歌颂了那些尊王攘夷、贤明爱民的君主。《僖公二十六年》赞齐桓公曰：

桓公是以纠合诸侯，而谋其不协，弥缝其阙，而匡救其灾，昭旧职也。[③]

《僖公二十七年》赞晋文公曰：

晋侯始入而教其民，……出定襄王，入务利民，民怀生矣。……伐原以示之信，民易资者，不求丰焉。明征其辞。……大蒐以示之礼，作执秩以正其官。民听不惑，而后用之，出谷戍，释宋围，一战而霸，文之教也。[④]

《昭公十三年》云：

齐桓，卫姬之子也，有宠于僖，有鲍叔牙、宾须无、隰朋以为辅佐，有莒、卫以为外主，有国、高以为内主，从善如流，下善齐肃，不藏贿，不从欲，施舍不倦，求善不厌，是以有国，不亦宜乎！我先君文公，狐季姬之子也，有宠于献，好学而不贰，生十七年，有士五人，有先大夫子余、子犯以为腹心，有魏犨、贾佗以为股肱，有齐、宋、秦、楚以为外主，有

---

① 《春秋左传正义》卷二十二，《十三经注疏》，第 1874 页。
② 《春秋左传正义》卷二十二，《十三经注疏》，第 1875 页。
③ 《春秋左传正义》卷十六，《十三经注疏》，第 1821 页。
④ 《春秋左传正义》卷十六，《十三经注疏》，第 1823 页。

栾、郤、狐、先以为内主。亡十九年，守志弥笃。惠怀弃民，民从而与之，献无异亲，民无异望，天方相晋，将何以代文？[①]

桓公任贤而尊能，南伐至吕陵，望熊山；北伐山戎、离枝、孤竹；西伐大夏，涉流沙；束马悬车登太行，至卑耳山而还。鲁庄公十三年（公元前680年），会北杏以平宋乱；僖公四年（公元前656年），侵蔡，并伐楚；僖公六年（公元前654年），伐郑，围新城。鲁庄公十四年（公元前679年）与诸侯会于鄄；十五年（公元前678年），再会鄄；十六年（公元前677年），同盟于幽；僖公五年（公元前655年），会首止；八年（公元前652年），盟于洮；九年（公元前651年），会葵丘。又定周襄王为太子之位，兵车之会三，乘车之会六，九合诸侯，一匡天下，维护了周天子及各方诸侯的安定，并使齐国走向繁荣昌盛。[②]晋文公幼有贤名，而遭大难，流亡天下，最终归国而执政，"修政"，"施惠百姓"，"入王尊周"，而被委以"伯"主之霸位。[③]齐桓、晋文的形象恰符合《左传》的作者理想中的君主模式。

这种明确的叙述立场使《左传》成为一部寄托了作者强烈政治理想的著作，而不仅仅只是一部历史文献书。这一点也正体现了《左传》作为《春秋》的解经著作的特点。

二 《左传》重视表达作者的政治观

《左传》对历史事件的记载是经过选择的，即所记载的历史事件应该方便表达作者的政治观。也就是说，《左传》作为解经著作在诠释历史的时候是有选择的诠释。

《左传》表现出的作者的政治观，集中表现在对礼的阐述方面。作者对历

① 《春秋左传正义》卷四十六，《十三经注疏》，第2071页。

② 参看《春秋左传正义》卷二十五《成公元年至四年》和《史记》卷三十二《齐太公世家》。

③ [汉]司马迁撰，[南朝宋]裴骃集解，[唐]司马贞索隐，[唐]张守节正义：《史记》卷三十九，北京：中华书局，1959年，第1662～1667页。

史事件中存在的礼崩乐坏的现象提出了大量批评。如《隐公元年》云："豫凶事，非礼也。"[①]《隐公五年》云："公矢鱼于棠，非礼也。"[②]《隐公八年》云："诬其祖矣，非礼也，何以能育。"[③]《桓公二年》云："取告大鼎于宋，……纳于大庙，非礼也。"[④]《桓公三年》云："齐侯送姜氏，非礼也；凡公女嫁于敌国，姊妹，则上卿送之，以礼于先君；公子则下卿送之；于大国，虽公子，亦上卿送之；于天子，则诸卿皆行，公不自送；于小国，则上大夫送之。"[⑤]《桓公十五年》云："天王使家父来求车，非礼也；诸侯不贡车服，天子不私求财。"[⑥]《庄公十八年》云："虢公、晋侯朝王，王飨醴，命之宥，皆赐玉五瑴，马三匹，非礼也；王命诸侯，名位不同，礼亦异数，不以礼假人。"[⑦]凡此种种，被作者指为"非礼也"的行为不胜枚举，礼成了《左传》判定是非的重要尺度。

非礼是罪过，而被赞为"礼也"，则无异于殊荣。《隐公六年》云："京师来告饥，公为之请籴于宋、卫、齐、郑，礼也。"[⑧]《隐公八年》云："齐人卒平宋、卫于郑；秋，会于温，盟于瓦屋，以释东门之役，礼也。……郑伯以齐人朝王，礼也。"[⑨]《桓公二年》云："冬，公至自唐，告于庙也。凡公行，告于宗庙，反行饮至，舍爵策勋焉，礼也。"[⑩]《桓公八年》曰："祭公来，遂逆王后于纪，礼也。"[⑪]《桓公九年》曰："冬，曹大子来朝，宾之以上卿，礼也。"[⑫]《桓公十四年》曰："春，会于曹，曹人致饩，礼也。"[⑬]《桓公十七年》曰："冬十月，朔，日有食之，不书日，官失之也。天子有日官，诸侯有日御，日官居卿以底日，礼也。日御

---

① 《春秋左传正义》卷二，《十三经注疏》，第 1718 页。
② 《春秋左传正义》卷三，《十三经注疏》，第 1727 页。
③ 《春秋左传正义》卷四，《十三经注疏》，第 1733 页。
④ 《春秋左传正义》卷五，《十三经注疏》，第 1741 页。
⑤ 《春秋左传正义》卷六，《十三经注疏》，第 1746 页。
⑥ 《春秋左传正义》卷七，《十三经注疏》，第 1758 页。
⑦ 《春秋左传正义》卷九，《十三经注疏》，第 1772 ～ 1773 页。
⑧ 《春秋左传正义》卷四，《十三经注疏》，第 1731 页。
⑨ 《春秋左传正义》卷四，《十三经注疏》，第 1733 页。
⑩ 《春秋左传正义》卷五，《十三经注疏》，第 1743 页。
⑪ 《春秋左传正义》卷七，《十三经注疏》，第 1754 页。
⑫ 《春秋左传正义》卷七，《十三经注疏》，第 1754 页。
⑬ 《春秋左传正义》卷七，《十三经注疏》，第 1757 页。

不失日，以授百官于朝。”[①]《庄公八年》曰：“治兵于庙，礼也。”[②]《庄公二十八年》曰：“冬，饥，臧孙辰告籴于齐，礼也。”[③]《左传》的作者既以“礼也”褒扬合礼之行为，亦说明如何才合于礼。

《左传》之所以如此强调礼，与作者对礼的性质和作用的认识是分不开的。《隐公十一年》曰：“礼经国家、定社稷、序民人、利后嗣者也。”[④]《桓公二年》曰：“夫名以制义，义以出礼，礼以体政，政以正民，是以政成而民听，易则生乱。”[⑤]《僖公二十八年》曰：“礼以行义，信以守礼，刑以正邪。”[⑥]《文公二年》曰：“礼无不顺。”[⑦]《文公十五年》曰：“礼以顺天，天之道也。……以乱取国，奉礼以守，犹惧不终，多行无礼，弗能在矣。”[⑧]《成公二年》曰：“礼以行义。”[⑨]《成公十三年》曰：“礼，身之干也。”[⑩]《成公十五年》曰：“信以守礼，礼以庇身。”[⑪]《成公十六年》曰：“礼以顺时。”[⑫]《襄公十一年》曰：“礼以行之。”[⑬]《襄公二十一年》曰：“礼，政之舆也。”[⑭]《襄公三十一年》曰：“礼之于政，如热之有濯也，濯以救热，何患之有？”[⑮]《昭公四年》曰：“诸侯无归，礼以为归。”[⑯]《昭公五年》曰：“礼所以守其国，行其政令，无失其民者也。”[⑰]《昭公二十六年》曰：“礼之可以为国也久矣，与天地并。君令臣共，父慈子孝，兄爱弟敬，夫和妻柔，姑慈妇听，礼

① 《春秋左传正义》卷七，《十三经注疏》，第 1759 页。
② 《春秋左传正义》卷八，《十三经注疏》，第 1765 页。
③ 《春秋左传正义》卷十，《十三经注疏》，第 1782 页。
④ 《春秋左传正义》卷四，《十三经注疏》，第 1736 页。
⑤ 《春秋左传正义》卷五，《十三经注疏》，第 1743 页。
⑥ 《春秋左传正义》卷十六，《十三经注疏》，第 1827 页。
⑦ 《春秋左传正义》卷十八，《十三经注疏》，第 1839 页。
⑧ 《春秋左传正义》卷十九下，《十三经注疏》，第 1856 页。
⑨ 《春秋左传正义》卷二十五，《十三经注疏》，第 1894 页。
⑩ 《春秋左传正义》卷二十七，《十三经注疏》，第 1911 页。
⑪ 《春秋左传正义》卷二十七，《十三经注疏》，第 1914 页。
⑫ 《春秋左传正义》卷二十八，《十三经注疏》，第 1917 页。
⑬ 《春秋左传正义》卷三十一，《十三经注疏》，第 1951 页。
⑭ 《春秋左传正义》卷三十四，《十三经注疏》，第 1972 页。
⑮ 《春秋左传正义》卷四十，《十三经注疏》，第 2015 页。
⑯ 《春秋左传正义》卷四十二，《十三经注疏》，第 2035 页。
⑰ 《春秋左传正义》卷四十三，《十三经注疏》，第 2041 页。

也；君令而不违，臣共而不二，父慈而教，子孝而箴，兄爱而友，弟敬而顺，夫和而义，妻柔而正，姑慈而从，妇听而婉，礼之善物也。”①

礼是社会文明的成果，同时也是社会堕落后拯救社会的路径。《左传》在记叙历史事件的时候不忘对政治问题发表政见，而对与礼相关问题的论述正是这种政见的集中表现。作者认为，礼是调节君臣、父子、兄弟、夫妻、姑妇之间关系的规则，礼意味着秩序、等级、和谐，治理国家、安定社稷、领导百姓不能没有礼的约束，礼与信义刑罚、为人处世、奉天行道、强国富民、政治善恶密切相关，没有礼，就难以做到社会稳定、政治清明、人民安乐、国家富强、战争胜利。所以，《左传》的作者首先是政治家，而后才是历史文献家。也正因此，我们就能理解《左传》重礼之思想，归根结底是为了强调重民的思想，其批判暴君，以及以礼“体政”“正民”“平民”，而“民听”认为礼是顺天，顺天则不虐幼贱，即不欺压小人、百姓，无不显示出在思维过程中把民生当作一个重要关注对象。

《桓公六年》云：

> 夫民，神之主也，是以圣王先成民，而后致力于神。……故务其三时，修其五教，亲其九族，以致其禋祀。于是乎民和而神降之福，故动则有成。②

这是大夫季梁劝说随侯的一段话。随侯自以“吾牲牷肥腯，粢盛丰备”，会得天神之祐，而季梁则认为：“所谓道，忠于民而信于神也。上思利民，忠也；祝史正辞，信也。”③忠民就是利民，利民才能得神之助。民为神主，先成民后致力于神是正确的态度，反是则本末倒置。在“民—神”关系上重民的态度既体现了君、民、神三者关系中民的重要性，也体现了人神关系中人的重要性。神代表天命，天命顺民、利民，同时，“天道远，人道迩”④，紧紧把握现实的人道，考虑百姓之意志，是《左传》所极力宣扬的思想。

---

① 《春秋左传正义》卷五十二，《十三经注疏》，第 2115 页。
② 《春秋左传正义》卷六，《十三经注疏》，第 1750 页。
③ 《春秋左传正义》卷六，《十三经注疏》，第 1749 页。
④ 《春秋左传正义》卷四十八，《十三经注疏》，第 2085 页。

《文公十三年》邾文公曰：

邾文公卜迁于绎。史曰："利于民而不利于君。"邾子曰："苟利于民，孤之利也。天生民而树之君，以利之也。民既利矣，孤必与焉。"左右曰："命可长也，君何弗为？"邾子曰："命在养民。死之短长，时也。民苟利矣，迁也，吉莫如之！"遂迁于绎。五月，邾文公卒。君子曰："知命。"①

邾国是一个小国，当迁都之际，祝史卜卦，"利于民而不利于君"，邾文公能置一己之利益于不顾，以为君主之任务在于利民而非为利君。

礼是中国古代一个重要的政治学范畴，《左传》在礼的问题上表现的不仅仅是礼的关怀，而是通过礼表达作者的政治理想，寄托作者的情感倾向。

三 《左传》的作者立足于对春秋现实的批判

《左传》牢牢把握住了国家的一切政治都需要贯彻为百姓着想的目的，叙述历史事件的时候，或褒或贬，但中心都是对春秋社会现实的批判。

《左传》为阐释《春秋》而作，同时也是一部具有一定独立性的叙述历史事件的著作。《左传》记载了二百六十余年的史事，但是这种记述不仅仅是客观记述，而是充满了作者主观价值判断的批判精神的记述，这又是与《春秋》一脉相承的。《史记·十二诸侯年表》载：

是以孔子明王道，干七十余君，莫能用，故西观周室，论史记旧闻，兴于鲁而次《春秋》，上记隐，下至哀之获麟，约其辞文，去其烦重，以制义法，王道备，人事浃。七十子之徒口受其传指，为有所刺讥褒讳挹损之文辞不可以书见也。鲁君子左丘明惧弟子人人异端，各安其意，失其真，故因孔子史记具论其语，成《左氏春秋》。②

《汉书·艺文志》载：

古之王者世有史官，君举必书，所以慎言行，昭法式也。左史记言，

① 《春秋左传正义》卷十四，《十三经注疏》，第1852页。
② 《史记》卷十四，第509～510页。

右史记事，事为《春秋》，言为《尚书》，帝王靡不同之。周室既微，载籍残缺，仲尼思存前圣之业，乃称曰："夏礼吾能言之，杞不足征也；殷礼吾能言之，宋不足征也。文献不足故也，足则吾能征之矣。"以鲁周公之国，礼文备物，史官有法，故与左丘明观其史记，据行事，仍人道，因兴以立功，就败以成罚，假日月以定历数，借朝聘以正礼乐。有所褒讳贬损，不可书见，口授弟子，弟子退而异言。丘明恐弟子各安其意，以失其真，故论本事而作传，明夫子不以空言说经也。《春秋》所贬损大人当世君臣，有威权势力，其事实皆形于传，是以隐其书而不宣，所以免时难也。[①]

左丘明写《左传》的原因，是"惧弟子人人异端，各安其意，失其真"，所以，因孔子史记而"具论其语"。《左传》之所以比《春秋》有"具"（即详尽）的特点，是因为孔子时代，"《春秋》所贬损大人当世君臣，有威权势力，其事实皆形于传，是以隐其书而不宣，所以免时难也"。

关于《春秋》的批判精神，孟子与汉代学者都有论述。《孟子·滕文公下》云：

世衰道微，邪说暴行有作，臣弑其君者有之，子弑其父者有之。孔子惧，作《春秋》。《春秋》，天子之事也。是故孔子曰："知我者其惟《春秋》乎！罪我者其惟《春秋》乎！"……孔子成《春秋》，而乱臣贼子惧。[②]

《孟子·离娄下》云：

王者之迹熄而《诗》亡，《诗》亡然后《春秋》作。晋之《乘》，楚之《梼杌》，鲁之《春秋》，一也。其事则齐桓、晋文，其文则史。孔子曰："其义则丘窃取之矣。"[③]

《孟子·尽心下》云：

《春秋》无义战。彼善于此，则有之矣。征者，上伐下也，敌国不相征也。[④]

① 《汉书》卷三十，第1715页。

② ［汉］赵岐注，［宋］孙奭疏：《孟子注疏》卷六下，《十三经注疏》，北京：中华书局，1980年，第2714～2715页。

③ 《孟子注疏》卷八上，《十三经注疏》，第2727页。

④ 《孟子注疏》卷十四上，《十三经注疏》，第2773页。

孟子认为，春秋时期是一个乱世，而孔子创作《春秋》的目的就在于拨乱反正。所以,《春秋》继承了《诗经》的传统，是体现王道理想的著作。孔子在《春秋》所记战争，虽然有相对的善，但对这些战争都是以批判的态度对待的。

又《史记·太史公自序》载：

上大夫壶遂曰："昔孔子何为而作《春秋》哉？"太史公曰："余闻董生曰：'周道衰废，孔子为鲁司寇，诸侯害之，大夫壅之。孔子知言之不用，道之不行也，是非二百四十二年之中，以为天下仪表，贬天子，退诸侯，讨大夫，以达王事而已矣。'子曰：'我欲载之空言，不如见之于行事之深切著明也。'夫《春秋》，上明三王之道，下辨人事之纪，别嫌疑，明是非，定犹豫，善善恶恶，贤贤贱不肖，存亡国，继绝世，补敝起废，王道之大者也。《易》著天地阴阳四时五行，故长于变;《礼》经纪人伦，故长于行;《书》记先王之事，故长于政;《诗》记山川溪谷禽兽草木牝牡雌雄，故长于风;《乐》乐所以立，故长于和;《春秋》辩是非，故长于治人。是故《礼》以节人，《乐》以发和，《书》以道事，《诗》以达意，《易》以道化，《春秋》以道义。拨乱世反之正，莫近于《春秋》。《春秋》文成数万，其指数千。万物之散聚皆在《春秋》。《春秋》之中，弑君三十六，亡国五十二，诸侯奔走不得保其社稷者不可胜数。察其所以，皆失其本已。故《易》曰'失之豪厘，差以千里'。故曰'臣弑君，子弑父，非一旦一夕之故也，其渐久矣'。故有国者不可以不知《春秋》，前有谗而弗见，后有贼而不知。为人臣者不可以不知《春秋》，守经事而不知其宜，遭变事而不知其权。为人君父而不通于《春秋》之义者，必蒙首恶之名。为人臣子而不通于《春秋》之义者，必陷篡弑之诛，死罪之名。其实皆以为善，为之不知其义，被之空言而不敢辞。夫不通礼义之旨，至于君不君，臣不臣，父不父，子不子。夫君不君则犯，臣不臣则诛，父不父则无道，子不子则不孝。此四行者，天下之大过也。以天下之大过予之，则受而弗敢辞。故《春秋》者，礼义之大宗也。夫礼禁未然之前，法施已然之后；法之所为用者易见，而礼之所为禁者难知。"壶遂曰："孔子之时，上无明君，下不得任用，故作《春秋》，垂空文以断礼义，当一王之法。今夫子上遇明天子，下得守职，万事既具，咸各序其宜，夫子所论，欲以何明？”太史公曰：“唯唯，否否，不然。余闻之先人曰：‘伏羲至纯厚，作《易》《八卦》。尧舜之盛，《尚书》载之，礼乐作焉。汤武之隆，诗人歌之。《春秋》采善贬恶，推三代之德，褒周室，非独刺讥而已也。’……”①

虽说《春秋》不独讥刺而已，其采善贬恶而立足于批判却是毋庸置疑的。但是，《春秋》的批评是隐晦的，贯彻在对历史事件的叙述之中。《左传》作为解释《春秋》的一部著作，继承了《春秋》所具有的价值观，但却改孔子之隐晦委婉而为直截了当，其批判大人君臣而不为隐讳，早已体现在左丘明创作的动机之中了。

四 《左传》的细节虚构是经学文体特征

《左传》是《春秋》的传，这是它与《公羊传》《穀梁传》等《春秋》解经著作的相同点。同时，作者在尊重基本事实的基础上，通过合理的推测，完成了对《春秋》所记事件的详细经过及细节的复原，而这种复原毫无疑问是具有敷衍和虚构成分的，这是《左传》作为经学文体特征所表现出的独特性。

《春秋》所载历史事件，在孔子那里是实录，而到了《左传》则多为敷衍。所以，冯镇峦《读〈聊斋〉杂说》云：“千古文学之妙，无过《左传》，最喜叙怪异事，予尝以之作小说看。”② 这里所说“小说”，当然不是福斯特所赞扬的法国人阿尔比·谢括利所说的“用散文写成的具有某种长度的虚构故事”③，而是指《汉书·艺文志》所谓小说家言的“街谈巷语，道听涂说者之所造也”④。

《左传》记载的是历史事件，但这些历史事件经过了岁月的浸润，其细节已经堙没在尘埃之中。《左传》的作者为了最大限度地还原历史，采用了一种类似

① 《史记》卷一百三十，第 3297 ～ 3299 页。

② 盛伟编：《蒲松龄全集》（第一册），上海：学林出版社，1998 年，第 955 页。

③ ［英］福斯特（E.M.Forster）著，苏炳文译：《小说面面观》，广州：花城出版社，1984 年，第 3 页。

④ 《汉书》卷三十，第 1745 页。

于后代历史小说的写作方式，这也就成为了《左传》生动性的重要保证。宋代叶梦得《春秋三传谳·春秋左氏传谳》解释《隐公元年》“八月，纪人伐夷，夷不告，故不书”云：

传例，凡诸侯有告命则书，不然则否，师出臧否亦如之。虽及灭国，灭不告败，胜不告克，不书于策。此以旧史言之可也，今言纪伐夷不告，故不书者，以《春秋》言也。然《春秋》所据者旧史，旧史所据者赴告，旧史既以不告而不书矣，传何从得之而复以经不书为说邪？以此知凡事有不见于经，如郑厉公之入、晋文公之出之类，皆旧史所无有，传盖参取诸国之书与杂家小说，相与共成之，不全出于旧史。故每兼见经外事多与经不合，而妄以经不书为义者，皆非也。[①]

叶梦得通过《左传》的一个具体体例，认为《左传》其中有“取诸国之书与杂家小说”相与共成的特点，这个说法是很有道理的。可以说，《左传》是一部反映春秋时代历史事件和社会生活的纪实体的传记小说，其叙述事件之完整，描写之生动形象，语言之华美，人物性格之鲜明而具个性，情节之富于戏剧性，无不体现出成熟的小说笔法。如《隐公元年》记郑庄公与共叔段之间的斗争，除“书曰”以下一段约四十字表现出与《公羊传》《穀梁传》之传《春秋》的特色一致外[②]，其余部分则完全可以看作是一个有情节、有人物、有始有终的小说作品：武姜因为生庄公时难产，因而不喜欢庄公而喜欢小儿子共叔段，欲立共叔段为太子，不得逞，又极力为共叔段争取好的封地，并鼓励、配合共叔段争夺君位。共叔段步步紧逼，而郑庄公周密策划，设好陷阱，让共叔段自投罗网。歼灭共叔段之后，庄公出于愤慨，发誓不愿见武姜。但一国之君以不孝示天下，非智者所为，庄公当然很快醒悟，而机智的颍考叔想出掘地及泉在隧道中相见的极富戏剧性的会见方式，以践庄公“不及黄泉，无相见也”的誓言。作者把人物置于一定的时间和空间之中，善于通过人物的言行来刻画人物形象，并在冷静的叙述中表明自己的倾向性。武姜的自私、庄公的奸猾，以及作者的批判态度，都通过作者

① [宋]叶梦得撰:《春秋三传谳》卷一，见文渊阁四库全书本·经部五·春秋类。
② 参看《春秋左传正义》卷二,《十三经注疏》，第 1716 ～ 1717 页。

的叙述描写跃然纸上。

《左传》以写战争而著称，其中所记大小军事行动三百八十余起，最著名的战争包括秦晋韩之战、晋楚城濮之战、齐晋鞌之战、晋楚鄢陵之战。这些战争描写不仅完整，有详有略、重点突出地记述了战争的前因、后果及全过程，而且具体情节生动曲折，并在激烈的战争冲突中体现人物性格，展示主人公之智慧。如《成公二年》所记齐晋鞌之战[①]，作者在描写该战争场面时，紧紧抓住齐侯与晋郤克两辆车来描写，齐侯轻敌，而晋郤克、解张、郑丘缓英勇。通过晋军主帅及其御其右三人的遭遇，我们可以想象当时旌旗飘动、鼓声震天、万马奔腾、箭矢纷扬的惊心动魄局面。当齐军之败，三周华不注，其丢盔弃甲之景象也不难想象。齐侯之御逢丑父临危不惧，代君赴难，又能全身而退，有智有勇。齐侯虽有轻敌之失，但当战败之时，为寻找逢丑父，竟能三次冲入晋军阵营，三次冲出，身先士卒，也不失为一位勇敢的君主。

另外，《左传》还记有各种奇怪之事，如《宣公十五年》云：

> 秋七月，秦桓公伐晋，次于辅氏。壬午，晋侯治兵于稷，以略狄土，立黎侯而还。及雒，魏颗败秦师于辅氏，获杜回，秦之力人也。初，魏武子有嬖妾，无子。武子疾，命颗曰："必嫁是。"疾病则曰："必以为殉。"及卒，颗嫁之。曰："疾病则乱，吾从其治也。"及辅氏之役，颗见老人结草以亢杜回，杜回踬而颠，故获之。夜梦之曰："余而所嫁妇人之父也。尔用先人之治命，余是以报。"[②]

《成公十年》云：

> 晋侯梦大厉，被发及地，搏膺而踊曰："杀余孙不义。余得请于帝矣！"坏大门及寝门而入。公惧，入于室。又坏户。公觉，召桑田巫。巫言如梦。公曰："何如？"曰："不食新矣。"公疾病，求医于秦。秦伯使医缓为之。未至，公梦疾为二竖子，曰："彼良医也。惧伤我焉，逃之？"其一曰："居肓之上，膏之下，若我何？"医至，曰："疾不可为也。在肓之上，膏之下，

---

① 参看《春秋左传正义》卷二十五，《十三经注疏》，第1894～1895页。

② 《春秋左传正义》卷二十四，《十三经注疏》，第1888页。

> 攻之不可，达之不及，药不至焉，不可为也。”公曰：“良医也。”厚为之礼而归之。六月，丙午，晋侯欲麦，使甸人献麦，馈人为之。召桑田巫，示而杀之。将食，张，如厕，陷而卒。小臣有晨梦负公以登天，及日中，负晋侯出诸厕。遂以为殉。[①]

《成公十七年》云：

> 初，声伯梦涉洹，或与己琼瑰食之，泣而为琼瑰，盈其怀，从而歌之曰：“济洹之水，赠我以琼瑰。归乎！归乎？琼瑰盈吾怀乎！”惧不敢占也。还自郑。壬申，至于貍脤而占之，曰：“余恐死，故不敢占也。今众繁而从余三年矣，无伤也。”言之，之莫而卒。[②]

鬼魂卜筮，梦兆之事，本属子虚乌有，而《左传》的作者采之以为史实，虽反映了《左传》所成书时代人们对神秘文化的迷信，却也使《左传》有了虚构性的特征。同时，我们也可以看出《左传》之记事、描写，以及人物语言，显然不是完全来自史官之原始记载，大体是作者设身处地的凭情推测。如《宣公二年》载晋灵公无道，赵盾疾谏，引起晋灵公的不满，派钼麑杀赵盾。钼麑晨往，赵盾寝门大开，盛服将朝，尚早，坐而假寐。钼麑退而感叹说：“不忘恭敬，民之主也。贼民之主，不忠；弃君之命，不信。有一于此，不如死也。”遂触槐而死。[③]钼麑之言行无一人见，作者却描写得如此具体，虽近情理，却也未必是事实。又如《宣公四年》写楚令尹子文之生，云楚斗伯比“淫于䢵子之女，生子文焉。䢵夫人使弃诸梦中，虎乳之。䢵子田，见之，惧而归以告，遂使收之”[④]。虎乳子文，太过离奇。《春秋穀梁传序》说《左传》“艳而富，其失也巫”（“巫”当通“诬”），疏云：“其失也巫者，谓多叙鬼神之事，预言祸福之期，申生之托狐突，荀偃死不受含，伯有之厉，彭生之妖是也。”[⑤]韩愈所谓《左传》“浮夸”[⑥]，正

---

① 《春秋左传正义》卷二十六，《十三经注疏》，第 1906 页。

② 《春秋左传正义》卷二十八，《十三经注疏》，第 1921 ～ 1922 页。

③ 《春秋左传正义》卷二十一，《十三经注疏》，第 1867 页。

④ 《春秋左传正义》卷二十一，《十三经注疏》，第 1870 页。

⑤ ［晋］范宁集解，［唐］杨士勋疏：《春秋穀梁传注疏》序，《十三经注疏》，中华书局，1980 年，第 2361 页。

⑥ ［唐］韩愈：《韩昌黎全集》卷十二，北京：中国书店，1991 年，第 187 页。

是“诬”的特点。韩菼认为其“好语神怪，易致失实”[①]，以史学要求《左传》。这些指责似乎是难以逃避的了，但这也正是《左传》吸引人的魅力所在。

《左传》用表象、生动、具体的记载来反映历史，并能在对历史事件的描写过程中运用情节发展、细节描写、人物对话等方式刻画人物性格，并喜欢用想象、虚构、夸张的手法来描写、叙述卜筮占梦、相法灵验、龙斗蛇争、神居鬼现、人鬼交遇、奇生怪死之类充满离奇色彩的异闻。其语言生动形象简洁，场面宏大，贺循称：“《左氏》之传，史之极也，文采若云月，高深若山海。”[②]《左传》的作者依据传闻，而把本来简洁的《春秋》之事，敷衍成一个个有血有肉、有人物、有情节、有事件、有原因与结果、有矛盾的完整的故事，如没有必要的、兼收并蓄的气魄，没有想象的翅膀，是难以有今天之面貌的，故刘知几称其“工侔造化，思涉鬼神，著述罕闻，古今卓绝”[③]。

《左传》叙述之简明生动，描写之详略有致，语言之富于个性，场面之宏大壮阔，于五大战役之故事，可得其极致。所以，梁启超《要籍解题及其读法》特别强调《左传》记五大战役之美文曰：“《春秋左氏传》文章优美，其记事文对于极复杂之事项——如五大战役等，纲领提挈得极严谨而分明，情节叙述得极委曲而简洁，可谓极技术之能事。其记言文渊懿美茂，而生气勃勃，后此亦殆未有其比。”[④]

叙事之纲领分明，当然是和语言之美联系在一起的。没有娴熟的语言运用能力，叙述的完整、描写的生动就变成了不可能的事情。所以，刘知几除肯定《左传》为“叙事之最”以外，还极力赞扬“其文典而美，其语博而奥”。《史通·申左》云：

> 寻《左氏》载诸大夫词令，行人应答，其文典而美，其语博而奥。述远古则委典如存，征近代则循环可覆。必料其功用厚薄，措思深浅，谅非

① ［清］高士奇：《左氏传纪事本末》，北京：中华书局，1979年，第2页。
② ［清］朱彝尊：《经义考》卷一百六十九，北京：中华书局，1998年，第875页。
③ ［唐］刘知几著，张振珮笺注：《史通笺注》卷十六，贵阳：贵州人民出版社，1985年，第570页。
④ 梁启超：《饮冰室合集·专集》（第4册），北京：中华书局，1989年，第52页。

经营草创，出自一时，琢磨润色，独成一手。[①]

刘知几肯定《左传》非一时一人所能作，必数代人惨淡经营，而成典美博奥之文，这是很有道理的。而这种数代人的惨淡经营，使《左传》这种经学问题在今天看来离纯粹的历史著作越来越远，而更接近于一部近代引进的西方文学观念的作品了。

原载《文艺研究》2009 年 2 期

① 《史通笺注》卷十六，第 528 页。

孔子与战国文学的繁荣

《史记·六国年表》以周元王元年（公元前 475 年）为战国七雄历史的起点，习惯上也把这一年看作是战国时期的开始。战国经二百余年的风云变化，至公元前 221 年秦并六国建立秦王朝而宣告结束。战国文学就是产生在这一历史时期的文学。战国文学深受孔子影响，这种影响主要表现在以下方面。

一 孔子的教学活动培养了大批文学家

今天的文学观念用的是西方近代的所谓“纯文学”的定义，而在先秦时代，“文学”是一个比现代定义更加宽泛的概念，大致说来，一切文化学术活动以及从事文化学术的人都可以称为文学。孔子之前，学在官府，普通人没有接受文化教育的机会，因此从事文学活动的人（也可以称为“文学之士”）以及他们创作的著作（即“文学”）都谈不上繁荣。今人罗根泽研究先秦诸子，有《战国前无私家著作说》一文，探赜索隐，发现战国著录书无战国前私家著作，《汉书·艺文志》所载战国前私家著作皆属伪托，《国语》《左传》《公羊传》《穀梁传》及其他战国初年书不引战国前私家著作，春秋时孔子等所用于教学者无私家著作。因此，罗根泽认为“离事言理之私家著作始于战国，前此无有也”①，这个结论无疑是成立的。战国前无私人著述，当时所流传的不过是以《诗》《书》《礼》《乐》《易》《春秋》为代表的官府“政典”。

据《汉书·艺文志》载，战国之世，私人著述大量涌现，诸子九流十家，著作数千百种，今存的《孟子》《荀子》《晏子》《黄帝四经》《管子》《文子》《老子》《庄子》《列子》《鹖冠子》《商君书》《韩非子》《墨子》《尸子》《尉缭子》《吕氏春秋》以及马王堆汉墓帛书《战国纵横家书》二十七章等各家著作，皆残缺不全。诸子之外，还有史传和辞赋：史传主要是《左传》《国语》《战国策》，辞赋则包括荀子、屈原、宋玉、唐勒、景差等作家的作品。

战国文学如此之繁荣，推本溯源，则不能不称赞孔子开设私学的功绩。孔子教学，有教无类，“欲来者不距，欲去者不止”②。私学招收学生，不论等级，使普通平民通过学习可以成为文学之士。《荀子·王制》云：“虽庶人之子孙也，积文学，正身行，能属于礼义，则归之卿相士大夫。”③正是指的这种情况。《荀子·大略》举例说：“子赣、季路，故鄙人也，被文学，服礼义，为天下列士。”④子赣、季路都是孔子的学生。这种私人讲学风气在孔子弟子那里仍然得到继承，因此，更多的出身庶人皂隶工商之“贱人”，通过努力学习而跻身士林。

《吕氏春秋·尊师》云：

> 子张，鲁之鄙家也；颜涿聚，梁父之大盗也，学于孔子；段干木，晋国之大驵也，学于子夏；高何、县子石，齐国之暴者也，指于乡曲，学于子墨子；索卢参，东方之钜狡也，学于禽滑黎。此六人者，刑戮死辱之人也，今非徒免于刑戮死辱也，由此为天下名士显人，以终其寿，王公大人

---

① 罗根泽：《诸子考索》，北京：人民出版社，1958年，第13页。

② [清]王先谦撰，沈啸寰、王星贤点校：《荀子集解》卷二十，《新编诸子集成》，北京：中华书局，1988年，第536页。

③《荀子集解》卷五，《新编诸子集成》，第148～149页。

④《荀子集解》卷十九，《新编诸子集成》，第508页。

从而礼之，此得之于学也。[①]

子夏为孔子学生，墨子受教于孔门，禽滑黎为墨子弟子。他们开门论道，聚徒讲学，皆受孔子之赐。

庶人、鄙人只要学习了文学礼义，就可以成为士。士的队伍扩大了，从事文学活动的文学之士大大增加了，文学也就逐步走向了繁荣。

二　孔子开启了自觉著述的新士风

孔子及其弟子教学对答，往往以成为“士”“志士”“士之仁者”而自勉。《论语·里仁》载，孔子曰：“士志于道，而耻恶衣恶食者，未足与议也。”[②]《论语·子路》载，孔子曰：“行己有耻，使于四方，不辱使命，可谓士矣。”“宗族称孝焉，乡党称弟焉。”“言必信，行必果，硁硁然小人哉！抑亦可以为次矣。”[③]《论语·宪问》载，孔子曰：“士而怀居，不足以为士矣。”[④]《论语·卫灵公》载，孔子曰：“志士仁人，无求生以害仁，有杀身以成仁。”[⑤]《论语·泰伯》载，孔子弟子曾子曰：“士不可以不弘毅，任重而道远。仁以为己任，不亦重乎？死而后已，不亦远乎？”[⑥]《论语·子张》载，孔子弟子子张曰：“士见危致命，见得思义，祭思敬，丧思哀，其可已矣。”[⑦]在孔子及其门人弟子的心目中，士应具有学识、志向、道德、仁义、忠信、勇敢之品质，同时又有“使于四方”的外交家之政治才能。士的志向就是以天下为己任，救民于水火，对天下具有强烈责任心，同时又注意自身才能智慧的培养。正是这种新士风，造就了战国文

① 许维遹:《吕氏春秋集解》孟夏纪第四卷四,《新编诸子集成》，北京：中华书局，1988年，第93页。
② 程树德撰，程俊英、蒋见元点校:《论语集释》卷七,《新编诸子集成》，北京：中华书局，1990年，第246页。
③《论语集释》卷二十七,《新编诸子集成》，第927页。
④《论语集释》卷二十八,《新编诸子集成》，第950页。
⑤《论语集释》卷三十一,《新编诸子集成》，第1073页。
⑥《论语集释》卷十五,《新编诸子集成》，第527页。
⑦《论语集释》卷三十八,《新编诸子集成》，第1301页。

学之士强烈的社会责任心和现实使命感。这种强烈的责任心和现实使命感既表现为对现实政治的参与，也表现为通过著作以拯救现实社会。《史记·孔子世家》载：

孔子之时，周室微而礼乐废，《诗》《书》缺。追迹三代之礼，序《书传》，上纪唐、虞之际，下至秦缪，编次其事。曰："夏礼吾能言之，杞不足征也。殷礼吾能言之，宋不足征也。足，则吾能征之矣。"观殷、夏所损益，曰："后虽百世可知也，以一文一质。周监二代，郁郁乎文哉。吾从周。"故《书传》《礼记》自孔氏。

孔子语鲁大师："乐其可知也。始作翕如，纵之纯如，皦如，绎如也，以成。""吾自卫反鲁，然后乐正，《雅》《颂》各得其所。"

古者《诗》三千余篇，及至孔子，去其重，取可施于礼义，上采契、后稷，中述殷、周之盛，至幽、厉之缺，始于衽席，故曰"《关雎》之乱以为《风》始，《鹿鸣》为《小雅》始，《文王》为《大雅》始，《清庙》为《颂》始"。三百五篇孔子皆弦歌之，以求合《韶》《武》《雅》《颂》之音。礼乐自此可得而述，以备王道，成六艺。

孔子晚而喜《易》，序《彖》《系》《象》《说卦》《文言》。读《易》，韦编三绝。曰："假我数年，若是，我于《易》则彬彬矣。"①

孔子基于强烈的社会责任心和现实使命感，整理经典，使之流传后世。《孟子·滕文公下》载孔子作《春秋》的动机时说："世衰道微，邪说暴行有作，臣弑其君者有之，子弑其父者有之。孔子惧，作《春秋》。"②这个意思，司马迁在《史记·太史公自序》中引用董仲舒的话说得更清楚："周道衰废，孔子为鲁司寇，诸侯害之，大夫壅之。孔子知言之不用，道之不行也，是非二百四十二年之中，以为天下仪表，贬天子，退诸侯，讨大夫，以达王事而已矣。"孔子以深切著明的行事，作《春秋》，"上明三王之道，下辨人事之纪，别嫌疑，明是非，定犹豫，

---

① [汉]司马迁撰，[南朝宋]裴骃集解：《史记》卷四十七，北京：中华书局，1982年，第1935～1937页。

② [清]焦循撰：《孟子正义》卷十三，《新编诸子集成》，北京：中华书局，1987年，第487页。

善善恶恶，贤贤贱不肖，存亡国，继绝世，补敝起废，王道之大者也”①。孔子意欲通过著述的形式拯救社会，其积极意义是不言而喻的。

战国文学之士是普遍认同孔子著作所具有的强烈的社会责任心和现实使命感的，同时也是身体力行的。

战国诸子自觉地通过其著述表明自己的主张。著述是战国诸子参与现实、体现其现实使命感的一种方式。赵岐《孟子题辞》说孟子游说诸侯不成，“于是退而论集所与高第弟子公孙丑、万章之徒难疑答问，又自撰其法度之言，著书七篇，二百六十一章，三万四千六百八十五字……”②《孟子·滕文公下》曰：“予岂好辩哉，予不得已也。”③“我亦欲正人心，息邪说，距诐行，放淫辞，以承三圣者，岂好辩哉，予不得已也。”④《史记·孟子荀卿列传》肯定荀子“嫉浊世之政”而著作数万言，又说“驺衍睹有国者益淫侈，不能尚德，若《大雅》整之于身，施及黎庶矣。乃深观阴阳消息而作怪迂之变，《终始》《大圣》之篇十余万言”，而“……驺奭之徒，各著书言治乱之事，以干世主，岂可胜道哉”。⑤孟子、荀子、驺衍、驺奭等人自觉的创作意识及其现实使命感，于此可见一斑。

《史记·屈原贾生列传》论屈原创作动机云：“屈平既嫉之，虽放流，眷顾楚国，系心怀王，不忘欲反，冀幸君之一悟，俗之一改也。其存君兴国而欲反覆之，一篇之中三致志焉。”⑥《九章·抽思》曰：“结微情以陈词兮，矫以遗夫美人。”⑦屈原创作楚辞，既是其发愤抒情的方式，也是他借以表现“存君兴国”目的的途径。屈原的行为充分代表了战国时代文学家自觉地运用创作以实践其现实使命的责任感。屈原自觉地运用文学“显暴君过”⑧，不韬晦，在打击面前仍不遗余力批判恶势力，咒骂群臣的奸佞、世俗的丑恶、君主的骄淫多变，甚

① 《史记》卷一百三十，第3297页。
② 《孟子正义》卷一，《新编诸子集成》，第11页。
③ 《孟子正义》卷十三，《新编诸子集成》，第481页。
④ 《孟子正义》卷十三，《新编诸子集成》，第497页。
⑤ 《史记》卷七十四，第2346页。
⑥ 《史记》卷八十四，第2485页。
⑦ [宋]洪兴祖撰：《楚辞补注》，北京：中华书局，1983年，第137页。
⑧ 转引自《颜氏家训·文章篇》：“屈原露才扬己，显暴君过。”

至对天命都有所不满。为了保持自己的纯洁，屈原宁愿自杀。《离骚》曰："伏清白以死直兮，……吾将从彭咸之所居。"[①]《怀沙》曰："知死不可让，愿勿爱兮。明告君子，吾将以为类兮。"[②]这些都表明其不与邪恶势力妥协、誓为一死的士人决心。

三　孔子的文学观是战国文学思想建立的基础

孔子以文教育弟子，其学生子游、子夏以文学成名。《论语》一书收录了孔子论述文学问题的观点，其中心是重视文学的强大社会功用。《为政》说《诗》"思无邪"，强调诗歌内容的纯洁性;《阳货》则认为诗有"兴""观""群""怨""事父""事君""多识"之功用，即文学必须有利于社会人生。这些看法奠定了战国文学观念的主旋律，它是文学肯定论者重视文学、强调文学发挥强大社会作用之论点建立的依据，也是文学否定论者否定文学及其作用的出发点。

战国文学观的基本立场是重视文学的社会功用，从对文学的社会功用的不同认识派生出文学肯定论和文学否定论。

儒家是文学肯定论者，他们强调文学对社会所起的积极的社会作用。《孟子·离娄下》曰："王者之迹熄而《诗》亡，《诗》亡然后《春秋》作。"[③]孔子因"世衰道废"作《春秋》，取古史《乘》《梼杌》《鲁春秋》等"义"，继《诗》而起，担负起"天子之事"，以维护社会秩序。因此，《孟子·滕文公下》曰："孔子成《春秋》，而乱臣贼子惧"[④]。孟子称述孔子作《春秋》所蕴含的是与《诗经》的作者同样具有的那种社会责任感。

荀子作为儒家的另一位重要思想家，他强调博学与文学的重要性。《荀子·劝学》曰："学不可以已。"[⑤]《荀子·大略》曰："人之于文学也，犹玉之于琢磨也。"[⑥]

---

① 《楚辞补注》，第 16 页。
② 《楚辞补注》，第 146 页。
③ 《孟子正义》卷十六，《新编诸子集成》，第 617 页。
④ 《孟子正义》卷十三，《新编诸子集成》，第 496 页
⑤ 《荀子集解》卷一，《新编诸子集成》，第 1 页。
⑥ 《荀子集解》卷十九，《新编诸子集成》，第 508 页。

荀子把文学视为人的修养的重要内容，这正是对孔子重视文、重视文学主张的继承。

墨家非乐，因而排斥文学之美，此与儒家不同。但追求文学之实用，并不背离孔子重视文学功用的观点。《墨子·非命下》曰："今天下之君子之为文学、出言谈也，非将勤劳其惟舌而利其唇呡也，中实将欲其国家邑里万民刑政者也。"[①]也就是说，文学必须为万民利益服务。为实现文学的目的，墨子提出三表之说，即"上本之于古者圣王之事……下原察百姓耳目之实……废以为刑政，观其中国家百姓人民之利"[②]。文学创作之根本在于言必以古圣贤之事为准则，而文学创作之立言，以百姓的实际体验为依据，文学之用要贯彻到政治实效之中。无本原实用之文学，《墨子·贵义》称之为"荡口"，曰："言足以迁行者，常之；不足以迁行者，勿常。不足以迁行而常之，是荡口也。"[③]"常"为尚之义，"荡口"即无根据的言辞。

如果说儒家诸学者表现出重视文学的社会作用之倾向的话，道家则倾向于否定文学。他们之所以否定文学，是因为他们认为文学无用。其立论要点如下：

首先，文学并不足以表现真正的思想精华。《庄子·天道》曰：

> 世之所贵道者，书也，书不过语，语有贵也。语之所贵者，意也，意有所随。意之所随者，不可以言传也，而世因贵言传书。世虽贵之，我犹不足贵也，为其贵非其贵也。故视而可见者，形与色也；听而可闻者，名与声也。悲夫！世人以形色名声为足以得彼之情！夫形色名声果不足以得彼之情，则知者不言，言者不知，而世岂识之哉！[④]

庄子还举轮扁之言以为喻，轮扁斫轮，"不疾不徐，得之于手而应于心，口不能言，有数存焉于其间"，父不能以喻子，而此得之实践的规律总结是真正的精华所在，却随着领会了此精髓的人进入坟墓之中，而留传到世间并被记录下来为人

---

① ［清］孙诒让撰，吴毓江注，孙启治点校：《墨子校注》卷九，《新编诸子集成》，北京：中华书局，1993年，第425页。

② 《墨子校注》卷九，《新编诸子集成》，第266页。

③ 《墨子校注》卷十二，《新编诸子集成》，第686页。

④ ［清］王先谦撰：《庄子集解》卷四，《新编诸子集成》，北京：中华书局，1987年，第120页。

们所传诵的不过是“古人之糟魄已夫”。[①]《庄子·秋水》曰：“可以言论者，物之粗也；可以意致者，物之精也；言之所不能论，意之所不能察致者，不期精粗焉。”言粗而意精，言意之外，又有无形之物，“数之所不能分也”。[②] 言论虽可记录有形之语言和具体的情态，然而情态的产生是非常复杂的，有内在、外在诸作用共同推动，我们所能观察的不过是外在的东西而已。我们认识某现象世界而通过言论表达出来，事实上并没有透过此现象表象而深触根本。加之世界无限丰富，又有难以言论、意致者，这样看来，我们用文学等形式表现某种观念岂不很徒劳。

其次，道家不但认为文学不能表现真正的“意”，同时还认为文学等“文明”的成果是社会混乱的根源。《庄子·胠箧》曰：“故绝圣弃知，大盗乃止……擢乱六律，铄绝竽瑟，塞瞽旷之耳，而天下始人含其聪矣。灭文章，散五采，胶离朱之目，而天下始人含其明矣。”[③] 也就是说，“圣知、六律、文章、五采”是引起争竞、奸诈、巧伪等社会丑恶现象的根源。文学作为人类文明的产物，当然也是引起社会混乱，破坏朴素、纯真、宁静的自然氛围的因素之一。

《庄子》的上述看法同样也反映在《老子》和《黄帝四经》等著作中。《老子》曰：“道，可道，非常道；名，可名，非常名。”[④]“知者不言，言者不知。”[⑤]即“道”“名”皆具有神秘的自性，是不可以说明、不可以用“名”来定义的。因此，真正具有大智慧的人是不言的。基于对社会现实的不满，《老子》对人类文明的智慧持否定态度，曰：“五色令人目盲，五音令人耳聋，五味令人口爽，驰聘畋猎令人心发狂，难得之货令人行妨。”[⑥] “信言不美，美言不信。善者不辩，辩者不善。知者不博，博者不知。”[⑦] 这种把文学之美与内容、人格之善对立起来的态度，与《庄子》是完全一致的。《黄帝四经·称》曰：“实谷不华。至言不

① 《庄子集解》卷四，《新编诸子集成》，第 141 页。
② 《庄子集解》卷四，《新编诸子集成》，第 173 页。
③ 《庄子集解》卷三，《新编诸子集成》，第 110 页。
④ [三国魏] 王弼注，朱谦之校释：《老子校释》一章，《新编诸子集成》，北京：中华书局，1984 年，第 3 页。
⑤ 《老子校释》五十六章，《新编诸子集成》，第 227 页。
⑥ 《老子校释》十二章，《新编诸子集成》，第 27 ～ 28 页。
⑦ 《老子校释》八十一章，《新编诸子集成》，第 45 ～ 46 页。

饰。”[①]这句话可以认为是反对文饰而重实用的观点。《经法》曰：“女乐玩好燔材，乱之基也。”[②]这句话认为虚夸修饰，以为文华之美，是社会混乱的根源。

法家自商鞅至韩非都是以文学为害虫的文学否定论者，《商君书·农战》曰：“农战之民千人，而有《诗》《书》辩慧者一人焉，千人者皆怠于农战矣。”[③]也就是说，文学之士的文学活动会引导千万个农战之士趋而向风，遂使无人耕战。所以，《农战》又说：“《诗》、《书》、礼、乐、善、修、仁、廉、辩、慧，国有十者，上无使战守。国以十者治，敌至必削，不至必贫。国去此十者，敌不敢至，虽至必却。兴兵而伐，必取；按兵不伐，必富。”[④]商鞅显然把包括文学在内的精神文明与国家的富强繁荣等物质文明对立起来，认为精神文明有害于物质文明。在某些场合，他把精神文明的内容称为蠹害国家肌体的“六虱”，《商君书·靳令》曰：“六虱：曰礼乐，曰《诗》《书》，曰修善，曰孝弟，曰诚信，曰贞廉，曰仁义，曰非兵，曰羞战。国有十二者，上无使农战，必贫至削。”[⑤]礼、乐、《诗》、《书》等传统经典，所宣扬的是修善、孝悌、诚信、贞廉、仁义，因为其好德治，所以非兵而羞战，这与法家的目标显然不一致，这样的精神文明在法家看来无疑是一种精神的“污染”，是一种“自由化”的思想倾向，因而可比之虱。

商鞅在大部分时间是否定文学等精神文明产品的，但这种否定主要是基于缺乏符合法家所需要主题的文学。如果文学能为法家主张的发扬服务，则另当别论。《商君书·赏刑》云：“起居饮食所歌谣者战也。”[⑥]即以歌颂耕战的诗歌民谣代替宣扬礼乐、仁义、善修等内容的传统文化。所以，法家的文学否定论不是不要文学，而是不要传统道德的文学，通过对旧的文学内容的否定，建立一种为政治目的服务的耕战文学。

韩非继承了《商君书》中的文学观，《韩非子·五蠹》云：“儒以文乱法，……

① 转引自唐兰：《马王堆出土〈老子〉乙本卷前古佚书的研究》，《考古学报》1975年1期，第26页。

② 转引自《马王堆出土〈老子〉乙本卷前古佚书的研究》，第30页。

③ 蒋礼鸿撰：《商君书锥指》卷一，《新编诸子集成》，北京：中华书局，1986年，第22页。

④《商君书锥指》卷一，《新编诸子集成》，第23页。

⑤《商君书锥指》卷三，《新编诸子集成》，第80页。

⑥《商君书锥指》卷四，《新编诸子集成》，第106页。

文学者非所用，用之则乱法。”[①] 韩非以文学害用，而称之为国家蠹虫，因此特别强调“息文学而明法度”，认为“贵文学以疑法，尊行修以二功，索国之富强，不可得也”[②]，反对文辞之修饰辩慧。

韩非主张一切行为的功用原则，息文学、禁辩丽是缘于文学辩丽无益于用而有害于世。《韩非子·问辩》曰：“夫言行者，以功用为之的彀者也。……今听言观行，不以功用为之的彀，言虽至察，行虽至坚，则妄发之说也。”[③]《韩非子·解老》曰：“礼为情貌者也，文为质饰者也。夫君子取情而去貌，好质而恶饰。夫恃貌而论情者，其情恶也；须饰而论质者，其质衰也。……夫物之待饰而后行者，其质不美也。”[④] 如果违背了功用的目的，一切言论行为不过是所谓“妄发”而已。恃貌饰而论情质，其情质无美，所以，正确的态度是取情好质、去貌恶饰，即文章唯以表达情感与内容，而不在于形式的华美。

《吕氏春秋》是杂家著作，其关于文学创作动机的看法符合文学有利于社会人生的观点。《达郁》曰：“凡人三百六十节，九窍五藏六府，肌肤欲其比也，血脉欲其通也，筋骨欲其固也，心志欲其和也，精气欲其行也，若此则病无所居而恶无由生矣。病之留，恶之生也，精气郁也。故水郁则为污，树郁则为蠹，草郁则为蒉。国亦有郁，主德不通，民欲不达，此国之郁也。国郁处久，则百恶并起，而万灾丛至矣。上下之相忍也，由此出矣。故圣王之贵豪士与忠臣也，为其敢直言而决郁塞也。”[⑤]“国郁”积聚，将危社稷，而语言可以通上德，达民意，表达作者或说话者的欲念，因而文学等言说，其作用是不可低估的。这种看法正是孔子文学观所倡导的。《贵直论》曰：“贤主所贵莫如士，所以贵士，为其直言也。言直则枉者见矣。”[⑥]《雍塞》曰：“亡国之主，不可以直言。不可以直言，则

① 陈奇猷校注：《韩非子集释》卷十九，上海：上海人民出版社，1974年，第1057页。
② 《韩非子集释》卷十八，第974页。
③ 《韩非子集释》卷十七，第898～899页。
④ 《韩非子集释》卷六，第334～335页。
⑤ [汉]高诱注：《吕氏春秋·恃君览》第八卷二十，《诸子集成》(第六册)，北京：中华书局，1954年，第264～265页。
⑥ 《吕氏春秋·贵直论》第三卷二十三，《诸子集成》(第六册)，第296页。

过无道闻。”[①] 直言决“国郁”，主要是见枉与过。文学如能尽此政治责任，则无疑是可以肯定的。而君主容许文学之士存在，也正是基于此目的，所以《贵当》曰：“故贤主之时见文艺之人也，非特具之而已也，所以就大务也。”[②]

《吕氏春秋》贵直言，又贵信言，即言与意合，意与事合。《贵信》曰：“凡人主必信。信而又信，谁人不亲？故《周书》曰：‘允哉允哉！’以言非信，则百事不满也，故信之为功大矣。信立，则虚言可以赏矣。虚言可以赏，则六合之内皆为己府矣。信之所及，尽制之矣。制之而不用，人之有也。制之而用之，己之有也。已有之，则天地之物毕为用矣。”[③] 贵信与贵直一样，也是出于其功利的目的。信立，则虚言可以鉴，用之世事，无往而不尽其用。

四　孔子整理的六经为战国文学提供了借鉴

儒家推尊六经，但六经并不是儒家创作的经典，而是孔子以前中国文化的结晶。关于这一点，《汉书·艺文志》有详细之说明。

> 《易》曰：“宓戏氏仰观象于天，俯观法于地，观鸟兽之文，与地之宜，近取诸身，远取诸物，于是始作八卦，以通神明之德，以类万物之情。”至于殷周之迹，纣在上位，逆天暴物，文王以诸侯顺命而行道，天人之占可得而效，于是重《易》六爻，作上下篇。孔子为之《彖》《象》《系辞》《文言》《序卦》之属十篇。故曰《易》道深矣，人更三圣，世历三古。
>
> ……
>
> 《易》曰：“河出图，洛出书，圣人则之。”故《书》之所起远矣，至孔子纂焉，上断于尧，下讫于秦，凡百篇，而为之序，言其作意。
>
> ……
>
> 《书》曰：“诗言志，歌咏言。”故哀乐之心感，而歌咏之声发。诵其言谓之诗，咏其声谓之歌。故古有采诗之官，王者所以观风俗，知得失，自

---

① 《吕氏春秋·贵直论》第三卷二十三，《诸子集成》（第六册），第303页。
② 《吕氏春秋·不苟论》第四卷二十四，《诸子集成》（第六册），第316页。
③ 《吕氏春秋·离俗览》第七卷十九，《诸子集成》（第六册），第251页。

考正也。孔子纯取周诗，上采殷，下取鲁，凡三百五篇。

……

《易》曰："有夫妇父子君臣上下，礼义有所错。"而帝王质文世有损益，至周曲为之防，事为之制，故曰："礼经三百，威仪三千。"及周之衰，诸侯将逾法度，恶其害己，皆灭去其籍。自孔子时而不具。

……

《易》曰："先王作乐崇德，殷荐之上帝，以享祖考。"故自黄帝下至三代，乐各有名。孔子曰："安上治民，莫善于礼；移风易俗，莫善于乐。"二者相与并行。周衰俱坏，乐尤微眇，以音律为节，又为郑、卫所乱，故无遗法。

……

古之王者世有史官，君举必书，所以慎言行，昭法式也。左史记言，右史记事，事为《春秋》，言为《尚书》，帝王靡不同之。[①]

《易》经庖牺氏、周文王之手而成；《书》《春秋》是史官记言、记事之载籍；《诗》是采诗官收集，以供王者观风俗、知得失、自考正的工具；《礼》以安上治民；《乐》以移风易俗。此皆是根据具体之需要，而由君主或君主任命的官员所作。至述而不作、信而好古的孔子，对六经予以重新厘定、整理，并传授给弟子，因此六经能广泛流传，成为战国前中国古代文化的重要组成部分。

作为中国古代文化的总汇，六经是其后文化发展的出发点和参照物。关于这一点，道家的代表人物庄子看得最清楚，《庄子·天下》云：

古之人其备乎！配神明，醇天地，育万物，和天下，泽及百姓，明于本数，系于末度，六通四辟，小大精粗，其运无乎不在。其明而在数度者，旧法世传之史尚多有之。其在于《诗》《书》《礼》《乐》者，邹、鲁之士、搢绅先生多能明之。《诗》以道志，《书》以道事，《礼》以道行，《乐》以道和，《易》以道阴阳，《春秋》以道名分。[②]

---

① [汉]班固撰，[唐]颜师古注：《汉书》卷三十，北京：中华书局，1962年，第1704～1715页。

② 《庄子集解》卷八，《新编诸子集成》，第345页。

《礼记·经解》云：

孔子曰："入其国，其教可知也。其为人也，温柔敦厚，《诗》教也；疏通知远，《书》教也；广博易良，《乐》教也；洁静精微，《易》教也；恭俭庄敬，《礼》教也；属辞比事，《春秋》教也。故《诗》之失愚，《书》之失诬，《乐》之失奢，《易》之失贼，《礼》之失烦，《春秋》之失乱。其为人也，温柔敦厚而不愚，则深于《诗》者也；疏通知远而不诬，则深于《书》者也；广博易良而不奢，则深于《乐》者也；洁静精微而不贼，则深于《易》者也；恭俭庄敬而不烦，则深于《礼》者也；属辞比事而不乱，则深于《春秋》者也。"①

《诗》《书》《乐》《易》《礼》《春秋》是中国传统文化的源头，其所标榜在于培养温柔敦厚、疏通知远、广博易良、洁静精微、恭俭庄敬的人格，欲人之不愚、不诬、不奢、不贼、不烦、不乱，而养志知事，行端性和，明乎阴阳名分。刘勰《文心雕龙·宗经》认为，六经的这种特点体现在文学内容及形式方面，是所谓"义既极乎性情，辞亦匠于文理"，"根柢槃深，枝叶峻茂，辞约而旨丰，事近而喻远"，并称"文能宗经，体有六义"，具体而言，"一则情深而不诡，二则风清而不杂，三则事信而不诞，四则义直而不回，五则体约而不芜，六则文丽而不淫"，所以能"开学养正，昭明有融"②，即内容的纯正与形式的清约简丽。

战国文学之士自觉或不自觉地接受了六经的影响，荀子更倡导征圣宗经之观点。《荀子·儒效》曰：

圣人也者，道之管也。天下之道管是矣，百王之道一是矣，故《诗》《书》《礼》《乐》之归是矣。《诗》言是，其志也；《书》言是，其事也；《礼》言是，其行也；《乐》言是，其和也；《春秋》言是，其微也。故《风》之所以为不逐者，取是以节之也；《小雅》之所以为《小雅》者，取是而文之也；《大雅》之所以为《大雅》者，取是而光之也。《颂》之所以为至者，取是

① [汉]郑玄注，[唐]孔颖达等正义：《礼记正义》卷五十，《十三经注疏》，北京：中华书局，2009年，第3493页。

② [南朝梁]刘勰著，范文澜注：《文心雕龙注》卷一，北京：人民文学出版社，1958年，第21～23页。

而通之也。天下之道毕是矣。[①]

荀子之言《诗》言其志，指的是《诗》为圣人人格之表现，此与《尚书·尧典》宽泛地说“诗言志”不同。王先谦《荀子集解》曰：“《国风》所以不随荒暴之君而流荡者，取圣人之儒道以节之也。”[②]亦即《毛诗序》之“发乎情，止乎礼义”。“文”指文饰；“光”者，广也；“至”指“盛德之极”。在荀子看来，《书》《礼》《乐》《春秋》其言事、言行、言和、微隐，与《诗》之言志相为表里，构成一个圣人人格内容与形式的大系统。文学正是养成圣人人格内容与形式的途径之一。《荀子·劝学》曰：

> 学恶乎始？恶乎终？曰：其数则始乎诵经，终乎读礼；其义则始乎为士，终乎为圣人。真积力久则入，学至乎没而后止也。……故《书》者，政事之纪也；《诗》者，中声之所止也；《礼》者，法之大分、类之纲纪也，故学至乎礼而止矣。夫是之谓道德之极。《礼》之敬文也，《乐》之中和也，《诗》《书》之博也，《春秋》之微也，在天地之间者毕矣。[③]

《书》之政事，《诗》之情态，《礼》之行为纲纪，《乐》之中和，《春秋》之微言大义，可以教导人超凡入圣，所以是学习的最高典范。

荀子是一位博学的学者，他对于《易》《诗》《礼》《春秋》等儒家经典的流传厥功甚伟。他通过对儒家经典的传授，发现了圣人孔子是人类智慧的集大成者，五经是圣人智慧所具有情志文采的完善体现，所以学习必须以圣人及圣人创设的经典为根据，学习的目的是成为圣人。同时，他也发现了五经各自的特点，如“《礼》《乐》法而不说，《诗》《书》故而不切，《春秋》约而不速”[④]，即“《礼》《乐》标举法则而无论说分析，《诗》《书》记载故事而不切近当前，《春秋》文辞简约，意旨微妙，一时难以索解”[⑤]。所以在学习之时，“方其人之习君子之说，则尊以遍矣，周于世矣。故曰：学莫便乎近其人。学之经莫速乎好其人，隆礼次之。”[⑥]即

① 《荀子集解》卷四，《新编诸子集成》，第 158 页。
② 《荀子集解》卷四，《新编诸子集成》，第 133 页。
③ 《荀子集解》卷一，《新编诸子集成》，第 11 ～ 13 页。
④ 《荀子集解》卷一，《新编诸子集成》，第 16 页。
⑤ 顾易生、蒋凡：《先秦两汉文学批评史》，上海：上海古籍版社，1990 年，第 129 页。
⑥ 《荀子集解》卷一，《新编诸子集成》，第 16 页。

要通过师徒传授认真地领会五经意旨。

荀子以征圣、宗经、明道的纲领为基石，发表了他对“言”“名”“乐”等问题的看法。《荀子·非相》曰：“凡言不合先王，不顺礼义，谓之奸言；虽辩，君子不听。……故君子之于言也，志好之，行安之，乐言之。故君子必辩。”[①]所谓“辩”，就是一种有说服力的言谈，文以明道，君子好辩说，正命名而辨异同是基于卫道的目的。道关乎治乱人情，心之与言、说、辞、命必须合于道，而道则以礼义之顺，合于圣人。背离道，名不合实，虽辩丽也是应抛弃的。言、名的道理用于文学创作，便是对文学内容明道目的和文章用词命意切实的一种要求。

论战国文学之源头，不能不提到《论语》。《汉书·艺文志》载：“《论语》者，孔子应答弟子时人及弟子相与言而接闻于夫子之语也。当时弟子各有所记。夫子既卒，门人相与辑而论纂，故谓之《论语》。”[②]《论语》最后辑成书籍当在战国之初，但所记语录多出自春秋末年孔子之口，因而以《论语》来说明战国时人的思想及写作艺术肯定有牵强之嫌，但以《论语》所反映的思想为传统思想之结晶无疑是恰当的。孔子是儒家祖师，其思想也是战国儒家最基本的主张，对孟、荀诸人的影响深远，其论文学，强调学文的重要性，强调文学要具有事父事君、兴观群怨、修身齐家治国平天下的功能以及文学内容与形式的相称，并以“一家之言”的辑录形式成为诸子著作之典范。

《汉书·艺文志》以诸子出于王官，这是缘于孔子之前，学在官府。及孔子而后，开私人讲学风气。诸子开坛讲道，收授门徒，正是效法孔子。《论语》所体现的孔子思想，作为对六经思想的集大成思想，为战国儒家奉为圭臬，也成为反对传统学说的诸子建立自己论点的参照系。孔子带领战国士人志向学文，他对文化典籍的重视、对文学的重视启发战国士人纷纷建立自己的学说。《论语》在艺术上作为语录体散文之蓝本，其所记多为生动精辟的格言和警句，通俗而又具形象性，并善于通过人物富于个性的语言、行动来展示人物性格，特别是通过简洁的叙述、精练的语言为我们塑造了孔子这个好礼仁义、幽默机智、宽惠慈爱、

---

① 《荀子集解》卷三，《新编诸子集成》，第98页。

② 《汉书》卷三十，第1717页。

关心民生的伟大圣人的形象。《论语》虽不在《诸子略》中，但它的出现开辟了个人著述的先河，其对战国文学，特别是战国诸子散文在思想与艺术手法方面的影响，是非常大的。

五　战国文学是六经的新发展

《庄子·天下》论六经之学，认为“其数散于天下而设于中国者，百家之学时或称而道之”[①]，又说：

> 天下大乱，贤圣不明，道德不一，天下多得一察焉以自好。譬如耳目鼻口，皆有所明，不能相通。犹百家众技也，皆有所长，时有所用。虽然，不该不遍，一曲之士也。判天地之美，析万物之理，察古人之全，寡能备于天地之美，称神明之容。是故内圣外王之道，暗而不明，郁而不发，天下之人各为其所欲焉以自为方。悲夫！百家往而不反，必不合矣。后世之学者，不幸不见天地之纯，古人之大体，道术将为天下裂。[②]

庄子认为六经的内容与诸子百家学术的联系与区别表现为六经的道术为诸子百家所吸取，但百家未能融会贯通，所以各执一词，不能兼备众善众美之纯正。这个意思，《汉书·艺文志》也曾有陈述，曰：“今异家者各推所长，穷知究虑，以明其旨，虽有蔽短，合其要归，亦六经之支与流裔。”[③]今人马一浮先生有“六艺该摄一切学术”的观点，其要点有二：“一、六艺统诸子，二、六艺统四部。”[④]即《诗》《书》《礼》《乐》《易》《春秋》六经作为战国以前中国文化集大成之作，是一切学术的必然出发点。但这并不等于六经之学是神圣不可怀疑的。《史记·孟子荀卿列传》记孟子游事齐宣王，宣王不能用，至梁，梁惠王以孟子“迂远而阔于事情”，当时天下君主都欲合纵连横，以求攻伐之速胜，而孟子却述唐、虞、

---

① 《庄子集解》卷八，《新编诸子集成》，第 288 页。
② 《庄子集解》卷八，《新编诸子集成》，第 345 页。
③ 《汉书》卷三十，第 1746 页。
④ 马一浮：《泰和会语》，《马一浮集》（第一册），杭州：浙江古籍出版社、浙江教育出版社，1996 年，第 12 页。

三代之德，因此为时所不用。《汉书·艺文志》述儒家之弊曰："然惑者既失精微，而辟者又随时抑扬，远离道本，苟以哗众取宠。后进循之，是以五经乖析，儒学浸衰，此辟儒之患。"[①] 六艺之学的衰落不仅是由于博杂，而且也在于六艺之学不切实用，又为后代学者所牵强附会。

孔子之后，儒分为八，墨子由儒而墨，创为新说，这都充分说明到战国之际，以六艺之学为代表的传统文化已发展到了非变化不可的程度。因此，诸子百家的兴起是对六艺之学的新发展，而《左传》《国语》记春秋历史，也正是不满足于《春秋》之简略。没有《春秋》，起码可以说没有今日之《左传》；但没有《左传》对《春秋》的发展，也不合于文化发展的需要。战国历史散文也正是采纳了六艺之中记言、记事史书的特点而加以发展的。

《汉书·艺文志·诗赋略》云：

> 春秋之后，周道浸坏，聘问歌咏不行于列国，学《诗》之士逸在布衣，而贤人失志之赋作矣。大儒孙卿及楚臣屈原离谗忧国，皆作赋以风，咸有恻隐古诗之义。其后宋玉、唐勒……竞为侈丽闳衍之词，没其风谕之义。[②]

居于春秋之后的战国是一个王道微而诸侯为政之时代，即周道大坏、聘问歌咏不行于列国的时代。荀子、屈原辞赋继承古诗传统，而宋玉、唐勒则更多表现为新变化。

关于战国文学对六经的继承与发展，刘勰说得非常清楚。《文心雕龙·辨骚》论楚辞与六经异同，曰：

> 将核其论，必征言焉。故其陈尧舜之耿介，称汤武之祗敬，典诰之体也；讥桀纣之猖披，伤羿浇之颠陨，规讽之旨也；虬龙以喻君子，云蜺以譬谗邪，比兴之义也；每一顾而掩涕，叹君门之九重，忠怨之辞也：观兹四事，同于《风》《雅》者也。至于托云龙，说迂怪，丰隆求宓妃，鸩鸟媒娀女，诡异之辞也；康回倾地，夷羿彃日，木夫九首，土伯三目，谲怪之谈也。依彭咸之遗则，从子胥以自适，狷狭之志也；士女杂坐，乱而不分，

① 《汉书》卷三十，第1728页。
② 《汉书》卷三十，第1756页。

指以为乐，娱酒不废，沉湎日夜，举以为欢，荒淫之意也：摘此四事，异乎经典者也。故论其典诰则如彼，语其夸诞则如此。固知楚辞者，体慢于三代，而《风》《雅》于战国，乃《雅》《颂》之博徒，而词赋之英杰也。观其骨鲠所树，肌肤所附，虽取熔经意，亦自铸伟辞。①

屈原的作品，其典诰之体、规讽之旨、比兴之义、忠怨之辞同于风雅，诡异之辞、谲怪之谈、狷狭之志、荒淫之意异乎经典，是以六经为典范而又杂战国时代精神之作。作为词赋之代表，比之经典则驳杂，其义则取自经典，其辞藻则来于自创。

又《文心雕龙·诸子》论诸子与六经之不同，曰：

然繁辞虽积，而本体易总，述道言治，枝条五经。其纯粹者入矩，踳驳者出规。《礼记·月令》，取乎《吕氏》之纪；三年问丧，写乎《荀子》之书：此纯粹之类也。若乃汤之问棘，云蚊睫有雷霆之声；惠施对梁王，云蜗角有伏尸之战；《列子》有移山跨海之谈，《淮南》有倾天折地之说，此踳驳之类也。是以世疾诸混同虚诞。按《归藏》之经，大明迂怪，乃称羿毙十日，嫦娥奔月。殷《易》如兹，况诸子乎？！

至如商韩，六虱五蠹，弃孝废仁，轘药之祸，非虚至也。公孙之白马、孤犊，辞巧理拙，魏牟比之鸮鸟，非妄贬也。昔东平求诸子、史记，而汉朝不与。盖以史记多兵谋，而诸子杂诡术也。②

战国诸子与六经也是有同有异，其同表现为继承，其异则表现为创新。

战国诸子、辞赋之外，又有历史著作如《左传》。《史记·十二诸侯年表》论《左传》与《春秋》之区别，云：

是以孔子明王道，干七十余君，莫能用，故西观周室，论史记旧闻，兴于鲁而次《春秋》，上记隐，下至哀之获麟，约其辞文，去其烦重，以制义法，王道备，人事浃。七十子之徒口受其传指，为有所刺讥褒讳挹损之文辞不可以书见也。鲁君子左丘明惧弟子人人异端，各安其意，失其真，

---

① 《文心雕龙注》卷三，第 208 ～ 209 页。
② 《文心雕龙注》卷四，第 308 ～ 309 页。

故因孔子史记具论其语，成《左氏春秋》。[1]

《汉书·艺文志》云：

周室既微，载籍残缺，仲尼思存前圣之业，乃称曰："夏礼吾能言之，杞不足征也；殷礼吾能言之，宋不足征也；文献不足故也，足则吾能征之矣。"以鲁周公之国，礼文备物，史官有法，故与左丘明观其史记，据行事，仍人道，因兴以立功，就败以成罚，假日月以定历数，借朝聘以正礼乐。有所褒讳贬损，不可书见，口授弟子，弟子退而异言。丘明恐弟子各安其意，以失其真，故论本事而作传，明夫子不以空言说经也。《春秋》所贬损大人当世君臣，有威权势力，其事实皆形于传，是以隐其书而不宣，所以免时难也。[2]

设若《左传》确实与左丘明有关，并为传《春秋》之作，则其在思想内容上也是改孔子之隐晦委婉而为直截了当，其批判大人君臣而不为隐讳，其敷衍本事有"浮夸"之"诬"。

战国文学与六经的差别可以概括为"奇诡辩丽"四个字。刘勰《文心雕龙·通变》云："楚汉侈而艳。"[3]这里所说的楚，即战国屈原、宋玉、景差等人的辞赋。屈原、宋玉、景差之辞赋，以华美而奇特的形象、艳丽而充满神秘色彩的意境、优美而缠绵悱恻的音节、独树一帜的以楚地方言为特征的语言，形成一种与典丽文雅的文学传统迥异的新风格，故刘勰以"侈而艳"来形容。《文心雕龙·辨骚》肯定楚辞具有"朗丽以哀志""绮靡以伤情""瑰诡而惠巧""耀艳而深华"之特征，感叹其"气往轹古，辞来切今，惊采绝艳，难与并能矣"[4]。《文心雕龙·时序》云："屈平联藻于日月，宋玉交彩于风云。观其艳说，则笼罩《雅》《颂》。故知炜烨之奇意，出乎纵横之诡俗也。"[5]刘勰一方面肯定屈、宋之辞赋有超越《诗经》之艳丽，同时又认为楚赋炜烨之奇受纵横家诡俗的影响。也就是

① 《史记》卷十四，第509页。
② 《汉书》卷三十，第1715页。
③ 《文心雕龙注》卷六，第520页。
④ 《文心雕龙注》卷一，第47页。
⑤ 《文心雕龙注》卷九，第672页。

说，刘勰不仅认为屈、宋之辞赋是艳逸、炜烨、奇丽谲诡的，纵横家之说辞也是充满了诡瑰风貌的。纵横家的说辞既体现在诸子散文中的纵横家作品中，也体现于诸子百家中其他出身游说策士的著作中，而史传散文描写的游说之士的游说之辞更是充满了奇谲诡瑰特色。《文心雕龙·论说》云："暨战国争雄，辨士云踊；从横参谋，长短角势；转丸骋其巧辞，飞钳伏其精术。一人之辨，重于九鼎之宝；三寸之舌，强于百万之师。六印磊落以佩，五都隐赈而封。"[①] 战国时代，苏秦、张仪等人学鬼谷子之术，其诡辩巧辞已至极致，其事并见于《战国策》。这种对诡奇、艳丽、辩雕、藻采的追求是一种对艺术美的追求，是文学艺术走向成熟的标志。它不仅体现在战国楚辞楚赋之中，也体现在战国诸子散文与历史散文之中，既是一种艺术特征，也是于思想内容方面表现出的新特点。

不仅战国文学作品以奇诡辩丽见长，战国文学家的行为也充满奇异色彩。孟子的执着，庄子的嫉愤，杨朱的偏激，墨子的自苦，鲁仲连的清高，苏秦、张仪的辩治，自有其不凡的魅力；而屈原遭世罔极，怨恶愤怒，九死不悔，终至沉江，更有一种神奇色彩。

相对而言，孔子的行为则透露出更多的恬淡。董仲舒曰："周道衰废，孔子为鲁司寇，诸侯害之，大夫壅之。孔子知言之不用，道之不行也，是非二百四十二年之中，以为天下仪表，贬天子，退诸侯，讨大夫，以达王事而已矣。"孔子以深切著明的行事，作《春秋》，"上明三王之道，下辨人事之纪，别嫌疑，明是非，定犹豫，善善恶恶，贤贤贱不肖，存亡国，继绝世，补敝起废，王道之大者也。"[②] 孔子作《春秋》体现出一种对社会的神圣使命感，与屈原作《离骚》之机缘动机很接近。孔子周游列国，百折不回，欲力挽狂澜，却处处碰壁。当"太山坏乎！梁柱摧乎！哲人萎乎！"[③]之际，知天命之不至，感叹曰："天丧予。"曰："吾道穷矣。"曰："莫知我夫。"涕泣不已，但却能"不怨

① 《文心雕龙注》卷四，第 328 ～ 329。
② 《史记》卷一百三十，第 3295 页。
③ 《史记》卷四十七，第 1944 页。

天，不尤人”，“不病人之不己知”，而知所已。[①]《论语·述而》载，孔子曾对颜回说：“用之则行，舍之则藏，惟我与尔有是夫。”[②] 又对子路说：“暴虎冯河，死而无悔者，吾不与也。必也临事而惧，好谋而成者也。”[③] 孔子称伯夷、叔齐为“古之贤人也”，曰：“求仁而得仁，又何怨？”[④] 又曰：“不义而富且贵，于我如浮云。”[⑤] 孔子主张生存的智慧，严格要求自己，而通达地恕人，己所不为则不施于人，赞扬管仲，“桓公九合诸侯，不以兵车，管仲之力也”[⑥]，“管仲相桓公，霸诸侯，一匡天下，民到于今受其赐。微管仲，吾其被发左衽矣。岂若匹夫匹妇之为谅也，自经于沟渎而莫之知也？”[⑦] 管仲不死，却有利于众生，这便是其价值所在。人之生命可贵，岂可以死而无悔？孔子知其不可为而为之，但绝不在乱世求不义富贵，所以赞扬学生南容“邦有道不废，邦无道免于刑戮”[⑧]，以其兄之子妻之。《论语·泰伯》更是详细地阐述了孔子的处世智慧，孔子曰：“笃信好学，守死善道。危邦不入，乱邦不居。天下有道则见，无道则隐。邦有道，贫且贱焉，耻也；邦无道，富且贵焉，耻也。”[⑨] “不在其位，不谋其政。”[⑩]“巍巍乎！舜、禹之有天下也而不与焉。”[⑪]《论语·卫灵公》载，孔子曰：“直哉史鱼！邦有道，如矢；邦无道，如矢。君子哉蘧伯玉！邦有道，则

---

① 《史记·孔子世家》载：“鲁哀公十四年春，狩大野，叔孙氏车子鉏商获兽，以为不祥。仲尼视之，曰：‘麟也。’取之。曰：‘河不出图，洛不出书，吾已矣夫！’颜渊死，孔子曰：‘天丧予！’及西狩见麟，曰：‘吾道穷矣！’喟然叹曰：‘莫知我夫！’子贡曰：‘何为莫知子？’子曰：‘不怨天，不尤人，下学而上达，知我者其天乎！’……明岁，子路死于卫，孔子病，子贡请见。孔子方负杖逍遥于门，曰：‘赐，汝来何其晚也？’孔子因叹，歌曰：‘太山坏乎！梁柱摧乎！哲人萎乎！’因以涕下。”《论语·卫灵公》曰：“君子病无能焉，不病人之不已知也。”

② 《论语集释》卷十三，《新编诸子集成》，第 450 页。

③ 《论语集释》卷十三，《新编诸子集成》，第 452 页。

④ 《论语集释》卷十三，《新编诸子集成》，第 462 页。

⑤ 《论语集释》卷十三，《新编诸子集成》，第 465 页。

⑥ 《论语集释》卷二十九，《新编诸子集成》，第 982 页。

⑦ 《论语集释》卷二十九，《新编诸子集成》，第 989 ～ 992 页。

⑧ 《论语集释》卷九，《新编诸子集成》，第 287 页。

⑨ 《论语集释》卷十六，《新编诸子集成》，第 539 ～ 540 页。

⑩ 《论语集释》卷十六，《新编诸子集成》，第 541 页。

⑪ 《论语集释》卷十六，《新编诸子集成》，第 547 页。

仕；邦无道，则可卷而怀之。”[①]“君子求诸己，小人求诸人。”[②]“君子矜而不争，群而不党。”[③]“道不同，不相为谋。”[④]《论语·述而》载，孔子曰：“君子坦荡荡，小人长戚戚。”[⑤]《论语·子路》载，孔子曰：“君子泰而不骄，小人骄而不泰。”[⑥]《论语·颜渊》载，孔子曰：“君子不忧不惧。”[⑦]孔子处世，首先要判断身在治世还是身在乱世，治世则仕，乱世则隐，不入危邦，不伐己功，如舜、禹之有天下，不争不党，矜持自尊而团结百姓，可与言则言，不可与言则不言，道不同则不共谋，保持坦荡之胸怀，因而可以不忧不惧。孔子教导其弟子子夏为“君子儒”，不为“小人儒”，[⑧]仰之弥高，钻之弥坚，其处乱世，守死善道，无疑便是君子儒的榜样。屈原身处乱世，不欲明哲保身，与时抑扬而好修为常，自负其能；欲以忠贞立世，不愿与世俗同流合污，甚至以自杀来证明其清白，反圣人之所为，可以称为千古至奇之人。也正是有了战国时代文学家之奇诡，因而才有战国文学之奇诡；因为有了以辩丽为能的战国文学家，才能创造出文学的辩丽之美。

孔子作为中国历史上最伟大的思想家，自春秋战国起就受到了广大知识分子的尊重，这种尊重绝不是没有原因的。通过对孔子与战国文学繁荣之关系的研究，我们可以从一个侧面了解孔子对中国文化发展的伟大贡献，从而全面、深入、充分地了解孔子在中国文化史上伟大的历史地位。

原载《中国学研究》第1辑
吴兆路、金伯昀主编，中国书籍出版社，1997年

① 《论语集释》卷三十一，《新编诸子集成》，第1068页。
② 《论语集释》卷三十二，《新编诸子集成》，第1103页。
③ 《论语集释》卷三十二，《新编诸子集成》，第1104页。
④ 《论语集释》卷三十二，《新编诸子集成》，第1126页。
⑤ 《论语集释》卷十四，《新编诸子集成》，第504页。
⑥ 《论语集释》卷二十七，《新编诸子集成》，第939页。
⑦ 《论语集释》卷二十四，《新编诸子集成》，第827页。
⑧ 《论语集释》卷十一，《新编诸子集成》，第389页。

赋者古诗之流：《诗经》传统与汉赋的讽谏问题

本文通过对赋文学特征的梳理及对荀子、宋玉赋特点的讨论，认为汉赋继承了《诗经》传统，并指出汉赋繁荣是汉代皇帝及汉赋作家自觉继承和发扬《诗经》传统的结果。

一　赋文学特征的理论梳理

刘勰《文心雕龙·通变》曰：

夫设文之体有常，变文之数无方，何以明其然耶？凡诗赋书记，名理相因，此有常之体也；文辞气力，通变则久，此无方之数也。名理有常，体必资于故实；通变无方，数必酌于新声；故能骋无穷之路，饮不竭之源。然绠短者衔渴，足疲者辍涂，非文理之数尽，乃通变之术疏耳。[1]

---

① 吴林伯著:《〈文心雕龙〉义疏》，武汉：武汉大学版社，2013年，第533页。

一种文体之所以是这种而不是别的文体，就在于其有一个有常之体。赋文学作为中国文学史上一种重要的文体形式，它自产生之后就有一个自己独特的而区别于其他文体的特征。

赋虽繁荣于汉代，但其产生并不在汉，其文体特征更是在汉代以前就确定了的。《汉书·艺文志·诗赋略》称战国时楚国文人屈原、宋玉、唐勒的作品及大儒荀子的《赋篇》皆为“赋”，曰：

> 传曰：“不歌而诵谓之赋，登高能赋可以为大夫。”言感物造端，材知深美，可与图事，故可以为列大夫也。古者诸侯卿大夫交接邻国，以微言相感，当揖让之时，必称《诗》以喻其志，盖以别贤不肖而观盛衰焉。故孔子曰“不学《诗》，无以言”也。春秋之后，周道浸坏，聘问歌咏不行于列国，学《诗》之士逸在布衣，而贤人失志之赋作矣。大儒孙卿及楚臣屈原离谗忧国，皆作赋以风，咸有恻隐古诗之义。其后宋玉、唐勒，汉兴枚乘、司马相如，下及扬子云，竟为侈丽闳衍之词，没其风谕之义。是以扬子悔之，曰：“诗人之赋丽以则，辞人之赋丽以淫。如孔氏之门人用赋也，则贾谊登堂，相如入室矣，如其不用何！”①

按照扬雄的意思，赋有“诗人之赋”和“辞人之赋”之分，诗人之赋存在于《诗》三百篇，辞人之赋起源于楚辞产生以后。屈原和荀子虽不在诗人时代，但是他们的作品之中有古诗人的传统，所以仍然可以说有诗人之赋的特点；而辞人之赋“丽以淫”的特点起源于宋玉，至汉代则成为汉赋的基本特点。

屈原、荀子的作品虽都可以称为赋，但实际上是有区别的。《史记·屈原贾生列传》载：“屈原既死之后，楚有宋玉、唐勒、景差之徒者，皆好辞而以赋见称。然皆祖屈原之从容辞令，终莫敢直谏。”② 司马迁的这一段话告诉我们，在战国后期楚国已经存在一个赋作家群，同时又区分了“辞”和“赋”，并且明白无误地告诉我们，辞和赋是两个既互相联系又互相区别的文学体裁。宋玉、唐勒、景差等人喜欢辞，而其成名却是赋，宋玉等人的文学成就主要应该来自于赋，他

---

① [汉]班固撰，[唐]颜师古注：《汉书》卷三十，北京：中华书局，1962年，第1755～1756页。

② [汉]司马迁撰，[南朝宋]裴骃集解：《史记》卷八十四，北京：中华书局，1982年，第2249页。

们在政治上虽不能“直谏”，但在艺术上的“从容辞令”，与屈原并无不同。[①]陆机《文赋》说诗、赋的不同曰：“诗缘情而绮靡，赋体物而浏亮。”[②]“缘情”是诗的特点，也是屈原创作的楚辞作品的特点，“体物”则是自荀子、宋玉等人所开辟的赋作之所长。

西汉赋作家以司马相如声名最盛。司马相如《答盛擥问作赋》论赋曰：“合纂组以成文，列锦绣而为质，一经一纬，一宫一商，此作赋之迹也。赋家之心，苞括宇宙，总览人物。斯乃得之于内，不可得其传也。”[③]《汉书·扬雄传》载扬雄关于赋的观点曰：“赋者，将以风也，必推类而言，极丽靡之辞，闳侈巨衍，竞于使人不能加也。”[④]皇甫谧《三都赋序》曰：“古人称不歌而颂谓之赋。然则赋也者，所以因物造端，敷弘体理，欲人不能加也。引而申之，故文必极美；触类而长之，故辞必尽丽。然则美丽之文，赋之作也。”[⑤]以上诸说论赋，虽然表述各异，但结论都是相通的，即赋应该具有广博的内容，以铺排描写为主，而兼讽谏，通过铺陈排比达到文采形式的极其美丽。

赋之美丽的特点是在宋玉时代就确立了的，而作赋为了讽谏，却是荀子、宋玉对《诗经》传统的继承。

刘勰《文心雕龙·诠赋》论赋的起源及流变，曰：

> 《诗》有六义，其二曰赋。赋者，铺也，铺采摛文，体物写志也。昔邵公称：公卿献诗，师箴赋。传云：登高能赋，可为大夫。《诗序》则同义，传说则异体。总其归途，实相枝干。刘向云明不歌而颂，班固称古诗之流也。至如郑庄之赋《大隧》，士蒍之赋《狐裘》，结言短韵，词自己作，虽合赋体，明而未融。及灵均唱《骚》，始广声貌。然赋也者，受命于诗人，

---

① 参看方铭：《论宋玉唐勒景差好辞而以赋见称》，彭庆生主编《中华文化论丛》(第一辑)，北京：中国文学出版社，1998年。

② [南朝梁]萧统编，[唐]李善注：《文选》卷十七，上海：上海古籍出版社，1986年，第766页。

③ [清]严可均校辑：《全汉文》卷二十二，《全上古三代秦汉三国六朝文》，北京：中华书局，1958年，第246页。

④ 《汉书》卷八十七下，第3575页。

⑤ 《文选》卷四十五，第2037～2038页。

拓宇于《楚辞》也。于是荀况《礼》《智》，宋玉《风》《钓》，爰锡名号，与诗画境，六义附庸，蔚成大国。遂客主以首引，极声貌以穷文。斯盖别诗之原始，命赋之厥初也。秦世不文，颇有杂赋。汉初词人，顺流而作。陆贾扣其端，贾谊振其绪，枚马同其风，王扬骋其势，皋、朔已下，品物毕图。繁积于宣时，校阅于成世，进御之赋，千有余首，讨其源流，信兴楚而盛汉矣。[①]

刘勰首先强调赋与诗的密切关系，同时又指出赋的“不歌而颂”的特点，到了荀子和宋玉，则有独立文体的赋的产生，其文体特点则兼有诗、骚二者。自秦至汉，赋的创作中都有荀子和宋玉的影子。

二　荀子、宋玉之赋与汉赋传统

在战国时代，较早创作赋的作家是我们前面提到的荀子。《汉书·艺文志》曰：“孙卿赋十篇。”[②] 与屈原、宋玉等人之赋别为一类，今存仅《礼》《知》《云》《蚕》《针》五篇，其结构方式大体相类，如《礼》曰：

爰有大物，非丝非帛，文理成章。非日非月，为天下明。生者以寿，死者以葬，城郭以固，三军以强。粹而王，驳而伯，无一焉而亡。臣愚不识，敢请之王。王曰：此夫文而不采者与？简然易知而致有理者与？君子所敬而小人所不者与？性不得则若禽兽，性得之则甚雅似者与？匹夫隆之则为圣人，诸侯隆之则一四海者与？至明而约，甚顺而体，请归之礼。[③]

又如《云》曰：

“有物于此，居则周静致下，动则綦高以钜。圆者中规，方者中矩。大参天地，德厚尧、禹。精微乎毫毛，而充盈乎大宇。忽兮其极之远也，攭兮其相逐而反也，卬卬兮天下之咸蹇也。德厚而不捐，五采备而成文。往

① 《〈文心雕龙〉义疏》，第 169 页。

② 《汉书》卷三十，第 1750 页。

③ ［清］王先谦撰，沈啸寰、王星贤点校：《荀子集解》卷十八，《新编诸子集成》，北京：中华书局，1988 年，第 472 ～ 473 页。

来惛憊，通于大神，出入甚极，莫知其门。天下失之则灭，得之则存。弟子不敏，此之愿陈，君子设辞，请测意之。曰：此夫大而不塞者与？充盈大宇而不窕，入郄穴而不偪者与？行远疾速而不可托讯者与？往来惛憊而不可为固塞者与？暴至杀伤而不亿忌者与？功被天下而不私置者与？托地而游宇，友风而子雨。冬日作寒，夏日作暑。广大精神，请归之云。①

上面所举，一为抽象，一为实物，代表了荀子五篇赋中的两个类型。我们可以从这两篇赋中看出，荀子诸赋大体属于假设问答的虚构之体，有铺陈，虚构并不失之夸诞，铺陈不至于淫丽。而所表现的意思，先通过如谜语般的描述表现其特征，最后由“王”点出，所叙也不离治化。《汉书·艺文志》说孙卿“作赋以风”，“有恻隐古诗之义”，是指其意旨存乎讽谏，类似于《诗经》传统。《文心雕龙·诠赋》曰“荀结隐语，事数自环”②,《文心雕龙·谐隐》曰“谜也者，回互其辞，使昏迷也。或体目文字，或图象品物，纤巧以弄思，浅察以炫辞，义欲婉而正，辞欲隐而显。荀卿《蚕赋》，已兆其体”③，正是说荀子赋所具有的类似先秦时代流传的一种所谓“隐语”的特征。隐语实际上可以看作是一种形象化的表现手法。荀子的赋通过隐语的形式，运用大量的比喻、象征等艺术手法，把礼这样的属于意识形态的抽象事物形象化。④

荀子赋篇幅虽然短小，但是具有了赋文学的基本特征，它有对问的结构、铺陈排比的描写形式，以及讽谏的创作目的。这些是构成赋体文学有常之体的基本内涵。⑤

第一个大量创作赋的作家是宋玉，宋玉的赋见于《文选》和《古文苑》。《文选》载有宋玉《风赋》《高唐赋》《神女赋》《登徒子好色赋》《对楚王问》五篇,《古文苑》有宋玉《笛赋》《大言赋》《小言赋》《讽赋》《钓赋》《舞赋》六篇，其中《对

① 《荀子集解》卷十八,《新编诸子集成》，第 474 ～ 477 页。其中“忽兮其极之远也攭兮其相逐而反也”句，沈啸寰、王星贤点校作“忽兮其极之远也攭兮其相逐而反也”，恐非，此处于“也”后断开。

② 《〈文心雕龙〉义疏》，第 181 页。

③ 《〈文心雕龙〉义疏》，第 273 页。

④ 参看方铭著:《战国文学史》，武汉：武汉出版社，1996 年。

⑤ 参看张炯主编:《中华文学发展史》，武汉：长江文艺出版社，2003 年。

楚王问》虽不名赋，而体制与诸赋类似，是与赋体文学有密切关系的对问体。[①]在近代以来，学术界对宋玉作赋多持反对意见，其原因是认为宋玉时代不应有如《高唐赋》《神女赋》这样的对问、铺张等形式，这种散体的出现应为汉初之事。而 1972 年银雀山汉墓出土的一篇题为《唐革》的赋篇打破了这样的怀疑。银雀山汉墓的主人是汉武帝初期的一位将军，其墓中的《唐革》赋篇虽残缺不全，但其对问的结构方式、铺张形容的艺术风格、散文化的语言句式，与荀赋四言、屈原之用“兮”字语助完全不同，而与《文选》《古文苑》之宋玉诸赋相似。这说明宋玉时代是完全可以写出《高唐赋》《神女赋》一类赋作的。关于这个问题，著名学者汤漳平[②]、谭家健[③]等都有论述。

宋玉诸赋以客主对问结构的基本形式，铺张排比，写景状物叙事形象生动、词丽而新、色彩缤纷，强调形象的生动、夸张，色彩的鲜明、艳丽，语言的优美、幽默、丰富，场面的宏大、热烈，比喻的优美、绚丽，而其体制则散骚结合，或用韵或不用韵，音调自由和美，或促迫或和缓，一张一弛，变化自如。语言则随时适宜、惟妙惟肖。句式则长短不一、灵活多变，散句则挥洒自如，对偶已极见工整。为了论述的方便，我们也录宋玉的《神女赋》为例：

> 楚襄王与宋玉游于云梦之浦，使玉赋高唐之事。其夜王寝，果梦与神女遇，其状甚丽。王异之，明日以白玉。玉曰：“其梦若何？”王曰：“晡夕之后，精神恍忽，若有所喜。纷纷扰扰，未知何意。目色仿佛，乍若有记。见一妇人，状甚奇异。寐而梦之，寤不自识。罔兮不乐，怅然失志。于是抚心定气，复见所梦。”玉曰：“状何如也？”王曰：“茂矣美矣！诸好备矣！盛矣丽矣！难测究矣！上古既无，世所未见。瑰姿玮态，不可胜赞。其始来也，耀乎若白日初出照屋梁；其少进也，皎若明月舒其光。须臾之间，美貌横生。烨乎如华，温乎如莹。五色并驰，不可殚形。详而视之，夺人

---

① 我在《战国文学史》和《中华文学发展史》中都认为《对楚王问》可以作为赋体看待，现在我认为过去的认识是不科学的。具体可参看《赋的内涵和外延》(《光明日报·文学遗产》, 2004-07-28）。

② 汤漳平:《论唐勒赋残简》,《文物》, 1990 年第 4 期。

③ 谭家健:《唐勒赋残简考释及其他》,《文学遗产》, 1990 年 2 期。

目精。其盛饰也，则罗纨绮缋盛文章，极服妙彩照万方。振绣衣，被袿裳。禯不短，纤不长。步裔裔兮曜殿堂。忽兮改容，婉若游龙乘云翔。嫷被服，侻薄装。沐兰泽，含若芳。性和适，宜侍旁。顺序卑，调心肠。”王曰：“若此盛矣！试为寡人赋之。”玉曰：“唯唯。”

夫何神女之姣丽兮，含阴阳之渥饰。被华藻之可好兮，若翡翠之奋翼。其象无双，其美无极。毛嫱鄣袂，不足程式。西施掩面，比之无色。近之既妖，远之有望。骨法多奇，应君之相。视之盈目，孰者克尚。私心独悦，乐之无量。交希恩疏，不可尽畅。他人莫睹，王览其状。其状峨峨，何可极言。貌丰盈以庄姝兮，苞温润之玉颜。眸子炯其精朗兮，了多美而可观。眉联娟以蛾扬兮，朱唇的其若丹。素质干之醲实兮，志解泰而体闲。既姽婳于幽静兮，又婆娑乎人间。宜高殿以广意兮，翼放纵而绰宽。动雾縠以徐步兮，拂墀声之珊珊。

望余帷而延视兮，若流波之将澜。奋长袖以正衽兮，立踯躅而不安。澹清静其愔嫕兮，性沉详而不烦。时容与以微动兮，志未可乎得原。意似近而既远兮，若将来而复旋。褰余帱而请御兮，愿尽心之惓惓。怀贞亮之絜清兮，卒与我兮相难。陈嘉辞而云对兮，吐芬芳其若兰。精交接以来往兮，心凯康以乐欢。神独亨而未结兮，魂茕茕以无端。含然诺其不分兮，喟扬音而哀叹。頩薄怒以自持兮，曾不可乎犯干。

于是摇佩饰，鸣玉鸾。整衣服，敛容颜。顾女师，命太傅。欢情未接，将辞而去。迁延引身，不可亲附。似逝未行，中若相首。目略微眄，精彩相授。志态横出，不可胜记。意离未绝，神心怖覆。礼不遑讫，辞不及究。愿假须臾，神女称遽。回肠伤气，颠倒失据。暗然而暝，忽不知处。情独私怀，谁者可语。惆怅垂涕，求之至曙。[1]

《高唐赋》《神女赋》是宋玉赋的代表作品，《文心雕龙·诠赋》曰“宋发巧谈，实始淫丽”[2]，又曰“原夫登高之旨，盖睹物兴情；情以物兴，故义必明雅；物

① 《文选》卷十九，第886～889页。
② 《〈文心雕龙〉义疏》，第181页。

以情观，故词必巧丽。丽词雅义，符采相胜，如组织之品朱、紫，画绘之著玄、黄，文虽新而有质，色虽糅而有本，此立赋之大体也。”[①] 宋玉赋虽然把赋文学追求美丽的传统推向了极致，但是“立赋之大体”，宋玉并没有违背。

宋玉赋文辞之华丽，通过《神女赋》我们已经可以窥见一斑，刘熙载《艺概·赋概》所言“赋中骈偶处，语取蔚茂；单行处，语取清瘦。此自宋玉、相如已然”[②]，正是指出了宋玉赋语言的妙用。文体的圆润、语言的富丽多变、音节的铿锵是宋玉赋杰出成绩的重要内容和华美风格的重要表现。同时，在修辞上，宋玉也有创获。《文心雕龙·丽辞》曰：“宋玉《神女赋》云：‘毛嫱障袂，不足程式。西施掩面，比之无色。’此事对之类也。”[③] 这表明宋玉《神女赋》的大量排比形式已有对偶之巧。《文心雕龙·杂文》曰：“宋玉含才，颇亦负俗，始造《对问》，以申其志，放怀寥廓，气实使之。”[④] 对问一体，屈原与女须、巫咸、渔父之对答已肇其始，而宋玉则以对问为叙述之基本结构方式，使此种体制完全成熟，奠定了后代赋文学，特别是汉大赋的美学追求。而这种对问，实际上是假设问答的虚构。姚鼐《古文辞类纂》指出：“辞赋类者，风雅之变态也。楚人最工为之，盖非独屈子而已。余尝谓《渔父》及《楚人以弋说襄王》《宋玉对王问遗行》皆设辞无事实，皆辞赋类耳。太史公、刘子政不辨，而以事载之，盖非是。”[⑤] 又云：“……《渔父》、宋玉《对楚王》、东方《客难》同类，并是设辞。乃太史公、褚先生、刘子政悉载叙之以为事实，为失其旨已。”[⑥] 也就是说，如宋玉《对楚王》之类的假设问答，如同屈原《渔父》、东方朔《答客难》所讲的事情，并不必是曾经发生过的，司马迁《史记·屈原贾生列传》、褚少孙补《史记·滑稽列传》、刘向《新序·杂事》皆引以为史实，显然是没有理解《渔父》《对楚王问》《答客难》的虚构特征。姚鼐的这个意见成为我们打开宋玉诸赋构思特点的钥匙。以此类推，不仅《对楚王问》是虚构，《风赋》《大言赋》《讽赋》《高唐赋》《神女赋》《登

---

① 《〈文心雕龙〉义疏》，第 187 页。
② ［清］刘熙载著：《艺概》卷三，上海：上海古籍版社，1978 年，第 86 页。
③ 《〈文心雕龙〉义疏》，第 665 页。
④ 《〈文心雕龙〉义疏》，第 251 页。
⑤ ［清］姚鼐编：《古文辞类纂》目录，上海：中华书局，1933 年，第 22 页。
⑥ 《古文辞类纂》卷六十三，第 1141 页。

徒子好色赋》《钓赋》等赋作，亦无不是假设回答，虚构情节。

即便如此，宋玉赋仍然包含着极强的讽谏意味。《文心雕龙·谐隐》曰："楚襄宴集，而宋玉赋《好色》，意在微讽，有足观者。"① 实际上不只《登徒子好色赋》意在讽谏，其他赋也无不含讽谏。这种在娱乐场面或幽默对话中的讽谏，不是具体政治的批评，而是宏观的忧患意识的体现。

扬雄《法言·吾子》曰，景差、唐勒、宋玉、枚乘之赋"必也淫"②，又说"辞胜事则赋"③。诗、赋虽然都以美丽为追求，然而诗重缘情，赋在体物，因此，他们的美丽是有差别的。《诗经》作者的赋，其特点是美刺，美丽而不过分。以屈原为代表的楚辞作品，除了抒发屈原愤世嫉俗的感情之外，还有妩媚的色彩、艳丽的辞藻、炜烨的意境。景差、唐勒、宋玉及汉代枚乘等人以"辞人"而创作赋文学，已经没有了《诗经》中"诗人"的赋风，而他们的性格和经历与屈原没有多少相通之处，所以他们创作的新型赋文学，就只剩下"辞人"的美丽追求了。于扬雄看来，在客观上没有实现社会责任的赋，的确有"辞胜事"的特点。

刘熙载《艺概·赋概》说赋的起源原因，曰："赋起于情事杂沓，诗不能驭，故为赋以铺陈之，斯于千态万状，层见迭出者，吐无不畅，畅无或竭。"④ 赋文学产生于表现复杂内容的需要，是比诗更具表现力的一种文学形式，与诗相比，美丽之外，又加铺陈，即不仅抒情，更需叙事、描写。所以，赋文学比之《诗经》及楚辞这样的诗文学就更加具有内容的丰富性、表现手段的灵活性和多样性。赋是在战国时代出现的一种富于生命力的文学形式，与楚辞相比，赋文学更加朝气蓬勃。宋玉等人在学习《诗经》、楚辞等传统的基础上，创为铺陈排比之赋文学，追求美艳之辞藻、华丽之形式、夸张之语言、生动之形象，成为后世赋文学之不二典范。汉赋的程式不出乎宋玉，只是比宋玉的赋更见博大与宏伟而已。

---

① 《〈文心雕龙〉义疏》，第266页。
② [汉]扬雄著:《扬子法言》卷二,《诸子集成》，北京：中华书局，1954年，第4页。
③ 《扬子法言》卷二,《诸子集成》，第5页。
④ 《艺概》卷三，第86页。

三　儒学复兴与汉赋兴盛

汉赋的兴盛正值汉武之世，经济繁荣、政治清明、军事强盛、国家统一所带来的文人心态中的自豪感，并由此自豪感而激发的表现欲，当然对汉赋文学的繁荣有重要意义，西汉文人没有战国及楚汉战争时文人们建功立业的机会，而社会的安定使他们有余暇去仔细雕琢其艺术风格，而赋这种文体，自宋玉等人大力创作后，其艺术手法已趋成熟，而其追求美丽、铺陈排比的写作特点及审美追求适应了汉朝文人们的审美心态和创作意趣。同时，我们更应注意到，汉赋在追求美丽、博大、宏伟的大体式的同时，又具有讽谏之功用，这对于深受儒学传统浸染而现实之中又无重大政治事件可以批判的西汉盛世文人来说，可以以防微杜渐的远见在渲染今日超越一切时代的强盛、富丽、华艳的同时，又能继承自孔子以来所建立的文学以反映现实、批判现实的传统。如果汉赋的讽谏出现在乱世，那样的讽谏就显得无足轻重了。

汉自武帝，下及昭、宣、元、成诸帝，皆有儒雅之态，或具雄才，或有雅量，重视文学，皆有可述。

汉武帝于公元前140年即位，以建元为年号，为中国历史上年号纪年之始。自登基伊始，武帝即下令举贤良方正直言极谏之士，董仲舒上“天人三策”，丞相卫绾等奏废刑名之学者，又以卫青为太中大夫，重文学之臣，派张骞使西域。元光五年（公元前130年），以公孙弘为博士，翌年，开漕渠，使卫青击匈奴。元朔元年（公元前128年），颁“推恩令”，令诸侯王推私恩，分子弟邑。元朔五年（公元前124年），以大儒公孙弘为相，卫青为大将军，击匈奴。元封三年（公元前108年），朝鲜降汉。其文治武功，非其先人所可比拟，故《汉书·武帝纪》赞曰：

> 汉承百王之弊，高祖拨乱反正，文景务在养民，至于稽古礼文之事，犹多阙焉。孝武初立，卓然罢黜百家，表章六经。遂畴咨海内，举其俊茂，与之立功。兴太学，修郊祀，改正朔，定历数，协音律，作诗乐，建封禅，礼百神，绍周后，号令文章，焕焉可述。后嗣得遵洪业，而有三代之风。如武帝之雄才大略，不改文景之恭俭以济斯民，虽《诗》《书》所称何有加焉！[①]

① 《汉书》卷六，第212页。

公元前87年，汉武帝病重，嘱立少子，由霍光行周公之事。武帝之后，汉昭帝即位，在位十余年，于公元前74年崩，无嗣。大将军霍光立武帝之孙昌邑哀王之子刘贺为天子，刘贺不遵礼法，二十七日后为霍光所废。后立宣帝，即戾太子孙。宣帝于公元前49年崩，子孝元皇帝立，在位十余年，于公元前33年崩。后孝成皇帝立，在位二十余年，于公元前7年崩。从汉武帝至汉成帝的一百余年为汉朝历史上最为强盛繁荣的时代。《汉书·昭帝纪》赞曰：

> 昔周成以孺子继统，而有管、蔡四国流言之变。孝昭幼年即位，亦有燕、盖、上官逆乱之谋。成王不疑周公，孝昭委任霍光，各因其时以成名，大矣哉。承孝武奢侈余敝师旅之后，海内虚耗，户口减半，光知时务之要，轻繇薄赋，与民休息。至始元、元凤之间，匈奴和亲，百姓充实。举贤良文学，问民所疾苦，议盐铁而罢榷酤，尊号曰“昭”，不亦宜乎！①

《汉书·宣帝纪》赞曰：

> 孝宣之治，信赏必罚，综核名实，政事文学法理之士咸精其能，至于技巧工匠器械，自元、成间鲜能及之，亦足以知吏称其职，民安其业也。遭值匈奴乖乱，推亡固存，信威北夷，单于慕义，稽首称藩。功光祖宗，业垂后嗣，可谓中兴，侔德殷宗、周宣矣。②

《汉书·元帝纪》赞曰：

> 臣③外祖兄弟为元帝侍中，语臣曰元帝多材艺，善史书。鼓琴瑟，吹洞箫，自度曲，被歌声，分刌节度，穷极幼眇。少而好儒，及即位，征用儒生，委之以政。贡、薛、韦、匡迭为宰相。而上牵制文义，优游不断，孝宣之业衰焉。然宽弘尽下，出于恭俭，号令温雅，有古之风烈。④

《汉书·成帝纪》赞曰：

> 臣之姑⑤充后宫婕妤，父子昆弟侍帷幄，数为臣言成帝善修容仪，升车

---

① 《汉书》卷七，第233页。
② 《汉书》卷八，第275页。
③ 据颜师古注《汉书》引应劭之言，此本纪为班固父班彪所作，故此处“臣”当指班彪。
④ 《汉书》卷九，第298页。
⑤ 指班彪之姑班婕妤。

正立，不内顾，不疾言，不亲指，临朝渊嘿，尊严若神，可谓穆穆天子之容者矣。博览古今，容受直辞，公卿称职，奏议可述。遭世承平，上下和睦。然湛于酒色，赵氏乱内，外家擅朝，言之可为於邑。建始以来，王氏始执国命，哀、平短祚，莽遂篡位，盖其威福所由来者渐矣。①

虽然自武帝以来，汉代的皇帝难免有各种缺点，而汉宣帝也未必可以成为淳儒，但我们仍然可以看出，自武帝以后，文学之盛已为一代潮流，而儒学的兴盛至汉元帝更趋巩固。孔子及儒家解诗的讽谏传统必然贯彻到赋的创作之中，这也是不难想象的。刘勰《文心雕龙·时序》曰：

爰自有汉，运接燔书，高祖尚武，戏儒简学；虽礼律草创，《诗》《书》未遑，然《大风》《鸿鹄》之歌，亦天纵之英作也。施及孝惠，迄于文、景，经术颇兴，而辞人勿用，贾谊抑而邹、枚沉，亦可知也。逮孝武崇儒，润色鸿业，礼乐争辉，辞藻竞骛：柏梁展朝宴之诗，金堤制恤民之咏，征枚乘以蒲轮，申主父以鼎食，擢公孙之对策，叹倪宽之拟奏，买臣负薪而衣锦，相如涤器而被绣。于是史迁、寿王之徒，严、终、枚皋之属，应对固无方，篇章亦不匮，遗风余采，莫与比盛。越昭及宣，实继武绩，驰骋石渠，暇豫文会，集雕篆之轶材，发绮縠之高喻，于是王褒之伦，底禄待诏。自元暨成，降意图籍，美玉屑之谭，清金马之路，子云锐思于千首，子政校雠于六艺，亦已美矣。②

赋是中国文学史上一种特殊的文体，而汉代以赋的繁荣为文学及文化繁荣的主要标志。汉代文人爱好作赋，不亚于唐代文人之喜欢作诗，而至于赋的好坏则不是主要的。班固《两都赋序》评汉代赋作家作品之盛，曰：

大汉初定，日不暇给。至于武、宣之世，乃崇礼官，考文章，内设金马石渠之署，外兴乐府协律之事，以兴废继绝，润色鸿业。是以众庶悦豫，福应尤盛，……故言语侍从之臣，若司马相如、虞丘寿王、东方朔、枚皋、王褒、刘向之属，朝夕论思，日月献纳；而公卿大臣御史大夫倪宽、太常

---

① 《汉书》卷十，第330页。

② 《〈文心雕龙〉义疏》，第850页。

孔臧、太中大夫董仲舒、宗正刘德、太子太傅萧望之等，时时间作。或以抒下情而通讽喻，或以宣上德而尽忠孝，雍容揄扬，著于后嗣，抑亦雅颂之亚也。故孝成之世，论而录之，盖奏御者千有余篇，而后大汉之文章，炳焉与三代同风。①

《诗经》有所谓“六义，其二曰赋”，指以铺陈的方法写作，或者也可能包括用铺陈的方法创作的文学作品。而汉代所谓赋，作为文体，其内涵指用铺陈的方法创作的文学作品。汉代的王公大臣、文人墨客纷纷作赋，或宣下情，或抒上德，而班固之言正好说明了汉赋的创作正是《诗经》传统在汉代的实现方式。汉赋兴盛就是这样，上有帝王的提倡，下有文人的爱好，其功用又不离抒下情、宣上德，既有讽谏，又尽忠孝，奠定了一个时代的盛况。

四　汉赋作家讽谏内容源于忧患

西汉赋家创作辞赋，以古诗之创作目的为出发点，因而强调讽谏之旨，同时又追求艺术的美丽。西汉赋家第一人应是陆贾，其后则有贾谊、枚乘、司马相如、王褒、扬雄等人。《文心雕龙·才略》云：“汉室陆贾，首发奇采，赋《孟春》而选典诰，其辩之富矣。贾谊才颖，陵轶飞兔，议惬而赋清，岂虚至哉！枚乘之《七发》，邹阳之《上书》，膏润于笔，气形于言矣。仲舒专儒，子长纯史，而丽缛成文，亦诗人之告哀焉。相如好书，师范屈、宋，洞入夸艳，致名辞宗。然覆取精意，理不胜辞，故扬子以为‘文丽用寡者长卿’，诚哉是言也。王褒构采，以密巧为致，附声测貌，泠然可观。子云属意，辞人最深，观其涯度幽远，搜选诡丽，而竭才以钻思，故能理赡而辞坚矣。”② 刘勰论汉代辞赋，独推崇扬雄之深，既在于他的赋极文学之美丽，又是讽谏之意味最深远的。

今存西汉赋家作品，最早为贾谊的《鹏鸟赋》《吊屈原赋》，及见于《古文苑》的《旱云赋》。《鹏鸟赋》言祸福之道以寄托怀才不遇之感；《吊屈原赋》述屈原之

---

① 《文选》卷一，第 2～3 页。
② 《〈文心雕龙〉义疏》，第 914 页。

遇以批评谗佞；而《旱云赋》由天下之大旱，而认为政治不和，曰："惜稚稼之旱夭兮，离天灾而不遂。怀怨心而不能已兮，窃托咎于在位。独不闻唐虞之积烈兮，与三代之风气。时俗殊而不还兮，恐功久而坏败。何操行之不得兮，政治失中而违节。"① 则是以天人感应之思想，批评上位之人的失道。枚乘《七发》谏以"要言妙道"，邹阳《酒赋》曰"清者圣明，浊者顽骏"，公孙乘《月赋》曰"君有礼乐……小臣不佞"，路乔如《鹤赋》曰"赖吾王之广爱，虽禽鸟兮抱恩"，公孙诡《文鹿赋》曰"来我槐庭，食我槐叶，怀我德声……呦呦相召"，又岂是不关政治之言。②《古文苑》引刘安《屏风赋》曰"不逢仁人，永为枯木"，也是有为而发。③ 孔臧《谏格虎赋》批评下国之君"国政不恤"，以格虎为欢，"妨害农业，残夭民命"，而下国之君顿首改正;《杨柳赋》曰"赏恭罚慢，事有纲纪"，"饮不至醉，乐不及荒。威仪抑抑，动合典章";《鸮赋》曰"修德灭邪，化及其邻"，"庶几中庸，仁义之宅";《蓼虫赋》曰"膏粱之子，岂曰不人。惟非德义，不以为家。安逸无心，如禽兽何？逸必致骄，骄必致亡"，都含讽谏时政之意。④《汉书·外戚传》所录汉武帝悼念李夫人之《李夫人赋》，其文情真而意切;《艺文类聚》所载司马迁之《悲士不遇赋》，批评世俗之鱼目混珠、黑白颠倒。至于司马相如、扬雄等人之赋，其著作之目的多为讽谏。

汉赋作家的讽谏并不是缘于汉朝的政治大坏，相反，是受汉朝君主从善如流、从容纳谏的风气所鼓励，也是汉朝复古思想的体现，更是盛世文人对未来的忧患。赵翼《廿二史札记》说"汉诏多惧词"，举汉文帝之诏曰"朕以不敏不明，而久临天下，朕甚自愧"，汉元帝之诏曰"元元大困，盗贼并兴，是皆朕之不明，政有所亏，咎至于此。朕甚自耻，为民父母，若是之薄，谓百姓何！"⑤ 又曰"上书无忌讳"，举贾谊《治安策》、谷永奏成帝之言、刘向奏成帝之言为例，如《治安策》曰"若畜乱宿祸，使万年之后，传之老母弱子，将使不宁，不可谓

---

① 参考《古文苑》卷三，《四部丛刊初编·集部》（商务印书馆，1936 年），并参考费振刚等辑校《全汉赋》（北京大学版社，1993 年）。

② 同上。

③ 同上。

④ 同上。

⑤ [清]赵翼著:《廿二史札记》卷二，北京：中国书店，1987 年，第 25 页。

仁”，谓文帝早死于太后之前，太子未成人之时也。谷永曰：“至陛下独违圣道纵欲，轻身妄行，积失君道，不合天意，亦已多矣。为人后嗣，守人功业如此，岂不负哉！”刘向曰：“陛下为人子孙，而令国祚移于外家，降为皂隶，纵不为身，奈宗庙何？”赵翼指出，这样的狂悖之言，孝文皇帝、孝成皇帝“受之，不加谴怒，且叹赏之，可谓盛德矣”①。因为有汉君主之从善，汉代文人大臣皆把讽谏看作是尽社会责任的光荣职责。

在汉代，《诗经》传播广泛，汉初传《诗》，有申公、辕固生、韩婴，皆今文诗，立于学官。赵人毛苌传《诗》，为古文，未立学官，然对后世影响至深远。《诗序》曰：

> 情发于声，声成文谓之音。治世之音安以乐，其政和；乱世之音怨以怒，其政乖；亡国之音哀以思，其民困。故正得失，动天地，感鬼神，莫近于诗。先王以是经夫妇，成孝敬，厚人伦，美教化，移风俗。……上以风化下，下以风刺上，主文而谲谏，言之者无罪，闻之者足以戒，故曰风。至于王道衰，礼义废，政教失，国异政，家殊俗，而变风变雅作矣。国史明乎得失之迹，伤人伦之废，哀刑政之苛，吟咏情性，以风其上。达于事变，而怀其旧俗者也。故变风发乎情，止乎礼义。发乎情，民之性也；止乎礼义，先王之泽也。②

有人说，这篇序始自子夏，成于毛公，又有人以为乃东汉卫宏所作③。无论作者是谁，这篇序文所表达的文学之“主文而谲谏”的精神，应该于《诗序》成文之前就已存在，它对西汉赋作家的心态有着决定性影响。汉武帝设立乐府④，就是为了效法古圣贤采诗之传统，《汉书·艺文志》所谓“自孝武立乐府而采

---

① 《廿二史札记》卷二，第 30 页。

② ［汉］毛亨传，［汉］郑玄笺，［唐］孔颖达等正义：《毛诗正义》卷一，《十三经注疏》，北京：中华书局，1980 年，第 270 ～ 272 页。

③ 《诗序》当为作诗者及收集诗者所写，为教授诗旨的教材，孔子以传子夏及弟子，非独《毛诗》之序。参看方铭《诗序与诗经现实主义文学传统的建立》（中国诗经学会编《第四届诗经学国际学术研讨会论文集》，学苑出版社，2000 年）。

④ 关于乐府的设立时间，近代学者都主张不自武帝始，我以为此处说武帝立乐府，当指武帝恢复采诗传统而言，此前秦及汉初之乐府，无采诗之责任。

歌谣，于是有代、赵之讴，秦、楚之风，皆感于哀乐，缘事而发，亦可以观风俗，知薄厚云”[①]。而乐府之职，兼采诗赋,《汉书·礼乐志》曰：“至武帝定郊祀之礼，……乃立乐府，采诗夜诵，有赵、代、秦、楚之讴。以李延年为协律都尉，多举司马相如等数十人造为诗赋，略论律吕，以合八音之调，作十九章之歌。”[②]如此，司马相如等人有参与乐府之事，作赋之讽，也就是顺理成章的事情了。

原载《漳州师范学院学报（哲学社会科学版）》2005年第2期

① 《汉书》卷三十，第1756页。
② 《汉书》卷二十二，第1045页。

屈原价值的历史发现及现代重估

屈原是战国时期楚国人，是中国历史上影响最为深远，而且也是最具国际影响力的伟大诗人。1953 年，世界和平理事会决定推举屈原与波兰天文学家哥白尼、法国作家拉伯雷、古巴作家何塞·马蒂等四人为世界文化名人。2009 年，以纪念屈原为核心内容的中国端午节及其传说进入“人类非物质文化遗产代表作名录”，这表明屈原不仅仅是世界文化名人，同时，他的作品及精神价值也是人类文化遗产的一部分。

屈原是一位历史人物，他在中国两千多年的历史长河中，受到了一切正直善良的中国人的尊敬，同时，他也仍然存在于我们当下的文化生活中。站在现代文明的价值基础上，正确认识和评价屈原的价值，是一切热爱屈原的人不可推卸的责任。

一　屈原作为清廉、忠信、贤人地位的确立

对于屈原的研究，开始于对屈原价值的探索，这一探索从战国时期的宋玉

就已经开始了。王逸《楚辞章句·九辩序》说：“宋玉者，屈原弟子也。闵惜其师忠而放逐，故作《九辩》以述其志。”①而《九辩》说：“坎廪兮，贫士失职而志不平，……”②宋玉悯惜其师之“忠”，忠是就屈原的人格而言；宋玉说“贫士失职”，“士”是就屈原的才能而言。简单地说，屈原是一个忠而有才却受到不公正待遇的人。

班固《离骚序》曰：“昔在孝武，博览古文，淮南王安叙《离骚传》，以《国风》好色而不淫，《小雅》怨悱而不乱，若《离骚》者，可谓兼之。蝉蜕浊秽之中，浮游尘埃之外，皭然泥而不滓；推此志，虽与日月争光可也。”③刘安是西汉初期人，他除了高度赞扬屈原《离骚》的价值之外，还着重强调屈原的“清”，即处污泥之中而不受污染，不与邪恶势力同流合污。

司马迁继承了刘安的观点，认为屈原“忠信”。《史记·屈原贾生列传》指出，屈原“信而见疑，忠而被谤”④，但“眷顾楚国，系心怀王”⑤，有“存君兴国”之义。同时，司马迁还突出了屈原作为贤者的价值：“太史公曰：余读《离骚》《天问》《招魂》《哀郢》，悲其志。适长沙，观屈原所自沉渊，未尝不垂涕，想见其为人。及见贾生吊之，又怪屈原以彼其材，游诸侯，何国不容，而自令若是。”⑥司马迁强调屈原可周游诸侯，无有不重视者，而其资本就是“彼其材”。

班固《离骚序》不同意刘安把屈原的作品和六经相提并论，但认为“其文弘博丽雅，为辞赋宗”，屈原本人“虽非明智之器，可谓妙才者也”。⑦班固《离骚序》指出，“屈原初事怀王，甚见信任。同列上官大夫妒害其宠，谗之王，王怒而疏屈原。屈原以忠信见疑，忧愁幽思而作《离骚》”，“屈原痛君不明，信用群小，国将危亡，忠诚之情，怀不能已，故作《离骚》”，“不忍浊世，自投汨罗”。⑧

---

① ［宋］洪兴祖撰：《楚辞补注》，北京：中华书局，1983年，第182页。
② 《楚辞补注》，第183页。
③ 《楚辞补注》，第49页。
④ ［汉］司马迁撰，［南朝宋］裴骃集解：《史记》卷八十四，北京：中华书局，1982年，第2482页。
⑤ 《史记》卷八十四，第2485页。
⑥ 《史记》卷八十四，第2503页。
⑦ 《楚辞补注》，第50页。
⑧ 《楚辞补注》，第51页。

班固虽然对屈原的处世智慧有所质疑，但同样认为屈原是忠信之人，是“妙才”。《汉书·艺文志》说：“春秋之后，周道浸坏，聘问歌咏不行于列国，学《诗》之士逸在布衣，而贤人失志之赋作矣。大儒孙卿及楚臣屈原离谗忧国，皆作赋以风，咸有恻隐古诗之义。”①可见在班固眼里，屈原既是“贤人”，同时又能“忧国”，继承《诗经》传统，作赋以讽。

王逸与屈原有乡亲之谊，因此，他把屈原的作品《离骚》提到了“经”的地位。《楚辞章句·九思序》云：“《九思》者，王逸之所作也。逸，南阳人（一作南郡），博雅多览，读楚辞而伤愍屈原，故为之作解。”又云：“逸与屈原同土共国，悼伤之情与凡有异。”②王逸推崇屈原，对屈原的定位，继承了他的前辈的观点，即清、忠、贤。《楚辞章句序》云：“屈原履忠被谗，忧悲愁思，独依诗人之义而作《离骚》，上以讽谏，下以自慰。遭时暗乱，不见省纳，不胜愤懑，遂复作《九歌》以下，凡二十五篇。”③《楚辞章句·离骚序》云，屈原“不忍以清白久居浊世，遂赴汨渊，自沉而死”，“凡百君子，莫不慕其清高，嘉其文采，哀其不遇，而愍其志焉”。④

从宋玉到王逸，他们为屈原确立了一个具有清廉、忠信人格的贤人形象。这个历史定位，成为屈原形象的最基本内涵。清廉、忠信、贤人，既体现了中国古代人对各级官员模范人格的定位，也是中国古代人对屈原抱有深刻同情和敬仰的历史原因。而贤人定位，也使屈原与孔子的圣人境界相区别。班固《白虎通·圣人》曰：“圣者，通也，道也，声也。道无所不通，明无所不照，闻声知情，与天地合德，日月合明，四时合序，鬼神合吉凶。”⑤孔子既有坚守，而又通权达变，其境界与屈原既有联系又有区别。

朱熹《楚辞集注序》曰：

原之为人，其志行虽或过于中庸，而不可以为法，然皆出于忠君、爱

---

① ［汉］班固撰，［唐］颜师古注：《汉书》卷三十，北京：中华书局，1962年，第1756页。
② 《楚辞补注》，第313页。
③ 《楚辞补注》，第48页。
④ 《楚辞补注》，第23页。
⑤ ［清］陈立撰，吴则虞点校：《白虎通疏证》卷七，《新编诸子集成》，北京：中华书局，1994年，第334页。

> 国之诚心。原之为书，其辞旨虽或流于跌宕怪神、怨怼激发，而不可以为训，然皆生于缱绻恻怛、不能自已之至意。虽其不知学于北方，以求周公仲尼之道，而独驰骋于变《风》、变《雅》之末流，以故醇儒庄士或羞称之，然使世之放臣、屏子、怨妻、去妇抆泪讴吟于下，而所天者幸而听之，则于彼此之间，天性民彝之善，岂不足以交有所发，而增夫三纲五典之重。此予之所以每有味于其言，而不敢直以“词人之赋”视之也。[①]

朱熹《楚辞集注·九歌注》曰：

> 《九歌》者，屈原之所作也。昔楚南郢之邑，沅湘之间，其俗信鬼而好祀，其祀必使巫觋作乐，歌舞以娱神。蛮荆陋俗，词既鄙俚，而其阴阳人鬼之间，又或不能无亵慢淫荒之杂。原既放逐，见而感之，故颇为更定其词。去其泰甚，而又因彼事神之心，以寄吾忠君爱国、眷恋不忘之意。是以其言虽若不能无嫌于燕昵，而君子反有取焉。[②]

朱熹《楚辞辩证·九歌》曰：

> 楚俗祠祭之歌，今不可得而闻矣。然计其间，或以阴巫下阳神，或以阳主接阴鬼，则其辞之亵慢淫荒，当有不可道者。故屈原因而文之，以寄吾区区忠君爱国之意。比其类，则宜为三颂之属。而论其辞则反为国风，再变之郑、卫矣。[③]

朱熹指出屈原有“忠君、爱国之诚心”“忠君爱国、眷恋不忘之意”“区区忠君爱国之意”，其基本出发点也是着眼于屈原的忠信和清廉。

二　二十世纪对屈原价值的挖掘

二十世纪初，随着西方文化的传播，中国学者对中国传统文化的价值产生怀疑，而民主主义的思想也要求重新反思屈原的形象所蕴含的意义。1922 年 8 月 28 日，著名的新文化运动旗手胡适写了《读〈楚辞〉》一文，同年，该文发表在

① ［宋］朱熹撰，蒋立甫点校：《楚辞集注》，上海：上海古籍出版社，2001 年，第 2 页。
② 《楚辞集注》，第 31 页。
③ 《楚辞集注》，第 179 ～ 180 页。

《读书杂志》第一期上。胡适认为,《史记》本来不很可靠,而《史记》的《屈原贾生列传》尤其不可靠,传说中的屈原是根据“儒教化”的《楚辞》解释的,是“箭垛式”的,若真有其人,必不会生在秦汉以前。胡适的上述观点固然是在疑古思潮大环境下的大胆之言,而随着出土文献的不断问世,疑古学派的观点已经成为学术空想。胡适还提出了把《楚辞》重归文学的学科设想,他认为,《楚辞》的研究史是久被“酸化”的,只有推翻屈原的传说,才能进而推翻《楚辞》作为“一部忠臣教科书”的不幸历史,然后可以“从《楚辞》本身上去寻出它的文学兴味来,然后《楚辞》的文学价值可以有恢复的希望”。[①]显然,胡适所谓文学学科的观念也是来源于西方,而不是中国古代固有的“文学”学科概念。

1922年11月3日,梁启超先生在东南大学文哲学会上发表了《屈原研究》之讲演,提出中国文学家的老祖宗必推屈原,中国历史上表现个性的作品,头一位就是屈原的作品。梁启超认为,屈原具有改革政治的热情,又热爱人民、热爱社会,他以其自杀表现出对社会、对祖国的同情和眷恋,而又有不愿意向黑暗势力妥协的决心,因此,屈原的自杀使他的人格和作品更加光耀。[②]显然,梁启超对屈原的评价有胡适的新“文学”观念,同时又继承了中国古代关于屈原作为清廉、忠信、贤人的理念。

1929年6月7日,郭沫若写了《革命诗人屈原》一文,认为春秋战国时期也存在一个“五四运动”,而屈原就是古代“五四运动”的健将,即中国古代的诗在屈原手里发起了一次大的革命。[③]1942年,郭沫若又写了《屈原思想》一文,在这篇文章中,他提出屈原的世界观是前进的、革命的,但是他的方法——作为诗人在构想和遣词上的技术却不免有些保守。郭沫若认为,屈原思想明显有儒家风貌,注重民生,倡导德政,注重修己以安人,所以屈原是一位南方的儒者。[④]

1953年6月13日,林庚先生在《大公报》上发表了《诗人屈原的出现》一

① 参看胡适:《胡适文存二集·读〈楚辞〉》,上海:亚东图书馆,1924年,第147～148页。

② 参看梁启超:《饮冰室合集·文集·屈原研究》卷三十九. 北京:中华书局,1989年,第49～68页。

③ 参看郭沫若:《郭沫若全集·文学编·蒲剑集》卷十九,北京:人民文学版社,1992年,第48～51页。

④ 参看《郭沫若全集·文学编·蒲剑集》卷十九,第48～51页。

文，指出屈原的艺术才能“全部为了人民的愿望与政治斗争”，在中国古代，没有一个诗人能像屈原一样，把自己一生的思想感情与政治斗争紧密地结合起来。因此，屈原是“我们伟大的第一个诗人”，“是一个政治家”，他毕生为一个政治理想而斗争，他是一个真理的追求者。①

1957年作家出版社出版了《楚辞研究论文集》，其中收录的论文大部分发表于1951年至1956年间的重要报刊上，是屈原被推举为世界文化名人前后中国文学界为纪念屈原而出版的一部著作。其中具有代表性的关于屈原评价的文章是郭沫若的《伟大的爱国诗人——屈原》。郭沫若认为，屈原“同情人民，热爱人民”，“不仅热爱楚国，而且热爱中国”。② 先师褚斌杰先生《屈原——热爱祖国的诗人》则提出屈原的“思想和行为是崇高的，具有人民性的”之观点，认为屈原的价值体现在以下四方面：疾恶如仇，能与腐朽反动的贵族政权作斗争；关怀民族命运和人民生活；对祖国和乡土无限热爱；宁死不屈，有以死殉国的伟大气节。③

三　不能抛开屈原的政治活动讨论屈原的作品价值

胡适先生曾主张抛开屈原的政治活动来讨论屈原作品的意义，而林庚先生则认为屈原首先是一个政治家，他的文学活动是和政治活动紧密联系在一起的。显然，林庚先生的观点更体现了知人论世的文学观念。

屈原是战国时期楚国重要的政治家，对屈原作品的把握离不开其政治活动。只有抓住屈原的政治活动轨迹，才能准确把握屈原作品的内涵。屈原的价值，体现为他的文学成就和政治人格的完美结合。屈原的作品，表现的是他的政治活动和政治遭遇，以及政治活动和政治遭遇所带来的思想感情方面的期待与沮丧、希

---

① 参看林庚：《诗人屈原的出现》，载作家出版社编辑部编《楚辞研究论文集》，北京：作家出版社，1957年，第33页。

② 参看郭沫若：《伟大的爱国诗人——屈原》，载作家出版社编辑部编《楚辞研究论文集》，北京：作家出版社，1957年，第8～9页。

③ 参看褚斌杰：《屈原——热爱祖国的诗人》，载作家出版社编辑部编《楚辞研究论文集》，北京：作家出版社，1957年，第36页。

望与失望。通过屈原的政治活动和政治遭遇，我们又可以深入了解屈原的作品。如果没有屈原的作品，我们就无法了解屈原的遭遇；如果没有这些坎坷的遭遇，屈原可能也不会创作这些作品，即使创作了作品，他的作品也不会有这么久远的力量。

王逸《楚辞章句序》云：

> 屈原履忠被谗，忧悲愁思，独依诗人之义而作《离骚》，上以讽谏，下以自慰。遭时暗乱，不见省纳，不胜愤懑，遂复作《九歌》以下，凡二十五篇。楚人高其行义，玮其文采，以相教传。

《楚辞章句·天问序》云：

> 屈原放逐，忧心愁悴，彷徨山泽，经历陵陆，嗟号昊旻，仰天叹息，见楚有先王之庙及公卿祠堂，图画天地山川神灵，琦玮僪佹，及古贤圣怪物行事，周流罢倦，休息其下，仰见图画，因书其壁，何而问之，以泄愤懑，舒泻愁思。楚人哀惜屈原，因共论述，故其文义不次序云尔。[①]

《楚辞章句·九章序》云：

> 屈原放于江南之野，思君念国，忧心罔极，故复作《九章》，章者，著也，明也。言己所陈忠信之道，甚著明也。卒不见纳，委命自沈，楚人惜而哀之，世论其词，以相传焉。[②]

《楚辞章句·渔父序》云：

> 屈原放逐，在江湘之间，忧愁叹吟，仪容变易，而渔父避世隐身，钓鱼江滨，欣然自乐。时遇屈原川泽之域，怪而问之，遂相应答。楚人思念屈原，因叙其辞以相传焉。[③]

王逸提到“楚人高其行义，玮其文采”，“楚人哀惜屈原”，思念屈原，因此，“因共论述”，因叙其辞，以相教传。也就是说，如果没有屈原的高尚行义和奇玮文采，没有对屈原的哀惜和同情，屈原的作品是否能够流传都是一个未知数。

---

① 《楚辞补注》，第 85 页。

② 《楚辞补注》，第 120 ～ 121 页。

③ 《楚辞补注》，第 179 页。

四　屈原是一个想有所作为的政治家

屈原不仅仅是一个政治家，而且是一个想有所作为的政治家，这是他悲剧命运的根源。

战国时期是一个大动荡的时代。春秋、战国之交，随着晋国的分裂、楚国的衰落，春秋时的晋、楚两极世界变成了秦国独大的一极世界。而秦国之所以兴、楚国之所以衰，最根本的原因就是秦国有政治优势。秦国自秦穆公开始，不拘一格重用人才，秦国的重要岗位不但向秦国人才开放，而且向山东各诸侯国的人才开放，只要是人才就可得到任用。《史记·孔子世家》载，鲁昭公二十年（公元前 522 年），时孔子三十岁，齐景公与晏婴访问鲁国。齐景公问孔子："昔秦穆公国小处辟，其霸何也？"孔子回答："秦，虽国小，其志大；处虽辟，行中正。身举五羖，爵之大夫，起垒绁之中，与语三日，授之以政。以此取之，虽王可也，其霸小矣。"[①] 秦穆公的志大中正、礼贤下士，正是秦国由霸而王的基础。

秦国的政治是一个开放的体系，而楚国的政治却是一个封闭的体系，楚王重用的都是他的近亲。《史记·孙子吴起列传》载，吴起逃离魏国，"楚悼王素闻起贤，至则相楚。明法审令，捐不急之官，废公族疏远者，以抚养战斗之士"。其矛头首先就对准了楚之贵戚，等到楚悼王死后，楚国"宗室大臣作乱而攻吴起，吴起走之王尸而伏之"，虽然最后楚国"尽诛射吴起而并中王尸者。坐射起而夷宗死者七十余家"，但是，楚国的政治仍然回归到了重用贵戚的老路上去了。[②] 湖南长沙岳麓书院门口有"惟楚有才，于斯为盛"的对联，说的是春秋时期"楚材晋用"的典故，楚材晋用并不是说楚国的人才多，而是说楚国的人才不能在楚国发挥作用，只好到别国去了。《离骚》中灵氛为屈原占卜，得出的结论是应该远行，灵氛说："两美其必合兮，孰信修而慕之？思九州之博大兮，岂唯是其有女？"[③]说的是人才应该选择一个能够有所作为的地方，做出一番事业来。

---

① 《史记》卷四十七，第 1910 页。
② 《史记》卷六十五，第 2168 页。
③ 《楚辞补注》，第 35 页。

楚国因为政治上的封闭性，导致优秀的人才不仅不会在楚国得到重用，反而还会深受迫害，春秋时伍子胥的遭遇就说明了这一点。《史记·伍子胥列传》载，楚平王给太子建娶秦女，因秦女美好，于是占为己有，并因忌恨太子建及太子建的太傅伍奢而杀伍奢。又因伍奢二子伍尚、伍员（即伍子胥）贤，欲杀二人，伍尚死，伍员逃亡。伍员逃到吴国后，率吴国军队灭楚，而楚臣申包胥“立于秦廷，昼夜哭，七日七夜不绝其声”，秦哀公怜之，说：“楚虽无道，有臣若是，可无存乎！”于是“遣车五百乘救楚击吴”，楚国因此才能在春秋后期苟延残喘下来。[①]

战国时期，楚国国力虽有恢复，但仍无法同秦国对抗。《史记·秦始皇本纪》载，秦孝公死后，秦惠王、秦武王“蒙故业，因遗册，南兼汉中，西举巴、蜀，东割膏腴之地，收要害之郡”。诸侯眼见秦之强大，感到恐惧，“会盟而谋弱秦，不爱珍器重宝肥美之地，以致天下之士，合从缔交，相与为一”。山东诸侯“常以十倍之地，百万之众，叩关而攻秦。秦人开关延敌，九国之师逡巡遁逃而不敢进”，“于是从散约解，争割地而奉秦”。秦“因利乘便，宰割天下，分裂河山，强国请服，弱国入朝”。[②]《史记·张仪列传》载，张仪说楚怀王曰：“秦地半天下，兵敌四国，被险带河，四塞以为固。虎贲之士百余万，车千乘，骑万匹，积粟如丘山。法令既明，士卒安难乐死，主明以严，将智以武，虽无出甲，席卷常山之险，必折天下之脊，天下有后服者先亡。且夫为从者，无以异于驱群羊而攻猛虎，虎之与羊不格明矣。今王不与猛虎而与群羊，臣窃以为大王之计过也。”又说：“秦西有巴蜀，大船积粟，起于汶山，浮江已下，至楚三千余里。舫船载卒，一舫载五十人与三月之食，下水而浮，一日行三百余里，里数虽多，然而不费牛马之力，不至十日而距扞关。扞关惊，则从境以东尽城守矣，黔中、巫郡非王之有。秦举甲出武关，南面而伐，则北地绝。秦兵之攻楚也，危难在三月之内，而楚待诸侯之救，在半岁之外，此其势不相及也。夫恃弱国之救，忘强秦之祸，此臣所以为大王患也。”[③]

---

① 参看《史记》卷六十六，第 2171 ～ 2177 页。

② 参看《史记》卷六，第 279 页。

③ 《史记》卷七十，第 2289 ～ 2290 页。

秦国的强势与楚国的羸弱决定了战国时期的楚国是一个不可能有大作为的角色。也正因此，屈原给楚王提出的连齐抗秦、杀张仪以泄愤、不去武关会秦王的政治策略，但楚怀王都不敢接受。《史记·楚世家》载，秦昭襄王约楚怀王访秦，“楚怀王见秦王书，患之。欲往，恐见欺；无往，恐秦怒”。昭睢建议楚王毋行，发兵自守，楚怀王儿子子兰说：“奈何绝秦之欢心！”[①]楚怀王为了社稷，只能忘记自己这个君主的安危，亲赴秦国。《孟子·尽心下》说：“民为贵，社稷次之，君为轻。是故得乎丘民而为天子，得乎天子为诸侯，得乎诸侯为大夫。诸侯危社稷，则变置。牺牲既成，粢盛既絜，祭祀以时，然而旱干水溢，则变置社稷。”[②]楚怀王也许做不到“民为贵”，但他知道在社稷存亡面前“君为轻”的价值判断，他不去秦国则可能“危社稷”，所以他就只得选择去了。

屈原是一个想在楚国有所作为的政治家，但是楚国不能给他提供大有作为的舞台。屈原不被楚王任用，怀才不遇，生不逢时。不能有所作为和想有所作为，这是屈原和楚国领导层矛盾冲突的根源，也是他悲剧命运的根源。

五　屈原是一个有坚守的政治家

战国时期是一个巨变的时代，如何适应社会的蜕变成了这个时代弄潮儿们追逐的目标，战国时期成功的政治家也无不体现这个特点。法家、纵横家的成功在于他们放弃了自己的坚守。

孔子与他的弟子是春秋战国时期最有坚守的政治家。孔子周游列国，不是为了谋得官职而是为了传道，也正因此，孔子面对诸侯权臣的邀请时不为其所动。《论语·阳货上》载，阳货因孔子不愿出仕，因此攻击孔子“怀其宝而迷其邦”是不仁，“好从事而亟失时”是不智。[③]殊不知如果不能以道治国，在乱世求富贵，

① 《史记》卷四十，第1728页。

② [清]焦循撰：《孟子正义》卷二十八，《新编诸子集成》，北京：中华书局，1987年，第973～974页。

③ 参看程树德撰，程俊英、蒋见元点校：《论语集释》卷三十四，《新编诸子集成》，北京：中华书局，1990年，第1174～1175页。

必然会成为坏人帮凶。因此，孔子的坚守正是孔子仁和智的体现。《史记·孟子荀卿列传》载，战国时期“天下方务于合从连衡，以攻伐为贤，而孟轲乃述唐、虞、三代之德”，与世俗不合，梁惠王甚至认为孟子“迂远而阔于事情”。不过，司马迁理解儒家的坚守，他说：“故武王以仁义伐纣而王，伯夷饿不食周粟；卫灵公问陈，而孔子不答；梁惠王谋欲攻赵，孟轲称大王去邠。此岂有意阿世俗苟合而已哉！持方枘而内圆凿，其能入乎？”[①]

《史记·商君列传》载，商鞅因秦孝公宠臣景监求见孝公，先“说公以帝道”，“孝公时时睡，弗听”，谴责景监说：“子之客妄人耳，安足用邪！”后五日，商鞅二见孝公，“说公以王道”，“益愈，然而未中旨”，“孝公复让景监”。商鞅三见孝公，“说公以霸道”，“孝公善之而未用也”，孝公对景监说：“汝客善，可与语矣。”商鞅四见孝公，“以强国之术说君”，“公与语，不自知膝之前于席也。语数日不厌”。商鞅的最高理想是“帝道”，其次是“王道”，其次是“霸道”，而“强国之术”是他认为的下下者之道；但因为秦孝公认为“安能邑邑待数十百年以成帝王乎”，“久远，吾不能待”，商鞅只能放弃他的理想而投孝公所好，其实他自己知道，强国之术“难以比德于殷周矣”。[②]

《史记·苏秦列传》载，苏秦先赴秦国，以连横为说，意在统一天下。秦惠公刚诛杀商鞅，兴趣不在此，说：“毛羽未成，不可以高飞；文理未明，不可以并兼。”[③]因而不用苏秦。苏秦于是东赴燕国，以合纵为说，推介反统一的政治策略。《史记·张仪列传》载，张仪先赴燕国找苏秦，意欲参与合纵大业，从事反统一活动；苏秦不用张仪，张仪只好西至秦国，投身连横事业，从事统一活动。[④]

商鞅及苏秦、张仪，不能说他们心中没有理想和是非观，但是他们没有底线。他们都是把做官和做事放在第一位，而没有把国家和民族的未来放在第一位，因此他们根据君主这个“市场需求”来提供自己的“产品”，而不是把拯救

① 参看《史记》卷七十四，第 2343 ～ 2345 页。
② 参看《史记》卷六十八，第 2227 ～ 2238 页。
③《史记》卷六十九，第 2242 页。
④ 参看《史记》卷七十，第 2280 ～ 2304 页。

国家和民族放在第一位，没有为国家和民族的未来去服务社会的信念。孔子和屈原是要做官、做事，但他们做官是为了做正确的事。

《礼记·礼运》引孔子之言：

> 大道之行也，天下为公。选贤与能，讲信修睦。故人不独亲其亲，不独子其子，使老有所终，壮有所用，幼有所长，矜、寡、孤、独、废、疾者皆有所养。男有分，女有归。货恶其弃于地也，不必藏于己；力恶其不出于身也，不必为己。是故谋闭而不兴，盗窃乱贼而不作，故外户而不闭，是谓大同。今大道既隐，天下为家。各亲其亲，各子其子，货力为己。大人世及以为礼，城郭沟池以为固，礼义以为纪，以正君臣，以笃父子，以睦兄弟，以和夫妇，以设制度，以立田里，以贤勇知，以功为己。故谋用是作，而兵由此起。禹、汤、文、武、成王、周公，由此其选也。此六君子者，未有不谨于礼者也。以著其义，以考其信，著有过，刑仁讲让，示民有常。如有不由此者，在执者去，众以为殃，是谓小康。①

孔子把春秋前的中国古代社会分为大同、小康两个阶段，而认为春秋时期是礼崩乐坏的时代。《战国策·燕策一》载郭隗之言，有“帝者与师处，王者与友处，霸者与臣处，亡国与役处”②四句。帝道、“帝者”指五帝时代，王道、“王者”指夏、商、周三王时代，霸道、“霸者”指春秋时期，强国之术、“亡国”指战国时期。五帝时代，特别是尧、舜时期，效法天道，政治制度以“天下为公”为基础，政治文化以大同为价值，经济权利和政治权力的平等是这个时期的社会特征。简单说就是，有饭大家同吃，有衣大家同穿。三王时期，虽是“天下为家”的时代，但社会文化氛围强调德治，即统治者为百姓服务，统治者先天下之忧而忧、后天下之乐而乐。在我看来，夏、商两代谈不上有德治传统，德治精神应该是周人克商之后建立的文化体系所体现的价值。周先祖不窋在夏后启破坏禅让体制、篡权建立世袭制政治体制后去夏，辗转在泾河流域的义渠（即今天的甘肃庆阳一带），在周民族部落中传承大同文化。但是周

---

① [汉]郑玄注，[唐]孔颖达等正义：《礼记正义》卷二十二，《十三经注疏》，北京：中华书局，1980年，第1414页。

② [汉]刘向集录：《战国策》卷二十九，上海：上海古籍版社，1985年，第1064页。

克商后，民族融合，周人面临继承的“家天下”的政治制度遗产和固有的大同的政治文化遗产的冲突，因此，提出德治来调节百姓和周天子利益相悖可能带来的困境。德治的特征简单说就是，百姓没有饭吃，统治者不吃饭；百姓没有衣服穿，统治者不穿衣。五霸时代，霸主挟天子以令诸侯，其文化价值是承认统治者的特权，但统治者仍能“推恩”，具体体现就是贯彻仁政观念，统治者在享受特权的时候也需要兼顾百姓的生存问题。简单说就是，统治者吃肉的时候，应该给百姓留一点儿肉汤喝。而强国之术强调的政治文化是弱肉强食，《论语·颜渊》说：“爱之欲其生，恶之欲其死。”①《史记·天官书》说：“顺之胜，逆之败。”②《韩非子·五蠹》指出：“当今争于气力。”③这些话所表述的行事原则就代表了这个时代的文化价值。简单说就是，百姓顺从统治者，则有饭吃，有衣穿；不顺从统治者，则没有饭吃，没有衣穿。

从大同至小康，从小康至春秋，从春秋至战国，是中国社会制度不断退化的过程。《孟子·告子下》说：“五霸者，三王之罪人也。今之诸侯，五霸之罪人也。”④而实际上，三王也是尧、舜之罪人。《老子》说：“故失道而后德，失德而后仁，失仁而后义，失义而后礼。夫礼者，忠信之薄而乱之首。”⑤《庄子·知北游》说：“失道而后德，失德而后仁，失仁而后义，失义而后礼。礼者，道之华而乱之首也。”⑥大体说的也是从大同以下的社会蜕变带来的观念变化，“道”与大同时期相联系，“德”与小康时期相联系，而“仁、义、礼”则是小康之后至五霸时期的政治文化。

屈原同样是有坚守的政治家，他之所以能坚守，就在于他是一个深沉的思考者、一个关心楚国命运的政治家。屈原思考拯救楚国的指导原则，思考历史与现

① 《论语集释》卷二十五，《新编诸子集成》，第 853 页。
② 《史记》卷二十七，第 1319 页。
③ [清]王先慎撰：《韩非子集解》卷十九，《诸子集成》，北京：中华书局，1954 年，第 341 页。
④ 《孟子正义》卷二十五，《新编诸子集成》，第 839 页。
⑤ [三国魏]王弼注：《老子注》下篇第三十八章，《诸子集成》，北京：中华书局，1954 年，第 23 页。
⑥ [清]王先谦撰：《庄子集解》卷六，《新编诸子集成》，北京：中华书局，1987 年，第 185 ～ 186 页。

实、自然与社会的有关问题。屈原在思考楚国的现实困境时提出了解决楚国政治困境的方法，这就是要实现尧、舜、禹、汤、文、武之美政。因此，与其说屈原是法家或者改革家，毋宁说他是一个坚守传统的儒家思想家。他的思想价值不在于他在战国时期体现了怎样的改革意识，而在于他知道百姓的幸福依靠回归选贤与能的美政。这就使他区别于同时代的打着改革旗号的势利之徒。

六　屈原一直在追求社会公正

学界在二十世纪提出的“屈原是爱国主义诗人”这个表述是没有错的。《战国策·西周策》载：

> 秦令樗里疾以车百乘入周，周君迎之以卒，甚敬。楚王怒，让周，以其重秦客。游腾谓楚王曰：“昔智伯欲伐厹由，遗之大钟，载以广车，因随入以兵，厹由卒亡，无备故也。桓公伐蔡也，号言伐楚，其实袭蔡。今秦者，虎狼之国也，兼有吞周之意，使樗里疾以车百乘入周，周君惧焉，以蔡、厹由戒之，故使长兵在前，强弩在后，名曰卫疾，而实囚之也。周君岂能无爱国哉？恐一日之亡国，而忧大王。”楚王乃悦。[①]

《汉纪》载，荀悦曰：

> 昔者圣王之有天下，非所以自为，所以为民也，不得专其权利，与天下同之，唯义而已，无所私焉。封建诸侯，各世其位，欲使亲民如子，爱国如家，于是为置贤卿大夫，考绩黜陟，使有分土而无分民，而王者总其一统，以御其政。故有暴礼于其国者，则民叛于下，王诛加于上。是以计利虑害，劝赏畏威，各兢其力，而无乱心。[②]

在中国传统价值观中，“爱国如家”和“亲民如子”是联系在一起的，而且亲民如子是爱国如家的前提。

《孟子·梁惠王下》载：

① 《战国策》卷二，第50页。

② ［汉］荀悦撰，张烈点校：《两汉纪上·汉纪·孝惠皇帝纪》卷五，北京：中华书局，2002年，第72页。

邹与鲁哄，穆公问曰："吾有司死者三十三人，而民莫之死也。诛之则不可胜诛，不诛则疾视其长上之死而不救，如之何则可也？"孟子对曰："凶年饥岁，君之民，老弱转乎沟壑，壮者散而之四方者，几千人矣。而君之仓廪实，府库充，有司莫以告，是上慢而残下也。曾子曰：'戒之戒之！出乎尔者，反乎尔者也。'夫民今而后得反之也。君无尤焉？君行仁政，斯民亲其上，死其长矣。"①

屈原的爱国主义精神表现为对楚国昏庸和奸诈的政治家以及不能选贤举能的政体的强烈批判，屈原希望在楚国有公平和正义，正道直行的人受重视，而枉道邪行的人被抛弃。但是楚国的现实正好相反，所以他有强烈的不满。屈原的爱国主义是建立在亲民如子基础上的爱国如家，是与传统衔接的。

《史记·太史公自序》说，"屈原放逐，著《离骚》"，"此人皆意有所郁结，不得通其道，故述往事，思来者"。②《史记·屈原贾生列传》说："屈平疾王听之不聪也，谗谄之蔽明也，邪曲之害公也，方正之不容也，故忧愁幽思而作《离骚》。《离骚》者，犹离忧也。夫天者，人之始也；父母者，人之本也。人穷则反本，故劳苦倦极，未尝不呼天也；疾痛惨怛，未尝不呼父母也。屈平正道直行，竭忠尽智以事其君，谗人间之，可谓穷矣。信而见疑，忠而被谤，能无怨乎？屈平之作《离骚》，盖自怨生也。"③屈原的不朽诗篇《离骚》，整篇文章所要表达的是离别的忧愁。而之所以要离别，就是因为在楚国没有受到公正待遇。

在《离骚》中，屈原首先陈述自己的才能，"纷吾既有此内美兮，又重之以修能"，自己认为自己是正道直行的君子，但是，楚国谗佞当道，"固时俗之工巧兮，偭规矩而改错。背绳墨以追曲兮，竞周容以为度"，楚王不觉悟，不但不能近君子而远小人，反倒是远君子而近小人。屈原虽然知道楚国社会氛围黑暗阴险，但决不妥协，"宁溘死以流亡兮，余不忍为此态也"。屈原试图改变在楚国的处境，曾经"上下而求索"，"哀高丘之无女"，"求宓妃之所在"，"见有娀之佚女"，"留有虞之二姚"。屈原虽然努力了，但是世俗混浊，楚王昏庸，所有的努力都

① 《孟子正义》卷五，《新编诸子集成》，第157～158页。
② 《史记》卷一百三十，第3294～3300页。
③ 《史记》卷八十四，第2482页。

失败了。“理弱而媒拙兮，恐导言之不固。世混浊而嫉贤兮，好蔽美而称恶。闺中既以邃远兮，哲王又不悟”。屈原求灵氛占卜，灵氛说：“勉远逝而无狐疑兮，孰求美而释女？何所独无芳草兮，尔何怀乎故宇？”他认为以屈原的才能，可以周游任何国家。而巫咸则认为屈原在楚国的机会尚多，“及年岁之未晏兮，时亦犹其未央”。屈原忖度自己在楚国不可能有任何前途，因此偕仆夫与马周游，但周游一圈后，“忽临睨夫旧乡”，“仆夫悲余马怀兮，蜷局顾而不行”。《离骚》乱词说：“已矣哉，国无人莫我知兮，又何怀乎故都？既莫足与为美政兮，吾将从彭咸之所居。”[①] 屈原虽然最终不能离去，但对于楚国的政治已经彻底失望了。

屈原是历史中真实存在过的人，同时也是经过历代文化人和屈原的崇敬者不断诠释过的文化符号。我们既要还原历史中的屈原，也要注意后代人对屈原的诠释；既要注意对屈原正面的诠释，也要注意批评者的文化立场。总而言之，在中国文化史上，无论是赞扬屈原还是批评屈原，他们都是把屈原当作一个有价值的样本，体现他们对屈原的尊敬和同情。如果能认识到这一点，还原历史就有了科学的立场。

屈原是历史人物，但是今天我们应该用二十一世纪的眼光，站在世界文化发展的立场上学习屈原。屈原是中国的，更是世界的。我们站在世界立场和现代立场上评价屈原的时候，不应该仅仅停留在给屈原加一个爱国主义的标签，而更应该看到屈原爱国主义精神的实质：屈原是在一个缺少公平性、丧失了正义价值的时代中，积极倡导并痛苦地追寻社会公平和正义价值的伟大诗人。屈原爱国主义精神的价值也就在此。

原载《山西大学学报（哲学社会科学版）》2013 年第 5 期

---

① 《楚辞补注》，第 47 页。

从庄子与屈原的审美理想看“楚文化”

研究“楚文化”的人常常以庄子、屈原二人为其代表，并将二人的共性看作是“楚文化”作为一种独立文化的基石。事实上，庄子与屈原在本质特征上是很不相同的，而庄子学说与屈原思想又同中原文化有着千丝万缕的联系。关于这一点，我们可以通过对庄子与屈原审美理想的研究得到确认。

一　文本的表象：庄、屈的共性

要研究庄子与屈原的审美理想，应首先立足于对其文本的解释，而我们的认识首先来自于对文本的表象研读。通过表象研读，我们发现庄子与屈原都渴望追求美的理想，而美的理想首先表现在政治理想方面。无论是庄子还是屈原，他们都自觉地把追求政治的善作为美的理想的归宿，善的政治便是可以带给他们美的愉悦的来源。毫无疑问，庄子与屈原都是理想主义者。屈原称述尧、舜、禹、汤、文、武等圣贤，赞扬选贤授能的美政。他的理想不能实现，因而不满现实，批判现实。《史记·屈原贾生列传》曰：“屈平正道直行，竭忠尽智以事其君，谗人间之，可谓穷矣。信而见疑，忠而被谤，能无怨乎？屈平之作《离骚》，盖自怨生也。”①《九章·惜诵》曰：“惜诵以致愍兮，发愤以抒情。”② 王逸《楚辞章句·天问》曰：“以泄愤懑，舒泻愁思。”③ 屈原之作责恨怀王，刺讥椒、兰，怨恶世俗。《离骚》曰：“伤灵修之数化。……众皆竞进以贪婪兮。……各兴心而嫉妒。……固时俗之工巧兮，偭规矩而改错。背绳墨以追曲兮，竞周容以为度。”④《怀沙》曰：“众不知余之异采。”⑤《渔父》曰：“举世皆浊我独清，众人皆醉我独醒。”⑥

渴望理想的强烈程度决定了其在失望之时对违背理想的现象的批判程度。屈原对现实的不满，包括了对现实制度不遵法度和现实社会之中人的堕落的批判。庄子欲使天下返璞归真，回复到赫胥氏等原始的无君、无臣、无贵、无贱、无贫、无富的和平、民主、自由时代，因而对现实社会政治制度、文化传统、人的异化的批判尤为用力，认为人的本性所具有的自然品性已丧失。《人间世》指出：“方今之时，仅免刑焉。”⑦《山木》曰：“今处昏上乱相之间，而欲无惫，其可得邪？此比干之见剖心，征也夫！”⑧《在宥》曰：“今世殊死者相枕也，桁杨者相推也，刑戮者相望也。”⑨

南宋永嘉学派代表人物叶适尝谓：“庄周者，不得志于当世而放意于狂言，湛独一世而思以寄之，是以至此，其怨愤之切，所以异于屈原者鲜矣。”⑩ 屈原与庄子把自己的理想作为参照系，以衡量现实社会制度，又以自己高洁的品性为为人的标准，以评品现实人物，因而对现实中的政治、群体及个体充满了不屑之

---

① [汉]司马迁撰，[南朝宋]裴骃集解：《史记》卷八十四，北京：中华书局，1982年，第2482页。
② [宋]洪兴祖撰：《楚辞补注》，北京：中华书局，1983年，第121页。
③ 《楚辞补注》，第85页。
④ 参看《楚辞补注》，第10～15页。
⑤ 《楚辞补注》，第144页。
⑥ 《楚辞补注》，第179页。
⑦ [清]王先谦撰：《庄子集解》卷一，《新编诸子集成》，北京：中华书局，2006年，第44页。
⑧ 《庄子集解》卷五，《新编诸子集成》，第172页。
⑨ 《庄子集解》卷三，《新编诸子集成》，第92～93页。
⑩ 参看叶适：《水心先生别集》卷六，台北：河洛图书出版社，1974年。

情。在这个时候，他们便都把隐逸作为应付理想破灭的归宿。隐逸便是出世，是暂时逃避现实的烦恼。

早在老庄之前，中国便存在着真隐士，如伯夷、叔齐之流。出世之想，是中国古代正直而具智慧的贤哲对付“家天下”社会唯一行之有效的武器。庄子是隐逸文化的集大成者，他在社会生活之中，通过心斋、坐忘、丧我来表达出世的目的。《人间世》曰：“彼且为婴儿，亦与之为婴儿；彼且为无町畦，亦与之为无町畦；彼且为无崖，亦与之为无崖。达之，入于无疵。汝不知夫螳螂乎？怒其臂以当车辙，不知其不胜任也，是其才之美者也。”①《知北游》曰：“形若槁骸，心若死灰。”②《庚桑楚》曰：“吾固告汝曰：‘能儿子乎？’儿子动不知所为，行不知所之，身若槁木之枝而心若死灰矣。若是者，祸亦不至，福亦不来。祸福无有，恶有人灾也？”③庄子的出世，既是心灵的无欲念、无知识、无是非，也是空间的无有。《逍遥游》曰：“何不树之于无何有之乡，广莫之野。”④《应帝王》曰：“以出六极之外，而游无何有之乡，以处圹埌之野。”⑤《在宥》曰：“入无穷之门，以游无极之野。”⑥庄子了解社会现实中对立势力之强大，不愿学螳臂挡车之举，因而倡导出世以摆脱人世的烦恼。

同样，当屈原在面临挫折之时，也曾经产生过出世之念。《离骚》曰：“退将复修吾初服……历吉日乎吾将行……吾将远逝以自疏……已矣哉，国无人莫我知兮，又何怀乎故都？既莫足与为美政兮，吾将从彭咸之所居。”⑦《远游》曰：“悲时俗之迫阨兮，愿轻举而远游。”⑧《涉江》曰：“世混浊而莫余知兮，吾方高驰而不顾。”⑨屈原一方面迫切地致力于实现的自己理想，但另一方面由于巨大的现实压力，他又不时会产生脱离楚国这个是非圈的念头，最终因不愿与世俗同流合

① 《庄子集解》卷一，《新编诸子集成》，第 40 页。
② 《庄子集解》卷六，《新编诸子集成》，第 187 页。
③ 《庄子集解》卷六，《新编诸子集成》，第 201 页。
④ 《庄子集解》卷一，《新编诸子集成》，第 8 页。
⑤ 《庄子集解》卷二，《新编诸子集成》，第 71 页。
⑥ 《庄子集解》卷三，《新编诸子集成》，第 94 页。
⑦ 参看《楚辞补注》，第 17 ～ 47 页。
⑧ 《楚辞补注》，第 309 页。
⑨ 《楚辞补注》，第 128 页。

污，愤而沉江，从知觉上彻底遁离人世社会。这与庄子丧我，以为人生之悲剧在“吾有身”，通过修养以达到从意识中自以为“无”的境界，实也是殊途同归。

自近世以来，学者引进“浪漫主义”一语以喻某种文学创作的方法。浪漫主义作为十八至十九世纪欧洲的进步文艺思潮，表现为创造者在创造美的时候所表现出的强烈的主观色彩和对专制黑暗的反抗，以及由此生发的强烈的感情。而审美客体，即文本，又把主体创造时的强烈特征通过热情奔放的语言、虚构奇崛的意境、瑰丽夸张的想象表现出来，这实际上是美的理想的美感形式。

庄子和屈原虽分属哲学家和文学家，但作为哲学家的庄子在建构他的哲学主张时，也采取了类似文学家的某些重视情感的、具象的、艺术化的手段，所以其文本与屈原的作品一样，也呈现出浪漫主义的面貌。司马迁称庄子“故其著书十余万言，大抵率寓言也”，“《畏累虚》《亢桑子》之属，皆空语无事实，然善属书离辞，指事类情……其言洸洋自恣以适己”[①]。“寓言”便是形象之言、比喻之言、象征之言；“空语无事实”即虚构，指事类情，便是在散文中融入感情，“洸洋自恣”表现为意境的博大和风格的随意性。庄子也自称“寓言十九，重言十七，言日出，和以天倪”[②]，“以缪悠之说，荒唐之言，无端崖之辞，时恣纵而不傥，不以觭见之也。以天下为沉浊，不可与庄语，以卮言为曼衍，以重言为真，以寓言为广。独与天地精神往来，而不敖倪于万物，不谴是非，以与世俗处。其书虽瑰玮而连犿无伤也，其辞虽参差而諔诡可观。彼其充实不可以已，……”[③]。而所谓“和以天倪”，据《齐物论》解释，便是“是不是，然不然”，即不是把观念用直观的形式直接表达出来，而是通过隐晦曲折的象征说话。庄子为了表现他追求绝对自由的哲学主张，采用了具象与抽象、现实与非现实结合的形式，其文风雄奇宏伟、气势磅礴，而所述内容又多为虚构荒诞的故事，立意神秘玄妙，语言含有辛辣冷峭的讽刺意味，态度却极夸张、极幽默。如《逍遥游》之言鲲，曰：“鲲之大不知其几千里也……鹏之背，不知其几千里也；怒而飞，其翼若垂之云……鹏之徙于南冥也，水击三千里，抟扶摇而

① 《史记》卷六十三，第 2143 页。

② 《庄子集解》卷七，《新编诸子集成》，第 245 页。

③ 《庄子集解》卷八，《新编诸子集成》，第 295 ～ 296 页。

上者九万里。”[①]《人间世》之言支离疏，曰：“支离疏者，颐隐于脐，肩高于顶，会撮指天，五管在上，两髀为胁。挫针治繲，足以糊口；鼓策播精，足以食十人。上征武士，则支离攘臂而游于其间；上有大役，则支离以有常疾不受功；上与病者粟，则受三钟与十束薪。”[②]《养生主》之言庖丁，曰：“庖丁为文惠君解牛，手之所触，肩之所倚，足之所履，膝之所踦，砉然向然，奏刀騞然，莫不中音。合于桑林之舞，乃中经首之会。”[③]至于《知北游》之言道在蝼蚁梯稗瓦甓屎溺，《列御寇》之言舐痔，也大体相类。

胡文英《庄子独见·庄子略论》曰：“庄子眼极冷，心肠极热。”[④]在这荒诞不经、诙谐幽默之中蕴含了庄子对人类社会的一腔热情。李白《大鹏赋》曰：“南华老仙发天机于漆园，吐峥嵘之高论，开浩荡之奇气……五岳为之震荡，百川为崩奔。”[⑤]刘熙载《艺概·文概》曰：“无端而来，无端而去，殆得飞之机也。”[⑥]《文心雕龙·诸子》曰：“庄周述道以翱翔。”又云：“若乃汤之问棘，云蚊睫有雷霆之声；惠施对梁王，云蜗角有伏尸之战；……混同虚诞。”[⑦]正好道出了庄子所具有的浪漫主义美感特征。陈子龙尝谓：“夫庄子勤勤焉欲返天下骊胥之间，岂得为忘情之士，而庄子思谒虞帝而从彭咸，盖于当世之人不数数然也。予尝谓二子皆才高而善怨者，或至于死，或遁无何有之乡，随其所遇而成耳。故二子所著之书用心恢奇，逞辞荒诞，其宕逸变幻，亦有相类。”[⑧]

屈原浪漫主义的美感特征已为大家所熟悉，其文本所充满的对理想的渴望和追求，对现实的怨愤，以及强烈的感情特征、人神交融的想象虚构世界、瑰丽多彩的语言风格，无不标志着浪漫主义文学的极致。刘勰《文心雕龙·辨骚》称之为“奇文”，并以诡异之辞、谲怪之谈、狷狭之志、荒淫之意概括屈原作

---

① 《庄子集解》卷一，《新编诸子集成》，第 1 页。
② 《庄子集解》卷一，《新编诸子集成》，第 43 ～ 44 页。
③ 《庄子集解》卷一，《新编诸子集成》，第 28 页。
④ [清] 胡文英：《庄子独见》，上海：华东师范大学，2011 年，第 6 页。
⑤ [唐] 李白著，[清] 王琦注：《李太白全集》卷一，北京：中华书局，1977 年，第 1 页。
⑥ [清] 刘熙载著：《艺概》卷一，上海：上海古籍版社，1978 年，第 8 页。
⑦ 吴林伯著：《〈文心雕龙〉义疏》，武汉：武汉大学版社，2013 年，第 310 页。
⑧ 《陈卧子先生安雅堂稿》卷三《谭子庄骚二学序》，民国书刊。

品与经典著作表现出的差异，认为“《骚》经《九章》，朗丽以哀志，《九歌》《九辨》，绮靡以伤情，《远游》《天问》，瑰诡而慧巧，《招魂》《招隐》，耀艳而深华，《卜居》标放言之致，《渔夫》寄独往之才，故能气往轹古，辞来切今，惊采绝艳，难以并能矣”[①]。屈原所创造的骚人传统成为中国古代浪漫主义文学的源头，对后世产生过深远影响。

克罗齐《美学纲要》第一章在谈到“艺术是什么”时指出：“浪漫主义首先要求艺术自发而强烈地迸发出爱憎及喜怒哀乐的激情；浪漫主义更情愿喜欢或满足于富于幻想的、不确定的意象，其风格不连贯并带有暗喻，其联想含糊、词语不大精确、笔触有力而混淆。”又说：“浪漫主义则倾向于情感。”[②]可以说，庄子和屈原通过文本所表现出对美的理想的追求，在理想与现实对立之后又产生的强烈的愤怒，也构成了庄子与屈原浪漫主义美感特征的一个方面。“正是情感，而不是理念，才给艺术领地增添了象征的那种活泼轻盈之感”，“艺术永远是抒情的”[③]，克罗齐在这里实际是揭橥了一切文学都是浪漫主义的——即没有浪漫主义就没有文学这样一个真理。庄子是浪漫主义的，所以他的理想表现出一个具有审美价值的艺术化特征，因而与屈原这个艺术家有了相通的共性。

二　由表入里：庄、屈的差异

庄子与屈原在追求美的理想、批判现实社会以及文本美感特征方面表现出的共性，并不意味着庄子与屈原在本质上是一致的。相反，一旦我们从表象再深入一步，便能发现其中的差异。这种差异表现在美的理想的内涵、批判社会的深刻程度、对待现实社会的态度，以及审美趣味等方面。

庄子与屈原都在追求一个完美的政治模式，但其理想的模式是截然不同的。《离骚》称：“昔三后之纯粹兮，固众芳之所在。……彼尧舜之耿介兮，既遵道而

---

① 《〈文心雕龙〉义疏》，第107页。

② （意）克罗齐著，韩邦凯、罗芃译：《美学原理 美学纲要》，北京：外国文学出版社，1983年，第203页。

③ 《美学原理 美学纲要》，第227页。

得路。……汤禹俨而祗敬兮，周论道而莫差。举贤而授能兮，循绳墨而不颇。皇天无私阿兮，览民德焉错辅。"[①]遵从贤王之脚步，选贤授能，维护典章制度的严肃性，即实行美政，这是屈原的理想政治模式。《庄子·马蹄》曰："夫赫胥氏之时，民居不知所为，行不知所之，含哺而熙，鼓腹而游，民能以此矣……吾意善治天下者不然。彼民有常性，织而衣，耕而食，是谓同德；一而不党，命曰天放。故至德之世，其行填填，其视颠颠。当是时也，山无蹊隧，泽无舟梁；万物群生，连属其乡；禽兽成群，草木遂长。是故禽兽可系羁而游，鸟鹊之巢可攀援而窥。夫至德之世，同与禽兽居，族与万物并，恶乎知君子小人哉！同乎无知，其德不离；同乎无欲，是谓素朴。素朴而民性得矣"。[②]《胠箧》曰："子独不知至德之世乎？昔者容成氏、大庭氏、伯皇氏、中央氏、栗陆氏、骊畜氏、轩辕氏、赫胥氏、尊卢氏、祝融氏、伏羲氏、神农氏，当是时也，民结绳而用之，甘其食，美其服，乐其俗，安其居，邻国相望，鸡狗之音相闻，民至死而不相往来，若此之时，则至治矣。"[③]屈原所标榜的不过是儒家思想颂扬的三皇五帝的仁治、圣治，而庄子却认为："三皇五帝之治天下，名曰治之，而乱莫甚焉"[④]，"意仁义其非人情乎！彼仁义何其多忧也？"因为仁义之人"蒿目而忧世之患"，不仁义之人"决性命之情而饕富贵"[⑤]，致使天下纷争，嚣嚣不止。《庄子·马蹄》指出，"道德不废，安取仁义"[⑥]，"仁义"本来是儒家用来拯救礼崩乐坏的乱世的手段，如果没有不仁不义出现，又何必提倡仁义呢？在庄子看来，仁义也不是救乱的灵丹，唯有回归自然，消灭一切是非善恶争竞之心，才能一劳永逸。这与屈原欲有所建树，恢复仁义圣治的理想，显然是完全对立的。

胡文英《庄子独见·庄子略论》指出："庄子最是深情。人第知三闾之哀怨，而不知漆园之哀怨有甚于三闾也。盖三闾之哀怨在一国，而漆园之哀怨在天下；

---

① 《楚辞补注》，第7～23页。
② 《庄子集解》卷三，《新编诸子集成》，第82～84页。
③ 《庄子集解》卷三，《新编诸子集成》，第88页。
④ 《庄子集解》卷四，《新编诸子集成》，第130页。
⑤ 参看《庄子集解》卷三，《新编诸子集成》，第79页。
⑥ 《庄子集解》卷三，《新编诸子集成》，第83页。

三闾之哀怨在一时，而漆园之哀怨在万世。”[①] 以《屈骚指掌》独树一帜的胡文英能看到庄子批判社会、对现实的不满“在天下”“在万世”，而屈原仅止于“在一国”“在一时”，这是既公允又深刻的见识。屈原不满的是楚王信谗言，楚国的大臣佞谗谄，嫉妒他的行止，而楚国又无人能理解他；庄子所不满的是进入阶级社会，实行阶级压迫，剥夺了人类自由天性的所谓“家天下”的制度本身。屈原自觉地把自己纳入“家天下”的统治阶级行列中，并极力地维护这种制度，以这种制度为人生寄托；而庄子则游离于“家天下”社会之外，把自己看成是“家天下”统治有国者压迫和奴役的对象，因而对世俗以为合理的礼法制度，包括尧、舜、禹、汤、文、武之类的圣王都提出了批评，他否定一切，批判一切，其深度和广度自是屈原无法比拟的。这种深刻性既与他的理想政治模式相一致，也决定了他对待现实社会的态度。陈子龙也曾言及庄、屈的不同，认为“庄子，屈子，皆贤人也，而迹其所为绝相反，庄子游天地之表，却诸侯之聘，自托于不鸣之禽，不材之木，此无意当世者也”，而屈子则“自以宗臣受知遇，伤王之不明而国之削弱，悲伤郁陶，沉渊以没，斯甚不忘情者也”。[②] 由于这种区别，当楚王以相位请庄子之时，庄子却说：“千金，重利；卿相，尊位也。子独不见郊祭之牺牛乎？养食之数岁，衣以文绣，以入大庙。当是之时，虽欲为孤豚，岂可得乎？子亟去，无污我，我宁游戏污渎之中自快，无为有国者所羁，终身不仕，以快吾志焉。”[③] 这无疑是彻底出世的态度。而屈原却不然，他以妻妾之怀夫以喻自己想念君王，即使在遭受严重挫折之时，虽也一度萌芽过出世的思想，但很快又回复到楚国的现实之中，最终绝望而自杀。他十分看重在现实政治中的作为，这显然是典型的入世思想了。

美的理想决定美的趣味，基于对人类文明的反感，庄子极力倡导一种和光同尘的齐物论和返璞归真的自然无为的美感特征。庄子以为天与之形、道与之貌的人和万物，就其本质而言，是不存在美恶是非之分的，而人类世俗观所认可的善恶美丑是完全靠不住的。《齐物论》云：“毛嫱、丽姬，人之所美也，鱼见之深入，

---

① 《庄子独见》，第 6 页。

② 《陈卧子先生安雅堂稿》卷三《谭子庄骚二学序》。

③ 《史记》卷六十三，第 2145 页。

鸟见之高飞，麋鹿见之决骤。”[①] 美恶又是相互转化的，《山木》曰：“其美者自美，吾不知其美也；其恶者自恶，吾不知其恶也。”[②]美的转化就意味着丑也可以转化为美，《德充符》中的兀者王骀、叔山无趾之类，因为是自然之真，故无丑。“自其异者视之，肝胆楚越也；自其同者视之，万物皆一也”[③]，而观照人世，便应从同一中把握，不但认识到对立的双方是互相联系、相互依赖、互相转化的，同时也要认识到对立双方本质上是完全一致的。所谓“方生方死，方死方生；方可方不可，方不可方可；因是因非，因非因是”，“是亦彼也，彼亦是也”，“可乎可，不可乎不可”，“恶乎然？然于然。恶乎不然？不然于不然。物固有所然，物固有所可。无物不然，无物不可”。[④] 这种齐物的主张并不是真以为无是非善恶，而是反对人为地违反自然本性“天”的是非善恶，《秋水》释天与人，认为“牛马四足，是谓天；落马首，穿牛鼻，是谓人”。庄子主张“无以人灭天，无以故灭命，无以得殉名”[⑤]，只有达到无己、无功、无名的丧我境界，便是无为，“无为为之之谓天”，“无为而万物化”[⑥]。无为可以无不为，可以保身全生养亲避害尽寿年。因此，理想的人生形态和艺术形式便是体现出无为特征的恬淡、寂寞、虚静、素朴、自然、朦胧的美。《在宥》曰：“至道之极，昏昏默默。无视不听，抱神以静，形将自正。必静必清，无劳女形，无摇女精，乃可以长生。目无所见，耳无所闻，心无所知，女神将守形，形乃长生。”[⑦]《缮性》曰：“古之人在混芒之中，与一世而澹漠焉。”[⑧]与语言一样，本来都是达到真理彼岸的手段，一旦能认识到无为的本意，便应舍末而逐本。《外物》曰：“荃者所以在鱼，得鱼而忘荃；蹄者所以在兔，得兔而忘蹄；言者所以在意，得意而忘言。”[⑨]《胠箧》曰：“擢乱六律，铄绝竽瑟，塞瞽旷之耳，而天下始人含其聪矣。灭文章，散五采，胶离朱之目，而始天下人含其明

① 《庄子集解》卷一，《新编诸子集成》，第 23 页。
② 《庄子集解》卷五，《新编诸子集成》，第 175 页。
③ 《庄子集解》卷二，《新编诸子集成》，第 47 页。
④ 《庄子集解》卷一，《新编诸子集成》，第 14 ～ 15 页。
⑤ 《庄子集解》卷四，《新编诸子集成》，第 144 页。
⑥ 《庄子集解》卷三，《新编诸子集成》，第 99 ～ 100 页。
⑦ 《庄子集解》卷三，《新编诸子集成》，第 94 页。
⑧ 《庄子集解》卷四，《新编诸子集成》，第 135 页。
⑨ 《庄子集解》卷七，《新编诸子集成》，第 244 页。

矣。”[①] 美的形式本身并不是具有意义，而是透过一切可以凭借的形式来求得意旨，又最终抛弃形式。如果为形式所迷惑，那便永远追求不到意旨了。

庄子好谈素朴的自然，而屈原却喜谈芳草。屈原不反知，又极力欲建立圣贤创造的政治游戏规则，在个人爱好方面，喜修饰，奇妆异服，高冠切云，长佩陆离，一日三濯缨，好修以为常，又自负才能，“雅多自贤”，是非观、善恶观、美丑观极其鲜明。屈原追求的是一种“人化”的政治理想，其审美趣味也就带有明显的“人化”的痕迹，最突出的表现在文本中抒情主人公九死不回的能动追求，以及凄迷的意境、美丽的花草、芳馨的香料、造化与修养、外在美与内在美统一的“美人”等方面。屈原笔下的人，大恶大美阵营分明。而庄子却不计美恶，只问是否合于自然。在屈原眼里，人被类型化了，而庄子却把人自然化。单就人的形象，即可见庄子与屈原审美趣味的对立，扬雄《法言·吾子》指出：“辞人之赋丽以淫。”[②]刘勰《文心雕龙》称：“楚汉侈而艳。”[③]又称：“效骚命篇者，必归艳逸之华。”[④] 侈艳丽淫与自然素朴显然是不同的。

三　比较的终结：兼论“楚文化”

庄子与屈原审美理想的不同，首先是一个哲学家与一个文学家的不同。哲学家是理性的，文学家则是感性的、直观的。感性直观的观照方式只能通过自身的感觉和知觉认识世界，借助具象表现自己的情感，在文本中必须保留感觉的组合，只有这样才能保证艺术的感染力。理性作为一种抽象的观照世界的方式，虽依赖于感性，但却最终形成概念，并指导我们去认识未知的世界。感性是通过特殊表现一般，理性是通过一般认识特殊。屈原以感性统领自己的思想，庄子以理性统率自己的感情；屈原从自身的遭遇产生愤激，庄子则从对人类社会、人类本质的异化中找到了面对现实的态度。因而，屈原的美的理想政治形态是现实的、

---

① 《庄子集解》卷三，《新编诸子集成》，第 87 页。

② ［汉］扬雄著：《扬子法言》卷二，《诸子集成》，北京：中华书局，1954 年，第 4 页。

③ 《〈文心雕龙〉义疏》，第 504 页。

④ 《〈文心雕龙〉义疏》，第 558 页。

具体的，庄子则是复古的、抽象的。屈原表现出对自己遭遇的不满，怨怒的是具体的人、具体的事；庄子似乎对自身的遭遇并不看重，他批判的不是具体的某一个人而是某一类人，不是具体的某一件事而是某一类事，是人类进入文明社会的异化现实。屈原把表现具体的感情作为最终的目的；庄子则是在具象的譬喻之后，归结为抽象的理性结论，具象、情感本身并不是目的，而是手段，是达到哲学彼崖的桥梁，一旦目的实现，手段便是多余的了。

屈原与庄子，一入世一出世，其美学趣味，一“人化”一自然，正表现出儒与道在对社会问题及艺术趣味方面的差异。鲁迅认为庄子“欲并有无修短白黑而一之，以大归于混沌，其不谴是非，外死生，无终始，胥此意也。中国出世之说，至此乃始圆备”[①]。黄老思想见诸《黄帝四经》及《老子》，多权术韬晦之学，而庄子却是彻底的出世论者，与黄老自有不同，是道家的极端论者。屈原政治理想表现出极明显的儒家特征，行为又以忠臣自许，危言存国，杀身成仁。屈原主动地面对社会，强调主观能动的作用；而庄子对待社会人生采取被动的姿态，消除一切能动痕迹。非能动不等于消极，《庄子·渔父》曰：“故圣人法天贵真，不拘于俗。”[②]庄子的非能动实际是为恢复“真”。在一个丧失了“真”的时代，欲恢复“真”，也是一种能动的追求。庄子自然的审美趣味，实际上便是追求“真”，“真”是庄子的终极理想。

屈原一度萌发过出世思想，这并未脱出儒家思想的范畴。《汉书·艺文志》认为诸子“皆起于王道既微，诸侯力政，时君世主，好恶殊方，是以九家之说蜂出并作，各引一端，崇其所善，以此驰说，取合诸侯。其言虽殊，辟犹水火，相灭亦相生也。仁之与义，敬之与和，相反而皆相成也……虽有蔽短，合其要归，亦六经之支与流裔，使其人遭明王圣主，得其所折中，皆股肱之材也”[③]，又曰，道家学说“合于尧之克攘，《易》之嗛嗛”[④]。由此可知，班固持道家出于六经之学之说。《论语·述而》曰：“子谓颜渊曰：‘用之则行，舍之则藏，惟我与尔有是

① 鲁迅:《汉文学史纲要》，北京：北京联合出版公司，2014年，第15页。
② 《庄子集解》卷八,《新编诸子集成》，第276页。
③ [汉]班固撰，[唐]颜师古注:《汉书》卷三十，北京：中华书局，1962年，第1746页。
④ 《汉书》卷三十，第1732页。

夫！’”[①]《论语·公冶长》曰：“子谓南容，‘邦有道，不废；邦无道，免于刑戮。’以其兄之子妻之。”又曰：“道不行，乘桴浮于海。”[②]《论语·泰伯》曰：“子曰：‘笃信好学，守死善道。危邦不入，乱邦不居。天下有道则见，无道则隐。邦有道，贫且贱焉，耻也；邦无道，富且贵焉，耻也。’”又曰：“不在其位，不谋其政。”[③]孔子的思想中本有出世与入世互补的两种处世态度，而这种态度取决于有道还是无道。处此统一之艰难，以致孔子慨叹只有他自己与高足颜渊掌握了这个法宝。后世最为宗孔的儒士取其“用之则行”之义，而庄子认为天下无道之极因而取“舍之则藏”之义。庄子反对仁义之类，只是由于“虞氏招仁义以挠天下也，天下莫不奔命于仁义”，导致“天下尽殉也”[④]，“爱利出乎仁义，捐仁义者寡，利仁义者众”[⑤]。《庄子》一书，言孔子过于老子，虽有借孔以重身价之嫌，内篇却也不甚反对孔子。孟子反墨杨之学态度甚激烈，却也不甚反对道家。至汉，如扬雄之类，皆能以孔子出入两义处世，《汉书·扬雄传》引杨雄之言曰：“君子得时则大行，不得时则龙蛇，遇不遇命也，何必湛身哉？”[⑥]刘向《说苑·正谏》曰：“君有过失者，危亡之萌也，见君之过失而不谏，是轻君之危亡也。夫轻君之危亡者，忠臣不忍为也。三谏而不用则去，不去则身亡，身亡者，仁人所不为也。是故谏有五，一曰正谏，二曰降谏，三曰忠谏，四曰戆谏，五曰讽谏。孔子曰：‘吾其从讽谏矣乎！’夫不谏则危君，固谏则危身，与其危君，宁危身；危身而终不用，则谏亦无功矣，智者度君权时，调其缓急而处其宜，上不敢危君，下不以危身，故在国而国不危，在身而身不殆。”[⑦]关心政治不至惹祸烧身，谏而不至立即引退，是古代正直士人总结的处世原则，这个原则无疑是实用的。

明白了儒与道的某种一致性，又明白了屈原是儒家的信徒，就可以说庄、屈

---

① 程树德撰，程俊英、蒋见元点校：《论语集释》卷十三，北京：中华书局，2014年，第581页。
② 《论语集释》卷九，《新编诸子集成》，第371页。
③ 《论语集释》卷十六，《新编诸子集成》，第696页。
④ 《庄子集解》卷三，《新编诸子集成》，第80页。
⑤ 《庄子集解》卷六，《新编诸子集成》，第230页。
⑥ 《汉书》卷八十七上，第3515页。
⑦ ［汉］刘向撰，程翔译注：《说苑译注》，北京：北京大学出版社，2009年，第224页。

的同一不代表“楚文化”的共性，庄、屈的差异也不是“楚文化”的多样性。文化（culture）作为一个意味着差别的概念，应指一个民族不同于另一个民族的思想、组织、技术、心理，是“由思想和行为的习惯模式所组成，文化包括价值、信仰、行为、规范、政治组织、经济活动等。这些是通过学习而不是通过生物的遗传来代代相传的”[①]。楚作为从西北关中迁徙到江南的小国[②]，通过对汉阳诸姬姓国的吞并[③]，最终与周天子分庭抗礼，但政治制度、价值观念、技术等实与北方民族渊源较深，而论者以凄迷之巫风和忠君爱国归之于楚，殊不知楚既不是凡人皆忠君，而他国也并非无巫风忠臣。鲁迅先生以老庄文学为晚周学术之一大分支，称为陈宋派，与邹鲁派、燕齐派、郑卫派并列[④]，缘于老子生于苦县，本陈地，庄子为宋人。这种分类肯定了陈宋派为中国文化之一派，却并不以“楚”命名，这是比较恰当的。可以说，所谓“楚文化”并不是独立的文化，只是华夏文化的一个分支，是产生于中国南方的具有南方地域特征的华夏文化，刘师培称之为“南方文化”，即中国的南方文化。南方文化与北方文化的差别仅仅在于地域，而其精神实质是完全相通的，这也正是庄、屈审美理想的共性与差异所说明了的。如果以非楚人之思想为“楚文化”之代表，又以审美理想差异很大的庄子与屈原为“楚文化”之支柱，而断然认为“楚文化”与以儒家思想为主的中原文化，即华夏文化相区别，显然是靠不住的。

原载《中国文化研究》1996年春之卷

① [英]库珀（Kuper，A.）、库珀（Kuper，J.）编:《社会科学百科全书》，上海：上海译文出版社，1989年。

② 参看何光岳著:《楚源流史》，南昌：江西教育出版社，2005年。

③ 参看何光岳著:《楚灭国考》，上海：上海人民出版社，2014年。

④ 参看鲁迅著:《汉文学史纲要》，北京：北京联合出版公司，2014年版，第12页。

下　编

思想史与文化问题研究

《黄帝四经》《老子》《庄子》差别论

《汉书·艺文志》以道家次儒家之后，凡三十七家，九百九十三篇，其篇数在九流中居第一。[1] 今存且可以认定为战国著作者，有《老子》[2]《管子》《文子》《庄子》《列子》《鹖冠子》及《黄帝四经》等。

一　战国道家著作分类

就道家诸书影响而言，当首推《老子》和《庄子》。《黄帝四经》一书则久已失传，直至1973年出土于长沙马王堆汉墓才重现于世。但西汉人每每黄老并举，可见《黄帝四经》于黄老学说之重要性当不在《老子》之下。

《黄帝四经》并不是传说中的黄帝所著，其成书大约在战国中期，约公元前

---

① 参看[汉]班固撰，[唐]颜师古注:《汉书》卷三十，北京：中华书局，1962年，第1731页。

② 《汉书·艺文志》所载老子书，包括《老子邻氏经传》《老子傅氏经说》《老子徐氏经说》《刘向说老子》等四种。

四世纪左右[①]。《淮南子·修务训》曰："世俗之人，多尊古而贱今，故为道者必托之于神农、黄帝而后能入说。"[②]《黄帝四经》是战国时托名黄帝的众多著作之一。《隋书·经籍志》曾肯定汉时所存诸子道书之流三十七家，以《黄帝四经》《老子》二篇"最得深旨"。

《老子》，即《道德经》。《史记·老子韩非列传》曰：

> 老子者，楚苦县厉乡曲仁里人也。姓李氏，名耳，字聃，周守藏室之吏也。孔子适周，将问礼于老子。老子曰："子所言者，其人与骨皆已朽矣，独其言在耳。且君子得其时则驾，不得其时则蓬累而行。吾闻之，良贾深藏若虚，君子盛德，容貌若愚。去子之骄气与多欲，态色与淫志，是皆无益于子之身。吾所以告子，若是而已。"孔子去，谓弟子曰："鸟，吾知其能飞；鱼，吾知其能游；兽，吾知其能走。走者可以为罔，游者可以为纶，飞者可以为矰。至于龙，吾不能知其乘风云而上天。吾今日见老子，其犹龙邪！"老子修道德，其学以自隐无名为务。居周久之，见周之衰，乃遂去。至关，关令尹喜曰："子将隐矣，强为我著书。"于是老子乃著书上下篇，言道德之意五千余言而去，莫知其所终。或曰：老莱子亦楚人也，著书十五篇，言道家之用，与孔子同时云。盖老子百有六十余岁，或言二百余岁，以其修道而养寿也。自孔子死之后百二十九年，而史记周太史儋见秦献公曰："始秦与周合，合五百岁而离，离七十岁而霸王者出焉。"[③]或曰儋即老子，或曰非也，世莫知其然否。老子，隐君子也。老子之子名宗，宗为魏将，封于段干。宗子注，注子宫，宫玄孙假，假仕于汉孝文帝。而假之子解为胶西王卬太傅，因家于齐焉。[④]

---

① 参看唐兰《马王堆出土〈老子〉乙本卷前古佚书研究》(《考古学报》，1975年第1期）与龙晦《马王堆出土〈老子〉乙本前古佚书探原》(《考古学报》，1975年第2期)，以及余明光《黄帝四经与黄老思想》(黑龙江人民出版社，1989年)。

② 刘文典撰，冯逸、乔华点校：《淮南鸿烈集解》卷十九，《新编诸子集成》，北京：中华书局，1989年，第796页。

③ 司马贞《史记索隐》曰："周、秦二本纪并云：'始周与秦国合而别，别五百载又合，合七十岁而霸王者出。'然与此传离合正反，寻其意义，亦并不相违也。"

④［汉］司马迁撰，［南朝宋］裴骃集解：《史记》卷六十三，北京：中华书局，1982年，第2143页。

司马迁“采经摭传，分散数家之事，甚多疏略，或有抵梧”[①]，其论老子，即为一例。

老子的真实存在当然是不成问题的，但究竟老子是李耳、老莱子，还是周太史儋，司马迁未作考证。其言老子寿命竟至二百余岁，这说明在汉初，老子其人之事迹已难以确论。不过，《庄子》之《德充符》《天地》《天道》《天运》诸篇均有关于孔子问礼于老子之事。如果说《庄子》多寓言，其言可信者少，而《礼记》成书于战国时期，孔子之言曾从老聃，其言或不差。《礼记·曾子问》云：

> 曾子问曰：“葬引至于堩，日有食之，则有变乎，且不乎？”孔子曰：“昔者吾从老聃助葬于巷党，及堩，日有食之，老聃曰：‘丘！止柩就道右，止哭以听变。’既明反，而后行，曰：‘礼也。’反葬，而丘问之曰：‘夫柩不可以反者也。日有食之，不知其已之迟数，则岂如行哉！’老聃曰：‘诸侯朝天子，见日而行，逮日而舍奠。大夫使，见日而行，逮日而舍。夫柩不蚤出，不莫宿。见星而行者，唯罪人与奔父母之丧者乎！日有食之，安知其不见星也？且君子行礼，不以人之亲痁患。’吾闻诸老聃云。”[②]

如此看来，则老聃当为孔子同时之人。梁启超《老子哲学》认为，关于老子的资料，可以确认的是：一、老子姓李名耳，亦名聃；二、他是楚国人，或者说是陈国人；三、他在周朝做过守藏吏，相当于国立图书馆馆长；四、他和孔子是见过面的。[③]不过，近人罗根泽指出：“史公误信孔子问老聃之说，而又确知孔子卒后百二十九年太史儋见秦献公，故有老子寿二百余岁之妄，老聃、史儋是否一人之疑。其实老聃即史儋，何以言之？一、聃、儋音同字通，《吕氏春秋》作老耽，亦即此人，古声音同则可假借，故荀卿一作孙卿，荆卿一作庆卿，厥例繁矣。二、聃为周柱下史，儋亦为周之史官。三、老子出函谷关；史儋入秦，亦必出函谷关。四、……而考《孔子世家》，孔子十世孙襄，为孝惠博士，何老子先

---

① 《汉书》卷六十二，第 2737 页。

② [汉]郑玄注，[唐]孔颖达等正义:《礼记正义》卷十八,《十三经注疏》，北京：中华书局，1980 年，第 1400 ～ 1401 页。

③ 参看梁启超:《饮冰室合集·专集》(第 5 册)，北京：中华书局，1989 年，第 3 页。

于孔子，反八世已至孝文？……然则老耽亦战国时人。关尹更不必论矣。”[①]罗根泽此言为我们认识老聃提供了另外一个思路。实际上，既然老聃有可能是太史儋，当然也存在老聃与李聃、老子未必是一个人的可能性。

且不论老子是春秋时人物还是战国时人物，《老子》的成书总不早于战国时期。梁启超指出《老子》攻击仁义，必然出于孔子之后。[②]顾颉刚更指出《老子》称《道德经》，“经”是战国后期才有的称呼，而其对圣智的批判更体现战国后期的时代特征。[③]蒋伯潜先生认为《老子》为战国时人掇拾荟萃而成，《诸子通考》为此而举六证。其一曰，《论语》记言，有某曰，而《老子》无，《论语》更古。其二曰，《论语》《墨子》《孟子》不及《老子》，而《老子》却反儒墨，《老子》当晚于《墨子》《孟子》。其三曰，《老子》比《论语》更多重见迭出之语，非一人自著。其四曰，《论语》无韵，《孟子》韵语极少，而《老子》韵语极多，类似《尚书》之《洪范》，《易传》之《文言》《系辞》，议论文用韵语，当较晚。其五曰，《老子》曰：“故失道而后德，失德而后仁，失仁而后义，失义而后礼。夫礼者，忠信之薄而乱之首。前识者，道之华，而愚之始。”[④]《庄子·知北游》引黄帝之言曰：“失道而后德，失德而后仁，失仁而后义，失义而后礼。礼者，道之华而乱之首也。”[⑤]孔子讲仁，孟子讲义，荀子讲礼，此语出自战国末世，而托言黄老，因而《老子》成书最早同于《庄子》，甚至在《庄子》之后。其六曰，《老子》语多并见于《庄子》，且多杂法家、兵家、纵横家之言，明系杂集而成。“据此六证，可以断定《老子》决非出于一人，作于一时，而为战国时人条录道家传诵之格言（《老子》中的韵语当为口耳相传之格

---

① 罗根泽：《诸子考索·战国前无私家著作说》，北京：人民出版社，1958年，第14页。

② 参看梁启超：《古书真伪及其年代》，《饮冰室合集·专集》（第12册），北京：中华书局，1989年。

③ 参看顾颉刚：《论诗经经历及老子与道家书》，《古史辨》（第一册），上海：上海古籍出版社，1982年。

④ ［三国魏］王弼注，朱谦之校释：《老子校释》三十八章，《新编诸子集成》，北京：中华书局，1984年，第152～153页。

⑤ ［清］王先谦撰：《庄子集解》卷六，《新编诸子集成》，北京：中华书局，1987年，第185～186页。

言），采自他书之精语，荟萃成书，托之老子。”①

钱穆《再论老子成书年代》一文也指出，“就《老子》书中对政治社会所发种种理论而推测其当时之背景，则其书颇似战国晚年之作品”，“今《老子》书中思想，明与庄周、公孙龙、宋钘诸家相涉；其书似可出诸家后。乃有兼采诸家以成书之嫌疑也”。②

余明光以帛书为根据，认为“它是老子后学根据老子的思想和道家的学说不断增益编纂而成的，要不然就不会在帛书中出现前后重复和矛盾的现象”。又说“三十辐，共一毂，当其无，有车之用”一语所云“三十辐，共一毂”之车子，通过考古发掘，证明是战国才出现的，其成为车子之定制“还是战国中后期的事”；证明“万乘之主”之说法，只能出现于七国争雄之时，而春秋诸侯兵车至多不超过五千乘。③又《老子》曰：“偏将军居左，上将军居右。”④“上将军”之名出现于战国。有人认为此段文字非《老子》原文，为后人增入，而帛书《老子》亦有此章，证明此章属《老子》原文。这些证据都说明《老子》之出现当在战国中晚期。

1993年在湖北荆门郭店出土的楚简之《老子》甲本、乙本、丙本为我们认识《老子》成书提供了新证据。《郭店楚墓竹简·前言》说：“简本《老子》甲、乙、丙是迄今为止所见年代最早的《老子》传抄本。它的绝大部分文句与今本《老子》相近或相同，但不分德经和道经，而且章次与今本也不相对应。”⑤郭店楚墓的时代大约是战国中期偏晚，虽然简本《老子》存在着因盗墓而散佚的可能性，但就现存的内容看，我们认为，在战国中晚期《老子》并没有形成一个完整的定本，这说明《老子》是拾萃众家之言的可能性很大。

今存黄老道家著作还包括《管子》《文子》《鹖冠子》等，这些书过去曾被人怀疑为伪书，但随着考古资料的丰富，大体可以判定这些书皆为战国中晚期人

① 蒋伯潜：《诸子通考》下编第七章，杭州：浙江古籍版社，1985年，第313页。
② 参看钱穆：《老子辨》，鹤山：大华书局，1935年。
③ 参看《黄帝四经与黄老思想》第四章，第80页。
④ 《老子校释》三十一章，《新编诸子集成》，第127页。
⑤ 荆门市博物馆：《郭店楚墓竹简》，北京：文物出版社，1998年，第1页。

所作。《管子》《文子》《鹖冠子》中都大量引用《黄帝四经》中的语句[①]，梁启超先生认为《管子》中有关“兼爱”“非攻”之说已经标明它的成书应该在墨家出现之后[②]，而银雀山汉墓竹简中古佚篇《王兵》之内容散见于《管子》之《参患》《七法》《地图》等篇[③]。1973年在河北省定县八角廊村西汉墓中也发现了竹简本《文子》，与今本《文子》大致不差。那么由此而言，《管子》《文子》《鹖冠子》当成书于《黄帝四经》之后，具体说，《管子》八十六篇[④]当成于战国中后期，《吕氏春秋》《韩非子》曾引用该书材料[⑤]。《汉书·艺文志》载《文子》九篇[⑥]，今有十二篇，约“产生在战国末年”[⑦]。《汉书·艺文志》载《鹖冠子》一篇，又曰“楚人，居深山，以鹖为冠”[⑧]。据李学勤《〈鹖冠子〉与两种帛书》之推论，鹖冠子的活动年代“可估计相当赵惠文王、孝成王至悼襄王初年，即楚顷襄王、考烈王之世，也就是公元前300年到（公元前）240年左右，战国晚期的前半”，《鹖冠子》之成书，则“不会早于公元前235年”，“但书内没有作于汉代的迹象”，大体为战国晚期著作。[⑨]今存《鹖冠子》十九篇，与《汉书·艺文志》篇数虽不合，但根据其中引用《黄帝四经》的情况，当皆属先秦古籍。[⑩]

道家学派中庄子一派，以庄子为代表。《史记·老子韩非列传》曰：

> 庄子者，蒙人也，名周。周尝为蒙漆园吏，与梁惠王、齐宣王同时。其学无所不窥，然其要本归于老子之言。[⑪]

---

① 参看唐兰《马王堆出土〈老子〉乙本卷前古佚书的研究·附录一：〈老子〉乙本卷前古佚书引文表》。

② 参看《古书真伪及其年代》，《饮冰室合集·专集》（第12册）。

③ 参看银雀山汉墓竹简整理小组编：《银雀山汉墓竹简[壹]》，北京：文物出版社，1985年。

④ 其中十篇有目无文，实有七十六篇之数。

⑤ 参看谭家健、郑君华：《先秦散文纲要》之十七，太原：山西人民出版社，1987年。

⑥ 《汉书》卷三十，第1729页。

⑦ 参看熊铁基：《对〈文子〉的初步探讨》，《秦汉新道家略论稿》，上海：上海人民出版社，1984年。

⑧ 《汉书》卷三十，第1730页。

⑨ 参看陈鼓应主编：《道家文化研究（第一辑）》，上海：上海古籍版社，1992年，第336页。

⑩ 胡应麟《四部正讹》（上海古籍出版社，1996年）疑今本《鹖冠子》与《庞煖》之合。又鹖冠子为庞煖之师，故有人疑兵家《鹖冠子》入于今本。

⑪ 《史记》卷六十三，第2143页。

庄子是战国中期宋国蒙人，曾做过漆园吏，其生活时代大约在公元前369年至公元前286年左右。《汉书·艺文志》载："《庄子》五十二篇。"① 今存三十三篇，其中包括内篇七、外篇十五、杂篇十一。内篇当是庄子自著，外、杂篇中多有出自庄子后学之手的著作，但也基本上代表了庄子道家的思想，这已是学术界的共识。

庄子道家尚有《列子》一书，《汉书·艺文志》载："《列子》八篇。" 又曰："名圄寇，先庄子，庄子称之。"② 柳宗元《辩列子》曰：

> 刘向古称博极群书，然其录《列子》，独曰郑穆公时人。穆公在孔子前几百岁，《列子》书言郑国，皆云子产、邓析，不知向何以言之如此？《史记》：郑繻公二十五年、楚悼王四年围郑，郑杀其相驷子阳，子阳正与列子同时。是岁，周安王四年，秦惠公、韩烈侯、赵武侯二年，魏文侯二十七年，燕釐公五年，齐康公七年，宋悼公六年，鲁穆公十年。不知向言鲁穆公时遂误为郑耶！不然，何乘错至如是。其后，张湛徒知怪《列子》书言穆公后事，亦不能推知其时。然其书亦多增窜，非其实。……其《杨朱》《力命》疑其杨子书。其言魏牟、孔穿，皆出列子后，不可信。然观其辞，亦足通知古之多异术也，读焉者慎取之而已矣。③

《庄子》书中多次提及子列子、御寇、列御寇之名。《庄子·让王》曰："子列子穷，容貌有饥色，客有言之于郑子阳者。"④列子与子阳同时，子阳之死在公元前389年。《列子》其书，作者既非一人，成书亦非一时，许抗生《〈列子〉考辨》认为，"《列子》基本上是一部先秦道家典籍，基本上保存了列子及其后学的思想。它大约作于战国中后期，并非一时一人所著，而是列子学派后学所为，并夹杂有道家杨朱学派后学的著作"，"《黄帝篇》《汤问篇》很可能成书较早，先于《庄子·内篇》，而《天瑞篇》则作于《庄子》外杂篇同时或稍晚。其他诸篇大抵亦作于战国中后期"，并在散佚后经后人增删、伪纂、润色。⑤ 这个推论大致可信。

---

① 《汉书》卷三十，第1730页。
② 《汉书》卷三十，第1730页。
③ [唐]柳宗元:《柳宗元集》卷四，北京：中华书局，1979年，第107～108页。
④ 《庄子集解》卷八，《新编诸子集成》，第306页。
⑤ 参看《道家文化研究（第一辑）》，第358页。

二 从《黄帝四经》到《老子》

道家是战国诸子中重要一派。《汉书·艺文志》云：

道家者流，盖出于史官，历记成败存亡祸福古今之道，然后知秉要执本，清虚以自守，卑弱以自持，此君人南面之术也。合于尧之克攘，《易》之嗛嗛，一谦而四益，此其所长也。及放者为之，则欲绝去礼学，兼弃仁义，曰：独任清虚可以为治。[①]

《隋书·经籍志》云：

道者，盖为万物之奥，圣人之至赜也。《易》曰："一阴一阳之谓道。"又曰："仁者见之谓之仁，智者见之谓之智，百姓日用而不知。"夫阴阳者，天地之谓也。天地变化，万物蠢生，则有经营之迹。至于道者，精微淳粹，而莫知其体。处阴与阴为一，在阳与阳不二。仁者资道以成仁，道非仁之谓也；智者资道以为智，道非智之谓也；百姓资道而日用，而不知其用也。圣人体道成性，清虚自守，为而不恃，长而不宰，故能不劳聪明而人自化，不假修营而功自成。其玄德深远，言象不测。先王惧人之惑，置于方外，六经之义，是所罕言。《周官》九两，其三曰师，盖近之矣。然自黄帝以下，圣哲之士，所言道者，传之其人，世无师说。汉时，曹参始荐盖公能言黄老，文帝宗之。自是相传，道学众矣。下士为之，不推其本，苟以异俗为高，狂狷为尚，迂诞谲怪而失其真。[②]

道家可以分为黄老道家和庄子两派，这两派的观点既有联系又互相区别。概括而言，黄老之学是所谓"南面之术"，站在君主本位，重法术，强调君主以道德方式去统治人民；庄子之学是"放者"所为，站在被统治者立场上，主张用道的无为的方式去躲避君主的统治，绝礼学仁义而任清虚就是这种躲避的表现方式。

《黄帝四经》[③]一书，分为《经法》《十六经》《称》《道原》四篇。《经法》主要

---

① 《汉书》卷三十，第 1732 页。

② [唐]魏征等撰：《隋书》卷三十四，北京：中华书局，1973 年，第 1003 页。

③ 下文所引《黄帝四经》文字见于唐兰《马王堆出土〈老子〉乙本卷前古佚书的研究》及余明光《黄帝四经与黄老思想》。

是讲治国必须依靠法制;《十六经》是关于政治、军事斗争的策略问题;《称》讲施政、行法必须权衡度量，区分轻重缓急;《道原》则主要讲宇宙观。

《黄帝四经》主要是出于为君主统治术总结经验的目的，因此，其思想以致治术为中心。《黄帝四经》倡导文武并用、刑德兼行的道法、法术思想，最突出地表现在《经法》一篇中。《经法》九节，其一《道法》，认为“道生法”，治国必须靠法制，“刑（形）名立，则黑白之分已”，“法者，（引）得失以绳，而明曲直者殹（也）。[故]执道者，生法而弗敢犯殹（也），法立而弗敢废殹（也）。□能自引以绳，然后见知天下而不惑矣”。这是强调法的重要性。其二《国次》，强调刑罚举措的得当和遵循自然法则，所谓“诛禁不当，反受其央（殃）”，“过极失[当]，天将降央（殃）”，“故唯圣人能尽天极，能用天当”，“天”即自然法则。其三《君正》，强调收买民心及合民意，所谓“俗者顺民心殹（也），德者爱勉之[也]”。因此，要“从其俗”。“用其德”，使“民有得”，然后可以“发号令”，“以刑正”，“民畏敬”，“可以正（征）”。“发号令”是让民“连为什伍”，“以刑正”是“罪杀不赦”，“可以征”则“民节死”。要用民，必须行德杀、刚柔之道，即“[文]武并行，则天下从矣”。又曰:“人之本在地，地之本在宜，宜之生在时，时之用在民，民之用在力，力之用在节。知地宜，须时而树，节民力以使，则财生。赋敛得度则民富，民富则有佴（耻），有佴（耻）则号令成俗而刑伐（罚）不犯，号令成俗而刑伐（罚）不犯则守固单（战）朕（胜）之道也。而生法度者，不可乱也。精公无私而赏罚信，所以治也。苛事，节赋敛，毋夺民时，治之安。无父之行，不得子之用；无母之德，不能尽民之力。父母之行备，则天地之德也。……号令阖（合）于民心，则民听令。兼爱无私，则民亲上。”其四《大（六）分》，强调君臣各守本分，“观国者观主，观家观父，能为国则能为主，能为家则能为父”，“为人主，南面而立，臣肃敬，不敢敝（蔽）其主。下比顺，不敢敝（蔽）其上。万民和辑而乐为其主上用，地广人众兵强，天下无适（敌）”。国有六逆则大乱，国有六顺则大治，六逆为主弱臣强，六顺为主强臣弱。其五《四度》，强调不失本、不失职、不失天、不失人，“君臣易立（位）胃（谓）之逆，贤不宵（肖）并立胃（谓）之乱，动静不时胃（谓）之逆，生杀不当胃（谓）之暴。逆则失本，乱则失职，逆则失天，[暴]则失人”，“审知四度，可以听天下，可以安一国”。其六《论》，强调君主“天天”，“重地”，“顺四时之度”，察刑名，知情伪。其七《亡论》，主要讲亡国之原因，曰：“一国而服（备）六危者威（来），一国而服（备）三不辜者死，废令者亡。一国之君而服（备）三雍者，亡地更君。一国而服（备）三凶者，祸反［自及］也。”“六危”指嫡子代父行事，大臣为主，谋臣有异志，听诸侯之废置，左右亲信比周雍塞，父兄党朋不听号令。“三不辜”指妄杀贤，杀服民，刑无罪。“三雍”指内位胜，外位胜，内外勾结孤立君主。从中令外，从外令中，惑贼交诤；一人主擅主，蔽光重雍。“三凶”指好凶器，行逆德，纵心欲。其八《论约》，强调顺天常，审刑名，曰：“故执道者之观于天下也，必审观事之所始起，审其刑（形）名。刑（形）名已定，逆顺有立（位），死生有分，存亡兴坏有处。然后参之于天地之恒道，乃定祸福死生存亡兴坏之所在。是故万举不失理，论天下而无遗策。”其九《名理》，强调“审其名”，“正道循理”，“虚静公正”。“重柔”而不重刚。

其余三篇也进一步发挥了这种思想，如《十六经》曰：“天德皇皇，非刑不行；穆穆天行，非德必倾。”“德”与“刑”之间，又“先德后刑，顺于天”，“春夏为德，秋冬为刑，先德后刑以养生”，“并时以养民功”。《黄帝四经》倡虚柔之道，《经法》所谓“执道者之观天下也，无执也，无处也，无为也，无私也”，则是把无为与法术相结合，如此无为，实为有为。所以，《十六经》曰：“欲知得失，请必审名察形（刑）、形（刑）恒自定，是我愈静；事恒自施，是我无为。”《黄帝四经》强调君臣上下的本分。《经法》所谓“贵贱有恒位”，“主主臣臣，上下不逝者，其国强”。《称》曰“主阳臣阴，上阳下阴”，“贵阳贱阴，达阳穷阴”，皆此类也。

《黄帝四经》也有保民、爱民、养民的思想。《十六经》曰“吾畏天爱地亲民”，“吾爱民而民不亡”，又曰“毋雍民明”，似乎也有一种民主思想存在。

《黄帝四经》于君主的人格修养，则强调“兼爱无私”、慈惠爱人、诚信谦卑、公而无私。《经法》曰“兼爱无私，则民亲上”，“言有害，曰不信，曰不知畏人，曰自诬，曰虚夸，以不足为有余”，“虚静谨听”，“唯公无私”。《十六经》曰“卑约主柔”。《称》曰“宫室过度，上帝所恶”。而《十六经》之《雌雄节》专论贵柔守雌之道理。所有这些原则都得之于对自然与社会规律的把握，也就是对“道”的认识。《道原》认为“道”无名无形，无为而无不为，“万物得之以生，百事得之以成”，因而“抱道执度，天下可一”，统一天下，就得守道、顺道、循道，而柔术、文武兼用，德刑并错，也就是《黄帝四经》的“道”。

《文子》一书是发扬黄老大意之作。孙星衍《文子序》云：“黄帝之言，述于老聃；黄老之学，存于《文子》。西汉用以治世，当时诸臣皆能称道其说，故其书最显。”[①] 柳宗元《辩文子》曰：“其指意皆本老子，然考其书，盖驳书也。”[②] 传世本《文子》今有《道原》《精诚》《九守》《符言》《道德》《上德》《微明》《自然》《下德》《上仁》《上义》《上礼》诸篇，通过称述老子之言申述黄老思想，其中杂有名、法、儒、墨等思想。

《鹖冠子》一书也是发扬黄老大意之作。今本《鹖冠子》包括《博选》《著希》《夜行》《天则》《环流》《道端》《近迭》《度万》《王铁》《泰鸿》《泰录》《世兵》《备知》《兵政》《学问》《世贤》《天权》《能天》《武灵王》等篇。这些篇章中大量引用、发挥《黄帝四经》之学，如《博选》之言“五至”、《道端》之言“四维”、《度万》之言“法错而阴阳调”等，都可与《黄帝四经》之《称》言君臣关系、《十六经·立命》之言“四面”、《十六经·五正》之言“五正”[③] 联系在一起。韩愈《读鹖冠子》云：“《鹖冠子》十有九篇，其词杂黄老、刑名，其《博选篇》，四稽五至之说当矣。使其人遇时，援其道而施于国家，功德岂少哉。《学问篇》，称贱生于无所用，中流失船，一壶千金者。余三读其辞而悲之。”[④] 这个说法是站得住的。

《管子》一书具有以道家为主而兼诸流之倾向。吕思勉先生认为，该书是“成于无意中之杂家也。书中道法家言诚精绝，然关涉他家处尤多。如《幼官》《幼官图》《四时》《五行》《轻重》已为阴阳家言；《七法》《兵法》《地图》《参患》《制分》《九变》为兵家言；《霸言》为纵横家言；《地员》为农家言是也。诸家之

---

① [清]孙星衍著：《问字堂集》卷四，北京：中华书局，1996年，第88页。

② 《柳宗元集》卷四，第109页。

③ 《黄帝四经》文字见于唐兰《马王堆出土〈老子〉乙本卷前古佚书的研究》及余明光《黄帝四经与黄老思想》。

④ [唐]韩愈撰，马其昶校注，马茂元整理：《韩昌黎文集校注》卷一，上海：上海古籍出版社，1986年，第38页。

书，所传皆少，存于此书中者，或转较其当家之书为精；即以道法家言论，亦理精文古，与老、庄、商、韩各不相掩”[①]。黄老思想兼有道法，因而韩非出黄老而讲法术，依此而言，《管子》之思想归入道家，是刘向洞明黄老之学精华，至《隋书》改入法家，缘于黄帝之学失传，后人无法洞悉黄老之学全貌而致误会。《管子》之《心术》《内业》《白心》《枢言》四篇，无论其作者属谁，作为《管子》一书之有机组成部分，其思想中表现出的“虚无无形，谓之道”，“大道可安而不可说”，“天曰虚，地曰静”，“故必知不言无为之事，然后知道之纪”[②]，“能者无名，从事无事”[③]，“空然勿两之，淑然自清”[④]，与《老子》相类；而其言道法，曰：“无为之谓道……间之理者谓其所以舍也，义者谓各处其宜也，礼者因人之情，缘义之理，而为之节文者也。……故礼出乎义，义出乎理，理因乎宜者也。法者，所以同出不得不然者也。……故事督乎法。”[⑤]这种观点近于《黄帝四经》，而与商、韩一断于法不同。

黄老著作中除《黄帝四经》外，《老子》最为重要。其思想上的突出特点首先是对传统价值观、道德观的批判。《老子》上篇曰：

> 天下皆知美之为美，斯恶已；皆知善之为善，斯不善已。[⑥]
>
> 不尚贤，使民不争；不贵难得之货，使民不为盗；不见可欲，使民心不乱。是以圣人之治，虚其心，实其腹，弱其志，强其骨，常使民无知无欲，使夫智者不敢为也。为无为，则无不治。[⑦]
>
> 五色令人目盲，五音令人耳聋，五味令人口爽，驰骋畋猎令人心发狂，难得之货令人行妨。[⑧]

在老子看来，天下所见之美，必引来恶；众人所誉之善，必有不善。“尚

① 吕思勉：《先秦学术概论》下编，长沙：岳麓书社，2010年，第44页。

② 黎翔凤撰，梁运华整理：《管子校注》卷十三，《新编诸子集成》，北京：中华书局，2004年，第759～764页。

③ 《管子校注》卷十三，《新编诸子集成》，第794页

④ 《管子校注》卷十三，《新编诸子集成》，第799页。

⑤ 《管子校注》卷十三，《新编诸子集成》，第770页。

⑥ 《老子校释》二章，《新编诸子集成》，第6页。

⑦ 《老子校释》三章，《新编诸子集成》，第8页。

⑧ 《老子校释》十二章，《新编诸子集成》，第27～28页。

贤”“贵难得之货”和欲望是社会混乱的根源，而“五色”“五音”“五味”“畋猎”“难得之货”虽可愉悦感观，却带来了不可挽救的后果，因此都应予以否定。《老子》有反传统的强烈叛逆思想，因而矛头直指传统的善恶观。《老子》上篇云：

大道废，有仁义。慧智出，有大伪。六亲不和，有孝慈。国家昏乱，有忠臣。①

绝圣弃智，民利百倍；绝仁弃义，民复孝慈；绝巧弃利，盗贼无有。此三者，为文不足，故令有所属：见素抱朴，少私寡欲。②

《老子》下篇云：

上德不德，是以有德；下德不失德，是以无德。上德无为而无以为，下德为之而有以为。上仁为之而无以为，上义为之而有以为，上礼为之而莫之应，则攘臂而扔之。故失道而后德，失德而后仁，失仁而后义，失义而后礼。夫礼者，忠信之薄而乱之首。前识者，道之华而愚之始。是以大丈夫处其厚，不居其薄；处其实，不居其华。故去彼取此。③

儒家及孔子所倡导的道德即仁、义、礼、智、忠、信、孝、悌、惠、慈及一切人类文明成果，《老子》都加以批判，并倡导不道之道、不德之德、不言之知，确有惊世骇俗的效果。

《老子》思想主要作为一种政治道术，其宗旨在教导君主之治，其政治术以“无为”为核心，所谓“为无为，则无不治”。其下篇又曰：

故圣人云，我无为而民自化，我好静而民自正，我无事而民自富，我无欲而民自朴。④

也就是说，君主的无为既是出于“治”的需要，而其后果则可以导致“民利”。当然我们不能否认，《老子》之无为有愚民之嫌，却能以民之“自化”“自正”“自富”“自朴”为念，说明《老子》之愚民也不能简单地理解为害民，而是利民。所以，《老子》反对苛民之政。《老子》云：

---

① 《老子校释》十八章，《新编诸子集成》，第43页。

② 《老子校释》十九章，《新编诸子集成》，第45页。

③ 《老子校释》三十八章，《新编诸子集成》，第93页。

④ 《老子校释》五十七章，《新编诸子集成》，第150页。

其政闷闷，其民淳淳；其政察察，其民缺缺。祸兮福之所倚，福兮祸之所伏。孰知其极？其无正？正复为奇，善复为妖，人之迷，其日固久。是以圣人方而不割，廉而不刿，直而不肆，光而不耀。[①]

“闷闷”之政是所谓无形、无名、无事、无政可举，“察察”之政则立刑名，明赏罚，以检奸伪[②]。闷闷则淳淳而治，察察则招致祸患。又云：

民不畏死，奈何以死惧之！[③]

民之饥，以其上食税之多，是以饥。民之难治，以其上之有为，是以难治。民之轻死，以其上求生之厚，是以轻死。[④]

《老子》看到了百姓的反抗精神是任何力量也不能阻挡的。百姓生活之艰难在于统治者对百姓的剥削无度，统治者的好大喜功是百姓陷于饥馑的主要原因。如此，《老子》的无为正是基于反对统治者贪婪的武器。

《老子》云：

天地不仁，以万物为刍狗；圣人不仁，以百姓为刍狗。[⑤]

又云：

圣人无常心，以百姓心为心。[⑥]

韩愈《原道》指出：

博爱之谓仁，行而宜之之谓义；由是而之焉之谓道，足乎己，无待于外之谓德。仁与义，为定名；道与德，为虚位：故道有君子小人，而德有凶有吉。老子之小仁义，非毁之也，其见者小也。坐井而观天，曰天小者，非天小也；彼以煦煦为仁，孑孑为义，其小之也则宜。其所谓道，道其所道，非吾所谓道也；其所谓德，德其所德，非吾所谓德也。凡吾所谓道德云者，合仁与义言之也，天下之公言也；老子之所谓道德云者，去仁与义

---

① 《老子校释》五十八章，《新编诸子集成》，第 151 ～ 152 页。
② 《老子校释》五十八章，《新编诸子集成》，第 151 页。
③ 《老子校释》七十四章，《新编诸子集成》，第 183 页。
④ 《老子校释》七十五章，《新编诸子集成》，第 184 页。
⑤ 《老子校释》五章，《新编诸子集成》，第 13 ～ 14 页。
⑥ 《老子校释》四十九章，《新编诸子集成》，第 129 页。

言之也，一人之私言也。[①]

《老子》倡导尊重“百姓心”之旨是很明白的。韩愈关于《老子》“小仁义”非毁仁义的观点，正是看到了《老子》实际上不是认为博爱不好，而是认为统治者有不仁之心，在这样的社会风气下，要提倡仁来批判统治者之不仁，是不可能的了。

《老子》之无为，其本质是一种阴谋韬晦的策略，其无论怎样表现对百姓的同情和肯定，对统治者的批判，其本质上仍是要愚民的。《老子》云：

> 致虚极，守静笃。[②]
>
> 知其雄，守其雌。[③]
>
> 将欲歙之，必固张之；将欲弱之，必固强之；将欲废之，必固兴之；将欲夺之，必固与之。是谓微明。柔弱胜刚强。鱼不可以脱于渊，国之利器不可以示人。[④]

又云：

> 天下之至柔，驰骋天下之至坚。[⑤]
>
> 以正治国，以奇用兵，以无事取天下。[⑥]
>
> 古之善为道者，非以明民，将以愚之。民之难治，以其智多。故以智治国，国之贼；不以智治国，国之福。[⑦]

守虚、守静、守雌、守柔弱，用奇、用正、用无事，千言万语归结为一句话，就是要通过愚民以治国。这样看来，其“绝圣弃智”之“民利”，实为利君而欺民而已。

《老子》一书中对道的产生的描述具有神秘色彩，上篇曰“道”与“名”两

---

① 《韩昌黎文集校注》卷一，第 13 ～ 14 页。
② 《老子校释》十六章，《新编诸子集成》，第 35 页。
③ 《老子校释》二十八章，《新编诸子集成》，第 73 页。
④ 《老子校释》三十六章，《新编诸子集成》，第 88 ～ 89 页。
⑤ 《老子校释》四十三章，《新编诸子集成》，第 120 页。
⑥ 《老子校释》五十七章，《新编诸子集成》，第 149 页。
⑦ 《老子校释》六十五章，《新编诸子集成》，第 167 ～ 168 页。

者同出，异名同谓，是“玄之又玄，众妙之门”①。而传世《老子》云：

> 视之不见，名曰夷；听之不闻，名曰希；博之不得，名曰微。此三者不可致诘，故混而为一。其上不皦，在下不昧。绳绳不可名，复归于无物。是谓无状之状，无物之象，是谓惚恍。迎不见其首，随不见其后。执古之道，以语今之有。能知古始，是谓道纪。②

道作为有名、无名的统一，为“万物之始”“万物之母”，其特征是极其混沌的。也就是说，道的本体是无法诉诸感观的，只有抽象地去把握道的玄妙才能接近道。而道的这种玄妙是符合自然原始状态之特征的，道的这种特征是无为自然原则建立的基础。

我们应该看到，从《黄帝四经》到《老子》，法术的策略逐渐减少，而对社会道德和秩序的批判精神逐渐增强。在这一点上，《老子》和《庄子》有了接近的契机。不过这并不能排除《老子》与《黄帝四经》《管子》等书一样，出发点在统治者的治国方略，而不是像《庄子》一样，以个人如何处世为出发点。所以说，《黄帝四经》《老子》，以及《管子》等书，仍是为君而非为民。

三　从杨朱到《庄子》

战国道家除了黄老之学以外，另一派即庄子道家，由于其立足于百姓本位，所以其主张更多地为最广大的处于社会边缘的人所接受，其对后世的影响更是决定性的。

庄子道家传世文献中保存下来的主要有《庄子》《列子》等。而早于庄子的，

---

① 《老子校释》一章，《新编诸子集成》，第 5 页。

② 《老子校释》十章，《新编诸子集成》，第 31 ～ 32 页。

此段文字，马王堆出土帛书《老子》甲本云：“视之而弗见，名之曰微；听之而弗闻，名之曰希；播之而弗得，名之曰夷。三者不可至计，故混而为一。一者，其上不攸，其下不忽，寻寻呵，不可名也，复归于无物。是谓无状之状，无物之象，是谓忽恍，随而不见其后，迎而不见其首。”马王堆出土帛书《老子》乙本与甲本也略有出入。于此可见《老子》流传过程中的变异。参看高明撰：《帛书老子校注·道经》十四，《新编诸子集成》，北京：中华书局，1996 年，第 282 ～ 288 页。

还有一位著名的人物叫杨朱，杨朱是庄子一派道家思想的源头。讨论庄子道家，不能不溯源杨朱。

杨朱的观点载于《列子·杨朱》。杨朱针对与礼教纲常互为补充的功名利禄，通过对尧、舜、伯夷、叔齐、管仲、田恒等人不同境遇的分析，得出结论说，“若实名贫，伪名富”，“实无名，名无实。名者，伪而已矣。昔者尧舜伪以天下让许由、善卷，而不失天下，享祚百年。伯夷、叔齐实以孤竹君让而终亡其国，饿死于首阳之山。实、伪之辩，如此其省也”。因此，礼义荣禄是人生的“重囚累梏”。人的本性在于享乐，而生命短促，贤如尧、舜，恶如桀、纣，死后都如腐骨。所以，“太古之人知生之暂来，知死之暂往；故从心而动，不违自然所好；当身之娱非所去也，故不为名所劝。从性而游，不逆万物所好；死后之名非所取也，故不为刑所及”，“故生非所生，死非所死；贤非所贤，愚非所愚，贵非所贵，贱非所贱。然而万物齐生齐死，齐贤齐愚，齐贵齐贱。十年亦死，百年亦死。仁圣亦死，凶愚亦死。生则尧舜，死则腐骨；生则桀纣，死则腐骨。腐骨一矣，孰知其异？且趣当生，奚遑死后”。[①]

杨朱既揭示了重当生之旨，又认为享乐的目的在于重生贵己，即不以穷损生，不以富累生。因此，“古之人损一毫利天下不与也，悉天下奉一身不取也。人人不损一毫，人人不利天下，天下治矣”。在杨朱看来，“世固非一毛之所济”，所以，损一毫利天下，是没有意义的。[②]有人损一毫利天下，则有人以天下奉一身，如果人人不损一毫，则人人不得以天下为利。每个人都有权利发挥自己的智慧，保护自己的利益不受侵犯，所谓“智之所贵，存我为贵”[③]。人人“存我”，则君主不能侵犯百姓，百姓有与君主相平等的捍卫自己利益的权力。

杨朱认为，人之生死也是一种自然现象，所以他说“理无久生。生非贵之所能存，身非爱之所能厚”，“贵生爱身”并不是执着于生命与身体，而是遵从自然

---

① 杨伯峻撰:《列子集释》卷七,《新编诸子集成》，北京：中华书局，1979 年，第 217～221 页。

② 参看《列子集释》卷七,《新编诸子集成》，第 230 页。

③《列子集释》卷七,《新编诸子集成》，第 234 页。

本性，不“以礼教自持”，“无不废，无不任”。[①]杨朱把贵己、为我看作是大智、大圣、大公，曰：“人肖天地之类，怀五常之性，有生之最灵者也。人者，爪牙不足以供守卫，肌肤不足以自捍御，趋走不足以从利逃害，无毛羽以御寒暑，必将资物以为养，任智而不恃力。故智之所贵，存我为贵；力之所贱，侵物为贱。然身非我有也，既生，不得不全之；物非我有也，既有，不得而去之。身固生之主，物亦养之主。虽全生，不可有其身；虽不去物，不可有其物。有其物，有其身，是横私天下之身，横私天下之物。不横私天下之身，不横私天下物者，其唯圣人乎！公天下之身，公天下之物，其唯至人矣！此之谓至至者也。”[②]“身非我有”，“物非我有”，全生去物，不得利己，而是不“横私天下之身”，不“横私天下之物”。因此，贵己、为我，不是个人主义、为我主义，而正是遵从自然本性。

《列子·杨朱》还记载了杨朱对名的看法。杨朱指出：

> 忠不足以安君，适足以危身；义不足以利物，适足以害生。安上不由于忠，而忠名灭焉；利物不由于义，而义名绝焉。君臣皆安，物我兼利，古之道也。鬻子曰：“去名者无忧。”老子曰：“名者实之宾。”而悠悠者趋名不已。名固不可去，名固不可宾邪？今有名则尊荣，亡名则卑辱。尊荣则逸乐，卑辱则忧苦。忧苦，犯性者也；逸乐，顺性者也。斯实之所系矣。名胡可去？名胡可宾？但恶夫守名而累实。守名而累实，将恤危亡之不救，岂徒逸乐忧苦之间哉？[③]

“犯性”就是违反自然本性，“顺性”就是遵从自然，杨朱主张对“名”的自然态度，不可执着于取得，也不执着于抛弃，以不“累实”之顺性态度处理，也等于说是对名采取一种安于性命的自然态度。

《列子·杨朱》中杨朱对自然的追求态度，也可从其他诸子著作中找到根据。《庄子·山木》曰：

> 阳子之宋，宿于逆旅。逆旅有妾二人，其一人美，其一人恶，恶者贵而美者贱。阳子问其故，逆旅小子对曰：“其美者自美，吾不知其美也；其

---

① 参看《列子集释》卷七，《新编诸子集成》，第229～230页。

② 《列子集释》卷七，《新编诸子集成》，第234～235页。

③ 《列子集释》卷七，《新编诸子集成》，第238页。

恶者自恶，吾不知其恶也。”阳子曰：“弟子记之，行贤而去自贤之行，安往而不爱哉？①

此段文字亦见于《韩非子·说林上》，其中“行贤而去自贤之行”作“行贤而去自贤之心”②。在这里，“美者”之美是自然的，而“美者自美”却是自我夸耀，违背了天赋美恶平等的原意，譬之“行贤”与“自贤”，贤为自然品性，而自贤则有人为执着存于其中，违背顺性之旨了。又《荀子·王霸》曰：“杨朱哭衢涂，曰：‘此夫过举跬步而觉跌千里者夫！’哀哭之。”③是言在歧路口，一步走错，差失千里。《淮南子·说林》曰：“杨子见逵路而哭之，为其可以南可以北；墨子见练丝而泣之，为其可以黄可以黑”④王充《论衡·率性》解释杨、墨之哭曰：“是故杨子哭歧道，墨子哭练丝也，盖伤离本，不可复变也。”⑤《论衡·艺增》又重复此意，曰：“墨子哭于练丝，杨子哭于歧道，盖伤失本，悲离其实也。”⑥“离本”和“失本”也就是失却本性。

战国诸子常以杨朱与其他诸子相提并论。《孟子·滕文公下》曰：“杨朱、墨翟之言盈天下。天下之言不归杨，则归墨。……杨墨之道不息，孔子之道不著。”⑦又曰：“能言距杨墨者，圣人之徒也。”⑧《孟子·尽心下》曰：“逃墨必归于杨，逃杨必归于儒。……今之与杨、墨辩者，如追放豚，既入其笠，又从而招之。”⑨《庄子·骈拇》曰：“骈于辩者……而杨墨是已。”⑩《庄子·徐无鬼》曰：“儒、墨、杨、秉四，与夫子为五。”⑪“秉”指公孙龙，“夫子”即惠施。足见杨朱一派，其

---

① 《庄子集解》卷五，《新编诸子集成》，第212页。

② [清]王先慎撰，钟哲点校：《韩非子集解》卷七，北京：中华书局，2003年，第181～182页。

③ [清]王先谦撰，沈啸寰、王星贤点校：《荀子集解》卷七，《新编诸子集成》，北京：中华书局，1988年，第258页。

④ 何宁撰：《淮南子集释》卷十七，《新编诸子集成》，北京：中华书局，1998年，第1230页。

⑤ 黄晖撰：《论衡校释》卷二，《新编诸子集成》，北京：中华书局，1990年，第70页。

⑥ 《论衡校释》卷八，《新编诸子集成》，第381页。

⑦ [清]焦循撰：《孟子正义》卷十三，《新编诸子集成》，北京：中华书局，1987年，第491～492页。

⑧ 《孟子正义》卷十三，《新编诸子集成》，第497页。

⑨ 《孟子正义》卷二十九，《新编诸子集成》，第1073页。

⑩ 《庄子集解》卷三，《新编诸子集成》，第100页。

⑪ 《庄子集解》卷六，《新编诸子集成》，第259页。

势力足以与显学之儒、墨抗衡。

而杨朱为我、贵己的思想又为庄子学派所发扬光大。庄子学说，其中心在于教导人们认识社会现实的丑恶，并学会在现实中保护自己。这种思想贯穿在《庄子》书中，其中以内七篇为最重要，自《逍遥游》至《应帝王》七篇，各有主旨又互相联系。林云铭《读庄子法·总论》云：

> 三十三篇之中，反复数十万言，大旨不外明道德，轻仁义，一死生，齐是非，虚静恬谈寂寞无为而已矣。篇之有内有外有杂，皆出于世俗，非当日著书本意。内七篇是有题目之文，为庄子所手定者；外篇、杂篇各取篇首两字名篇，是无题目之文，乃后人取庄子杂著而编次之者。《逍遥游》言人心多狃于小成而贵于大，《齐物论》言人心多泥于己见而贵于虚，《养生主》言人心多役于外应而贵于顺，《人间世》则入世之法，《德充符》则出世之法，《大宗师》则内而可圣，《应帝王》则外而可王。此内七篇分著之义也。然人心惟大，故能虚；惟虚，故能顺；入世而后出世，内圣而后外王，此又内七篇相因之理也。若是而大旨已尽矣。[①]

《逍遥游》是庄子思想的总纲，该文提出了人生追求自由的目标，主张人通过无己、无功、无名，而达到无待的悠闲自得、无拘无束的境界。

《齐物论》认为，客观事物不分彼此，本质上是同一的，而人们关于是非彼此之争论皆出于成见执着，所谓“物无非彼，物无非是。自彼则不见，自知则知之”，“是亦彼也，彼亦是也。彼亦一是非，此亦一是非”，“以指喻指之非指，不若以非指喻指之非指也；以马喻马之非马，不若以非马喻马之非马也。天地，一指也；万物，一马也”，“可乎可，不可乎不可”，“恶乎然？然于然。恶乎不然？不然于不然”，“无物不然，无物不可”，“其分也，成也；其成也，毁也。凡物无成与毁，复通为一。唯达者知通为一，为是不用而寓诸庸”，“故分也者，有不分也；辩也者，有不辩也”，“大道不称，大辩不言，大仁不仁，大廉不嗛，大勇不忮”。[②] 庄子认为，儒、墨名辩之是非、概念的争论，是没有认识到对立中的同

① ［清］张潮：《昭代丛书》甲集卷十九，《丛书人物传记资料类编·学林卷》，北京：北京图书馆出版社，2006年。

② 参看《庄子集解》卷一，《新编诸子集成》，第14～21页。

一性，爱憎出于是非，是非出于界限，界限由于物的形成，而物产生于无物，成亏、爱憎、是非，彼此之对立归源于虚无，因此，不称之道、不言之辩、不仁之仁、不嗛之廉、不忮之勇，以及不用之用，才是真正的道、辩、仁、廉、勇、用。人们之所以不能达到真正的同一，是源于有身有我；因此，“吾丧我”，使形如“槁木”而心如“死灰”，则可接近真道。

《养生主》强调，“为善无近名，为恶无近刑。缘督以为经，可以保身，可以全生，可以养亲，可以尽年”，即人处世要把握养生之道，善于权衡名刑之分，不求名，也不致刑，沿着中庸，准确，无富贵名誉、罪恶刑罚的道路，“依乎天理”，“以无厚入有间”，“安时而处顺，哀乐不能入”。①

《人间世》是针对社会现实谈人生哲学，曰：“方今之时，仅免刑焉。福轻乎羽，莫之知载；祸重乎地，莫之知避。”这是庄子对当时社会现实的基本看法。又曰：“汝不知夫螳螂乎？怒其臂以当车辙，不知其不胜任也，是其才之美者也。”这是庄子对个人力量的客观估计。庄子认为，在乱世，靠一个人的力量要改变社会是不可能的，因此只能是顺世，通过“心斋”的方式，达到虚心的境界：“一若志，无听之以耳而听之以心，无听之以心而听之以气。听止于耳，心止于符。气也者，虚而待物者也。唯道集虚。虚者，心斋也。”虚为道之所在，而虚心，即是心斋。“虚”的应用，便是“乘物以游心，托不得已以养中”，“无迁令，无劝成”，没有任何思想和主张，“彼且为婴儿，亦与之为婴儿；彼且为无町畦，亦与之为无町畦；彼且为无崖，亦与之为无崖”。②

《德充符》强调，人之道德充实则最为高尚，道德充实的标志不是外在的形体、名誉、情感，而是内心中能齐同万物，超越名利情感、是非好恶。

《大宗师》强调，师法天道，天道为万物之大宗师，人之修道应“知天之所为”，“古之真人”是天道的化身，“不知说生，不知恶死。其出不欣，其入不距，翛然而往，翛然而来而已矣。不忘其所始，不求其所终；受而喜之，忘而复之。是之谓不以心捐道，不以人助天。是之谓真人。若然者，其心志，其容寂，其颡

① 参看《庄子集解》卷一，《新编诸子集成》，第 28 ～ 31 页。
② 参看《庄子集解》卷一，《新编诸子集成》，第 35 ～ 44 页。

頯，凄然似秋，煖然似春，喜怒通四时，与物有宜，而莫知其极”。[①]古之真人，忘怀于物，淡情寡欲，不计生死，随物而变，应时而行，与天合一。要达到古之真人的境界，要超脱生死界线，忘仁义礼乐，最后达到“坐忘”，即“堕肢体，黜聪明，离形去知，同于大通”。[②]

《应帝王》强调，如果人作为帝王而治天下，则应以无为为根本。“立乎不测，而游于无有者也”[③]，而不能靠才能智慧。

《庄子》外篇主要是发挥内篇的大义。《骈拇》认为，人性自然，而仁义智辩以及为名、为利、为国、为家都是违反人性的，曰：“意仁义其非人情乎！彼仁义何其多忧也？”仁义之类，就譬如骈拇枝指，使人争竞而“奔命于仁义”，殉于仁义。[④]《马蹄》强调，提倡仁义礼乐必然出现好智争利的倾向，而以人为君子小人，天下人争为君子。曰：“夫至德之世，同与禽兽居，族与万物并，恶乎知君子小人哉！”[⑤]无知、无欲则纯朴而有德。《胠箧》曰：“彼窃钩者诛，窃国者为诸侯，诸侯之门而仁义存焉，则是非窃仁义圣知邪？”统治者打着仁义的旗号弑君夺权，杀戮人民，危害天下，比小盗要可恶得多；因此，“绝圣弃知，大盗乃止”，“上诚好知而无道，则天下大乱矣”。[⑥]《在宥》主张，“君子不得已而临莅天下，莫若无为。无为也，而后安其性命之情。故贵以身为天下，则可以托天下；爱以身于为天下，则可以寄天下”。只有首先珍重、爱护自己，把珍重、爱护自己看作比爱护天下更重要，才可以实行无为之治，“绝圣弃知而天下大治”。在这里，作者强调个体价值的珍贵，只有爱护自己才不至于“有为”而扰民。“有为”之人都是有名利思想和世俗智慧存在，所以要设立种种限制，约束人民，“有天道，有人道。无为而尊者，天道也；有为而累者，人道也”，“天道之与人道也，相去远矣，不可不察也”，所以要遵从天道之无为。[⑦]

---

① 参看《庄子集解》卷二，《新编诸子集成》，第 55 ～ 56 页。
② 参看《庄子集解》卷二，《新编诸子集成》，第 69 页。
③ 《庄子集解》卷二，《新编诸子集成》第 91 ～ 98 页。
④ 参看《庄子集解》卷三，《新编诸子集成》，第 79 ～ 80 页。
⑤ 《庄子集解》卷三，《新编诸子集成》，第 83 页。
⑥ 参看《庄子集解》卷三，《新编诸子集成》，第 87 ～ 88 页。
⑦ 参看《庄子集解》卷三，《新编诸子集成》，第 91 ～ 98 页。

《天地》《天道》《天运》皆以天道、自然之道说明君主、臣子应遵从无为、虚静、恬淡、寂寞之法则，不要宣扬仁义忠信之人道。《刻意》《缮性》讲修养心性之恬淡无为、穷乐无忧。《秋水》曰："无以人灭天，无以故灭命，无以得殉名。谨守而勿失，是谓反其真。"[①]强调超脱于物质世界的得失而回归人的本真。《至乐》曰："人之生也，与忧俱生。寿者惛惛，久忧不死，何苦也！"[②]说明生老病死是自然规律，只有死才是最后摆脱苦恼的办法。《达生》也是强调看破生死，抛弃名位，排除杂念。《山木》认为，身处"错上乱相之间"，动辄得咎，所以要抛弃权利名誉，清心寡欲，忍让屈从，顺乎天道以免祸。《田子方》反对仁义有为。《知北游》曰："失道而后德，失德而后仁，失仁而后义，失义而后礼。礼者，道之华而乱之首也。故曰：'为道者日损，损之又损之，以至于无为，无为而无不为也。'"与《田子方》意旨相类。

外篇之外又有杂篇，其意与内七篇相呼应。

概括而言，内七篇都是处世之道：《逍遥游》是绝对自由，《齐物论》是一切平等，《养生主》是养生之道，《人间世》是处乱世之道，《德充符》是不言之教，《应帝王》是无为之治。[③]其内容包括了日常修养、处事、为政诸方面。值得指出的是，与黄老之立足于君主不同，庄子的出发点在于普通的个人，是教导普通民众如何处世而能躲避君主政治的迫害。因此，其思想深处包含着对现实社会的深刻批判，对民众的受奴役、受迫害地位的深刻同情；而其所倡导的绝对自由、一切平等、自然无为，正是庄子对抗"有为"社会罪恶的方式。庄子通过对"心斋""坐忘""吾丧我"的描述，使我们清楚地看出了他的"顺世"论实际是以顺世反抗社会；通过对是非、彼此、爱憎的否定，而表达对现实价值观、是非观、道德观的否定；庄子之人生哲学，首先是为每一个个人着想，即"为我"，肯定作为一个个人生存于社会不受侵害的权利；其"绝对自由"是肯定人的思想上具有自由的尊严，通过肉体上的忘我摆脱现实束缚，而达到无束缚。尽管

---

① 《庄子集解》卷四，《新编诸子集成》，第 144 页。

② 《庄子集解》卷五，《新编诸子集成》，第 149 页。

③ 参看陈柱：《老子与庄子》，王云五主编《万有文库》，上海：商务印书馆，1931 年，第 87 ～ 115 页。

《庄子》书中常对杨朱有批评，但其言为我、养生、名誉、生死、宿命，“与杨子多相似”[①]，庄子与杨朱“主张个人自由的观念”，“反对干涉主义”，更是一脉相承的。[②]

《庄子》一书也体现了庄子的理想社会模式，《马蹄》提到了“夫赫胥氏之时，民居不知所为，行不知所之，含哺而熙，鼓腹而游，民能以此矣”[③]，在这种原始的政治状态下，百姓无所为而充满了幸福。所以，庄子认为理想的社会应如赫胥氏之世一般。《马蹄》曰：

> 吾意善治天下者不然。彼民有常性，织而衣，耕而食，是谓同德；一而不党，命曰天放。故至德之世，其行填填，其视颠颠。当是时也，山无蹊隧，泽无舟梁；万物群生，连属其乡；禽兽成群，草木遂长。是故禽兽可系羁而游，鸟鹊之巢可攀援而窥。夫至德之世，同与禽兽居，族与万物并，恶乎知君子小人哉！同乎无知，其德不离；同乎无欲，是谓素朴。素朴而民性得矣。[④]

《胠箧》言“至德之世”，“民结绳而用之，甘而食，美其服，乐其俗，安其居，邻国相望，鸡狗之音相闻，民至老死而不相往来，若此之时，则至治已”。[⑤]可以看出，庄子学派之理想虽是保守的、复古的，但此复古体现了对原始素朴、自然而平等、民众幸福的渴望，就其本质来说，蕴含着积极进步之思想。

《吕氏春秋·审分览·不二》曰：“列子贵虚。”[⑥]“贵虚”是《列子》一书的纲领。《天瑞》《汤问》是言宇宙为人之所不能知；《黄帝》言气无彼我，彼我之分由形，不牵于情而任气，则与物为一，而物莫能害；《周穆王》言真幻无异；《仲尼》言人当忘情任理；《力命》《说符》言机械命定论，其人生观“亦与《庄子》

---

① 参看郎擎霄：《庄子与诸子比较论·杨朱》，《庄子学案》第十二章，上海：商务印书馆，1934 年，第 269 ～ 280 页。

② 参看陈此生：《杨朱》，王云五主编《万有文库》，上海：商务印书馆，1930 年。

③ 《庄子集解》卷三，《新编诸子集成》，第 82 页。

④ 《庄子集解》卷三，《新编诸子集成》，第 82 ～ 83 页。

⑤ 《庄子集解》卷三，《新编诸子集成》，第 88 页。

⑥ 许维遹撰：《吕氏春秋集释》卷十七，《新编诸子集成》，北京：中华书局，1988 年，第 467 页。

相同”，而机械命定论“其理亦皆庄生书中所已有，特庄生言之，尚不如此之极端耳”①。

黄、老、杨、庄都主张自然无为，黄、老立足于君主以无为之道术驾驭百姓，而杨、庄则主张百姓以无为之术对付错上乱相。因此可以说，黄、老的立场是当权者的立场，杨、庄的立场是被统治者的立场。也正因此，杨、庄之学具有更积极的平民色彩。

本文原载《中共中央党校学报》1998年第3期

① 《先秦学术概论》下编，第40页。

爱奇心态与战国政治及文化的关系

爱奇心态是中国文化史上长期存在着的一种文化心态，其主要特征表现为在思想上和艺术上对奇诡与创新的追求。探本索源，爱奇心态普遍存在于战国之际的文人身上，并对战国时代政治及文化产生了深远影响。

一　时代的奇异性是爱奇心态产生的文化基础

所谓战国时代的奇异性，是针对战国时代之前的固有传统而言的。而战国文人所处时代的奇异性，则是指战国时代道德文化表现出的与前代相比差异较大的新变，这种新变正是战国文人爱奇心态产生的必不可少的文化基础。

要讨论战国时代的新变，我们应该从春秋时代以前说起。根据孔子的表述，春秋时代以前的中国社会大体经过了大同和小康两个时代。《礼记·礼运》载孔子论大同，曰：

大道之行也，天下为公。选贤与能，讲信修睦。故人不独亲其亲，不

> 独子其子，使老有所终，壮有所用，幼有所长，矜、寡、孤、独、废、疾者，皆有所养。男有分，女有归。货恶其弃于地也，不必藏于己；力恶其不出于身也，不必为己。是故谋闭而不兴，盗窃乱贼而不作，故外户而不闭，是谓大同。[①]

又说小康，曰：

> 今大道既隐，天下为家。各亲其亲，各子其子，货力为己。大人世及以为礼，城郭沟池以为固，礼义以为纪，以正君臣，以笃父子，以睦兄弟，以和夫妇，以设制度，以立田里，以贤勇知，以功为己。故谋用是作，而兵由此起。禹、汤、文、武、成王、周公，由此其选也。此六君子者，未有不谨于礼者也。以著其义，以考其信，著有过，刑仁讲让，示民有常。如有不由此者，在执者去，众以为殃，是谓小康。[②]

大同时代远诈谋，民智淳朴，社会平等。至夏禹以后，君主之位父死而子及，君主为人自私，以天下为家，大道隐蔽，圣人以礼义约束人民，因而有谋诈之事、兵革之用。但贤明君主尚能谨礼、著义、考信、著过，“刑仁讲让，示民以常”，所以称为小康。

仔细推究孔子之言，我们可以清楚地看出，中国社会从大同发展到小康，无疑是一个不断堕落的过程。而这种堕落的表现，是人的自由权利和平等权利的丧失、计谋的泛滥和人心的艰险。小康之后，这种堕落的趋势并没有减缓。

小康之后就是春秋时代，春秋时代与小康之世相比，其特点是礼崩乐坏。而战国时代比之春秋时代，形势又见堕落。《史记·平津侯主父列传》载汉武帝时严安上书，其中论及自小康之世至战国时代的堕落轨迹，曰：

> 周有天下，其治三百余岁，成康其隆也，刑错四十余年而不用。及其衰也，亦三百余岁，故五伯更起。五伯者，常佐天子兴利除害，诛暴禁邪，匡正海内，以尊天子。五伯既没，贤圣莫续，天子孤弱，号令不行。诸侯恣行，强陵弱，众暴寡，田常篡齐，六卿分晋，并为战国，此民之始苦也。

---

① [汉]郑玄注，[唐]孔颖达等正义：《礼记正义》卷二十二，《十三经注疏》，北京：中华书局，1980年，第1414页。

② 《礼记正义》卷二十二，《十三经注疏》，第1414页。

于是强国务攻，弱国备守，合纵连横，驰车击毂，介胄生虮虱，民无所告诉。[①]

这个意思也见于刘向《战国策叙》，曰：

周室至文、武始兴，崇道德，隆礼义，设辟雍泮宫庠序之教，陈礼乐弦歌移风之化。叙人伦，正夫妇，天下莫不晓然。论孝悌之义，惇笃之行，故仁义之道满乎天下，卒致之刑错四十余年。远方慕义，莫不宾服，雅颂歌咏，以思其德。下及康、昭之后，虽有衰德，其纲纪尚明。及春秋时，已四五百载矣，然其余业遗烈，流而未灭。五伯之起，尊事周室。五伯之后，时君虽无德，人臣辅其君者，若郑之子产，晋之叔向，齐之晏婴，挟君辅政，以并立于中国，犹以义相支持，歌说以相感，聘覲以相交，期会以相一，盟誓以相救。天子之命，犹有所行。会享之国，犹有所耻。小国得有所依，百姓得有所息。故孔子曰："能以礼让为国乎何有？"周之流化，岂不大哉！及春秋之后，众贤辅国者既没，而礼义衰矣。孔子虽论《诗》《书》，定《礼》《乐》，王道粲然分明，以匹夫无势，化之者七十二人而已，皆天下之俊也，时君莫尚之。是以王道遂用不兴。故曰："非威不立，非势不行。"

仲尼既没之后，田氏取齐，六卿分晋，道德大废，上下失序。至秦孝公，捐礼让而贵战争，弃仁义而用诈谲，苟以取强而已矣。夫篡盗之人，列为侯王；诈谲之国，兴立为强。是以传相放效，后生师之，遂相吞灭，并大兼小，暴师经岁，流血满野，父子不相亲，兄弟不相安，夫妇离散，莫保其命，泯然道德绝矣。晚世益甚，万乘之国七，千乘之国五，敌侔争权，盖为战国。贪饕无耻，竞进无厌；国异政教，各自制断；上无天子，下无方伯；力功争强，胜者为右；兵革不休，诈伪并起。当此之时，虽有道德，不得施谋；……[②]

周朝重视礼乐文化，其基本道德在于礼义人伦、孝悌笃敬。及至春秋之时，

① ［汉］司马迁撰，［南朝宋］裴骃集解：《史记》卷一百一十二，北京：中华书局，1982年，第2957页。

② ［汉］刘向集录：《战国策》附录，上海：上海古籍版社，1985年，第1195～1196页。

虽说礼坏乐崩，但贵族君子还是以提倡礼义为多。至战国时代，不言礼与信，不聘享，无宗姓之亲，传统伦理荡然无存，唯以利益苟合，也不复有赋诗言志的温温尔雅的文明气氛。诸侯不知有天子，纷纷自立为王，并蚕食周之宗邑，终至灭周。诸侯凌天子，卿大夫篡诸侯，诸侯互灭，弱肉强食，互相攻伐，民不聊生，社会表现为一种极端混乱状态。

战国时代的到来虽然是历史发展的新阶段，但这种新阶段却意味着社会道德生活、物质生活和文化生活的进一步堕落。这种混乱状态给人心理上和道德上带来的突出变化就是原有信仰的完全崩溃，而代之以《孟子·滕文公下》所谓“是邪说诬民，充塞仁义也”①，即人们的思想观念中对恪守传统的观念已经变得无足轻重，修正传统、背离传统、排斥传统、反抗传统已经是这个时代所认同的革命行为。《吕氏春秋·先己》曰“巧谋并行，诈术递用，攻战不休，亡国辱主愈众”②,《韩非子·五蠹》曰“当今争于气力”③,《汉书·食货志》云“贵诈力而贱仁谊，先富有而后礼让”④，皆是这个时代人文精神的体现。这种人文精神同固有传统相比较，真是惊世骇俗的变化，甚至比过去从大同到小康再到春秋的变化还要大得多。因为即使从大同到小康，从“天下为公”到“天下为家”，如此天翻地覆的政治革命，在文化和道德上也没有公开向传统宣战，而战国时代无论在理论上还是实践上都敢于向传统挑战。战国时代的这种特征决定了战国文人没有恪守传统的义务，也不大会有违背传统的犯罪感，这就为战国文人培养其爱奇心态营造了一个适宜的文化环境。

二　期望奇智奇谋与爱奇心态产生的现实迫切性

战国时期的文人不受地域、宗族以及经济地位和政治地位的限制，只要具有文化知识，有谈说之才能，便可周游列国，不耕而食。文人由士阶层演变成

① ［清］焦循撰:《孟子正义》卷十三,《新编诸子集成》，北京：中华书局,1987年，第457页。
② 许维遹撰:《吕氏春秋集释》卷三,《新编诸子集成》，北京：中国书店，1985年，第72页。
③ ［清］王先慎撰:《韩非子集解》卷十九,《诸子集成》，北京：中华书局,1954年，第341页。
④ ［汉］班固撰，［唐］颜师古注:《汉书》卷二十四，北京：中华书局，1962年，第1124页。

为一种职业，而从事这种职业的文人又可以称为“文学”或“文学之士”。战国时期剧变的时代特征决定了当时的权贵需要文人，诸侯争雄，文人的智慧是最可倚重的力量。《论衡·效力》对文人的重要性说得很清楚，其云：“入楚楚重，出齐齐轻，为赵赵完，畔魏魏伤。”[①] 也就是说，谁失去了文人，谁就失去了成功。正是缘于文人发挥着重要的作用。《吕氏春秋·察贤》称魏文侯“师卜子夏，友田子方，礼段干木”[②]，即是由于魏国的现实需要文人，而当时的魏国还有李悝、吴起、商鞅等文人。秦孝公欲强秦国，首先便从征求文人开始。《史记·秦本纪》载，秦自穆公后，“僻在雍州，不与中国诸侯之会盟，夷翟遇之”。秦孝公意欲复兴秦国，不欲中原诸侯之小觑，下令征求文人，曰：“宾客群臣有能出奇计强秦者，吾且尊官，与之分土。”[③] 秦孝公的这个文人不是一般的文人，而是有“奇计”的文人。只要能有奇计使秦国富强，不但要给高官，还要分封爵土，使其跻身世袭贵族之列。商鞅也正是听到秦孝公这个求贤令，西入秦，因景监求见秦孝公，游说孝公变法，内务耕稼、外劝战死之赏罚。其标新立异，因此而获尊官分土之赏。而对奇计的需求，又不只秦一国。刘向《战国策叙》云：

> 当此之时，虽有道德，不得施谋；有设之强，负阻而恃固；连与交质，重约结誓，以守其国。故孟子、孙卿儒术之士，弃捐于世，而游说权谋之徒，见贵于俗。是以苏秦、张仪、公孙衍、陈轸、代、厉之属，生纵横短长之说，左右倾侧。苏秦为纵，张仪为横；横则秦帝，纵则楚王；所在国重，所去国轻。
>
> ……
>
> 战国之时，君德浅薄，为之谋策者，不得不因势而为资，据时而为。故其谋，扶急持倾，为一切之权，虽不可以临国教化，兵革救急之势也。皆高才秀士，度时君之所能行，出奇策异智，转危为安，运亡为存，亦可

① 黄晖撰：《论衡校释》卷十三，《新编诸子集成》，北京：中华书局，1990年，第586页。

② 《吕氏春秋集释》卷二十一，《新编诸子集成》，第586页。

③ 《史记》卷五，第202页。

喜，皆可观。[1]

战国时代不是一个可以道德兼并天下的时代，各诸侯国需要的是实力和谋略，文人正是能出奇谋、献奇智，从而增强一方诸侯实力的力量。王公贵族之重视文人，当然是出于对文人所具有的奇谋异智的需要，其目的当然是基于维护自身生存的现实利益之考虑。

战国时代对文人奇智异谋的期望促使文人把挖空心思地建设新奇的理论体系和思想体系，创造性地提出新奇的政治见解和文化见解当作自己的神圣追求，而要出奇制胜，就需要怀疑历史，否定过去，这也就为文人们形成爱奇心态提供了现实迫切性。

三　爱奇心态的主要表现

战国文人为了适应新的时代氛围和时代期望，自觉地调整自己的心态，以追求奇诡为自己奋斗目标的一部分，而战国时代的氛围和形势要求更为文人们爱奇心态的养成提供了人文环境和现实迫切性。正是缘于这个原因，战国文人的爱奇心态得到充分的体现。

战国文人爱奇心态的中心内容是反古，即积极表现出与古代传统的差别。罗根泽《晚周诸子反古考》一文指出，“核之晚周诸子，亦确多反古之言”[2]，并举《墨子》《荀子》《商君书》《韩非子》《吕氏春秋》为例。《墨子·非儒下》攻击儒者之“必古言服，然后仁”的主张，认为古之服、古之言曾经在它产生之时是属于全新的事物，而当时之人以言以服。《墨子·公孟》云，一定时期的言与服是同时圣人、暴人所共同拥有，却不能导致人人成为圣人。《墨子·非儒》《墨子·耕柱》批评“君子循而不作”之观点，以古之弓、甲、车、舟俱出智者之手，后人因而用之，如果因循而不创新才是所谓君子，则古代创为弓、甲、车、舟之智者反成小人，鲍函车匠反成君子了？正确的态度应是继承古之善者，创为今之善者，这

① 《战国策》附录，第1196～1198页。
② 罗根泽:《诸子考索》，北京：人民出版社，1958年，第63页。

样才能积善成多。《荀子·儒效》以法先王之儒为俗儒，以法后王而不能类推者为雅儒，以法后王能以今持古者为大儒。《商君书·更法》认为，“三代不同礼而王，五霸不同法而霸。故知者作法，而愚者制焉；贤者更礼，而不肖者拘焉”[①]，即夏、商、周三代礼不同而王，春秋五霸法不同而霸，制定法是智者的事情，遵守法是愚者的事情；礼是贤人所定，而不贤之人为礼拘泥。欲王欲霸，欲成为智者贤人，就得反古改制。《韩非子·显学》云，儒、墨俱称述尧、舜，儒者以尧、舜大圣，爱民而仁义，墨者以尧、舜无私而俭朴。尧、舜的真面目究竟如何，谁都说不清楚，所以，法古实际是愚蠢而不切实际的行为。《吕氏春秋·察今》云，一定的时代有一定的法律，每一个时代都有不同于其他时代的特殊环境，如果违背了特殊环境之具体情况的要求，而盲目地推行已过时的古法，那必定会犯错误。

《墨子》《荀子》《商君书》《韩非子》《吕氏春秋》等书反古，此古指一切之古；而儒家之托古，此古则主要指“郁郁乎文哉”的周，周与夏、商相比为近古，或称为“今”，则儒家对上古，亦含有菲薄之意。黄老道家崇尚黄帝，而庄子好举赫胥氏之世以为说，对三皇五帝则有微辞，故道家以上古而反近古。产生了圣人的时代，相对于道家宗师来说已是“古”，所以，他们也是反古的。

《孟子·滕文公下》云：

> 圣王不作，诸侯放恣，处士横议，杨朱、墨翟之言盈天下，天下之言，不归杨则归墨。杨氏为我，是无君也；墨氏兼爱，是无父也。无父无君，是禽兽也。公明仪曰：“庖有肥肉，厩有肥马，民有饥色，野有饿莩，此率兽而食人也。”杨、墨之道不息，孔子之道不著，是邪说诬民，充塞仁义也。[②]

孟子作为儒家的代表人物，是遵从孔子所倡导的以六经为核心的传统价值观的学者，他之所以指责杨朱、墨翟之学说，就在于他认为杨朱、墨翟之学有“无父无君”之嫌，在本质上有否定仁义之倾向。杨朱以个人主义抛弃君臣义务，而

---

① 蒋礼鸿撰：《商君书锥指》卷一，《新编诸子集成》，北京：中华书局，1986年，第4页。
② 《孟子正义》卷十三，《新编诸子集成》，第456～457页。

墨子以博爱主义取代亲亲之等差原则，这显然与儒家标榜的以六经义理为中心的价值体系背道而驰。至于黄老道家之主张道法权术，庄子道家之欲绝去礼学仁义，阴阳家之神秘鬼神，法家之严而少恩，不别亲疏，不殊贵贱，一断于法，无亲亲尊尊之情，以及权、术、势的结合，名家之诡辩，纵横家崇尚诈奸，杂家之综合主义，农家之主张君臣并耕等，皆与儒家恪守传统精神，倡导光明正大、仁义礼智、敬鬼神而远之、德治为尚、利民实用、以民为本、道德感化的精神不符，这表明诸子之思想是对传统价值观念的革命。孟子、荀子欲以传统精神矫正时世，发不得已之辩，却仍阻挡不住时代之大势。刘向《战国策叙》称战国之时，"杖于谋诈之弊，终于信笃之诚，无道德之教，仁义之化，以缀天下之心。任刑罚以为治，信小术以为道。遂燔烧《诗》《书》，坑杀儒士，上小尧、舜，下邈三王"[①]。由此可知，战国之世儒术、儒术之士受排挤乃至遭杀害，而背弃儒术的新主张受到了士大夫、诸侯王的欣赏，这是铁的事实。也就是说，战国时代是崇尚新思想、新观念的时代，而诸子也正是以创造新思想、新观念为己任的，其具体形式，或表现为反古倾向，或表现为标新立异。《庄子·天下》之云"天下多得一察焉以自好"，"百家往而不反"[②]，《汉书·艺文志》云"各推所长"[③]，所指正是这种反古和标新立异的倾向。

与反古相联系的是战国文人对历史的怀疑。中国古代社会之面貌因无可靠证据，战国前人多语焉不详，《庄子·胠箧》历数帝王世系，以为"至德之世"有所谓容成氏、大庭氏、伯皇氏、中央氏、栗陆氏、骊畜氏、轩辕氏、赫胥氏、尊卢氏、祝融氏、伏羲氏、神农氏，这种世系之可靠性当然值得怀疑。孔子论三代大同，有"天下为公""选贤与能"之说法。但古本《竹书纪年》云："舜囚尧，复偃塞丹朱，使不与父相见也。"舜代尧而有天下，"筑丹朱城，俄又夺之"，丹朱为尧之子，以孟子的说法，尧之死，舜避丹朱于南河之南，但天下的诸侯万民朝觐讴歌，不得不"之中国，践天子位焉"。[④]《韩非子·说疑》云："舜逼尧，

---

① 《战国策》附录，第1195页。
② [清]王先谦撰：《庄子集解》卷八，《新编诸子集成》，北京：中华书局，1987年，第288页。
③ 《汉书》卷三十，第1746页。
④ 参看[南朝梁]沈约注：《竹书纪年》卷上，上海：中华书局，民国25年（1936年），第2页。

禹逼舜，汤放桀，武王伐纣，此四王者，人臣弑其君者也，而天下誉之。”①《荀子·正论》也反对禅让之说，认为其是“浅者之传、陋者之说”②。尧、舜、禹三王不过是古代原始部落的酋长，因而孔、孟在他们身上所附加的道德光环之可信性则大打折扣。《竹书纪年》《韩非子》《荀子》探索历史本来面目之尝试为我们提供了有益的借鉴。又《天问》曰：“不任汩鸿，师何以尚之？佥曰何忧？何不课而行之？鸱龟曳衔，鲧何听焉？顺欲成功，帝何刑焉？永遏在羽山，夫何三年不施？伯禹愎鲧，夫何以变化？纂就前绪，遂成考功。何续初继业，而厥谋不同？洪泉极深，何以置之？地方九则，何以坟之？河海应龙，何尽何历？鲧何所营？禹何所成？”③鲧在尧时，窃帝息壤以堙洪水，帝令祝融杀之于羽郊，而由其子禹踵武其迹，治水成功。但在屈原眼里，鲧无异于盗火的普罗米修斯，而遭圣帝之杀。屈原因而对鲧、禹之治水细节提出疑问。

战国文人对天命也有怀疑。尊崇《老子》的道家学者认为天道自然无为，“生而不有，为而不恃，长而不宰”，否定天道有所谓意志，认为“天地不仁，以万物为刍狗”。④荀子则对天人关系有更深刻的见解，《荀子·礼论》肯定“天地合而万物生，阴阳接而变化起”⑤，自然界的产生及变化是天地阴阳对立变化的结果。《荀子·天论》认为，“天有常道矣，地有常数矣”，“天行有常，不为尧存，不为桀亡”，“天不为人之恶寒也辍冬，地不为人之恶辽远也辍广”，“强本而节用，则天不能贫”，“本荒而用侈，则天不能使之富”。⑥《荀子·荣辱》曰，“知命者不怨天”⑦，强调人的主观能动性的作用。韩非子为荀子学生，《韩非子·亡征》曰：“用时日，事鬼神，信卜筮而好祭祀者，可亡也。”⑧《韩非子·饰

① 《韩非子集解》卷十七，《诸子集成》，第 311 页。

② [清]王先谦撰，沈啸寰、王星贤点校：《荀子集解》卷七，《新编诸子集成》，北京：中华书局，1988 年，第 397 页。

③ [宋]洪兴祖撰：《楚辞补注》，北京：中华书局，1983 年，第 89 ～ 91 页。

④ 参看[三国魏]王弼注：《老子注》上篇第十章，《诸子集成》，北京：中华书局，1954 年，第 3 ～ 6 页。

⑤ 《荀子集解》卷十三，《新编诸子集成》，第 433 页。

⑥ 参看《荀子集解》卷十一，《新编诸子集成》，第 306 ～ 311 页。

⑦ 《荀子集解》卷二，《新编诸子集成》，第 67 页。

⑧ 《韩非子集解》卷五，《诸子集成》，第 78 页。

邪》认为，“龟筴鬼神，不足以举胜”，“然而恃之，愚莫大焉”，“越王勾践恃大朋之龟，与吴战而不胜，身臣入宦于吴；反国弃龟，明法亲民以报吴，则夫差为擒”。[①] 鬼神是靠不住的，而天地也不具有意志,《韩非子·扬权》认为,“若天若地，孰疏孰亲”[②]，即天不具有亲疏之能。

《史记·孔子世家》指出:“孔子晚而喜《易》，序《彖》《系》《象》《说卦》《文言》。”[③] 案孔子序《彖》《系》《象》《说卦》《文言》之说法虽不见得可靠，但《彖》《系》《象》《说卦》《文言》，以及《序卦》“十翼”，其成书当在战国或战国以前，特别是《系辞》《文言》《序卦》《杂卦》，应是战国时期的著作。《序卦》曰，“有天地，然后万物生焉，盈天地之间者唯万物”，“有天地，然后有万物；有万物，然后有男女；有男女，然后有夫妇；有夫妇，然后有父子；有父子，然后有君臣；有君臣，然后有上下；有上下，然后礼义有所错”。[④] 也就是说，自然界以物质的形态存在，人类社会的发展是在天地产生之后，先有了男女，而后才依次产生夫妇、父子、君臣、礼义。《说卦》认为:“神也者，妙万物而为言者也。”[⑤] 神作为世界万物变化之称，并不具有人格。《说卦》《序卦》还以物质释八卦，乾、坤、震、巽、坎、离、艮、兑分别代表天、地、雷、风、水、火、山、泽，认为这八种物质存在变化以成万物。《系辞上》曰:“是故《易》有太极，是生两仪，两仪生四象，四象生八卦。”[⑥] “两仪”即天地,“四象”即春、夏、秋、冬。又释八卦曰:“古者包牺氏之王天下也，仰则观象于天，俯则观法于地，观鸟兽之文与地之宜，近取诸身，远取诸物，于是始作八卦，以通神明之德，以类万物之情。”[⑦] 肯定八卦之创造，缘于对天地、鸟兽、人物等自然和社会现象的观察，是人对世界万物的摹仿、比拟。而屈原《天问》，自遂古以下，呵而问焉，曰:“遂

① 《韩非子集解》卷五,《诸子集成》，第 89 页。
② 《韩非子集解》卷二,《诸子集成》，第 33 页。
③ 《史记》卷四十七，第 1937 页。
④ [三国魏]王弼、[晋]韩康伯注，[唐]孔颖达等正义;《周易正义》卷九,《十三经注疏》，北京：中华书局，1980 年，第 95 ～ 96 页。
⑤ 《周易正义》卷九,《十三经注疏》，第 94 页。
⑥ 《周易正义》卷七,《十三经注疏》，第 82 页。
⑦ 《周易正义》卷八,《十三经注疏》，第 86 页。

古之初，谁传道之？上下未形，何由考之？冥昭瞢暗，谁能极之？冯翼惟象，何以识之？明明暗暗，惟时何为？阴阳三合，何本何化？圜则九重，孰营度之？惟兹何功？孰初作之？斡维焉系？天极焉加？八柱何当？东南何亏？九天之际，安放安属？隅隈多有，谁知其数？天何所沓？十二焉分？日月安属？列星安陈？出自汤谷，次于蒙汜。自明及晦，所行几里？夜光何德，死则又育？厥利维何，而顾菟在腹？女歧无合，夫焉取九子？伯强何处？惠气安在？何阖而晦？何开而明？角宿未旦，曜灵安藏？”① 则是以理性的眼光重新审视流传于世的对天地万物及其起源的神秘主义解释。

四　爱奇心态对战国政治及文化的影响

作为中国文化发展的第一个高峰，战国时代无疑是中国历史上一个非常重要的时代，战国时代的重要性是与其独特性联系在一起的。战国时代独特的社会现实培养了重视文人的社会土壤，因此能使文人拥有崇高的地位，也养成了战国文人独特的文化心态。战国文人的文化心态是丰富多采的，但这种丰富多采、千变万化的文化心态，却是与创新精神、独立思考精神，以及关心社会现实、民生疾苦、国家富强、天下统一以及积极有所作为的人生态度联系在一起的。因此，从另一个角度来看，战国文人的爱奇心态对战国政治及文化也产生了深远影响。

战国文人的爱奇心态对于战国政治的影响主要表现在战国文人掀起了战国革新的浪潮。秦孝公起用商鞅进行变法，据《史记·商君列传》载，其变法内容包括整顿户籍、奖励军功、奖励农业生产、开郡县、废井田、统一度量衡等，涉及政治、经济、军事诸方面，“行之十年，秦民大说，道不拾遗，山无盗贼，家给人足。民勇于公战，怯于私斗，乡邑大治”，后商鞅迁为大良造，“居五年，秦人富强，天子致胙于孝公，诸侯毕贺”。② 秦国最终实现了统一中国的使命，就在于它是最彻底的改革者。《汉书·食货志》云，李悝为魏文侯作尽地

---

① 《楚辞补注》，第 85 ～ 89 页。

② 《史记》卷六十八，第 2231 ～ 2232 页。

力之教，这是魏国的改革。吴起为楚悼王时令尹，推行新法，《史记·孙子吴起列传》概括其内容，曰："明法审令，捐不急之官，废公族疏远者，以抚养战斗之士。"① 韩昭侯时，申不害为相，在韩国推行变革政策，《史记·韩世家》赞其"修术行道，国内以治，诸侯不来侵伐"②。《史记·田敬仲完世家》载齐国威王时，有邹忌、淳于髡等人敷赞齐威王改革政治，重用贤才。赵国之欲强，则是向胡人学习。燕王哙受鹿毛寿蛊惑，则欲法古圣王之道，《韩非子·说疑》载其"不安子女之乐，不听钟石之声，内不湮污池台榭，外不罼弋田猎"，"亲操耒耨，以修畎亩"③。其极端之事例则是以国家政权交付子之，《战国策·燕策一》云："子之南面行王事，而哙老不听政，顾为臣，国事皆决子之。"④ 但最终的结果却是国家破碎。燕国改革的失败则说明欲复古之后果的严重性。

战国文人的爱奇心态对战国文人的独立意识和自由主义精神的发挥有着重要意义，这一点在杨朱那里表现得最为彻底。杨朱的观点载于《列子·杨朱篇》。杨朱针对与礼教纲常互为补充的功名利禄，通过对尧、舜、伯夷、叔齐、管仲、田恒等人不同境遇的分析，得出结论说，"实名贫，伪名富"，"实无名，名无实。名者，伪而已矣。昔者尧舜伪以天下让许由、善卷，而不失天下，享祚百年。伯夷、叔齐实以孤竹君让而终亡其国，饿死于首阳之山。实、伪之辩，如此其省也"。⑤ 因此，礼义荣禄是人生的"重囚累梏"。人的本性在于享乐，而生命短促，贤如尧、舜，恶如桀、纣，死后都如腐骨，所以，"太古之人知生之暂来，知死之暂往；故从心而动，不违自然所好；当身之娱非所去也，故不为名所劝。从性而游，不逆万物所好；死后之名非所取也，故不为刑所及"，"故生非所生，死非所死；贤非所贤，愚非所愚，贵非所贵，贱非所贱。然而万物齐生齐死，齐贤齐愚，齐贵齐贱。十年亦死，百年亦死。仁圣亦死，凶愚亦死。生则尧舜，死则腐骨；生则桀纣，死则腐骨。腐骨一矣，孰知其异？且趣当生，奚遑死后"。⑥

① 《史记》卷六十五，第2168页。
② 《史记》卷四十五，第1869页。
③ 《韩非子集解》卷十七，《诸子集成》，第313页。
④ 《战国策》卷二十九，第1058页。
⑤ 杨伯峻撰：《列子集释》卷七，《新编诸子集成》，北京：中华书局，1979年，第217～218页。
⑥ 《列子集释》，《新编诸子集成》，第220～221页。

杨朱既揭示了重当生之旨，又认为享乐的目的在于重生贵己，即不以穷损生，不以富累生。因此，“古之人损一毫利天下不与也，悉天下奉一身不取也。人人不损一毫，人人不利天下，天下治矣”[①]。杨朱看来，“世固非一毛之所济”，所以，损一毫利天下是没有意义的。有人损一毫利天下，则有人以天下奉一身，如果人人不损一毫，则人人不得以天下为利。每个人都有权利发挥自己的智慧，保护自己的利益不受侵犯，所谓“智之所贵，存我为贵”[②]。人人“存我”，则君主不能侵犯百姓，百姓有与君主相平等的捍卫自己利益的权力。

杨朱认为，人之生死也是一种自然现象，所以他说“理无久生。生非贵之所能存，身非爱之所能厚”，“贵生爱身”并不是执着于生命与身体，而是遵从自然本性，不“以礼教自持”，“无不废，无不任”。[③]杨朱把贵己、为我看作是大智、大圣、大公，曰：“人肖天地之类，怀五常之性，有生之最灵者也。人者，爪牙不足以供守卫，肌肤不足以自捍御，趋走不足以从利逃害，无毛羽以御寒暑，必将资物以为养，任智而不恃力。故智之所贵，存我为贵；力之所贱，侵物为贱。然身非我有也，既生，不得不全之；物非我有也，既有，不得而去之。身固生之主，物亦养之主。虽全生，不可有其身；虽不去物，不可有其物。有其物，有其身，是横私天下之身，横私天下之物。不横私天下之身，不横私天下物者，其唯圣人乎！公天下之身，公天下之物，其唯至人矣！此之谓至至者也。”[④]“身非我有”，“物非我有”，全生去物，不是利己，而是不“横私天下之身”，不“横私天下之物”。因此，贵己、为我不是个人主义、为我主义，而正是遵从自然本性。

《韩非子·显学》云：“今有人于此，义不入危城，不处军旅，不以天下大利易其胫一毛，世主必从而礼之，贵其智而高其行，以为轻物重生之士也。”[⑤]这里“不以天下大利易其胫一毛”的观点正是杨朱“拔一毛而利天下不为也”的思想。《吕氏春秋·不二》云：“阳生贵己。”[⑥]“贵己”即为我。《孟子·尽心上》云：

---

① 《列子集释》卷七，《新编诸子集成》，第230页。
② 《列子集释》卷七，《新编诸子集成》，第234页。
③ 参看《列子集释》卷七，《新编诸子集成》，第229～230页。
④ 《列子集释》卷七，《新编诸子集成》，第234～235页。
⑤ 《韩非子集解》卷十九，《诸子集成》，第352页。
⑥ 《吕氏春秋集释》卷十七，《新编诸子集成》，第467页。

“杨子取为我，拔一毛而利天下不为也。”[1]《孟子·滕文公下》云：“杨氏为我，是无君也。”[2] 杨朱的“无君”，正是他的观点之价值所在，也正是战国文人爱奇心态的体现。孟子批判杨朱之无君，但《孟子·离娄下》曰：“君之视臣如手足，则臣视君如腹心；君之视臣如犬马，则臣视君如国人；君之视臣如土芥，则臣视君如寇仇。”[3] 这也正是因怀疑传统君臣关系而产生的新主张。

战国文人的爱奇心态促成了战国百家争鸣的思想自由的战国时代学术特征，这种特征既表现为儒、道、墨、法、名、阴阳、纵横、农、杂诸家壁垒分明的主张，更表现在即使是同一派别内部也存在的不同观点的对立；既表现为各家对自己所持主张的宣传，更表现在各家对自己主张的强烈信心。《吕氏春秋·察今》云，“天下之学者多辩，言利辞倒，不求其实，务以相毁，以胜为故”[4]，说诸子不求实务，则未必，因为诸子人人自觉其学说合于实用；说诸子“相毁”“以胜为故”，则一语中的。战国诸子各有新主张，所以酝酿成互相攻讦的局面，如孟子攻击杨朱、墨翟、陈农之学，庄子、墨子之攻击儒学。《韩非子·显学》谓战国时，“儒分为八、墨离为三”[5]，有所谓子张之儒、子思之儒、颜氏之儒、孟子之儒、漆雕氏之儒、仲良氏之儒、孙氏之儒、乐正氏之儒，相里氏之墨、相夫氏之墨、邓陵氏之墨。这种分化不仅表明不同学派互相差异，即使是儒、墨内部也有争议。而屈原《离骚》等著作在思想内容和艺术形式方面表现出的个性，以及其个人行为的强烈个性化特征，都体现了爱奇心态的痕迹。

战国文人爱奇心态虽然在大多数场合表现为理性主义，但由于其怀疑的合法性和彻底性不足，从而为神秘主义的产生提供了便利。驺衍把阴阳学说与五行学说统一起来，创为五德终始之说，认为社会变化的根据是阴阳五行相胜的规律，所以虞土为夏木战胜，夏木又为商金战胜，商金为周火战胜，而能代替周王朝的必然是水德之人。《吕氏春秋·侈乐》曰：“楚之衰也，作为巫音。”[6]

---

① 《孟子正义》卷二十七，《新编诸子集成》，第 915 页。
② 《孟子正义》卷十三，《新编诸子集成》，第 456 页。
③ 《孟子正义》卷十六，《新编诸子集成》，第 546 页。
④ 《吕氏春秋集释》卷十五，《新编诸子集成》，第 391 页。
⑤ 《韩非子集解》卷十九，《诸子集成》，第 351 页。
⑥ 《吕氏春秋集释》卷五，《新编诸子集成》，第 112 页。

这种现象在屈原的作品中得到了集中表现，成为屈原浪漫主义艺术手段的重要组成部分。《汉书·艺文志》所载蓍龟十五家，杂占十八家，以及阴阳五行、神仙、形法，乃至天文、历谱，或托名夏商周代，或归之黄帝、泰一、神农，“纪吉凶之象”，言“凶阸之患、吉隆之喜”，“五德终始”，“骨法之度数”，“器物之形容”等，大抵皆神异其论，虚诞其说。《史记·五帝本纪》说，“百家言黄帝，其文不雅驯，荐绅先生难言之”①。不独黄帝如此，用战国古文字写成的《汲冢琐语》内容多“卜梦妖怪”，今存之《穆天子传》，其杂历史传说、卜筮梦验、即机祥、神鬼、预言吉凶等，有“古今纪异之祖”之名。又《史记·大宛列传》云：“《禹本纪》言‘河出昆仑。昆仑其高二千五百余里，日月所相避隐为光明也。其上有醴泉、瑶池’。今自张骞使大夏之后也，穷河源，恶睹本纪所谓昆仑者乎？故言九州山川，《尚书》近之矣。至《禹本纪》《山海经》所有怪物，余不敢言之也。”②《尚书·禹贡》虽成书较晚，但代表的是西周或春秋时人们对中国地理的认识，其记录山川物产，虽不见得科学、准确，但都比较实在。《禹本纪》不见著录，而《山海经》见于《汉书·艺文志》之形法，虽是地理书，实乃神怪总汇，今本《山海经》之最后成书虽不一定在战国，但战国人创作、编辑了《山海经》的蓝本。这正是战国时人欲了解渺远之时间及空间的历史、地理之愿望。

战国文人的爱奇心态是战国时代具有伟大创造力的重要原因，是战国思想和文化繁荣的重要原因。虽然其中难免有奇诡的成分，但就其基本影响来说，其积极意义无疑是居于主导地位的。

原载《语言与文化论丛》第2辑

北京语言文化大学文化学院编，华语出版社，2000年

---

① 《史记》卷一，第509页。

② 《史记》卷一百二十三，第3179页。

东方朔《七谏》与屈原的处世智慧问题

——以滑稽家的立场进行思考

滑稽家是先秦至汉代文人集团中一个非常有个性的团体，这些人虽然行为狂放，但是他们却有着非常明确的正义感和讽谏智慧，东方朔就是这其中的一个。东方朔在日常生活中既有嬉戏人生的一面，又有直言切谏的一面，他的作品往往具有深刻的内容，其中《七谏》一诗对屈原的评价，可以让我们从另外一个角度思考屈原的有关问题。

一　东方朔的主要事迹

东方朔，字曼倩，平原厌次人。司马迁《史记》本无东方朔传，而褚少孙补《史记·滑稽列传》，收东方朔于其中：武帝时，齐人“东方生名朔，以好古传书，爱经术，多所博观外家之语”，“初入长安，至公车上书，凡用三千奏牍。公车令两人共持举其书，仅然能胜之”。武帝读之，“二月乃尽”，于是“诏拜以为郎，常在侧侍中”。武帝诏赐食，东方朔饭后“尽怀其余肉持去，衣尽污”，又用“所赐钱帛，取少妇于长安中好女”，“一岁所者即弃去，更取妇。所赐钱财尽索之于女子”。武帝左右诸郎呼之“狂人”。武帝曰：“令朔在事无为是行者，若等安能及之哉！”人皆以东方朔为狂，东方朔曰：“如朔等，所谓避世于朝廷间者也。古之人，乃避世于深山中。”又作歌曰：“陆沉于俗，避世金马门。宫殿中可以避世全身，何必深山之中，蒿庐之下。”①

东方朔虽然对自己不得重用耿耿于怀，但是又能自我开脱，宫下博士诸先生难之以“苏秦、张仪一当万乘之主，而都卿相之位，泽及后世”，而东方朔“积数十年，官不过侍郎，位不过执戟……其故何也”，东方生对以“彼一时也，此一时也，岂可同哉”。②

东方朔虽然不护细行，但是并不忘修身，而其才学一时也难有出其右者。时“建章宫后阁重栎中有物出焉，其状似麋”，武帝往视，“问左右群臣习事通经术者，莫能知，诏东方朔视之”。东方朔曰：“臣知之，愿赐美酒粱饭大飧臣，臣乃言。”又曰：“某所有公田鱼池蒲苇数顷，陛下以赐臣，臣朔乃言。”武帝诏曰：“可。”于是东方朔曰：“所谓驺牙者也。远方当来归义，而驺牙先见。其齿前后若一，齐等无牙，故谓之驺牙。”后一年，“匈奴混邪王果将十万众来降汉”，武帝又赐东方朔钱财甚多。③

褚少孙补《史记·滑稽列传》中没有多少内容涉及东方朔的政治智慧，而《汉书·东方朔传》对东方朔的记载则更显全面：“武帝初即位，征天下举方正贤良文学材力之士，待以不次之位”，东方朔上书曰：“臣朔少失父母，长养兄嫂。年十三学书，三冬文史足用。十五学击剑。十六学诗书，诵二十二万言。十九学孙吴兵法，战阵之具，钲鼓之教，亦诵二十二万言。凡臣朔固已诵四十四万言。又常服子路之言。臣朔年二十二，长九尺三寸，目若悬珠，齿若编贝，勇若孟贲，捷若庆忌，廉若鲍叔，信若尾生。若此，可以为天子大臣矣。臣朔昧死再拜以闻。”东方朔“文辞不逊，高自称誉”，武帝“伟之，令待诏公车，奉禄薄，未

---

① 参看《史记》卷一百二十六，第 3205 页。
② 参看《史记》卷一百二十六，第 3206 页。
③ 参看《史记》卷一百二十六，第 3207 页。

得省见”。久之，东方朔假称皇帝欲杀侏儒，侏儒大恐，武帝问东方朔何恐侏儒，东方朔回答说：“臣朔生亦言，死亦言。朱儒长三尺余，奉一囊粟，钱二百四十。臣朔长九尺余，亦奉一囊粟，钱二百四十。朱儒饱欲死，臣朔饥欲死。臣言可用，幸异其礼；不可用，罢之，无令但索长安米。”武帝大笑，“因使待诏金马门，稍得亲近”。后因射覆事，“变诈锋出，莫能穷者”，胜另一滑稽家郭舍人，而为常侍郎，受汉武帝爱幸。[①]

《文心雕龙·谐隐》曰：“宋玉赋《好色》，意在微讽，有足观者。……东方、枚皋，铺糟啜醨。无所匡正，而诋嫚媟弄，故其自称为赋，乃亦俳也；见视如倡，亦有悔矣。”[②]实际上，东方朔并不是一味机巧，对于重大问题，也有很多精当的讽谏。《汉书·东方朔传》云：“朔虽诙笑，然时观察颜色，直言切谏，上常用之。自公卿在位，朔皆敖弄，无所为屈。”[③]

汉武帝常率人微服打猎，扰百姓，所以想建上林苑，东方朔进谏曰：

臣闻谦游静悫，天表之应，应之以福；骄溢靡丽，天表之应，应之以异。今陛下累郎台，恐其不高也；弋猎之处，恐其不广也。如天不为变，则三辅之地尽可以为苑，何必盩厔、鄠、杜乎！奢侈越制，天为之变，上林虽小，臣尚以为大也。

夫南山，天下之阻也，南有江淮，北有河渭，其地从汧陇以东，商雒以西，厥壤肥饶。汉兴，去三河之地，止霸产以西，都泾渭之南，此所谓天下陆海之地，秦之所以虏西戎兼山东者也。其山出玉石，金、银、铜、铁，豫章、檀、柘，异类之物，不可胜原，此百工所取给，万民所卬足也。又有秔稻梨栗桑麻竹箭之饶，土宜姜芋，水多蛙鱼，贫者得以人给家足，无饥寒之忧。故酆镐之间号为土膏，其贾亩一金。今规以为苑，绝陂池水泽之利，而取民膏腴之地，上乏国家之用，下夺农桑之业，弃成功，就败事，损耗五谷，是其不可一也。且盛荆棘之林，而长养麋鹿，广狐兔之苑，大虎狼之虚，又坏人冢墓，发人室庐，令幼弱怀土而思，耆老泣涕而悲，

① [汉]班固撰，[唐]颜师古注：《汉书》卷三十五，北京：中华书局，1962年，第2841～2845页。
② 吴林伯著：《〈文心雕龙〉义疏》，武汉：武汉大学版社，2002年，第266页。
③ 《汉书》卷六十五，第2860页。

是其不可二也。斥而营之，垣而囿之，骑驰东西，车骛南北，又有深沟大渠，夫一日之乐不足以危无堤之舆，是其不可三也。故务苑囿之大，不恤农时，非所以强国富人也。

夫殷作九市之宫而诸侯畔，灵王起章华之台而楚民散，秦兴阿房之殿而天下乱。粪土愚臣，忘生触死，逆盛意，犯隆指，罪当万死，不胜大愿，愿陈泰阶六符，以观天变，不可不省。[①]

虽然最后汉武帝还是建了上林苑，但仍然因东方朔的直谏而擢其为太中大夫给事中，赐黄金百斤。

又《汉书·东方朔传》载，董偃为武帝姑母窦太主之情人，号称主人翁。武帝为“窦太主置酒宣室”，并让董偃入宫，但东方朔反对曰：“董偃有斩罪三，安得入乎？”武帝问何谓，东方朔曰：“偃以人臣私侍公主，其罪一也。败男女之化，而乱婚姻之礼，伤王制，其罪二也。陛下富于春秋，方积思于六经，留神于王事，驰骛于唐虞，折节于三代，偃不遵经劝学，反以靡丽为右，奢侈为务，尽狗马之乐，极耳目之欲，行邪枉之道，径淫辟之路，是乃国家之大贼，人主之大蜮。偃为淫首，其罪三也。昔伯姬燔而诸侯惮，奈何乎陛下？”武帝默然不应，良久曰：“吾业以设饮，后而自改。”东方朔曰：“不可。夫宣室者，先帝之正处也，非法度之政不得入焉。故淫乱之渐，其变为篡，是以竖貂为淫而易牙作患，庆父死而鲁国全，管蔡诛而周室安。”武帝乃“诏止，更置酒北宫，引董君从东司马门。东司马门更名东交门”，赐东方朔黄金三十斤。[②]

二　东方朔的《七谏》《答客难》与《非有先生论》

《汉书·艺文志》列东方朔为杂家，有著作二十篇。东方朔今存著作，包括《应诏上书》《谏起上林苑疏》《与公孙弘书》《从公孙弘借车马书》《答骠骑难》《旱颂》《宝瓮铭》《与友人书》《嗟伯夷》《非有先生论》《答客难》《据地歌》《戒子诗》

---

① 《汉书》卷六十五，第 2849 ～ 2851 页。
② 参看《汉书》卷六十五，第 2855 ～ 2857 页。

等，另外《楚辞》有《七谏》一篇。[①]

《楚辞章句·七谏序》云："《七谏》者，东方朔之所作也。谏者，正也，谓陈法度以谏正君也。古者，人臣三谏不从，退而待放。屈原与楚同姓，无相去之义，故加为《七谏》，殷勤之意，忠厚之节也。或曰：《七谏》者，法天子有争臣七人也。东方朔追悯屈原，故作此辞，以述其志，所以昭忠信、矫曲朝也。"[②]《七谏》分初放、沉江、怨世、怨思、自悲、哀命、谬谏七部分，概括了屈原的一生行为及主要观点。

虽然说《七谏》为了追悯屈原而作，但东方朔在他的作品中还是反映了一些与其人生相联系的独到的认识角度，如《七谏》首章曰：

> 平生于国兮，长于原野。言语讷涩兮，又无强辅。浅智褊能兮，闻见又寡。数言便事兮，见怨门下。王不察其长利兮，卒见弃乎原野。伏念思过兮，无可改者。群众成朋兮，上浸以惑。巧佞在前兮，贤者灭息。尧舜圣已没兮，孰为忠直？高山崔巍兮，水流汤汤。死日将至兮，与麋鹿同坑。块兮鞠，当道宿，举世皆然兮，余将谁告？斥逐鸿鹄兮，近习鸱枭，斩伐橘柚兮，列树苦桃。便娟之修竹兮，寄生乎江潭。上葳蕤而防露兮，下泠泠而来风。孰知其不合兮，若竹柏之异心。往者不可及兮，来者不可待。悠悠苍天兮，莫我振理。窃怨君之不寤兮，吾独死而后已。[③]

值得注意的是，除了对楚国及楚王的批评以外，东方朔还表达了对屈原的充分同情，同时又说屈原虽为楚之"长利"，但其才能不足、地位不高，又有偏激之处，而最终招致祸患。

除了《七谏》之外，东方朔比较重要的作品还包括《答客难》和《非有先生论》。《答客难》的主要内容见于《汉书·东方朔传》。

> 客难东方朔曰："苏秦、张仪一当万乘之主，而都卿相之位，泽及后世。今子大夫修先王之术，慕圣人之义，讽诵《诗》《书》百家之言，不可胜数，著于竹帛，唇腐齿落，服膺而不释，好学乐道之效，明白甚矣；自以智能

---

① 参看［汉］东方朔著，傅春明辑注：《东方朔作品辑注》，济南：齐鲁书社，1987年。

② ［宋］洪兴祖撰：《楚辞补注》，北京：中华书局，1983年，第235～236页。

③ 《楚辞补注》，第236页。

海内无双，则可谓博闻辩智矣。然悉力尽忠以事圣帝，旷日持久，官不过侍郎，位不过执戟，意者尚有遗行邪？同胞之徒无所容居，其故何也？”

东方先生喟然长息，仰而应之曰：“是故非子之所能备也。彼一时也，此一时也，岂可同哉？夫苏秦、张仪之时，周室大坏，诸侯不朝，力政争权，相禽以兵，并为十二国，未有雌雄，得士者强，失士者亡，故谈说行焉。身处尊位，珍宝充内，外有廪仓，泽及后世，子孙长享。今则不然。圣帝流德，天下震慑，诸侯宾服，连四海之外以为带，安于覆盂，动犹运之掌，贤不肖何以异哉？遵天之道，顺地之理，物无不得其所；故绥之则安，动之则苦；尊之则为将，卑之则为虏；抗之则在青云之上，抑之则在深泉之下；用之则为虎，不用则为鼠；虽欲尽节效情，安知前后？夫天地之大，士民之众，竭精谈说，并进辐凑者不可胜数，悉力慕之，困于衣食，或失门户。使苏秦、张仪与仆并生于今之世，曾不得掌故，安敢望侍郎乎！故曰时异事异。

“虽然，安可以不务修身乎哉！《诗》云：‘钟鼓于宫，声闻于外。’‘鹤鸣于九皋，声闻于天。’苟能修身，何患不荣！太公体行仁义，七十有二乃设用于文、武，得信厥说，封于齐，七百岁而不绝。此士所以日夜孳孳，敏行而不敢怠也。辟若鹡鸰，飞且鸣矣。传曰：‘天不为人之恶寒而辍其冬，地不为人之恶险而辍其广，君子不为小人之匈匈而易其行。’‘天有常度，地有常形，君子有常行；君子道其常，小人计其功。’《诗》云：‘礼义之不衍，何恤人之言？’故曰：‘水至清则无鱼，人至察则无徒，冕而前旒，所以蔽明；黈纩充耳，所以塞聪。’明有所不见，聪有所不闻，举大德，赦小过，无求备于一人之义也。枉而直之，使自得之；优而柔之，使自求之；揆而度之，使自索之。盖圣人教化如此，欲自得之；自得之，则敏且广矣。

“今世之处士，魁然无徒，廓然独居，上观许由，下察接舆，计同范蠡，忠合子胥，天下和平，与义相扶，寡耦少徒，固其宜也，子何疑于我哉？若夫燕之用乐毅，秦之任李斯，郦食其之下齐，说行如流，曲从如环，所欲必得，功若丘山，海内定，国家安，是遇其时也，子又何怪之邪！语曰‘以管窥天，以蠡测海，以莛撞钟’，岂能通其条贯，考其文理，发其音声哉！由是观之，譬犹鼱鼩之袭狗，孤豚之咋虎，至则靡耳，何功之有？今以下愚而非处士，虽欲勿困，固不得已，此适足以明其不知权变而终惑于大道也。”①

在这篇对问体文章中，东方朔一方面表现出了怀才不遇、生不逢时的失意感慨，同时又标榜顺时达变的旷达心态，至于文中征引《诗》及强调仁义，是汉初至武帝时复古思想的尊儒心态的反映。而《非有先生论》载，“非有先生仕于吴，进不称往古以厉主意，退不能扬君美以显其功，默然无言者三年矣”。其原因在于“非有明王圣主，孰能听？”，其主张则是“深念远虑，引义以正其身，推恩以广其下，本仁祖义，褒有德，禄贤能，诛恶乱，总远方，一统类，美风俗”，“上不变天性，下不夺人伦”。吴王倾听了非有先生的高见，实行圣人之治，“正明堂之朝，齐君臣之位，举贤才，布德惠，施仁义，赏有功；躬节俭，减后宫之费，捐车马之用；放郑声，远佞人，省庖厨，去侈靡；卑宫馆，坏苑囿，填池堑，以予贫民无产业者；开内藏，振贫穷，存耆老，恤孤独；薄赋敛，省刑辟”。这样做的结果是三年之后，“海内晏然，天下大治，阴阳和调，万物咸得其宜；国无灾害之变，民无饥寒之色，家给人足，畜积有余，囹圄空虚；凤凰来集，麒麟在郊，甘露既降，朱草萌芽；远方异俗之人向风慕义，各奉其职而来朝贺”，其效果如此之明显。但是，“治乱之道，存亡之端，若此易见，而君人者莫肯为也”。所以，东方朔说：“臣愚窃以为过。”②

我们把《答客难》和《非有先生论》结合起来读，就可以清楚地知道，东方朔的怀才不遇之感实际是批评汉朝皇帝非“明王圣主”，其缅怀仁义之道在于批评汉代的帝王之奢靡，其讽谏批判之意蕴昭然若是。所以，刘勰《文心雕龙·杂文》曰：“宋玉含才，颇亦负俗，始造《对问》，以申其志，放怀寥廓，气实使之。……自对问以后，东方朔效而广之，名为《客难》。托古慰志，疏而有辩。”③这个评价无疑是公允的。

---

① 《汉书》卷六十五，第 2864 ～ 2867 页。
② 《汉书》卷六十五，第 2868 ～ 2872 页。
③ 《〈文心雕龙〉义疏》，第 251 页。

三 通过《七谏》认识屈原

《史记·屈原贾生列传》曰："屈原者，名平，楚之同姓也。为楚怀王左徒。博闻强志，明于治乱，娴于辞令。入则与王图议国事，以出号令；出则接遇宾客，应对诸侯。王甚任之。"[①] 司马迁与东方朔都是博学之士，东方朔《七谏》说屈原生平及修养问题，表面看来与司马迁所言有对立，但仔细推敲来看则并不矛盾。司马迁只是说屈原屈姓，与楚王同宗祖，但屈姓自屈暇以至于屈原，已历四百岁，比之刘备之于汉献帝更见疏远，刘备在发达之汉尚且沦落为手工业者，屈原在荆楚也未必就有世袭之领地，他无论出生于何地都不过是一介草民而已，没有现成的爵禄等待他，他的成长环境也只能是草野之地。也就是说，东方朔之言"平生于国兮，长于原野"，并不与屈原为楚同姓的说法相对立。屈原的自述也证明这一点，《惜诵》之言"忽忘身之贱贫"[②]，《抽思》曰"愿自申而不得"[③]，正是说其出身贫贱，而无坚强后盾。而屈原自己曾经对其言辞能力有过叙述，《怀沙》曰："文质疏内兮，众不知余之异采。材朴委积兮，莫知余之所有。"[④] 洪兴祖《楚辞补注》曰："内，旧音讷。……讷，木讷也"。[⑤] 屈原言辞木讷，而不能充分地表现其才智异彩，表面上看来确有浅智褊能、言语钝讷、闻见寡少的毛病，但这正体现了他的忠直。孔子说："巧言令色，鲜矣仁。"[⑥] 巧言不仅不是优点，反而是缺点。

屈原曾官左徒。左徒，依《史记正义》的说法，则为"盖今左右拾遗之类"。而《楚辞·渔父》提到屈原时称为"三闾大夫"。王逸《楚辞章句》曰："屈原与楚同姓，仕于怀王，为三闾大夫。三闾之职，掌王族三姓，曰昭、屈、景。屈原序其谱属，率其贤良，以厉国士。入则与王图议政事，决定嫌疑；出则监察群

---

① 《史记》卷八十四，第2481页。
② 《楚辞补注》，第123页。
③ 《楚辞补注》，第139页。
④ 《楚辞补注》，第144页。
⑤ 《楚辞补注》，第144页。
⑥ 程树德撰，程俊英、蒋见元点校：《论语集释》卷一，《新编诸子集成》，北京：中华书局，1990年，第21页。

下，应对诸侯。谋行职修，王甚珍之。”[1]三闾大夫为管理宗族事务、教育和督导宗族子弟的官员。

东方朔批评屈原才能不足，颇有根据。屈原才能的不足不是表现在其文学才能上，而是缘于他处世智慧的欠缺和政治才能的短见。

我们只有知道了屈原的官职并不能达到尊贵的地位，便容易理解《史记·屈原贾生列传》所载关于屈原造宪令而上官大夫欲夺的故事了。《史记·屈原贾生列传》载：

> 上官大夫与之同列，争宠而心害其能。怀王使屈原造为宪令，屈平属草槁未定。上官大夫见而欲夺之，屈平不与，因谗之曰：“王使屈平为令，众莫不知，每一令出，平伐其功，以为‘非我莫能为’也。”王怒而疏屈平。[2]

这个故事中的某些细节可能并不准确，如说上官大夫欲夺草稿。屈原为令是楚王所指示，这是楚国上下都知道的事情，上官大夫夺走屈原写就的草稿，目的是什么呢？他总不能把草稿呈交楚王，说是自己造的宪令吧。如果上官大夫在既没有君主的委任，又明知道为令之事由屈原负责的情况下抢夺屈原手稿必然要冒被屈原或其他人告发的风险。难道他会像市井小儿一样，当屈原拿出手稿之后劈手夺来夺路而逃吗？上官大夫假若想夺屈原手稿，甚至想横刀强取，也不可能在未见到草稿之前便表露出来，而对一位正在走红、“王甚任之”的同列大夫实施威胁，这种行为也是很危险的。从情理推测，所谓上官大夫“欲夺之”，最多只是屈原的戒备心理而已。最有可能的情况是，上官大夫与屈原同是普通的朝官，楚王命屈原为令，上官大夫欲先睹之，而屈原不让看，所以伤及上官大夫的自尊。屈原以一个普通朝臣而为令之事，于楚王不过是对屈原的一次委任，并不是说屈原之才能独步一时，惟有屈原一人才能造宪令。上官大夫正是看到了这一点，所以才说屈原“伐其功”。屈原一向自负，自以为是高阳苗裔，出生于嘉瑞之时，又有令名内美，能独步一时、无与伦比，因此，楚王一听上官大夫之谗

---

① 《楚辞补注》，第1～2页。

② 《史记》卷八十四，第2481页。

言，立即深信不疑。《离骚》之言“荃不察余之中情兮，反信谗而齌怒”[①]，即指楚王听信此类谗言。大约也是由于当时的楚王昏庸而骄傲，而屈原却不自知藏隐锋芒，早已使楚王有所不满了。

屈原之时，楚国政治黑暗。《战国策·中山策》载，秦武安君白起自述伐楚胜利的原因时，说：“是时楚王恃其国大，不恤其政，而群臣相妒以功，谄谀用事，良臣斥疏，百姓心离，城池不修，既无良臣，又无守备。故起所以得引兵深入，多倍城邑，发梁焚舟以专民，以掠于郊野，以足军食。当此之时，秦中士卒，以军中为家，将帅为父母，不约而亲，不谋而信，一心同功，死不旋踵。楚人自战其地，咸顾其家，各有散心，莫有斗志，是以能有功也。”[②] 据《史记·六国年表》载，“白起击楚，拔郢，更东至竟陵，以为南郡”[③]，此事在秦昭襄王二十九年，亦即楚顷襄王二十一年（公元前 278 年）。又据《史记·秦本纪》《史记·楚世家》《史记·六国年表》载，自楚怀王始，楚与秦多次战争：怀王十一年（公元前 318 年），楚击秦不胜；十六年（公元前 313 年），秦相张仪入楚；十七年（公元前 312 年），秦败楚将屈匄；二十八年（公元前 301 年），秦、韩、魏、齐败楚将唐眛于重丘；二十九年（公元前 300 年），秦又败楚于襄城，杀景缺；三十年（公元前 299 年），怀王被扣留于秦，楚顷襄王即位。顷襄王元年（公元前 298 年），秦取楚十六城；二年（公元前 297 年），怀王逃离秦，入赵，赵惠王不敢收留，又欲逃魏，为秦活捉，翌年死；十九年（公元前 280 年），秦攻楚，楚与秦汉北及上庸地；二十年（公元前 279 年），秦拔鄢、西陵；二十二年（公元前 277 年），秦又拔楚巫、黔中。这期间，楚虽时击魏、齐、燕等国，略有小胜，但与秦却屡战屡败，其根源在于楚国君臣上下不团结，奸佞当道，忠直被疏。《战国策·楚策》载，庄辛说楚襄王有“淫逸侈靡，不顾国政”[④]之言。楚国君主昏庸，臣子无能，屈原作为一个有理想的、正直的文化人，胸怀政治抱负，在这种险恶的环境中孤军奋战，显然是不可能有好的结局的。

---

① 《楚辞补注》，第 9 页。
② ［汉］刘向集录：《战国策》卷三十三，上海：上海古籍版社，1985 年，第 1187 ～ 1188 页。
③ 《史记》卷十五，第 742 页。
④ 《战国策》卷十七，第 555 页。

作为一个成熟的政治家，争取最广泛的同盟是实施其政治主张的重要策略。政治不仅仅是一种思想主张，更是一种应用技术，好的政治主张必须借助高明的策略来实施。屈原的主张虽好，但他不能审时度势，不会用迂回的策略达到自己的目的，这不能不说是件遗憾的事。

事实上，屈原在楚国完全有可能找到盟友。屈原劝阻楚王入秦及主张合齐二事在《史记·楚世家》中有记载，陈轸说合秦合齐的利弊道："秦之所为重王者，以王之有齐也。今地未可得而齐交先绝，是楚孤也。夫秦又何重孤国哉，必轻楚矣。且先出地而后绝齐，则秦计不为，先绝齐而后责地，则必见欺于张仪。见欺于张仪，则王必怨之。怨之，是西起秦患，北绝齐交。西起秦患，北绝齐交，则两国之兵必至。"楚怀王十六年（公元前 313 年），秦欲伐齐，而齐楚合纵，秦惠王让张仪游说怀王绝齐，许以归还商於之地六百里。陈轸反对，怀王贪婪不听，甚至派人侮辱齐王，以讨秦之欢心，齐因而与秦交好。但秦并未归还楚商於之地，怀王伐秦报复，反遭大败。先是在丹阳，甲士八万被斩，大将军屈匄、裨将军逢侯丑等七十余人被俘；再战，又败于蓝田。怀王二十年（公元前 279 年），齐欲与楚合纵，怀王犹豫不决，与群臣共议，"群臣或言和秦，或曰听齐"，昭睢对楚王说："王虽东取地于越，不足以刷耻；必且取地于秦，而后足以刷耻于诸侯。"楚遂合齐。怀王二十七年（公元前 302 年），秦请合楚，并请会盟，昭睢说："王毋行，而发兵自守耳。秦虎狼，不可信，有并诸侯之心。"但怀王之子子兰劝行，说："奈何绝秦之欢心！"怀王参加会盟，结果被扣留，最后死在秦国。[①] 由此可见，在楚大臣中是存在抗秦合齐力量的，其中昭睢的观点与《史记·屈原贾生列传》所载屈原之主张甚为相似，屈原说："秦虎狼之国，不可信，不如毋行。"[②]《楚世家》不载屈原之言，而采用互见法，大抵是因为屈原的地位不如昭睢，或者昭睢是最先阻止怀王赴秦的人。如果屈原能团结陈轸、昭睢等人以为支援，而不是一概打击，情况或许就是另外的样子了。

东方朔批评屈原的处世智慧不能说没有道理，而东方朔本人正是吸取了屈原

---

① 参看《史记》卷四十，第 1723 ～ 1728 页。

② 《史记》卷八十四，第 2484 页。

的悲剧教训，以一种游戏的人生态度混迹于汉世。东方朔不仅好古博学，而且说话敏捷，被人视为“狂人”，但他却在张狂之中很好地把握了生存的智慧，而非一味追求晋升职爵。当然，这其中也有汉武帝与楚怀王境界的差异，但我们还是要承认东方朔有区别于屈原的生存智慧。

《孟子·万章下》有贵戚之卿和异姓之卿之分。贵戚之卿执掌权柄，“君有大过则谏，反覆之而不听则易位”，赵穿弑晋灵公以为例；异姓之卿无强辅，因而“君有过则谏，反覆之而不听则去”，孔子之去鲁以为例。东方朔之时，君无大过，号称盛世，东方朔仍常以节俭之道、仁义之行谏君，其方式则是温和的。东方朔自称大隐，藏器待时是东方朔作为滑稽家聪明的地方。而他大隐隐于朝廷的背后，仍然隐含了批判现实、尊奉儒家传统的复古心态。所以，《汉书·东方朔传》才说东方朔能“观察颜色，直言切谏”。

孔子思想的中心精神在于经世致用、为民请命，但也不废审时度势、明哲保身的内容，此之谓通权达变。通权达变思想之于东方朔，既存在于《答客难》中，也存乎《非有先生论》中。非有先生之不称往古，不扬君美，默然无言，就是审乎时人，不作妄言，避免“关龙逢深谏于桀，而王子比干直言于纣”之祸。关龙逢、比干本是“极虑尽忠，闵王泽不下流，而万民骚动，故直言其失，切谏其邪者，将以为君之荣，除主之祸也”；但是他们不明白桀、纣之无道，因而有杀身之祸。“今则不然”，若有直谏之士，“反以为诽谤君之行，无人臣之礼，果纷然伤于身，蒙不辜之名，戮及先人，为天下笑”。[①]这种明智的智慧是自战国以来文人独立意识的体现。

原载《湖南文理学院学报（社会科学版）》)2005年第2期

① 《文选》卷五十一，第2240页。

《剧秦美新》及扬雄与王莽的关系*

《文选》第四十八卷《符命》录扬雄《剧秦美新》一篇，因该文所引发的对扬雄思想行为的争论，千百年来，歧见纷呈。要而言之，或以为伪托，或以为非伪托。而以为非伪托者，也存在两种对立的观点：一种认为剧秦以美新，暗寓讥刺之意；一种以为美新以谄媚，有失节之嫌。各方观点莫衷一是，准的无依，本文将对此进行详细的讨论。

一 《剧秦美新》非伪托之文

《汉书·扬雄传》载，扬雄"年七十一，天凤五年卒"[②]，据此知扬雄生于西汉宣帝甘露元年（公元前53年），经汉、新二朝，宣、元、成、哀、平、孺子

---

* 本文原为1987年撰写之硕士论文的一部分，后于《中国文学研究》1993年第2期发表时有修改，编入本文集时，增补充了相关引文注释的出版信息，因原来所据版本不宜寻找，便依照现在同行版本重新进行了核对。

① [汉]班固撰，[唐]颜师古注:《汉书》卷八十七下，北京：中华书局,1962年，第3585页。

婴、王莽七帝。见于《艺文类聚·冢墓》的《扬雄冢牒》除指出扬雄于天凤五年（公元18年）去世之外，还称扬雄死后“葬安陵阪上，所厚沛郡桓君山、平陵如子礼、弟子钜鹿侯芭，共为治丧，诸公遣世子朝臣郎吏行事者会送，桓君山为敛赙，起祠茔，侯芭负土作坟，号曰玄冢”[①]。但《文选》李善注于《甘泉赋》下引桓谭《新论》曰：“雄作《甘泉赋》一首，始成，梦肠出，收而内之，明日遂卒。”[②]若此说成立，扬雄在汉成帝时已死，自不及作《剧秦美新》。但班固《汉书·扬雄传赞》之前皆扬雄自序之文，而自序云“哀帝时”，当作于平帝之世，并云《甘泉赋》后，先后作《河东赋》《羽猎赋》《长杨赋》《太玄》《法言》《解嘲》《解难》。扬雄上《羽猎赋》，“除为郎，给事黄门”[③]，《汉书·赵充国传》和《汉书·陈遵传》言及“黄门侍郎”扬雄作《赵充国颂》及《酒箴》。《汉书·五行志》载，哀帝建平二年（公元前5年）四月乙亥朔，扬雄对灾异问。《汉书·匈奴传》载，建平四年（公元前3年），扬雄上书谏勿许单于朝。许慎《说文解字·叙》称：“孝平皇帝时，征礼等百余人，令说文字未央庭中……黄门侍郎扬雄采以作《训纂篇》。”[④]《汉书·艺文志》载，“至元始中，征天下通小学者以百数，各令记字于庭中。扬雄取其有用者以作《训纂篇》，顺续《苍颉》，又易《苍颉》中重复之字，凡八十九章”[⑤]；而据《汉书·平帝本纪》所载，此事当在元始五年（公元5年）。《后汉书·班彪列传》称，汉有好事者续《史记》，章怀注曰：“好事者谓扬雄……”[⑥]王充《论衡·须颂》曰：“扬子云录宣帝以至哀、平。”[⑦]《汉书·扬雄传》称，王莽即位，“雄复不侯，以耆老久次转为大夫”；又载，因刘棻事恐株连，跳天禄阁自杀未遂，为王莽所解脱，市井妇孺曰“惟寂寞，自投阁；爰清静，作符命”以讥诮，此事当在始建国三

---

① ［唐］欧阳询撰：《艺文类聚》卷四十，北京：中华书局，1965年，第731页。
② ［南朝梁］萧统编，［唐］李善注：《文选》卷七，上海：上海古籍出版社，1986年，第321页。
③ 《汉书》卷八十七下，第3583页。
④ ［清］段玉裁撰：《说文解字注》第十五卷上，北京：中华书局，2013年，第767页。
⑤ 《汉书》卷三十，第1721页。
⑥ ［南朝宋］范晔撰，［唐］李贤等注：《后汉书》卷三十上，北京：中华书局，1965年，第1325页。
⑦ ［汉］王充著：《论衡》，《诸子集成》，北京：中华书局，1954年，第198页。

年（公元11年）。[①] 据《汉书·孝元皇后传》，始建国五年（公元13年），扬雄曾受命作《元皇帝诔》。以上信史，足证扬雄并非死于成帝时。按《太平御览》卷五八七引《新论》曰："予少时见扬子云丽文高论，……子云亦言：成帝上甘泉，诏使作赋。为之卒，暴倦。卧梦其五脏出地，以手收之。觉，大少气，病一岁余。"[②] 据此知"卒"当为"为之卒，暴倦"之误。

大抵前贤以为扬雄夭亡于成帝时之说不可信，遂有人以《剧秦美新》为谷永或刘棻手笔。谷永字子云，刘棻为扬雄弟子，二人皆依附王党。按全祖望《鲒埼亭集外编》卷四十《扬子云生卒考》："或又以谷永亦字子云，欲以《美新》之文嫁之，不知谷死于王根之世，不及见禅代。或又以刘棻当之，然总莫之征也。"[③] 据《汉书·谷永传》载，王根荐谷永任大司农岁余，因病免，数月后死于家。据《汉书·百官公卿表》载，谷永免官在绥和元年（公元前8年），距王莽建新尚有十数年。《汉书·王莽传》载，刘棻父子因符命得宠，刘棻为侍中东通灵将、五司大夫隆威侯，若刘棻得志时，《美新》何须假借？放于幽州后，假借又有何用？朱珔《文选集释》辨曰："《汉书》不载此文，正以其媚新室，故削之耳，而《典引·序》明言之，尤为确证。张氏《胶言》、徐氏《管城硕记》及诸说，谓是后人诬笔，试思，所谓后人，当在何时？若雄以前死，而于莽之时托为此文，将献之莽乎？抑特欲污雄而为此，以私传之乎？王莽不久夷灭，光武已立，岂犹有作颂新之文者乎？"[④] 班固《典引·序》曰："扬雄《美新》，典而亡实。"[⑤] 足见《汉书》不录《剧秦美新》，并非不承认该文出自扬雄手笔。朱珔认为，昭明题《剧秦美新》入"符命"，只是一家之言，并非旧称"符命"，"况孟坚《典引》系奏御之作，何得援后人所伪托者与相如《封禅》并称。……且雄作《元后诔》，衰思文母，而盛誉宰衡，中云'火德将灭，惟后于斯，天之所坏，人不敢支'，又云'历世运移，属在圣新'，又云'汉祖承命，赤传于黄，摄帝受禅，立为真

① 《汉书》卷八十七下，第3583～3584页。

② 夏剑钦、黄巽斋校点：《太平御览》，河北：河北教育出版社，1994年，第573页。

③ [清]全祖望撰：《全祖望集汇校集注》，上海：上海古籍出版社，2000年，第1247页。

④ [清]朱珔撰：《文选集释》卷二十三，上海：受古书店中一书局影印本，1928年（民国十七年），第10页。

⑤ 《文选》卷四十八，第2158页。

皇’。直言莽当代汉，则其为《美新》，更何以解？诸说欲曲为开脱，未免失实”。[①] 这是说从《元后诔》到《剧秦美新》是顺理成章的事。

《剧秦美新》的序言导引情本称曰：

> 诸吏中散大夫臣雄，稽首再拜上封事皇帝陛下：臣雄经术浅薄，行能无异，数蒙渥恩，拔擢伦比，与群贤并，愧无以称职。臣伏惟陛下以至圣之德，龙兴登庸，钦明尚古，作民父母，为天下主。执粹清之道，镜照四海，听聆风俗，博览广包，参天贰地，兼并神明，配五帝，冠三王，开辟以来，未之闻也。臣诚乐昭著新德，光之罔极，往时司马相如作《封禅》一篇，以彰汉氏之休。臣常有颠眴病，恐一旦先犬马，填沟壑，所怀不章，长恨黄泉，敢竭肝胆，写腹心，作《剧秦美新》一篇，虽未究万分之一，亦臣之极思也。[②]

其中明言写作动机在感恩图报，仿司马相如，而彰新之美，所谓“昭著新德”。班固《典引·序》曰：“司马相如洿行无节，但有浮华之辞，不周于用，至于疾病而遗忠，主上求取其书，竟得颂述功德，言封禅事，忠臣效也。”又曰：“窃作《典引》一篇，虽不足雍容明盛万分之一，犹启发愤满，觉悟童蒙，光扬大汉，轶声前代，然后退入沟壑，死而不朽。”[③]《剧秦美新》之写作也当在扬雄晚年，《文选》李善注引贾逵《国语注》曰：“眩，惑也。眴与眩古字通。”[④] 唐张铣注曰：“颠眴，谓风疾也。”大致颠眩病之有头眩是不会错的，扬雄自感命不久长，勉强作文，临死哀鸣，颂美当世，故曰“遗忠”之事。

二 《剧秦美新》非诡言遁词之文

李充《翰林论》曰：“扬子论秦之剧，称新之美，此乃计其胜负，比其优劣

---

① 《文选集释》卷二十三，第 11 页。
② 《文选》卷四十八，第 2148 页。
③ 《文选》卷四十八，第 2158～2159 页。
④ 《文选》卷四十八，第 2149 页。

之义。”[①] 刘勰《文心雕龙·封禅》曰：“观《剧秦》为文，影写长卿，诡言遁词，故兼包神怪。”[②] 概括而言，李、刘之言是说扬雄以秦与新对比，以显示新之美，但却含有以新拟秦、虚意美新之意。这种说法，无疑是忽视了王莽及其僚属如刘歆等人的学识。《汉书·扬雄传》“赞”言，刘歆与扬雄为友，足见扬雄对王莽的亲信并不厌恶。又《剧秦美新》自“臣雄稽首再拜以闻，曰”以下，简叙历史，自“权舆天地”，至羲皇、唐虞、成周，才“厥有云者”，“仲尼不遭用，《春秋》困斯发，言神明听祚，兆民所托，罔不云道德仁义礼智”。但历史发展常有匪夷所思之事，“独秦屈起西戎，邠荒岐雍之疆，因襄、文、宣、灵之僭迹，立基孝公，茂惠文，奋昭、庄，至政破纵擅衡，并吞六国，遂称乎始皇。盛从鞅、仪、韦、斯之邪政，驰骛起、翦、恬、贲之用兵，划灭古文，刮语烧书，弛礼崩乐，涂民耳目。遂欲流唐漂虞，涤殷荡周，熙除仲尼之篇籍，自勒功业，改制度轨量，咸稽之于秦纪。是以耆儒硕老，抱其书而远逊；礼官博士，卷其舌而不谈。来仪之鸟，肉角之兽，狙犷而不臻。甘露嘉醴，景曜浸潭之瑞潜；大茀经贯，巨狄鬼信之妖发。神歇灵绎，海水群飞。二世而亡，何其剧与！”[③] 尽管扬雄对秦统一中国，以及法家、纵横家思想的认识尚值得商确，但其批判秦倒行逆施、毁灭人类文化遗产，招致天怨人怒，却是正确的。

扬雄宗经征圣，《太玄》《法言》无不倡导仁义、道德、礼智，《法言·先知》曰：“君子为国，张其纲纪，议其教化。导之以仁，则下不相贼；莅之以廉，则下不相盗；临之以正，则下不相诈；修之以礼义，则下多德让，此君子所当学也。如有犯法，则司狱在。”若不遵从先王之正道德治，“如纲不纲，纪不纪，虽有罗网，恶得一日而正诸”。[④] 法家重威势而轻教化，正是二世剧亡的原因。《剧秦美新》曰：“帝王之道，兢兢乎不可离已。夫能贞而明之者穷祥瑞，回而昧之者极妖愆。”秦因不正不明，故祥瑞不至，邪回暗昧，妖愆丛生。“上览古在昔，

① 《清代诗文集汇编》编纂委员会编:《清代诗文集汇编·惜抱轩文集》，上海：上海古籍出版社，2012年，第322页。
② 吴林伯著:《〈文心雕龙〉义疏》，武汉：武汉大学版社，2002年，第395页。
③ 参看《文选》卷四十八，第2149～2151页。
④ [汉]扬雄著:《扬子法言》卷十，《诸子集成》，北京：中华书局，1954年，第26页。

有凭应而尚缺。焉坏彻而能全？故若古者称尧、舜，威侮者陷桀、纣，况尽泛扫前圣数千载功业，专用己之私而能享佑者哉？”[①] 如果我们通达到可以把天人感应看作为政治善恶的象征，那么《剧秦美新》的神怪之表象实则蕴含了中肯而进步的意见，桀、纣之行不得天之庇佑，实因触犯众怒，被取而代之正是人心所向、天道必然，秦也是步了桀、纣的后尘。

对于汉王朝，扬雄也有微辞。《剧秦美新》指出："会汉祖龙腾丰沛……而帝天下。挞秦政惨酷尤烦者，应时而蠲。如儒林、刑辟、历纪、图典之用稍增焉。秦余制度，项氏爵号，虽违古而犹袭之。是以帝典阙而不补，王纲弛而未张，道极数殚，暗忽不还。"[②] 作于汉哀帝建平年间的《解嘲》也称："当今县令不请士，郡守不迎师，群卿不揖客，将相不俯眉，言奇者见疑，行殊者得辟，是以欲谈者宛舌而固声，欲行者拟足而投迹。"[③]《解嘲》的批评可以作为《剧秦美新》的注解与补充。

但是，扬雄为什么不剧汉以美新呢？一方面，如上所引，汉毕竟对秦有所蠲减增益。另一方面，新汉是禅让关系，如三代故事。王莽封孺子婴为定安公，"永为新室宾"；立汉祖宗之庙，"与周后并，行其正朔、服色"；孝平皇后为定安太后，黄皇室主。甄寻称符命，欲以黄皇室主为妻，王莽怒曰："黄皇室主天下母，此何谓也！"。王莽代立时，曾流涕献欷，执孺子婴之手，称"昔周公摄位，终得复子明辟，今予独迫皇天威命，不得如意"，"哀叹良久"。尊称元王皇后为"新室文母太皇太后"。王皇后崩，"立庙于长安，新室世世献祭"，"莽为太后服丧三年"。王莽曰："予之皇始祖考虞帝受嬗于唐，汉氏初祖唐帝，世有传国之象，予复亲受金策于汉高皇帝之灵。惟思褒厚前代，何有忘时？汉氏祖宗有七，以礼立庙于定安国。其园寝庙在京师者，勿罢，祠荐如故。予以秋九月亲人汉氏高、元、成、平之庙。诸刘更属籍京兆大尹，勿解其复，各终厥身，州牧数存问，勿令有侵冤。" 在其他场合，王莽对汉虽有批评，但并不完全否定，而对秦的批判却颇为激烈，称："秦为无道，厚赋税以自供奉，罢民力以极欲，坏圣制，废

---

① 参看《文选》卷四十八，第 2151 页。

② 《文选》卷四十八，第 2151 ～ 2152 页。

③ 《汉书》卷八十七下，第 3570 页。

井田，是以兼并起，贪鄙生，……”[①] 扬雄在对待秦、汉的态度方面与王莽是一致的。

扬雄作《元后诔》曰，“汉成既终，胤嗣匪生。哀帝承祚，惟离典经。尚是言异，大命俄颠。厥年夭陨，大终不盈”，元皇后选宰衡王莽以救困厄，“博选大智，新都宰衡。明圣作佐，与图国艰，以度厄运”，“穆穆明明，昭事上帝。弘汉祖考，夙夜匪懈。兴灭继绝，博立侯王。亲睦庶族，昭穆序明。帝致支属，靡有遗荒，咸被祚庆。冀以金火，赤仍有央。勉进大圣，上下兼该，群祥众瑞，正我黄来，火德将灭，惟后于斯，天之所坏，人不敢支。哀平夭折，百姓分离，祖宗之愆，终其不全。天命有托，谪在于前，属遭不造，荣极而迁。皇天眷命，黄虞之孙，历世运移，属在圣新，代于汉刘，受祚于天。汉祖受命，赤传于黄，摄帝受禅，立为真皇，允受厥中，以安黎庶”。[②] 刘邦水德，后正为土德，再潜移为火德，尚赤。以金、木、水、火、土五行相生相胜之说，虞后裔王莽为黄帝苗裔，黄、虞二帝皆为土德，尚黄，水灭火，王莽受禅，则取相生，火生土，王莽以土代火，正是上应苍天、下适苍生。

汉自昭帝起便有移德之说，春秋学家眭弘以泰山大石自立及丘林苑一枯柳再生之异事，认为将有天子自民间出，便游说昭帝访贤禅让；成帝时，甘忠可称汉可再受天命；哀帝时，夏贺良再倡甘忠可之说，竟导致哀帝改称陈圣刘太平皇帝，其后禅让之对象渐归于王莽。《诗·大雅·文王》曰：“侯服于周，天命靡常。”[③] 孔子作《春秋》，“至于哀之十四而一代毕”，哀帝六年，平帝五年，至孺子婴三年，“亦哀之十四也”，“赤世计尽，终不可强济”，“今百姓咸言皇天革汉而立新，废刘而兴王”，[④] 王莽代汉，既合圣贤故事，又顺民心，“圣人乐天知命，乐天则不勤，知命则无忧”[⑤]。扬雄是一个熟谙历史发展规律、尊经征圣

① 参看《汉书》卷九十九中，第 4099 ～ 4123 页。

② [清]严可均校辑：《全汉文》卷五十四，《全上古三代秦汉三国六朝文》，北京：中华书局，1958 年，第 421 页。

③ [汉]毛亨传，[汉]郑玄笺，[唐]孔颖达等正义：《毛诗正义》卷十六，《十三经注疏》，北京：中华书局，1980 年，第 1086 页。

④ 参看《汉书》卷九十九中，第 4129 页。

⑤《扬子法言》卷三，《诸子集成》，第 7 页。

的学子，自然会有顺应时势的认识，《剧秦美新》正体现了他的真实思想，非可以“诡言遁词”言之。

三　王莽与扬雄

《汉书·扬雄传》“赞”曰：“初，雄年四十余，……除为郎，给事黄门，与王莽、刘歆并。……当成、哀、平间，莽、贤[①]皆为三公，权倾人主，所荐莫不拔擢，而雄三世不徙官。及莽篡位，谈说之士用符命称功德获封爵者甚众，雄复不侯，以耆老久次转为大夫，恬于势利乃如是。”又曰：“莽诛丰父子，投棻四裔，辞所连及，便收不请。时雄校书天禄阁上，治狱使者来，欲收雄，雄恐不能自免，乃从阁上自投下，几死。莽闻之曰：‘雄素不与事，何故在此？’间请问其故，乃刘棻尝从雄学作奇字，雄不知情。有诏勿问。”[②]

扬雄与王莽虽无私人交情，但王莽却了解扬雄恬淡的性格。《汉书·元后传》载，“莽招大夫扬雄作诔”[③]，足见王莽对扬雄文采之器重。扬雄“实好古而乐道，其意欲求文章成名于后世”[④]，王莽正是了解扬雄这一点，故虽未有高官显爵赐予，却授以诸吏中散大夫之顾问官，足见王莽对扬雄有知遇之恩。扬雄虽非谄事王莽，但对王莽的赞许却很明确。《法言·孝至》曰：“周公以来，未有汉公之懿也，勤劳则过于阿衡。汉兴二百一十载而中天，其庶矣乎！辟雍以本之，校学以教之，礼乐以容之，舆服以表之，复其井刑，勉人役，唐矣夫。”[⑤]平帝元始四年（公元4年）为汉兴二百一十年，这时王莽尚未代汉，而扬雄对其之褒扬与其即位后并无二致。

王夫之《读通鉴论》指出：“以全盛无缺之天下，未浃岁而迁，何其速也。上有暗主而未即亡，故桓灵相踵而不绝；下有权奸而未即亡，故曹操终

---

① 作者注：贤，即董贤。
② 《汉书》卷八十七下，第3583～3584页。
③ 《汉书》卷九十八，第4035页。
④ 《汉书》卷八十七下，第3583页。
⑤ 《扬子法言》卷十三，《诸子集成》，第43页。

于魏王，……唯至于天下之风俗，波流簧鼓而不可遏，国家之势，乃如大堤之决，不终旦溃以无余，故王莽之篡，如是其速也，合天下奉之以篡。”又曰：“莽之初起，人即仰之矣，折于丁、傅，而讼之者满公车矣。”[①]检《汉书·王莽传》，王莽父早死，“孤贫”，“折节为恭俭。受《礼经》，师事沛郡陈参，勤身博学，被服如儒生。事母及寡嫂，养孤兄子，行甚敕备。又外交英俊，内事诸父，曲有礼意”，后因叔父王凤一力举荐，从黄门侍郎任起，有贤名，“宿卫谨敕，爵位益尊，节操愈谦”，尊敬师长，轻财仗义，呵护少小，并因劾太后姊子淳于长而有忠直之名。衰帝即位，王莽因反对为定陶傅太后及哀帝母丁姬上尊号，“遣就国”。王莽在当时可谓孝悌、友于、忠敬、节俭、廉正，其子因杀奴而自杀，其妇俭朴如仆妇，因而“在位更推荐之，游者为之谈说”，“在国三岁，吏上书冤讼莽者以百数”。[②]班固指出：“莽色厉而言方，欲有所为，微见风采，党与承其指意而显奏之，莽稽首涕泣，固推让焉，上以惑太后，下用示信于众庶。”[③]设使班固不带有攻击王莽的倾向性，那么王莽的所作所为一定能激起如扬雄等人对三代大同、“天下为公”理想的向往，而衷心拥护王莽之代汉了，毕竟扬雄是不可能知道王莽的阴谋的。

《汉书·王莽传》载，王莽执政之时，“奏起明堂、辟雍、灵台，为学者筑舍万区，作市、常满仓，制度甚盛。立《乐经》，益博士员，经各五人。征天下通一艺教授十一人以上，及有逸《礼》、古《书》、《毛诗》、《周官》、《尔雅》、天文、图识、钟律、月令、兵法、《史篇》、文字，通知其意者，皆诣公车。网罗天下异能之士，至者前后千数，皆令记说廷中，将令正乖缪，一异说云”。王莽遵教化，而百姓如唐尧之民，“市无二价，官无狱讼，邑无盗贼，野无饥民，道不拾遗，男女异路之制”，庶几可期；并“北化匈奴，东致海外，南怀黄支”，遣使疏通西方，“以经义正十二州名分界”，以合《尧典》。“平帝疾，莽作策，请命于泰畤，戴璧秉圭，愿以身代”，宛然周公。及即位，王莽仿古改官号，封黄帝等后裔，以彰圣贤，认为井田制“国给民富而颂声作”，

---

① ［清］王夫之著，舒士彦点校：《读通鉴论》卷五，北京：中华书局，1975年，第310页。
② 《汉书》卷九十九上，第4039～4043页。
③ 《汉书》卷九十九上，第4046页。

秦坏制度，“强者规田以千数，弱者曾无立锥之居。又置奴婢之市，与牛马同栏，……缪于‘天地之性，人为贵’之义”，汉室虽“三十税一”，但由于更赋及“豪民侵陵”，“实什税五也。父子夫妇终年耕耘，所得不足以自存”，导致贫富悬殊，社会不安，王莽遂推行井田，并设六管之令。王莽专念稽古之事，以期改良社会弊端，以复唐尧虞舜三代之治。[①]《法言·先知》曰：“什一，天下之正也，多则桀，寡则貉；井田之田，田也；肉刑之刑，刑也。田也者，与众田之；刑也者，与众弃之。”[②] 扬雄的政治理想正是王莽所身体力行的。

四　正确评价《剧秦美新》

《剧秦美新》以圣贤理想对秦及汉提出批评，但其重心在于美新，故曰：“逮至大新受命，上帝还资，后土顾怀，玄符灵契，黄瑞涌出，……云动风偃，雾集雨散，诞弥八圻，上陈天庭，震声日景，炎光飞响，盈塞天渊之间，必有不可辞让云尔。”新受天命，不得已代汉，“于是乃奉若天命，穷宠极崇，与天剖神符，地合灵契，创亿兆，规万世，奇伟倜傥谲诡，天祭地事。其异物殊怪，存乎五威将帅，班乎天下者，四十有八章。登假皇穹，铺衍下土，非新家其畴离之。卓哉煌煌，真天子之表也。”[③]《汉书·王莽传》载，始建国元年（公元 5 年）秋，“遣五威将王奇等十二人班《符命》四十二篇于天下”[④]，《符命》是新禅立的天命物化形态。扬雄说王莽“委心积意，储思垂务，旁作穆穆，明旦不寐，勤勤恳恳者，非秦之为与？夫不勤勤，则前人不当；不恳恳，则觉德不恺。是以发秘府，览书林，遥集乎文雅之囿，翱翔乎礼乐之场，胤殷周之失业，绍唐虞之绝风，懿律嘉量，金科玉条，神卦灵兆，古文毕发，焕炳照曜，靡不宜臻。式转轩旃旗以示之，扬和鸾肆夏以节之，施黼黻衮冕以昭之，正嫁娶送终以尊之，亲九族淑贤以穆之。夫改定神祇，上仪也。钦修百祀，咸秩

---

① 《汉书》卷九十九上、卷九十九中，第 4069 ～ 4111 页。

② 《扬子法言》卷十，《诸子集成》，第 27 页。

③ 《文选》卷四十八，第 2148 ～ 2152 页。

④ 《汉书》卷九十九中，第 4112 页。

也。明堂雍台，壮观也。九庙长寿，极孝也。制成六经，洪业也。北怀单于，广德也。若复五爵，度三壤，经井田，免人役，方甫刑，匡马法，恢崇祗庸烁德懿和之风，广彼搢绅神讲习言谏箴诵之涂，振鹭之声充庭，鸿鸾之党渐阶。俾前圣之绪，布沪流衍而不韫韣，郁郁乎焕哉！天人之事盛矣，鬼神之望允塞”。有了如上事迹，“帝典阙者已补，王纲弛者已张，炳炳麟麟，岂不懿哉”。在扬雄眼里，三皇五帝之事业如在目前，岂可不如故事，遂劝王莽“巡四民，迄四岳，增封泰山，禅梁父”，完成“受命者之典业也”。[①]

《剧秦美新》虽美新，劝王莽封禅，宗旨与《封禅文》《典引》同，且美新主要在颂赞王莽，但立论之根基在于爱民、勤政，发掘圣贤传统，相比较而言，这是进步的。其文虽及符命、神怪，但这不过是用以证明王莽顺天应人的证据而已，其与《封禅文》所似颇多。刘勰《文心雕龙·封禅》指出：“观相如《封禅》，蔚为唱首，尔其表权舆，序皇王，炳元符，镜鸿业，驱前古于当今之下，腾休明于列圣之上，歌之以祯瑞，赞之以介丘，绝笔兹文，固维新之作也。”[②]扬雄仿以作《剧秦美新》，结构严谨而前后呼应，排比铺陈，气势雄伟，颇有大赋之风，且双声叠韵，互文对仗，又是骈文权舆，典雅庄重，为后世法。《文心雕龙·封禅》曰：“骨掣靡密，辞贯圆通，自称极思，无遗力矣。”[③]《典引·序》曰：“相如《封禅》，靡而不典；扬雄《美新》，典而亡实。然皆游扬后世，垂为旧式。”[④]“亡实”自是班固对王莽的偏见所致，而《美新》在东汉尚为“旧式”，足见其影响。

颜之推《颜氏家训·文章》曰“德败《美新》”[⑤]，即其认为扬雄作《剧秦美新》为其一生大污点。至宋，曾巩曰：“雄遭王莽之际，有所不得去，又不必死，辱于仕莽而就之，固所谓明夷也。然雄之言著于书，行著于史者，可得而考。不去非怀禄也，不死非畏死也，辱于仕莽而就之，非无耻也。在我者亦彼所不能易也，故吾以谓与箕子合。”又曰：“至于《美新》之文，则非可已而不已者也。若

---

① 参看《文选》卷四十八，第2153～2155页。
② 《〈文心雕龙〉义疏》，第395页。
③ 《〈文心雕龙〉义疏》，第395页。
④ 《文选》卷四十八，第2158页。
⑤ 王利器撰：《颜氏家训集解》卷四，北京：中华书局，2013年，第286页。

可已而不已，则乡里自好者不为也，况若雄者乎？且较其轻重，辱于仕莽为重矣。雄不得已而已，则于其轻者，其得已哉！箕子者至辱于囚奴而就之，则于《美新》，安知其不为？而为之岂有累哉？不曰坚乎，磨而不磷；不曰白乎，涅而不淄。顾在我者如何耳。若此者，孔子所不能免。故于南子，非所欲见也；于阳虎，非所钦敬也。见所不见，敬所不敬，此《法言》所谓诎身所以伸道者也。然则非雄所以自见者欤？"[①] 王安石也指出："扬雄亦用心于内，不求于外，不修廉隅，以徼名当世。……扬雄者，自孟轲以来未有及之者，……扬雄之仕，合于孔子无不可之义，奈何欲非之乎？"[②] 曾、王之说，比之颜之推，以及以扬雄为"莽大夫"的朱熹，是进步多了，但仍未脱封建伦理原则。扬雄所处之时代异乎内忧外患的六朝及宋，汉人尊崇三代禅让制度，了解"家天下"之非理，因而鼓吹顺应天意，不必为一家一姓之"家天下"而牺牲百姓利益。汉至成帝以后，皇帝多庸，是所谓衰世，王莽代汉，如尧、舜、禹之禅让，符合社会发展之规律。王莽声誉鹊起，缘于其品性才能胜汉哀帝、平帝及孺子婴甚多，且其治世理念又与扬雄理想吻合，扬雄自然举手拥护。扬雄作《剧秦美新》，正说明早期儒家思想家继承孔子诛一独夫、孟轲贵戚之卿可以推翻昏君之思想，在君臣观念和社会革命立场上表现出进步性和民主性。由此可见，《剧秦美新》并不是扬雄一生之污点，而是他进步思想的体现。

原载《中国文学研究》1993 年第 2 期

---

① 《答王深父论扬雄书》，《元丰类稿》卷十六，文渊阁《四库全书》集部三，别集类二。

② 《答龚深父书》，见《临川文集》卷七十二，文渊阁《四库全书》集部三，别集类二。

如何理解《文心雕龙·原道》中的“太极”*

——读王元化《文心雕龙创作论》

《周易》为六经之一，是体现中国传统文化的重要经典，是传承道统的重要载体。而《文心雕龙》以原道、宗经、征圣为作文之指导原则，认为道、圣人、六经三位一体。其《原道》曰：“道沿圣以垂文，圣因文而明道，旁通而无滞，日用而不匮。”[2]提倡作文应该以六经为法度，学习“圣文之雅丽”。《征圣》曰：“然则，圣文之雅丽，固衔华而佩实者也。”[3]《宗经》曰：“皇世三坟，帝代五典，重以八索，申以九丘，岁历绵暖，条流纷糅。自夫子删述，而大宝咸耀。于是《易》张十翼，《书》标七观，《诗》列四始，《礼》正五经，《春秋》五例，义既

---

* 本文写于1984年冬天，《中华文化论丛》（第二辑）（彭庆生主编，商务印书馆，1999年）以《关于〈文心雕龙〉中的几个问题》为题收录，后《文心雕龙研究》（第六辑）（中国文心雕龙学会编，学苑出版社，2005年）又以《关于〈文心雕龙〉研究的几个问题》为题收录修改稿。此次选取原文中与《周易》相关的部分内容，并作修改，收入本文集。

① 吴林伯著：《〈文心雕龙〉义疏》，武汉：武汉大学版社，2002年，第21页。

② 《〈文心雕龙〉义疏》，第30页。

极乎性情，辞亦匠于文理，故能开学养正，昭明有融。”[①] 又曰：“若禀经以制式，酌雅以富言，是仰山而铸铜，煮海而为盐也。故文能宗经，体有六义：一则情深而不诡，二则风清而不杂，三则事信而不诞，四则义直而不回，五则体约而不芜，六则文丽而不淫。”[②]

中国历代文人都宗奉六经为经典，但二十世纪以来，学术界常以中国学术比附西学，不但否定六经作为中国文学的源头和典范的意义，同时，在解读中国传统典籍中的概念时，也是援西解中、援今解古，难免张冠李戴，盲人摸象。王元化所著《文心雕龙创作论》中对“太极”等问题的错误比附，使他对《文心雕龙》文意的理解出现了重大偏差；而这个偏差，表面上是学养问题，实际上则是方法论问题。

一　“太极”本应是“上古”之义

《文心雕龙·原道》曰：“人文之元，肇自太极，……”[③] 论者大抵认为此处“太极”概念即《易》之太极。王元化著《文心雕龙创作论》，多所发明，然于“太极”仍从旧说，即“《原道篇》所提出的文学起源论是把《易传》的太极说和三才说串连在一起”[④]，“刘勰的宇宙构成论并没有汲取前人在自然科学方面所获得的成果，……《原道篇》所谓‘人文之元，肇自太极’，显然是从‘太极生两仪’这一说法硬套出来的。这样，他就通过太极这一环节，使文学形成问题和《易传》旧有的宇宙起源说勉强地结合在一起”[⑤]。

太极一词出于《易传》，《系辞上》曰：“是故《易》有太极，是生两仪。”注曰：“夫有必始于无，故太极生两仪也。太极者，无称之称，不可得而名，

① 《〈文心雕龙〉义疏》，第 38 页。
② 《〈文心雕龙〉义疏》，第 49 页。
③ 《〈文心雕龙〉义疏》，第 25 页。
④ 王元化著:《文心雕龙创作论》上篇，上海：上海古籍出版社，1984 年，第 69 页。
⑤ 《文心雕龙创作论》上篇，第 61 页。

取有之所极况之太极者也。”[①] 很显然，太极不是一个具有精神或者理念的存在物，而是为方便而取的比喻之言，指有之极，即“无”的意义。“极”，《尔雅·释诂》曰：“至也。”疏曰：“穷尽之至也。”[②]《说文解字》段玉裁注曰：“引申之义凡至高至远皆谓之极。”[③]“太”,《集韵》曰：“甚也。”[④] 其为“大”字之讹。“太”与“极”是两个近义的词，二者合而为一词指时间至远，故《系辞上》以之喻“无”。

关于太极之义，理解历来不同。有人认为有生于无，太极内含阴阳之气，化生万物，故太极即无；有人则以“太初”为“元气”，元气者，气之始也。实则，太极一词纯属时间概念，或曰无，或曰元气，皆太极特征。古人以特征释时间，容易引起今人想入非非。《列子·天瑞》曰：“太易者，未见气也；太初者，气之始也；太始者，形之始也。”[⑤] 班固《白虎通·天地》曰：“始起先有太初，然后有太始，形兆既成，名曰太素。”[⑥] 太极相当于列子所说“太易”或班固所言“太初”，两者之间略有出入，虽代表了各人不同的界定，但都认为是时间至早的概念。

中国古代学者讲太极之时或称为“太一”。“一”者，数之初也，一生二,二生三，故太一犹言太初也。“初”同“一”“始”意皆近似。古人认识到有必始于无，并认为万物先于人类，天地先于万物，天地未形成之前则无天地万物之类，故是一片混沌的元气；推究元气之前，必是一种什么也不存在的“无”，并且无法用恰当的词描述，便借太极、太初、太一、太始之类表示时间至早或者说是时间起点的概念以喻之。此即《易传·系辞上》所谓“《易》有太极，是生两仪”，即天地是在太极时开始酝酿的。《易传·序卦》曰：“有天地，然后有万物；有万

① [三国魏]王弼、[晋]韩康伯注，[唐]孔颖达等正义:《周易正义》卷七,《十三经注疏》,北京：中华书局，2009年，第169页。

② [晋]郭璞注，[宋]邢昺疏:《尔雅注疏》卷七,《十三经注疏》，北京：中华书局,2009年，第5584页。

③ [清]段玉裁撰:《说文解字注》第六篇上，北京：中华书局，2013年，第256页。

④ 《五音集韵》卷十一，文渊阁《四库全书》经部十，小学类三。

⑤ 杨伯峻撰:《列子集释》卷一,《新编诸子集成》，北京：中华书局，1979年，第6页。

⑥ [清]陈立撰，吴则虞点校:《白虎通疏证》卷九,《新编诸子集成》，北京：中华书局，1994年，第421页。

物，然后有男女。”[①] 毫无疑问，中国古人的这种认识是基本正确的，那种“元气”，大约类似于原始星云；那种“无”，大约类似于产生原始星云之前的物质的那种状态。试想，细胞是生物之始，是由无生物所生，那么无生物从何而来？最原始的无生物必然是从无生有，古人无需实验，便苦思冥想出一个“无”的境界，把宇宙起源的基本道理推究了一番，得出的结论竟与生物学上的自生论大体吻合。

《文心雕龙·原道》曰：

> 夫文之为德也大矣，与天地并生者何哉？夫玄黄色杂，方圆体分，日月叠壁，以垂丽天之象；山川焕绮，以铺理地之形。此盖道之文也。[②]
>
> 仰观吐曜，俯察含章，高卑定位，故两仪既生矣。惟人参之，性灵所钟，是谓三才，为五行之秀，实天地之心；心生而言立，言立而文明，自然之道也。[③]

文与天地并生者，是谓天地生而文为其表现形式，非谓天、地、文三者，而是文附两仪，成为天文、地文。《易传·系辞上》曰：“一阴一阳之谓道。”[④] “道之文”，即阴阳变化的表现。古人以人之男女为参照，认为天地山川万物皆分阴阳。天高地卑，两仪已生，尔后有万物，尔后有人类。人禀有性灵，有产生情感的能力，又见天地万物皆有文，故人文便产生了。人的杰出和超出万物便决定了人必须有文，所谓“夫以无识之物，郁然有彩，有心之器，其无文欤”[⑤]。刘勰认为，人文产生在天地之文后，是人仰观俯察，参与天地之间，“睹物兴情”[⑥]，然后形诸文字的东西。王元化先生指责刘勰说：“照他看来，太极生两仪，两仪即天地，人与天地并生，同为三才。”[⑦] 显然，这个批评是不合刘勰本意的。

这里要涉及“为五行之秀，实天地之心”的“心”字。《礼记·礼运》曰：

---

① 《周易正义》卷九，《十三经注疏》，第 200 页。
② 《〈文心雕龙〉义疏》，第 12 页。
③ 《〈文心雕龙〉义疏》，第 13 ～ 14 页。
④ 《周易正义》卷七，《十三经注疏》，第 161 页。
⑤ 《〈文心雕龙〉义疏》，第 25 页。
⑥ 《〈文心雕龙〉义疏》，第 187 页。
⑦ 《文心雕龙创作论》上篇，第 47 页。

“故人者，其天地之德，阴阳之交，鬼神之会，五行之秀气也。”① 又曰：“故人者，天地之心也，五行之端也。食味、别声、被色而生者也。”②《尚书·泰誓》曰：“惟天地，万物父母；惟人，万物之灵。”③“秀”即“端”，“心”即“德”，为“五行之秀”，实“天地之心”，互文以足义，即人是物质世界的灵、秀、端、德也。《荀子·解蔽》曰：“心者，形之君也，而神明之主也。”④《诗序》曰：“情动于中。”正义曰：“中谓中心，凡言中央曰心。”⑤“心”为主宰或中心之意，则天地之心即天地的自然之道。“心生而言立”，犹言情或志。《文心雕龙·明诗》曰：“人禀七情，应物斯感，感物吟志，莫非自然。”⑥ 即“心生而言立，言立而文明”，人有产生情感的机能，自然也能睹物兴情，这是由人在天地之间的特殊性所决定的。关于这一点，中国古人是有共识的。《荀子·王制》曰：“水火有气而无生，草木有生而无知，禽兽有知而无义，人有气、有生、有知，亦且有义，故最为天下贵也。”⑦ 董仲舒《春秋繁露·天地阴阳》曰：“人之超然万物之上，而最为天下贵也。”⑧《论衡·别通》更指出人之贵在于智与慧，所谓“倮虫三百，人为之长，天地之性，人为贵，贵其识知也”⑨。《论衡·辨祟》曰：“人，物也，万物之中有智慧者也。”⑩刘勰之意正是《礼记·乐记》所言“凡音之起，由人心生也；人心之动，物使之然也”⑪。绝不可仅凭

① [汉]郑玄注，[唐]孔颖达等正义:《礼记正义》卷二十二,《十三经注疏》，北京：中华书局，2009年，第3081页。
② 《礼记正义》卷二十二,《十三经注疏》，第3083页
③ [汉]孔安国传，[唐]孔颖达等正义:《尚书正义》卷十一,《十三经注疏》，北京：中华书局，2009年，第382页。
④ [清]王先谦撰，沈啸寰、王星贤点校:《荀子集解》卷十五,《新编诸子集成》，北京：中华书局，1988年，第397页。
⑤ [汉]毛亨传，[汉]郑玄笺，[唐]孔颖达等正义:《毛诗正义》卷一,《十三经注疏》，北京：中华书局，2009年，第563页。
⑥ 《〈文心雕龙〉义疏》，第79页。
⑦ 《荀子集解》卷五,《新编诸子集成》，第194页。
⑧ 苏舆撰，钟哲点校:《春秋繁露义证》卷十七,《新编诸子集成》，北京：中华书局，1992年，第466页。
⑨ [汉]王充著:《论衡》,《诸子集成》，北京：中华书局，1954年，第133页。
⑩ 《论衡》,《诸子集成》，第239页。
⑪ 《礼记正义》卷三十七,《十三经注疏》，第3310页。

“心生而言立”一句推断刘勰的文学起源论，认为刘勰提出了文学产生于心的命题。《文心雕龙·丽辞》曰：“夫心生文辞。”[①] 此处文意，也应作应物斯感而形诸文辞之意理解。如果执其一隅，就会失于片面而误解刘勰的本意。

刘勰既称人文是由人而作，必产生于有人之后，又言“人文之元，肇自太极”，太极若指无或元气，其时尚无天地，何以有人，更何以有人文？显然，如上所言，太极这个表示时间至早至远的概念在这里有特定的意思。符定一著《联绵字典》称太极可转为“太古”，即“上古”之意，则此处太极可作上古解释。与太极相类的太初、太一也有上古之意。太初作太古解，见《荀子·礼论》杨倞注“贵本之谓文，亲用之谓理，两者合而成文，以归大一，夫是之谓大隆”，曰：“大读为太。太一，谓太古时也。”[②]若太极作上古解，则“人文之元，肇自太极”之意便是说人文产生于上古，所谓“幽赞神明，《易》象惟先，庖牺画其始”[③]，即最早的人文为伏羲氏所画八卦。《易传·说卦》曰：“昔者圣人之作《易》也，幽赞于神明而生蓍。”[④] 即《易》是为赞神明而产生。《礼记·郊特牲》曰：“大古冠布。”注曰：“唐虞以上曰太古也。”[⑤] 伏羲时代便属太古的时代。吴林伯先生注《文心雕龙》，以太极为太古，实在是十分高明的看法。[⑥]

伏羲造八卦来自《易传》，《系辞下》曰：“古者包牺氏之王天下也，仰则观象于天，俯则观法于地，观鸟兽之文，与地之宜，近取诸身，远取诸物，于是始作八卦。”[⑦] 此当为刘勰所本。值得注意的是，古人往往把八卦之兴与文字的起源联系在一起。孔安国《尚书序》云：“古者伏牺氏之王天下也，始画八卦，造书契，以代结绳之政，由是文籍生焉。”[⑧] 许慎《说文解字·叙》曰：“古者庖羲氏之王天下也，仰则观象于天，俯则观法于地，视鸟兽之文与地之宜，近取

① 《〈文心雕龙〉义疏》，第 419 页。
② 《荀子集解》卷十三，《新编诸子集成》，第 416 页。
③ 《〈文心雕龙〉义疏》，第 16 页。
④ 《周易正义》卷九，《十三经注疏》，第 195 页。
⑤ 《礼记正义》卷二十六，《十三经注疏》，第 3153 页。
⑥ 参看《〈文心雕龙〉义疏》，第 16 页。
⑦ 《周易正义》卷八，《十三经注疏》，第 179 页。
⑧ 《尚书正义》卷一，《十三经注疏》，第 235 页。

诸身，远取诸物，于是始作《易》八卦，以垂宪象。”[①] 八卦之兴，是区别于结绳的划时代的进步，它既是最早的人文，又与文字有着相同的功用。可以说，它是代替结绳而治而产生的最早的文字。

《易传·系辞下》曰：“《易》之兴也，其于中古乎。”又曰：“《易》之兴也，其当殷之末世，周之盛德邪。”[②] 中古即殷末周初文王演绎《易》卦之时，再推而广之，孔子为乾、坤两卦制《文言》，也属周之盛德之余光。《易》以道阴阳，乾、坤两卦是万物之母、六十四卦之根本，是理解《易》道的基础。在刘勰看来，人文从伏羲到孔子都是原道心、研神理、观天文、察人文，不断变化的，其美丽程度超过了天地、山川、龙凤、虎豹、云霞、草木的自然景观，《文心雕龙·序志》所谓“夫有肖貌天地，禀性五才，拟耳目于日月，方声气乎风雷，其超出万物，亦已灵矣。”[③]

二 《文心雕龙·原道》并非讨论文学起源论之问题

王元化先生在《〈文心雕龙〉创作论八说释义小引》一文中指出，恩格斯所著《路德维希·费尔巴哈和德国古典哲学的终结》一文运用辩证的方法，即全面地、联系地、发展地研究问题，这种科学方法是我们应该学习的。在《心物交融说“物”字解》一文中，王元化先生指出《文心雕龙》一书“其中论点往往前后呼应”[④]。这就是说，要把《文心雕龙》作为一个整体来看，不可东向望不见西墙。王先生在一系列论述中指出，《文心雕龙》由骈文写成，有互体、暗转和省略等句法和语义方面的特点。王先生正是充分注意到了这些特点，因此得出了许多精辟的结论，为我们研究《文心雕龙》树立了很好的典范。运用王先生的方法分析问题，我们发现刘勰并不认为文学产生的最终原因是心，或者称为情、志。《明诗》曰：“人禀七情，应物斯感，感物吟志，莫非自然。”《诠赋》曰：“原夫登

① 《说文解字注》第十五卷上，第 761 页。
② 《周易正义》卷八，《十三经注疏》，第 186 页。
③ 《〈文心雕龙〉义疏》，第 647 页。
④ 《文心雕龙创作论》下篇，第 106 页。

高之旨，盖睹物兴情；情以物兴，故义必明雅；物以情观，故词必巧丽。”[①]《物色》曰：“春秋代序，阴阳惨舒，物色之动，心亦摇焉。……岁有其物，物有其容；情以物迁，辞以情发。”[②] 这些话都是讲心、情、志自外物而生。刘勰虽未能像钟嵘《诗品序》那样提出情产生的社会原因，所谓“嘉会寄诗以亲，离群托诗以怨”[③]；但他在论述情与社会的关系时注意到了社会风俗政治对文学的影响，即《时序》所谓“歌谣文理，与世推移”[④],“文变染乎世情，兴废系乎时序”[⑤]。这就使我们明白了刘勰所谓“心生而言立”的“心生”绝不是没有客观依据的。王先生虽也不否认这一点，但却提出了一个与刘勰的创作论截然不同、孑然独立的文学起源论，从而认为“刘勰在文学起源论中把‘心’作为文学的根本因素，但是他在创作中却时常提到‘心’和‘物’的交互作用”，并断言“就刘勰文学起源论的思想根底来说，基本上是客观唯心主义的”。[⑥] 王先生为了说明这一点，提出了刘勰的体系与方法的对立，即形式上的唯心主义和内容的现实之对立。不可否认，正如王先生所说，“过去一些优秀思想家的理论著作，往往呈现了矛盾状态”[⑦]，但刘勰是否也存在一个像黑格尔和费尔巴哈那样一个庞大哲学体系与方法的矛盾，或者说存在一个文学起源论与文学创作论的矛盾，还是值得探讨的。

王先生指出：“文学是怎样产生的呢？《原道篇》就是对这个问题所作的回答。”[⑧]又说：“《原道篇》探讨了宇宙构成和文学起源问题。”[⑨]在王先生看来，作为文学起源论的《原道》是与创作论互无干系的，最多只是对创作论产生了消极影响，所以王先生认为刘勰的文学起源论是客观唯心主义的，也就等于是错误的、混乱的，而创作论摆脱了起源论的羁绊，所以是有合理的内核的。事实上，刘勰的《文心雕龙》根本不存在一篇独立的文学起源论。《原道》的“文之为德也大

---

① 《〈文心雕龙〉义疏》，第 118 页。
② 《〈文心雕龙〉义疏》，第 564 ～ 566 页。
③ [南朝梁]钟荣著，曹旭注：《诗品集注》，上海：上海古籍出版社，1994 年，第 47 页。
④ 《〈文心雕龙〉义疏》，第 536 页。
⑤ 《〈文心雕龙〉义疏》，第 554 页。
⑥ 参看《文心雕龙创作论》上篇，第 48 ～ 51 页。
⑦ 《文心雕龙创作论》上篇，第 50 页。
⑧ 《文心雕龙创作论》上篇，第 33 页。
⑨ 《文心雕龙创作论》上篇，第 61 页。

矣”之“文”不是人文，而《原道》中的“人文”概念也不等于今人所谓文学。王先生在《〈灭惑论〉与刘勰的前后期思想变化》一文中指出：“《序志篇》称：‘文心之作也，本乎道。’《原道篇》列为《文心雕龙》之首，其中第一句话就说：‘文之为德也大矣。’（过去注释家多训‘德’为‘德行’或‘意义’，均失其解。德者，得也，若物德之德。犹言某物之所以得成为某物。）‘文之为德’也就是说文之所由来的意思。”[①]“德”之训“得”，见于《礼记·玉藻》释文，王先生以“德”为“得”，指出“若物德之德。犹言某物之所以得成为某物”，这是完全正确的，但他因此而引申为“文之为德”是所谓“文之所由来”的意思，则显然是错误的。

我们知道，某物之所以为某物，固然与其所由来有极大的关系，但绝不仅仅是因其所由来而决定了某物之所以成某物的，文学更是如此。迄今为止，不论是为了游戏、模仿，还是为祭祀、劳动，文学艺术的起源都摆脱不了功利的目的。在这一点上，文学艺术和人类一切文化的产生都有着共性。中国古代文化史现实准确无误地告诉我们，不仅诗、乐、舞合而为一，而且哲学、历史、政治、伦理、法律、思想也与文学同根。文学之为文学，就不能以其所由来去判断，区别的基准只能是各自的特征，是特征决定某物之为某物，而不是某物之所由来决定某物之为某物。

由此可以断言，刘勰虽不可能像今天的学者那样对文学的认识明确而富于理性，但也绝不至于认为文学之为文学是因其所由来。故而，王先生以“德”为“文之所由来”，是不妥当的。那么“德”字是什么意思呢？《论语·雍也》曰：“中庸之为德也，其至矣乎。民鲜久矣。”[②]“中庸”即“中和”。《礼记·中庸》曰：“喜怒哀乐之未发，谓之中；发而皆中节，谓之和。中也者，天下之大本也。和也者，天下之达道也。致中和，天地位焉，万物育焉。……子曰：‘回之为人也，择乎中庸，得一善，则拳拳服膺而弗失之矣。’”[③]据此言，“中庸之为德

① 《文心雕龙创作论》上篇，第 33 页。

② 程树德撰，程俊英、蒋见元点校：《论语集释》卷十二，《新编诸子集成》，北京：中华书局，2014 年，第 548 页。

③ 《礼记正义》卷五十二，《十三经注疏》，第 3527 ～ 3529 页。

也，其至矣乎”之意为中庸的作用至美。因而，“德”可解释为“作用”之意。《礼记·中庸》曰：“鬼神之为德也，其盛矣乎！视之而弗见，听之而弗闻，体物而不可遗。使天下之人，齐明盛服，以承祭祀。洋洋乎如在其上，如在其左右。《诗》曰：‘神之格思，不可度思，矧可射思。’”[①] 这段话中“鬼神之为德也”之“德”，也是作用之意，是言祭祀鬼神的作用很大，虽然见不到鬼神的风采、听不见鬼神的声音，但鬼神却在冥冥之中左右着万物的兴衰生死。陆机《瓜赋》曰：“佳哉瓜之为德，邈众果而莫贤。殷中和之淳祜，播滋荣于甫田。”[②] 其中“瓜之为德也”与“文之为德也”“中庸之为德也”“鬼神之为德也”结构相同，意义相关。以上诸“德”作“作用”解，则文理通畅。所以，朱熹《中庸章句》称：“程子曰：鬼神，天地之功用。张子曰：为德，犹言性情功效。”[③] 吴林伯先生《〈文心雕龙〉义疏》把“文之为德”与《章表》“原夫章、表之为用也”一句联系在一起来理解，曰：“惟意有广、狭，前者泛言文之用而广，后者专谓章、表而狭耳。”[④]《法言·君子》曰：“或问君子言则成文，动则成德，何以也？曰，以其弸中而彪外也。”注曰：“弸，满也；彪，文也。积行内满，文辞外发。”[⑤] 刘勰言“文之为德也大矣”，虽就文之功用而言，而此功用的产生亦属弸中彪外而已，则功用实际与文的内在特点相联系。因此，《原道》曰：“鼓天下之动者存乎辞。”[⑥]

“文之为德也”非言文之所由来，《原道》也并非研究文学起源的专论。综观全文，《原道》的中心在于说明圣人之不凡与圣人创典是“民胥以效”的典范。至于“心生而言立，言立而文明”，“人文之元，肇自太极，幽赞神明，《易》象惟先”，在于告诉人们圣人作文的自然和久远，从产生根源和产生时间方面树立经的典范地位。《原道》先言人必有文，次言最早的人文由圣人完成，在这个论述过程中，不可避免地接触到了文学起源的问题，但中心论点却是“道沿圣以垂

① 《礼记正义》卷五十二，《十三经注疏》，第 3532 页。
② ［清］严可均校辑：《全晋文》卷九十七，《全上古三代秦汉三国六朝文》，北京：中华书局，1958 年，第 2015 页。
③ ［宋］朱熹撰：《四书章句集注》，《新编诸子集成》，北京：中华书局，2012 年，第 25 页。
④ 《〈文心雕龙〉义疏》，第 13 页。
⑤ ［汉］扬雄著：《扬子法言》卷十二，《诸子集成》，北京：中华书局，1954 年，第 37 页。
⑥ 《〈文心雕龙〉义疏》，第 21 页。

文，圣因文而明道”，故归之于《征圣》，所谓“征之周、孔，则文有师矣”①。圣人之文雅而丽，衔华佩实。众人作文，“征圣立言，则文其庶矣”②。“征圣立言”具体就是学习六经，故须宗经。宗者，主也，即以经为主要学习对象，才能在文章中不断表现道，做出好的文章来。六经是“象天地，效鬼神，参物序，制人纪，洞性灵之奥区，极文章之骨髓者也。……义既极乎性情，辞亦匠于文理”③，因此，经是“恒久之至道，不刊之鸿教也”④。经在体裁方面也为后代承袭，所谓“百家腾跃，终入环内者也”⑤。学习六经，有所谓六义，即情深不诡、风清不杂、事信不诞、义直不回、体约不芜、文丽不淫，又因后代人“信伪迷真”⑥，或“远弃《风》《雅》，近师辞赋”⑦，所以又作《正纬》与《辨骚》两篇。作《正纬》是因前代以纬配经,“故详论焉”⑧；作《辨骚》是因“四家举以方经，而孟坚谓不合传”⑨,《离骚》“衣被辞人”又非一代，因此用与经对比的比较研究法指出正与讹，为后学提供宗经的经验和教训，使后学执正驭奇，写出衔华佩实的作品。

宗经问题是《原道》《征圣》《宗经》《正纬》《辨骚》五篇的中心问题，这五篇是紧密联系、密不可分的。若以《原道》为文学起源论的专论，其余四篇理应如之。《序志》指出:“盖《文心》之作也，本乎道，师乎圣，体乎经，酌乎纬，变乎《骚》，文之枢纽，亦云极矣。”⑩这里明言前五篇是一个系统，讲的都是文章的关键——文应宗经、文如何宗经的问题，而不是文学起源论。

刘勰并没有独立成篇的文学起源论，对文学起源的论述只能在创作论和文体论中寻找。最早的文学是口头的歌谣和神话，刘勰是排斥神话的，没有论述神话的专论，而《明诗》言及葛天氏之歌，无疑是刘勰所知最早的口头诗歌文学。关

① 《〈文心雕龙〉义疏》，第 29 页。
② 《〈文心雕龙〉义疏》，第 30 页。
③ 参看《〈文心雕龙〉义疏》，第 37 ～ 38 页。
④ 《〈文心雕龙〉义疏》，第 37 页。
⑤ 《〈文心雕龙〉义疏》，第 48 页。
⑥ 《〈文心雕龙〉义疏》，第 622 页。
⑦ 《〈文心雕龙〉义疏》，第 377 页。
⑧ 《〈文心雕龙〉义疏》，第 58 页。
⑨ 《〈文心雕龙〉义疏》，第 63 页。
⑩ 《〈文心雕龙〉义疏》，第 657 页。

于诗的产生，刘勰指出："在心为志，发言为诗"[①]，"人禀七情，应物斯感，感物咏志，莫非自然"。这种说法与《原道》所言大致相同，但这只是就创作过程而言的，很难说是指起源的问题。与刘勰同时的沈约说："然则歌咏所兴，宜自生民始也。"[②] 这个认识比刘勰要清楚得多。

三 《原道篇》不是"太极"

我们说，最早的文学也是创作产生的，因而也必然遵循创作规律。因此，刘勰在研究创作规律时涉及最早的文学的产生，也是极自然的事情。起源论离不开创作论，创作论要涉及起源问题。既然如此，我们便无须在《文心雕龙》中找出一篇文学起源论来。王先生把《原道》指为根本不独立存在的文学起源论，将其与其他四十九篇割裂并对立起来，并以之比附黑格尔和费尔巴哈哲学体系与方法之间的矛盾是缺乏前提的。因此，这又导致了他的另一个错误的结论。陆侃如、牟世金先生曾著《刘勰论创作》一书，以《辨骚》为文体之首，割裂"文之枢纽"五篇，固然不伦。因为刘勰明言"变乎《骚》"属"文之枢纽"，而《辨骚》也与"原始以表末，释名以章义，选文以定篇，敷理以举统"[③] 的体例不合。《明诗》曰："逮楚国讽怨，则《离骚》为刺。"[④] 刘勰明确地把屈原及其作品列入诗歌类中加以讨论。况且《辨骚》在《明诗》之前，且不说骚晚于《诗经》，仅就《诗》三百为经而言，刘勰宗经征圣，岂会在文体论之首言骚不言诗？对陆、牟二先生立论之谬，王先生在《〈辨骚篇〉应归入〈文心雕龙〉总论》一文中论之甚详。王先生一方面在这里捍卫了"文之枢纽"的完整性，另一方面却又割裂了"文之枢纽"，犯了与陆、牟二人相同的错误。王先生看到了《周易》与《文心雕龙》的密切关系，但一味地强调这一点，又误解了人文肇太极及文之为德之义，于是便判定刘勰的《原道》同于《易传》的"太极"，从而不顾《原道》乃

① 《〈文心雕龙〉义疏》，第77页。
② ［南朝梁］沈约撰：《宋书》卷六十七，北京：中华书局，1974年，第1743页。
③ 《〈文心雕龙〉义疏》，第658页。
④ 《〈文心雕龙〉义疏》，第82页。

“文之枢纽”，断定其不关文用，是《易传》的拼凑和翻版。这个观点是王先生的《刘勰的文学起源论与创作论》一文的重要论据。

《序志》曰：“彰乎大《易》之数，其为文用，四十九篇而已。”[①]此说本《易传》，《系辞上》曰：“大衍之数五十，其用四十有九。”王弼注曰：“演天地之数所赖者五十也，其用四十有九，则其一不用也。不用而用以之通，非数而数以之成。”[②]《周易正义》曰：“京房云，五十者，谓十日十二辰二十八宿也。凡五十，其一不用者，天之生气将欲以虚来实，故用四十九焉。”[③]刘勰虽有意效法《周易》，但《文心雕龙》体大思精，亦以五十篇为备论矣。

在我们看来，所谓“彰乎大《易》之数”，只不过是数字上的巧合而已。与“天一地二，天三地四，天五地六，天七地八，天九地十”，“天数五，地数五，五位相得而各有合。天数二十有五，地数三十，凡天地之数五十有五，此所以成变化而行鬼神也”[④]之类的说法毫无一致之处。《原道》虽可具备“非数而数以之成”的意义，却难达到“不用而用以之通”的作用。因为《原道》并不是其他四十九篇的母体。“道”并非太极。《原道》三处言“道”，其一曰：“夫玄黄色杂，方圆体分，日月叠璧，以垂丽天之象；山川焕绮，以铺理地之形。此盖道之文也。”《易传·说卦》曰：“昔者圣人之作《易》也，将以顺性命之情，是以立天之道，曰阴与阳，立地之道，曰柔与刚。”[⑤]《礼记·中庸》曰：“天命之谓性，率性之谓道。”[⑥]所谓“道”，郭店楚简《性自命出》曰：“道始于情，情生于性。”[⑦]可以理解为秉性，或者称为阴阳变化的规律。玄黄方圆正是天地阴阳变化的自然表现。其二曰：“惟人参之，性灵所钟，是谓三才，为五行之秀，实天地之心；心生而言立，言立而文明，自然之道也。”此处的“道”犹言规律，“自然之道”便相当

---

① 《〈文心雕龙〉义疏》，第1041页。

② 《周易正义》卷七，《十三经注疏》，第165页。

③ 见上句后文孔颖达疏。

④ [宋]朱熹：《周易本义》卷三，北京：中华书局，2009年，第233～234页。

⑤ 《周易正义》卷九，《十三经注疏》，第196页。

⑥ 《礼记正义》卷五十二，《十三经注疏》，第3527页。

⑦ 刘钊著：《郭店楚简校释》，福州：福建人民出版社，2005年，第88页。

于必然的规律。其三曰："辞之所以能鼓天下者，乃道之文也。"[①] 此处的"道"指儒家学说，即"察天文""观人文""写天地之辉光"的东西，是"象天地、效鬼神、参物序、制人纪、洞性灵之奥区"的六经，道是有关社会、自然、人类的实实在在的现实物质与情感及其变化。毫无疑问，这个道不是上帝，不是理念和绝对精神，不是造物主，是后于物而存在的。如何反映和表现日新月异的自然、社会和人类的种种现实及其变化是很复杂的，因此就出现了"讹滥"现象。道是艰难而深奥微妙的，故称神理，圣人最好地表现了神理，创作出了既极乎性情又匠于文理的六经。王先生认为："刘勰所说的'自然之道'也就是'神理'。"[②] 我们说，神理是道的同义语，而道却不能仅限于"自然之道"。《文心雕龙》用"道"字凡三十七处，只有《原道》有"自然之道"之句，另有"道心""道味""道术"共四处，有七次出现"神理"一词，我们丝毫找不出"神理"与《原道》的"自然之道"的一致处。"自然之道"并不是自然界的规律，而是指天然、自然而然的规律。这个"自然"，与《文心雕龙》中出现的"自然"并无二致，如《定势》曰"自然之趣""自然之势"，《体性》曰"自然之恒姿"，《隐秀》曰"自然会妙"，《丽辞》曰"自然成对"，《诔碑》曰"自然而至"。这些"自然"概念是天然、不造作之意，并不是通常所谓自然界。自然在这里是形容词或副词，而不是名词。

王先生在某种场合下也承认自然之道含有客观必然性，但他又说，"这个客观必然性只是代表宇宙主宰（即神理）的作用，而不是指物自身运动的客观规律"[③]。显然，王先生把道和神理这两个概念等同于理念。中国先秦原始儒家和其他思想家所说的道，即来自于天地的以公平和公正为基点的道义原则。道体现的是自然之道的内涵，是造物公平性的拓展，绝不是主宰宇宙的神。朱熹《中庸章句》解释"天命之谓性，率性之谓道，修道之为教"曰："命，犹令也；性，即理也，天以阴阳五行化生万物，气以成形，而理亦赋也，犹命令也。于是人物之生，因各得其所赋之理，以为健顺五常之德，所谓性也。率，循也；道，犹路也。人物各循其性之自然，则其日用事物之间，莫不各有当行之路，是则所谓道

① 《〈文心雕龙〉义疏》，第 21 页。
② 《文心雕龙创作论》上篇，第 48 页。
③ 《文心雕龙创作论》上篇，第 49 页。

也。”[①]在解释“道之不行也”时，指出：“道者，天理之当然，中而已矣。”[②]古人所谓天，即今之言自然界。《淮南子·原道训》云：“夫道者，……山以之高，渊以之深，兽以之走，鸟以之飞，……与万物终始。”又云：“无为为之而合于道。”[③]道的特征是无为而无处不在的无踪无形的内在规律性，引申到社会制度方面，它的特征便是承认造物赋予人与人之间的平等和权力共享的合理性。可以说，道并非先物而生，因此自然不能超越物自身而为天下主。

《原道》不是《易》之极，也非言文之起源的专论，这样一来，王元化先生所谓《原道》不为文用的理论根基就不存在了。

既然五十篇中，不关文用不是《原道》，那是哪一篇呢？正像许多学者指出的，是《序志》。该篇讲《文心雕龙》的缘起与其体制，显然不同于各篇。刘勰自称“长怀《序志》，以驭群篇”[④]，即不用而用之以通之意。《序志》如同后世的序言，《梁书·刘勰传》载：“初，勰撰《文心雕龙》五十篇，论古今文体，引而次之，其《序》曰：‘夫文心者，言为文之用心也。’”[⑤]即以《序志》为序言。古人以序附篇末，其例甚多，如司马迁《史记·太史公自序》、王充《论衡·自纪》、许慎《说文解字·叙》、葛洪《抱朴子·自叙》等。《序志》不关文用无疑，也可从另一个方面证明五十篇中不关文用的并非《原道》。

① ［宋］朱熹撰：《四书章句集注》，《新编诸子集成》，北京：中华书局，2012年，第17页。
② 《四书章句集注》，《新编诸子集成》，第19页。
③ ［汉］刘安编，［汉］高诱注：《淮南子》卷一，《诸子集成》，北京：中华书局，1954年，第1页。
④ 《〈文心雕龙〉义疏》，第659页。
⑤ ［唐］姚思廉撰：《梁书》卷五十，北京：中华书局，1973年，第710页。

立足于中华文明形成的轨迹看炎帝

炎帝，又名神农氏。他是中国上古文明的重要组成部分，在中国历史上有着卓越的贡献。研究炎帝、探索炎帝对中国古代文明贡献的细节，对于探索中国古代文明的发展轨迹具有重要的学术价值。

一　炎帝与无道炎帝的辨析

炎帝和黄帝既是中国上古时期重要的历史人物，同时也是中国上古文化的重要缔造者。因此，他们得到了历代中国人的尊崇。虽然《史记·五帝本纪》始于黄帝，而且在后代历史世系中，黄帝一支传人也盛于炎帝，但这并不代表炎帝在中国上古历史中的地位打了折扣。《逸周书·月令解》云："其帝炎帝，其神祝融。"①而《汉书·郊祀志上》云："自秦宣公作密畤后二百五十年，而秦灵公

① 佚名撰，袁宏点校:《逸周书》卷六,《帝王世纪 世本 逸周书 古本竹书纪年》，济南：齐鲁书社，2010 年，第 60 页。

于吴阳作上畤，祭黄帝；作下畤，祭炎帝。”[①]这说明从周兴起一直到战国初期，炎帝并没有因为姬姓的崛起而被遗忘。秦灵公在姬周故地并祭黄帝、炎帝，说明了对炎帝的高度重视。而秦的祭祀也就把炎帝与陕西及宝鸡联系到了一起，这说明宝鸡和炎帝也是渊源深远。

关于炎帝的故事，历史记载颇多。

《帝王世纪》载：

> 神农氏，姜姓也。母曰任姒，有蟜氏之女，名女登，为少典妃。游于华阳，有神农首感女登于尚羊，生炎帝，人身牛首，长于姜水，因以氏焉。[②]

此说炎帝是神农氏传人，其父为少典，其母名女登，是有蟜氏女任姒，是少典正妃。

《国语·晋语四》载：

> 昔少典娶于有蟜氏，生黄帝、炎帝。黄帝以姬水成，炎帝以姜水成。成而异德，故黄帝为姬，炎帝为姜，二帝用师以相济也，异德之故也。[③]

此说肯定炎帝姜姓，其父母分别为少典和有蟜氏女任姒。炎帝和黄帝是兄弟关系，黄帝在姬水，故取姬姓；炎帝在姜水，故取姜姓。据信，姜水流域正在今日的宝鸡市。

《史记·五帝本纪》载：

> 黄帝者，少典之子，姓公孙，名曰轩辕。生而神灵，弱而能言，幼而徇齐，长而敦敏，成而聪明。
>
> 轩辕之时，神农氏世衰。诸侯相侵伐，暴虐百姓，而神农氏弗能征。于是轩辕乃习用干戈，以征不享，诸侯咸来宾从。而蚩尤最为暴，莫能伐。炎帝欲侵陵诸侯，诸侯咸归轩辕。轩辕乃修德振兵，治五气，蓺五种，抚万民，度四方，教熊罴貔貅貙虎，以与炎帝战于阪泉之野。三战，然后得其志。蚩尤作乱，不用帝命。于是黄帝乃征师诸侯，与蚩尤战于涿鹿之野，

---

① [汉]班固撰，[唐]颜师古注:《汉书》卷二十五上，北京：中华书局，1962年，第1199页。

② [晋]皇甫谧撰，陆吉点校:《帝王世纪》第一，《帝王世纪 世本 逸周书 古本竹书纪年》，济南：齐鲁书社，2010年，第4页。

③ [春秋]左丘明撰，鲍思陶点校:《国语》卷十，济南：齐鲁书社，2005年，第173页。

遂禽杀蚩尤。而诸侯咸尊轩辕为天子，代神农氏，是为黄帝。天下有不顺者，黄帝从而征之，平者去之，披山通道，未尝宁居。①

《列子·黄帝》云：

黄帝与炎帝战于阪泉之野，帅熊、罴、狼、豹、貙、虎为前驱，雕、鹖、鹰、鸢为旗帜，此以力使禽兽者也。②

贾谊《新书·益壤》云：

人主之行异布衣。布衣者，饰小行，竞小廉，以自托于乡党邑里。人主者，天下安、社稷固不耳。故黄帝者，炎帝之兄也。炎帝无道，黄帝伐之涿鹿之野，血流漂杵，诛炎帝而兼其地，天下乃治。③

《淮南子·兵略训》云：

有圣人勃然而起，乃讨强暴，平乱世，夷险除秽，以浊为清，以危为宁，故不得不中绝。兵之所由来者远矣！黄帝尝与炎帝战矣。颛顼尝与共工争矣。故黄帝战于涿鹿之野，尧战于丹水之浦，舜伐有苗，启攻有扈。自五帝而弗能偃也，又况衰世乎！④

《淮南子·兵略训》云：

夫兵者，所以禁暴讨乱也。炎帝为火灾，故黄帝禽之；共工为水害，故颛顼诛之。教之以道，导之以德而不听，则临之以威武。临之威武而不从，则制之以兵革。⑤

王充《论衡·率性》云：

黄帝与炎帝争为天子，教熊罴貔虎以战于阪泉之野，三战得志，炎帝败绩。⑥

---

① [汉]司马迁撰，[南朝宋]裴骃集解，[唐]司马贞索隐，[唐]张守节正义：《史记》卷一，北京：中华书局，1959年，第1～3页。

② 杨伯峻撰：《列子集释》卷二，《新编诸子集成》，北京：中华书局，1979年，第84页。

③ [汉]贾谊撰，阎振益、钟夏校注：《新书校注》卷一，《新编诸子集成》，北京：中华书局，2000年，第57页。

④ 何宁撰：《淮南子集释》卷十五，《新编诸子集成》，北京：中华书局，1998年，第1044～1045页。

⑤《淮南子集释》卷十五，第1045页。

⑥ 黄晖撰：《论衡校释》卷二，《新编诸子集成》，北京：中华书局，1990年，第78页。

在这些记载中，炎帝是无道的代表，黄帝替天行道，最终消灭炎帝。

班固《典引》"厥有氏号"注曰："炎帝曰神农，黄帝曰轩辕。"①毫无疑问，当黄帝战胜炎帝后，炎帝所代表的政治文化无疑是背离了时代要求的。但我们也必须清楚，黄帝或炎帝并不一定所指一人，而是一个族群的代称。炎帝是居于姜水的神农氏部落领袖的称呼，而黄帝是居于姬水的轩辕氏部落领袖的称呼。因此，黄帝和炎帝是从一个族群分解出来的不同氏族集团，他们之间有兄弟关系的渊源，而在早期阶段，应该是神农氏部落的炎帝一直在做氏族部落联合体的首领，但因后来的炎帝无道，所以被黄帝部落所取代。

也就是说，炎帝的无道是历史上某一任炎帝的无道，并不是所有的炎帝都无道。也正因此，炎帝才能会受到后人们的缅怀。

二　炎帝与农业文明和商业文明

《越绝书·越绝计倪内经第五》引越王勾践之言，曰："臣闻炎帝有天下，以传黄帝。"②是说炎帝传位于黄帝。

在中国文化史上，炎帝的功绩毫无疑问是巨大的。《史记·五帝本纪》载："轩辕之时，神农氏世衰。诸侯相侵伐，暴虐百姓，而神农氏弗能征。"也就是说，神农氏本有不衰的时候。

《周易·系辞下》云：

> 古者包牺氏之王天下也，仰则观象于天，俯则观法于地，观鸟兽之文与地之宜，近取诸身，远取诸物，于是始作八卦，以通神明之德，以类万物之情。作结绳而为网罟，以佃以渔，盖取诸《离》。包牺氏没，神农氏作，斫木为耜，揉木为耒，耒耨之利，以教天下，盖取诸《益》。日中为市，致天下之民，聚天下之货，交易而退，各得其所，盖取诸《噬嗑》。神农氏没，黄帝、尧、舜氏作，通其变，使民不倦，神而化之，使民宜之。

① [南朝梁]萧统编，[唐]李善注：《文选》卷四十八，上海：上海古籍出版社，1986年，第2159页。

② 佚名：《越绝书》卷四，北京：中华书局，1985年，第22页。

《易》穷则变，变则通，通则久。是以“自天祐之，吉无不利”。[1]

此言神农氏的功绩是农耕文明和商业文明的集大成者，“斫木为耜，揉木为耒，耒耨之利，以教天下”，这是农耕文明的体现；“日中为市，致天下之民，聚天下之货，交易而退，各得其所”，则是商业文明的体现。

《白虎通·圣人》因《系辞》之说，而认为神农应该归入圣人之列：

何以知帝王、圣人也？《易》曰：“古者伏羲氏之王天下也，于是始作八卦。”又曰：“伏羲氏殁，神农氏作。神农氏殁，黄帝、尧、舜氏作。”文俱言作，明皆圣人也。[2]

《汉书·律历志下》云：

炎帝　《易》曰：“炮牺氏没，神农氏作。”言共工伯而不王，虽有水德，非其序也。以火承木，故为炎帝。教民耕农，故天下号曰神农氏。

黄帝　《易》曰：“神农氏没，黄帝氏作。”火生土，故为土德。与炎帝之后战于阪泉，遂王天下。始垂衣裳，有轩、冕之服，故天下号曰轩辕氏。[3]

这里说神农氏教民耕农，是与黄帝有轩冕之服的功绩可等量齐观的。

三　炎帝与火正、火德

炎帝在中国历史上也有其独创的政治体系，传说炎帝不但以火命官，而且还创设了火正的天文历法体系。

《左传·昭公十七年》云：

昔者黄帝氏以云纪，故为云师而云名。炎帝氏以火纪，故为火师而火名。共工氏以水纪，故为水师而水名。大皞氏以龙纪，故为龙师而龙名。我高祖少皞，挚之立也，凤鸟适至，故纪于鸟，为鸟师而鸟名。凤鸟氏，

① [三国魏]王弼、[晋]韩康伯注，[唐]孔颖达等正义：《周易正义》卷八，《十三经注疏》，北京：中华书局，1980年，第86页。

② [清]陈立撰，吴则虞点校：《白虎通疏证》卷七，《新编诸子集成》，北京：中华书局，1994年，第336页。

③《汉书》卷二十一下，第1012页。

历正也。

《春秋左传正义》引服虔曰：

黄帝以云名官，盖春官为青云氏，夏官为缙云氏，秋官为白云氏，冬官为黑云氏，中官为黄云氏。炎帝以火名官，春官为大火，夏官为鹑火，秋官为西火，冬官为北火，中官为中火。共工以水名官，春官为东水，夏官为南水，秋官为西水，冬官为北水，中官为中水。大皞以龙名官，春官为青龙氏，夏官为赤龙氏，秋官为白龙氏，冬官为黑龙氏，中官为黄龙氏。①

《孔子家语·五帝》云：

季康子问于孔子曰："旧闻五帝之名而不知其实，请问何谓五帝？"孔子曰："昔丘也闻诸老聃曰：'天有五行，水、火、金、木、土，分时化育，以成万物，其神谓之五帝。'古之王者，易代而改号，取法五行。五行更王，终始相生，亦象其义。故其为明王者，而死配五行，是以太皞配木，炎帝配火，黄帝配土，少皞配金，颛顼配水。"②

炎帝之德为火，所以其取火为官名，其以火正为历法，也就顺理成章了。

《朱子语类·尚书一》云：

历是古时一件大事，故炎帝以鸟名官，首曰凤鸟氏，历正也。岁月日时既定，则百工之事可考其成。程氏王氏两说相兼，其义始备。③

虽然朱熹此处说炎帝以鸟名官，与《左传》《孔子家语》所载不同，但是说历法关乎岁月日时、百工之事，却是说出了炎帝火德、火正的创设价值。

《汉书·律历志下》云：

《春秋》昭公十七年"郯子来朝"，传曰昭子问少昊氏鸟名何故。对曰："吾祖也，我知之矣。昔者，黄帝氏以云纪，故为云师而云名；炎帝氏

① [晋]杜预集解，[唐]孔颖达等正义：《春秋左传正义》卷四十八，《十三经注疏》，北京：中华书局，1980年，第2083页。

② 陈士珂辑：《孔子家语疏证》卷六，上海：上海书店，1987年，第161页。

③ [宋]黎靖德编，王星贤点校：《朱子语类》卷七十八，《理学丛书》，北京：中华书局，1986年，第1991页。

以火纪，故为火师而火名；共工氏以水纪，故为水师而水名；太昊氏以龙纪，故为龙师而龙名。我高祖少昊挚之立也，凤鸟适至，故纪于鸟，为鸟师而鸟名。”言郯子据少昊受黄帝，黄帝受炎帝，炎帝受共工，共工受太昊，故先言黄帝，上及太昊。稽之于《易》，炮牺、神农、黄帝相继之世可知。①

这是说炎帝之历法正是从伏羲到黄帝之间重要的链接。

《孔子家语·辩物》云：

郯子朝鲁，鲁人问曰："少昊氏以鸟名官，何也？"对曰："吾祖也，我知之。昔黄帝以云纪官，故为云师而云名。炎帝以火，共工以水，大昊以龙，其义一也。我高祖少昊挚之立也，凤鸟适至，是以纪之于鸟，故为鸟师而鸟名。自颛顼氏以来，不能纪远，乃纪于近，为民师而命以民事，则不能故也。"孔子闻之，遂见郯子而学焉。既而告人曰："吾闻之，天子失官，学在四夷。犹信。"②

孔子在这里也肯定了炎帝火正的历史价值。

四　炎帝具有圣人之德

《孔子家语·五帝德》云：

孔子曰："可也。吾略闻其说，黄帝者，少昊之子，曰轩辕，生而神灵，弱而能言，哲睿齐庄，敦敏诚信，长聪明。治五气，设五量，抚万民，度四方，服牛乘马，扰驯猛兽，以与炎帝战于阪泉之野，三战而后克之。始垂衣裳，作为黼黻。……治民以顺天地之纪，知幽明之故，达生死存亡之说，播时百谷，尝味草木，仁厚及于鸟兽昆虫。考日月星辰，劳耳目，勤心力，用水火财物以生民。民赖其利，百年而死；民畏其神，百年而亡；民用其教，百年而移。故曰：黄帝三百年。"③

① 《汉书》卷二十一下，第1011页。
② 《孔子家语疏证》卷四，第112页。
③ 《孔子家语疏证》卷五，第157页。

尽管在轩辕氏代神农氏之时的炎帝德有损伤，但炎帝在历史上是有过重要贡献的，他处在伏羲和黄帝这两个圣人时代之间，所以他也是具有圣人之德的。

张衡《东京赋》云：

> 昔常恨《三坟》《五典》既泯。仰不睹炎帝帝魁之美，得闻先生之余论。则大庭氏何以尚兹？

《文选》注云：

> 炎帝，神农后也。帝魁，神农名，并古之君号也。善曰：《管子》曰：管仲对桓公曰：神农封泰山，炎帝封泰山。《孝经钩命诀》曰：佳已感龙生帝魁。郑玄曰：佳已，帝魁之母也。魁，神名。宋衷《春秋传》曰：帝魁，黄帝子孙也。①

这里，张衡直言炎帝有美。

班固《典引》"厥有氏号"注云：

> 所依为氏也。号，功之表也。号太昊曰伏羲，炎帝曰神农，黄帝曰轩辕，少昊曰金天，颛顼曰高阳，帝喾曰高辛，尧曰陶唐，舜曰有虞。②

炎帝号神农氏，正是基于炎帝对中国农耕文化和商业文化的贡献而命名的。

《管子·封禅》曰：

> 炎帝封泰山，禅云云；黄帝封泰山，禅亭亭；……皆受命然后得封禅。③

炎帝得受命，就是因为他在历史上代表了当时的先进文化和生产力，代表了广大百姓的利益。

《淮南子·泛论训》云：

> 牛马有功，犹不可忘，又况人乎！此圣人所以重仁袭恩。故炎帝于火，而死为灶；禹劳天下，而死为社；后稷作稼穑，而死为稷；羿除天下之害，而死为宗布。此鬼神之所以立。④

---

① 《文选》卷三，第 134 页。

② 《文选》卷四十八，第 2159 页。

③ 黎翔凤撰，梁运华整理：《管子校注》卷十六，《新编诸子集成》，北京：中华书局，2004 年，第 953 页。

④ 《淮南子集释》卷十三，《新编诸子集成》，第 985 ～ 986 页。

炎帝对中华文明做出了贡献，所以能享有数千年的祭祀。

炎帝不仅受到祭祀，其后代也受到了福荫。《山海经·北山经》云：

又北二百里，曰发鸠之山，其上多柘木。有鸟焉，其状如乌，文首、白喙、赤足，名曰精卫，其鸣自詨。是炎帝之少女名曰女娃，女娃游于东海，溺而不返，故为精卫。常衔西山之木石，以堙于东海。漳水出焉，东流注于河。[①]

把填海的精卫“打扮”成炎帝的少女，正表明了人们对炎帝的怀念。

《山海经·大荒西经》云：

有互人之国。炎帝之孙名曰灵恝，灵恝生互人，是能上下于天。[②]

《山海经·海内经》云：

炎帝之孙伯陵，伯陵同吴权之妻阿女缘妇，缘妇孕三年，是生鼓、延、殳。始为侯，鼓、延是始为钟，为乐风。[③]

这些传说都与炎帝联系在一起，也从侧面反映出了炎帝的价值。

原载《炎帝·姜炎文化与民生》
霍彦儒主编，三秦出版社，2010年

---

① 袁珂校注:《山海经校注》山经卷三，成都：巴蜀书社，1993年，第111页。

② 《山海经校注》海经卷十一，第474页。

③ 《山海经校注》海经卷十三，第527页。

关于国学及国学一级学科设立的一些问题

国学作为一个相对于西学而提出的概念，指的是中国固有学术中不能被西学学科体系所囊括的部分。我们应该站在传承民族文化的高度看待设立国学一级学科的重要性。具体而言，应设立专门的国学学科门，如果不能设立国学学科门，则应在文学门下设立国学一级学科，并在其下设立经学、诸子学、文章学、文献学、训诂学、音韵学、文字学等方向的二级学科。

一　国学概念被重新提起

二十世纪中期以后，国学一词被学术界长期选择性遗忘。1997 年冬，北京语言文化大学（即今“北京语言大学”）中华文化研究所（即今“孔子与儒家文化研究所”）与《中国文化报》《中国文化研究》等联合举办了“国学与中国当代学术”研讨会。与会学者包括已故季羡林教授、张岱年教授等多位著名学者。与会专家学者一致认为，这次会议是1949年以后国内第一次以“国学”为题举行的专门的学术讨论会。

在这次学术讨论会上，与会学者对国学的概念、国学研究的方法、国学研究的态度、国学研究的意义等问题进行了热烈的讨论，并形成了普遍共识。大家一致认为，国学虽然指的是中国固有学术，但其核心内容应以中国古代的经学、史传、诸子文献及其所体现的核心价值观为中心，国学研究应以中国固有的研究方法为基础，国学研究应树立汉儒所强调的实事求是的态度，应该站在建立二十一世纪中国文化的高度认识国学研究的意义。①

“国学与中国当代学术”研讨会结束后，我与时任《中国文化研究》编辑部编辑的黄卓越先生商议，在《中国文化研究》发表一组“国学与当代学术笔谈”，这个想法得到了时任《中国文化研究》编辑部主编的阎纯德教授和中华文化研究所所长彭庆生教授等先生的大力支持，也得到了部分与会学者的积极响应。1998年夏，文章正式刊布，共选择了六位青年学者的会议发言，分别是黄卓越先生的《走向内在研究的国学》、姚小鸥先生的《个案研究与宏观把握》、李庆本先生的《国学研究中知识与价值二元论》、刘跃进先生的《从文献学角度看国学研究的新起点》、方铭先生的《当代学风的流弊及发扬“汉学”传统的意义》与邓小军先生的《国学研究的态度与意义》，内容涵盖国学研究的内涵、方法、价值、意义等方面。②

由于这次会议议题的重要性，在《中国文化研究》的笔谈发表以后，《光明日报》的编辑还约我写了一篇短小的会议消息，以“桐川”的笔名发表在1998年8月7日《光明日报·理论周刊》的“学术动态”栏目。嗣后，北京语言文化大学中华文化研究所在1998年4月和8月分别与《中国文化报》举行了“五四运动与二十世纪中国文化”学术研讨会和“面向二十一世纪：中外文化的冲突与融合”学术研讨会。这两次会议的议题与“国学与中国当代学术”的议题是紧密联系的：一是立足于当代看国学，一是立足于世界看国学。

---

① 参看桐川：《国学与中国当代学术》，《光明日报·理论周刊·学术动态》，1998-08-07。

② 参看《中国文化研究》1998年2期。

二 国学是中国固有学术中有独特性的部分

在今天的文明世界中，几乎所有了解中华民族的人都会承认，中华民族是一个具有悠久历史和创造了灿烂文化的民族。根据最近一个多世纪以来的考古成果，中华文明的历史甚至远远超过了过去常说的“五千年文明”的时间长度。同时，我们也知道，中华文明是产生在中国这个特定的空间之中的文明，是与西方文明发展截然不同的文明。也正因此，中华文明虽然有与人类一切优秀文明共通的价值体系，但也有其自成体系、自我运行的独特的学术内涵和学术方法。这种独特性在西洋文明传入中国以前，为中华民族的发展和繁荣做出了自己的贡献。

十九世纪中叶以后，西洋文明传入中国。为了改良中国政治，改变因封建专制统治和闭关锁国政策而导致的与现代文明脱节的历史现状，当时的有识之士选择了向西方文明学习。二十世纪初期废除传统的科举制度、建立现代大学制度，就是学习西方文明的重要举措。

近代康有为倡导维新变法，先有《请开学校折》，以为“万国立学，莫我之先且备矣”，如周代，“国有大学、国学、小学之等，乡有党庠、州序、里塾之分”，学科门类则有“诗书、礼乐、戈版、羽龠、言说、射御、书数、方名之繁”。“人自八岁至十五岁，皆入大小学”。但是，后世当途者竭泽而渔，“不立学校，但设科举”，“不知育人，但求用人”。西方诸国学校之兴起虽迟，但发展迅捷，所以国民多智，国力转强。康有为特别指出，“近者日本胜我，亦非其将相兵士能胜我也，其国遍设各学，才艺足用，实能胜我也”。[①]正因为中国在近代教育上的落后，所以，二十世纪设立的大学制度，其学科分野就是以西洋为样板。应该说，特定时期的特定选择有其历史必然性和合理性。

随着辛亥革命的胜利，中国开始了宪政建设，政治问题解决以后，如章太炎这样具有深湛学术功底的辛亥元老开始注重文化建设，因此，国学的概念就应运而生。

国学虽然指中国的固有学术，但国学概念的提出体现的却是胸怀世界的视

① 参看康有为著，谢遐龄编选:《变法以致升平 康有为文选》，上海：上海远东出版社，1997年，第386～387页。

角，即中国固有学术是人类文明的一部分，与西学共同为人类文明的发展做出了贡献，并且在未来，在中国走向未来和走向世界的舞台的过程中，国学将继续发挥重要作用。因此，章太炎等人提出国学概念，并开设国学讲习班，为中国传统学术中不被西学学科体系所容纳的学科分野、价值体系找到发展空间，既体现了其文化使命感，更表达了民族文化自觉的精神追求。

国学虽然指产生于中国的学术，但是并不等于中国历史上所有存在过的学术。国学概念产生于中国建立现代学科体系之后，其学科的成立不在于要取代西学，而是在中国现代学科体系中寻找属于自己的学科领地。因此，国学概念自提出那天起，并不指一切产生于中国的学术，而是特指中国固有学术中区别于西洋学术的那一部分。

三 建立国学一级学科的必要性

从国学概念提出之日起，国学就是一个有明确研究对象的知识体系，并且有相对独立、自成体系的理论、知识基础和研究方法。根据 2009 年国务院学位委员会公布的《学位授予和人才培养学科目录设置与管理办法》中关于一级学科的设置和调整的规定，国学是完全有资格成为一个独立的一级学科，甚至独立的学科门的。有人认为国学是中国固有知识门类的综合体，因而不能成为一个独立的学科。这实际是忽视了国学和中国固有学术之间的差异，没有真正理解国学在特定的历史背景和学术发展阶段中的特殊内涵。

二十世纪，特别是二十世纪中叶以后，批判中国传统文化的声音此起彼伏，过去承载着国学教育重要使命的国文系被中文系取代，而中文系中的文学一词是来源于西方十九世纪的“文学学”的概念，而不是自孔子以来包含有经学、史传、诸子等文献的中国传统的“文学”概念。最代表中国传统学术的核心内容被肢解为文、史、哲等不同的学科门的研究对象，而在中国传统学术中，这些内容本来就是一个学科整体，所以就常听某些学者攻击中国古代文、史、哲不分。西学中心化的话语方式、对国学的肢解导致中国固有学术边缘化，这已是不争的事实。

进入二十一世纪，人们渐渐认识到中国传统文化的重要性，而重树中国传统文化的地位，不是仅仅在各级学校中加一两节中国固有文化的诵读课程就能解决的，更需要一批专门从事中国传统文化学习和研究的人才。而中国传统文化的系统知识是现在国内大学已有的学科体系所不能承载的，因此，一些大学成立了国学院或者国学研究院，部分大学在本科阶段设立国学班，培养国学专门人才。中国人民大学国学院自2005年起招收本科学生，为国学的传承和国学专业的建设进行积极探索，影响深远，受到海内外关心中华文化建设的学人的钦佩。但是，由于在国家的学科设置中，国学不是一个独立的学科，因而包括中国人民大学国学院在内的国内相关学校的国学院或国学班的学生，大学本科四年虽同在一间教室上课，学着相同的课程，但毕业的时候却只能被分别授予文学、历史、哲学等不同的学位。这种因"洋泾浜"学科体系滋生而引发的尴尬现象，无论怎么看都是滑稽的。

今天，我们越来越清醒地意识到应重视民族传统文化，虽然不可能在短时间内完全按照中国固有学术体系建立学科分野，但我们还是应该在现有的学科框架内，给被边缘化的那部分中国固有学术一片独立的生存空间。这不仅是社会文化发展的刚性需求，也是民族文化自觉意识觉醒的象征，是历史使命感和民族责任心对我们提出的要求。国务院学位委员会办公室修订《学位授予和人才培养学科目录》，考虑新增国学为一级学科，为了慎重起见，国务院学位委员会广泛征询学术界的意见。我虽然未能接到调查问卷，但是对设立国学一级学科的问题仍然是很关注的。我认为这是顺应历史发展、符合学科发展规律的重要举措。

实际上，2005年国务院学位委员会增设马克思主义理论为一级学科这一举措已经为设立国学作为一级学科提供了可资借鉴的成熟思路。不过，有学者反对将国学作为一级学科，而是建议在思想史学科下增设经典学或古典学。我们知道，思想史本身是历史学一级学科下的二级学科，在思想史学科下增设经典学或古典学三级学科，与国学的学科内容体现的时间长度和空间广度不符，与国学自身价值的重要性和内容的丰富性不符。而且，经典学或古典学也可以指称希腊、罗马、印度的经典或古典，又怎能体现出中国固有学术的特性？

四 设置国学一级学科下属二级学科的构想

国学作为一个独立的一级学科是毋庸置疑的，同时，也应有充分的可归属的二级学科。我个人并不完全赞同国务院学位委员会关于增设国学一级学科说明材料中拟设立的经学、子学、国史、国文、小学、中国少数民族和边疆文化、国艺七个二级学科。我认为这些二级学科并没有把国学学科的独特性完全体现出来，况且把国学一级学科设立在历史学科门下也未见得恰当。但是，有人因国学二级学科设计的欠周全而否定国学一级学科存在的意义，这无异于因噎废食。如果这个结果导致中国传统文化继续边缘化，直至最终湮灭，那么我们这一代人将会成为中华传统文化发展的历史罪人。

中国古代的学科分野实际是自成体系的，如《史记》八书和《汉书》十志都体现了学科分野。其中偏向于“用”的知识体系已经可以在现在的“西化”学科体系中找到自己的位置。应该看到，这些接纳了中国固有学术的学科，既体现了西学的智慧，也包含了中国固有学术对人类文明的贡献。当然，我们也可以建立一个包含这部分中国固有学术内容的广义的新国学概念。但是，如果把这部分已经可以归入现代学科体系的中国固有学术的内容也称为国学，显然不符合先哲当初相对于西学而提出的“国学”概念的本意。而我们今天所说的国学应该专指在所有中国固有学术中最具独特性的部分，是目前的西化学科体系所不能包含的那些内容。这也正是许多大学在教学实践中发现设立国学学科重要性和必要性的原因。

自先秦以来，以经学、史传、诸子之学为核心的体现中国之“体”的、包含固有价值观和文化精神的学术内容，常常游离于现有西化学科体系之外，这些体现中国传统文化核心价值观的内容迫切需要一个相对独立的学科栖息地，而这些内容正是中国固有学术最核心的内容，也是自春秋到近代中国广大知识阶层最为关注、用心最多的内容，同时也是中国固有学术中历史最为悠久的内容。今天我们所倡导的国学学科，应该指的就是这个狭义的内容。

《论语·述而》曰：“子以四教：文，行，忠，信。”邢昺疏云：“此章记孔子行教以此四事为先也。文谓先王之遗文。行谓德行，在心为德，施之为行。

中心无隐谓之忠。人言不欺谓之信。此四者有形质，故可举以教也。”[①] 孔子“文”“行”“忠”“信”四教，如果用学科概念来衡量，惟有文所代表的先王遗文涉及学术。《论语·先进》曰：“德行：颜渊，闵子骞，冉伯牛，仲弓。言语：宰我，子贡。政事：冉有，季路。文学：子游，子夏。”邢昺疏云：“言若任用德行，则有颜渊、闵子骞、冉伯牛、仲弓四人。若用其言语辨说，以为行人，使适四方，则有宰我、子贡二人。若治理政事，决断不疑，则有冉有、季路二人。若文章博学，则有子游、子夏二人也。”[②] 孔门“德行”“言语”“政事”“文学”是就弟子所长而言，颜渊、闵子骞、冉伯牛、仲弓的德行，宰我、子贡的言语，冉有、季路的政事，虽也关乎学养，但皆是心性特长，不关乎学术。只有子游、子夏的文学所长，是建立在独立学术内容基础上的学科分野。因此，有人把德行、言语、政事、文学合称为四科，甚至比附现代学科划分，就像把孔子的文、行、忠、信四教当作学科一样，这显然都是不妥当的。

但是，文学一科却是中国固有的学科分野，而且也是今天我们所谓国学最直接的学科源头。孔子弟子子游、子夏“文章博学”，实际就是明习《诗》《易》《礼》《乐》《春秋》等，故被称为文学。皇侃《论语集解义疏》引范宁之言曰：“文学，谓善先王典文。”[③] 孔子整理六经之后，孔门弟子所习经典主要就是六经。因此，吴林伯先生《论语发微》说：“按文，六艺；文学，六艺之学，后世所谓经学。”[④] 而到战国以后，文学这个称呼一直存在，诸子、辞章等都被归入文学一类。至近代西学传入，文学这个中国固有的学科概念遂依照十九世纪西方的文学概念，被限定在小说、戏剧、诗歌等狭窄领域。

有鉴于此，对于国学一级学科的学科门归属问题，我认为最有效的方法是增设国学门，以体现国学学科超越西学学科体系的文学门、史学门、哲学门的特征。（这方面可以参考北京大学在二十世纪初设立国学门的历史）如果不便单独

---

① [三国魏]何晏集解，[宋]邢昺疏：《论语注疏》卷七，《十三经注疏》，北京：中华书局，1980年，第2483页。

② 《论语注疏》卷十一，《十三经注疏》，第2498页。

③ [三国魏]何晏集解，[南朝梁]皇侃义疏：《孔学三种 论语集解义疏》卷六，上海：世界书局，1935年，第107页。

④ 吴林伯：《论语发微》，北京：文化艺术出版社，1989年版，第136页。

设立国学门，则应把国学一级学科设立在文学门下，同时对涉及国学学科的一些一级学科下属的二级学科做一些适当的调整，如取消中国语言文学一级学科下的中国古典文献学，取消历史学一级学科下的历史文献学等，国学一级学科下可以先设立经学、诸子学、文章学、文献学、训诂学、音韵学、文字学等方向的二级学科。在未来，可以考虑逐渐整合中国语言文学、哲学、历史学三个学科的相关二级学科，如把中国古代文学、汉语言文字学、中国古代史、中国古代哲学等二级学科整合入国学一级学科，同时把外国文学、外国哲学、世界史等归入相应的外国语言文化系中。这样可以使我们的学科体系既与世界接轨，又体现出中国的特色。

原载《中国文化研究》2010年冬之卷

人格自觉与文化自觉

——兼论中国传统文化精神中君子人格目的的现代价值

文化自觉，意思是生活在既定文化中的人对其文化有自知之明，明白其来历、形成的过程、所具有的特色和未来发展的趋向。一个民族的存在价值，不是体现在其动物性生存之中，而应该是与其文化生存形态相联系的。作为文明古国的中国，文化建设意义的久远性远远超过经济建设的意义。中国实现现代化的过程，更是需要实现文化的建设及合乎人性潮流的发展。文化建设落实到根本，实际是人格建设，中国传统文化中着力强调的君子人格既是符合中国国情、具有民族品格的理想人格，同时也是符合现代价值观念，可以引导我们的文化建设方向的价值判断体系。

一 人格自觉在社会建设和文化建设中的重要性

原始儒家作为中国传统主流文化，其短期目标在于恢复周礼，实现小康；长期目标在于建立大同社会，实现“天下为公”，使天下至于至善。[①]要实现此

① 参看方铭:《从原始儒家的终极理想看中西价值观的一致性》，载张岂之、方克立、王俊义等编《经济全球化与中华文化走向》，香港：东方红书社，2001年。

目的，原始儒家的学者提纲挈领，原始要终，指出最核心的问题是修身的问题。《论语·学而》载："有子曰：'其为人也孝弟，而好犯上者，鲜矣；不好犯上，而好作乱者，未之有也。君子务本，本立而道生。孝弟也者，其为仁之本与！'"[①]孔子和原始儒家强调君臣父子之间的互动关系，强调在上位的人所应具有的先天垂范义务，因此，有子的本意绝不仅仅是强调子弟对父兄的服从，甚至也不是关注孝悌本身，而是欲通过幼年的孝悌教育，培养人与人之间的亲和关系，从而建立仁的根本，而仁正是实现大同的必然途径。康有为《孟子微》云："不忍人之心，仁也……故知一切仁政皆从不忍之心生，为万化之海，为一切根，为一切源。……至于太平大同，皆从此出。"[②]培养仁的人格，实际就是人格自觉的问题，只有实现人格的自觉，才能以自觉的人格构建理想的文化精神和社会形态。所以，文化自觉和社会的进步有赖于理想人格的建立。

理想人格在社会进步和文化进步方面的重要性，《礼记·大学》的表述最完整也最充分，也正因此，西人狄百瑞在《〈大学〉作为自由传统》一文中指出，《大学》"更好地表达了对求学的爱好和对教育的热衷"，不但是"代表儒家传统的经典"，同时"也是一本现代的'古典著作'"。[③]也就是说，《大学》的精神不仅仅是古代的传统，同时也是古代与现代转化的连接点，是古代精神的现代延续，是现代精神的古代渊源。

《礼记·大学》曰：

> 大学之道，在明明德，在亲民，在止于至善。知止而后有定，定而后能静，静而后能安，安而后能虑，虑而后能得。物有本末，事有终始。知所先后，则近道矣。古之欲明明德于天下者，先治其国；欲治其国者，先齐其家；欲齐其家者，先修其身；欲修其身者，先正其心；欲正其心者，先诚其意；欲诚其意者，先致其知。致知在格物。物格而后知至，知至而

① 程树德撰，程俊英、蒋见元点校：《论语集释》卷一，《新编诸子集成》，北京：中华书局，1990年，第10～13页。

② 康有为著，楼宇烈整理：《孟子微》，北京：中华书局，1987年，第9页。

③ 狄百瑞著，刘莹译：《〈大学〉作为自由传统》，载哈佛燕京学社、三联书店主编《儒家与自由主义》，北京：生活、读书、新知三联书店，2001年，第184页。

后意诚，意诚而后心正，心正而后身修，身修而后家齐，家齐而后国治，国治而后天下平。自天子以至于庶人，一是皆以修身为本。其本乱而末治者否矣。其所厚者薄，而其所薄者厚，未之有也。此谓知本，此谓知之至也。①

在这里，《大学》的作者仍然是抓住了修身此一关键环节，齐家、治国、平天下需要修身，而正心、诚意、致知、格物之目的也在修身。所以，修身是人格修养的终点，是齐家、治国、平天下的起点。

因此，《大学》又指出：

所谓诚其意者，毋自欺也。如恶恶臭，如好好色，此之谓自谦。故君子必慎其独也。小人闲居为不善，无所不至，见君子而后厌然，掩其不善，而著其善。人之视己，如见其肺肝然，则何益矣。此谓诚于中，形于外，故君子必慎其独也。②

所谓“慎独”，就是认识自己的人格并自觉地完善自己的人格，这也就是人格自觉。在原始儒家那里，自觉人格的建设过程实际就是自觉实践君子人格的过程。

君子人格是孔子及其弟子所身体力行的，孔子本人也以君子自许。君子务本，而此根本在修身，身修才能齐家，家齐才能治国，国治才能平天下，由小及大，为不二法门。修身又必须正心，正心首先诚意，诚意在致知，致知在格物。如此，才可以有君子行，才可以有明德，亲民而至于至善。《礼记·大学》云：“是故君子无所不用其极。”③君子日新其德，孜孜不倦。“是故君子先慎乎德，……德者本也，财者末也。外本内末，争民施夺。是故财聚则民散，财散则民聚。”④《礼记·中庸》曰：“天命之谓性，率性之谓道，修道之谓教。道也者，不可须臾离也，可离非道也。是故君子戒慎乎其所不睹，恐惧乎其所不闻。莫见乎隐，莫

---

① [汉]郑玄注，[唐]孔颖达等正义：《礼记正义》卷六十，《十三经注疏》，北京：中华书局，1980年，第1673页。

② 《礼记正义》卷六十，《十三经注疏》，第1673页。

③ 《礼记正义》卷六十，《十三经注疏》，第1673页。

④ 《礼记正义》卷六十，《十三经注疏》，第1675页。

显乎微，故君子慎其独也。喜怒哀乐之未发，谓之中；发而皆中节，谓之和。中也者，天下之大本也。和也者，天下之达道也。致中和，天地位焉，万物育焉。”[①]作者首明“道”之本原出于天，而不可易；其实体备于己，而不可离。次言存养省察之要。终言圣神功化之极。盖欲学者于此，反求诸身而自得之，以去未外诱之私，而充其本然之善。又曰：“仲尼曰：‘君子中庸，小人反中庸。君子之中庸也，君子而时中。小人之中庸也，小人而无忌惮也。’”[②]“中庸”是君子所具有的特点，君子有自觉人格，因此能使可不忘根本，而小人反是。

君子人格的追求过程是一个逐渐完善自我的过程，是不断洞悉自己、从细小处建立仁爱根本的过程。《孟子·梁惠王上》曰：“君子之于禽兽也，见其生不忍见其死，闻其声不忍食其肉，是以君子远庖厨也。”[③]《孟子·梁惠王下》曰：“君子创业垂统，为可继也。若夫成功，则天也。”[④]又曰：“君子不以其所以养人者害人。”[⑤]孟子强调恻隐、羞耻、恭敬、是非四者，而为仁、义、礼、智之四端。有不忍人之心，则有不忍人之政。所以，《孟子·公孙丑上》曰：“大舜有大焉，善与人同，舍己从人，乐取于人以为善。自耕稼陶渔以至为帝，无非取于人者；取诸人以为善，是与人为善者也。故君子莫大乎与人为善。”[⑥]君子以舍己从人之本心，实现与人为善之根本，正是自觉地实践君子人格的过程。

《孝经·圣治》曰：

> 曾子曰：敢问圣人之德，无以加于孝乎？子曰：天地之性，人为贵。人之行，莫大于孝。孝莫大于严父，严父莫大于配天，则周公其人也。昔者周公郊祀后稷，以配天。宗祀文王于明堂，以配上帝。是以四海之内，各以其职来祭。夫圣人之德，又何以加于孝乎。故亲生之膝下，以养父母日严。圣人因严以教敬，因亲以教爱。圣人之教不肃而成，其政不严而治，其所因者本也。父子之道，天性也。君臣之义也。父母生之，续莫大

---

① 《礼记正义》卷五十二，《十三经注疏》，第 1625 页。
② 《礼记正义》卷五十二，《十三经注疏》，第 1625 页。
③ ［清］焦循撰：《孟子正义》卷三，《新编诸子集成》，北京：中华书局，1987 年，第 83 页。
④ 《孟子正义》卷五，《新编诸子集成》，第 162 页。
⑤ 《孟子正义》卷五，《新编诸子集成》，第 164 页。
⑥ 《孟子正义》卷七，《新编诸子集成》，第 240 页。

焉。君亲临之，厚莫重焉。故不爱其亲而爱他人者，谓之悖德。不敬其亲而敬他人者，谓之悖礼。以顺则逆，民无则焉，不在于善，而皆在于凶德。虽得之，君子不贵也。君子则不然，言思可道，行思可乐，德义可尊，作事可法，容止可观，进退可度，以临其民。是以其民畏而爱之，则而象之。故能成其德教，而行其政令。诗云：淑人君子，其仪不忒。①

君子的行为应该摆脱无目的性的本能，深思熟虑，“言思可道，行思可乐，德义可尊，作事可法，容止可观，进退可度，以临其民”，才能受人民爱戴。

二　君子人格的内涵与传统文化人格建设的君子本位思想

班固《白虎通·号》云：“或称君子者何？道德之称也。”② 概括先秦有关君子的概念，大体包含两类互相区别又互相联系的意义：一指有尊位之人，包括天子、诸侯、大夫、公子等，以其出身高下、权力大小、地位高低决定，基本皆是贵族；二指有才德之人，则以其成德为唯一标准，其特征表现为“文质彬彬”。西周时代学在官府，只有在上位的贵族才有机会享受教育，明习礼乐。所以，虽然不能说所有贵族都是兼具才德之人，但贵族是才德的主要拥有者却不算妄言。君子的普遍意义是和小人相对而言的，《国语·鲁语上》云：“君子务治而小人务力。”③ 治人与劳力是君子与小人分野的标志。正像君子的本意是指古代的上层统治者一样，小人的最初概念指的是在社会中处于下层的平民。

在中国历史上被大家广泛使用的君子概念主要是就其才德而言的，与人格相关的君子概念也是在这个层面的。所以说，在大部分场合，所谓君子是专指有才德的人。由于在上位的君子有机会接受教育，理应具有比小人高明的才德。所

---

① [唐]李隆基注，[宋]邢昺疏:《孝经注疏》卷五,《十三经注疏》，北京：中华书局,1980年，第2553～2554页。

② [清]陈立撰，吴则虞点校:《白虎通疏证》卷二,《新编诸子集成》，北京：中华书局，1994年，第48页。

③ 徐元诰撰，王树民、沈长云点校:《国语集解》，北京：中华书局，2002年，第143页。

以，在最初的意义上，君子与小人的概念与才德这样的修养只发生间接关系，而没有直接的必然联系。

《诗经·魏风·伐檀》曰：“彼君子兮，不素餐兮。”[①]有今人注释为“君子尸位素餐”。如果这个说法成立，则可以说君子的概念也会和才德背道而驰。不过，“彼君子兮，不素餐兮”也可以有另外的解释，就是“君子谓不素餐之人”。《诗经·魏风·伐檀》的作者为那些素餐的人指出君子的榜样，供其学习。如果我们考虑到在中国先秦的典籍中几乎不存在以君子为反面人物的例子，则后一种解释更为合理。

如果说在上位的人不一定是君子，我们还有一个例证，《尚书·无逸》曰：“不知稼穑之艰难，不闻小人之劳，惟耽乐之从。”[②]此处之所指斥的正是某些非“小人”者所为，小人与君子对举而言，但不知稼穑之艰难，不闻小人之劳苦，只知吃喝玩乐的非小人之人应该绝非君子，而此处之小人也未必无才德。所以，把君子和才德直接联系起来，可以认为是君子概念的一个飞跃性的发展，也为君子人格的培养奠定了基础。

相对于君子，“人格”是一个晚起的词。在心理学的观念里，人格是人的性情、气质、能力等特征的总和；在社会学的观念中，一个民族或者团体在一定历史阶段的人格的共同追求就构成了这个民族或者团体的社会人格；而在法律学上，人格指人按照法律、道德或者其他的社会准则应该享有的权利或者资格。

人格当然还指人的道德修养，而且我们平常在讨论人格的时候，更多的是特指人的道德修养。本文讨论人格自觉，其基本内容不言而喻，主要是就道德修养层面而言的，就是要探讨君子及其人格所包含的价值趋向，以及这种价值趋向与中国人的精神所具有的影响。

君子本身包含着价值判断，君子人格应该指的是君子的精神意识在行动中的体现。君子人格是属于精神层面的追求，但其体现则既表现在精神层面，也表现

---

① [汉]毛亨传，[汉]郑玄笺，[唐]孔颖达等正义：《毛诗正义》卷五，《十三经注疏》，北京：中华书局，1980年，第358页。

② [汉]孔安国传，[唐]孔颖达等正义：《尚书正义》卷十六，《十三经注疏》，北京：中华书局，1980年，第222页。

在物质层面。这样，我们对君子人格的把握就变得容易多了。

先秦早期传世经典皆提及君子，但是君子一词所代表的含义，在春秋之前多是就其社会地位而言的。也就是说，首先必须是处于尊位的人才可以称为君子，既然君子的相对意义是小人或者“野人”，那么君子也就有了才德的附加意义，如《尚书·虞书·大禹谟》曰：“蠢兹有苗，昏迷不恭，侮慢自贤，反道败德，君子在野，小人在位，民弃不保，天降之咎。”① 此段文字是禹奉舜帝之命，召集诸侯准备讨伐三苗时谴责三苗的话，说三苗昏庸糊涂，不恭敬，轻慢众人，妄自尊大，违反正道，败坏德义，君子被排斥，小人受重用，百姓被抛弃，上天降下灾难。此处“君子”即是指有才德之人。《尚书·泰誓》曰：“呜呼！我西土君子，天有显道。”② 此处“君子”指的是周武王伐商之前发表讲话时对周人的尊称。《尚书·旅獒》云：“德盛不狎侮。狎侮君子，罔以尽人心；狎侮小人，罔以尽其力。”③ 此处之“君子”“小人”是就社会地位而言。“狎侮”为轻慢之意，是言君主不可轻慢大臣和百姓，否则会失去人心，也就没有人为其尽力。《周礼·天官冢宰》云：“凡君子之食恒放焉。”④ 此处“君子”所指为处尊位之贵族。《仪礼·士相见礼》曰：“凡侍坐于君子，君子欠伸。”郑玄注曰：“君子，谓卿大夫及国中贤者也。”⑤《仪礼·乡饮酒礼》曰：“以告于先生君子，可也。”郑玄注曰：“君子，国中有盛德者。”⑥

如果说《尚书》《周礼》《仪礼》中君子一词的出现并不普遍的话，《诗经》中君子一词的出现频率则非常高，如“乐知君子”(《小雅·采菽》)、“未见君子”(《周南·汝坟》)、“既见君子”(《郑风·风雨》)、“有匪君子”(《卫风·淇奥》)、“淑人君子”(《曹风·鸤鸠》)、“岂弟君子”(《大雅·旱簏》)、“彼君子兮”(《魏风·伐檀》)、“君子之车”(《大雅·卷阿》)、“君子于役”(《王风·君子于役》)、“君子有酒”(《小雅·鱼丽》)、“君子至止”(《秦风·终南》)、“君

① 《尚书正义》卷四，《十三经注疏》，第137页。
② 《尚书正义》卷十一，《十三经注疏》，第182页。
③ 《尚书正义》卷十三，《十三经注疏》，第195页。
④ 《周礼注疏》卷五，《十三经注疏》，第667页。
⑤ 《仪礼注疏》卷七，《十三经注疏》，第977页。
⑥ 《仪礼注疏》卷十，《十三经注疏》，第990页。

子万年”（《小雅·鸳鸯》）等句子都不止出现一两次。《周南·关雎》云：“窈窕淑女，君子好逑。”[①]《诗序》云此诗为“后妃之德”[②]，则“君子”所指基本为有尊位之人。在大部分情况下，君子是和才德联系在一起的。但是《魏风·硕鼠》中素餐之人，虽然身份也属于君子行列，但真正的君子都不是不劳而获的。因此，这些不劳而获的人与那些真正的君子，即“彼君子兮”相比，虽也是有尊位之人，但与才德背道而驰。要而言之，《诗经》中君子一词出现数百次，基本皆指居尊位之人，但与纯粹的才德却并不一定具有一致的关系。

如果我们仔细体会的话，在大部分儒家经典之中，君子往往是经典编辑者自许的人格，这就是君子本位思想。

在儒家早期经典之中，《易》之经传，特别是《易传》论君子最多。《易》为六经之首，《文心雕龙·原道》曰“人文之元，肇自太极，幽赞神明，《易》象惟先”[③]，即强调《易》作为最早之人文的地位。《易传》作为《易经》最权威的注解，出自圣人或其门徒之手。孔子治《易》，韦编三绝，《易传》之书也见于传世文献，而出土文献马王堆帛书之《易传》，更见其与孔子不解之渊源。《易》之经传，几乎每一卦皆言君子，而其立场也鲜明地站在君子之基点上。如果我们用《泰》象“内君子而外小人”[④]这句话来概括《易》之经传立论的基本原则，我想无疑是恰当的。以上诸卦经传皆站在君子的立场上，可以称为君子本位。也就是说，《易》之经传在建立自己观点的时候，想的是如何有利于君子，如何有利于君子“战胜”小人。《易传·系辞上》云：“是故，君子所居而安者，易之序也；所乐而玩者，爻之辞也。是故，君子居则观其象而玩其辞，动则观其变而玩其占。是以自天佑之，吉无不利。”[⑤]此说《易》之书专为君子而设，又曰：“夫《易》，圣人之所以极深而研几也。唯深也，故能通天下之志；唯几也，故能成天下之务；唯神也，故不疾而速，不行而至。子曰‘《易》有圣人之道四焉’

① 《毛诗正义》卷一，《十三经注疏》，第 273 页。
② 《毛诗正义》卷一，《十三经注疏》，第 269 页。
③ 吴林伯著：《〈文心雕龙〉义疏》，武汉：武汉大学版社，2002 年，第 16 页。
④ [三国魏]王弼、[晋]韩康伯注，[唐]孔颖达等正义：《周易正义》卷二，《十三经注疏》，北京：中华书局，1980 年，第 28 页。
⑤ 《周易正义》卷七，《十三经注疏》，第 77 页。

者，此之谓也。”[①]又曰：“《易》有圣人之道四焉，以言者尚其辞，以动者尚其变，以制器者尚其象，以卜筮者尚其占。”[②]《易》道如此，是圣人思想的体现，所以其君子立场自然毋庸置疑。

三 与小人人格对立中彰显君子人格

《易传·系辞下》云：“爻象动乎内，吉凶见乎外，功业见乎变，圣人之情见乎辞。”[③]《易》之经传，特别是《易传》，在君子本位立场上坚持与小人的对立，这种对立不仅仅表现在社会地位方面，更重要的是表现在品德才学的进习方面。圣人聪明睿智，圣人之情存乎其中，其对君子精神已有清楚论述。

《乾》卦云：

> 九三：君子终日乾乾，夕惕若厉，无咎。
>
> 象曰：天行健，君子以自强不息。
>
> 子曰：“君子进德修业。忠信，所以进德也；修辞立其诚，所以居业也。知至至之，可与几也。知终终之，可与存义也。是故居上位而不骄，在下位而不忧。故乾乾因其时而惕，虽危无咎矣。”
>
> 子曰：“上下无常，非为邪也。进退无恒，非离群也。君子进德修业，欲及时也，故无咎。”
>
> 君子以成德为行，日可见之行也。潜之为言也，隐而未见，行而未成，是以君子弗用也。君子学以聚之，问以辩之，宽以居之，仁以行之。《易》曰“见龙在田，利见大人”，君德也。
>
> 亢之为言也，知进而不知退，知存而不知亡，知得而不知丧。其唯圣人乎？知进退存亡而不失其正者，其唯圣人乎？[④]

这里，作者提出了君子的三个特点：第一，“终日乾乾”，无时懈倦；第二，

---

① 《周易正义》卷七，《十三经注疏》，第 81 页。
② 《周易正义》卷七，《十三经注疏》，第 81 页。
③ 《周易正义》卷八，《十三经注疏》，第 86 页。
④ 《周易正义》卷一，《十三经注疏》，第 13 ～ 17 页。

“自强不息”；第三，“进德修业”。高于君子的特点则为“知进退存亡”。

《易传·系辞上》云：

子曰：“君子之道，或出或处，或默或语，二人同心，其利断金；同心之言，其臭如兰。”

劳谦君子，有终吉。子曰：“劳而不伐，有功而不德，厚之至也，语以其功下人者也。德言盛，礼言恭，谦也者，致恭以存其位者也。”①

这里说的“或出或处，或默或语”，是就其进退存亡而言，而解释谦卦之文，强调的是谦虚的问题。

《易传·系辞下》引《易》曰：“君子藏器于身，待时而动，何不利之有？”②“君子藏器于身，待时而动”说的仍然是出、处的问题。“善不积不足以成名，恶不积不足以灭身。小人以小善为无益，而弗为也，以小恶为无伤，而弗去也。故恶积而不可掩，罪大而不可解。”③说的则是进德修业的问题。

《坤》卦云：

元亨，利牝马之贞。君子有攸往，先迷后得，主利。西南得朋，东北丧朋。安贞吉。

彖曰：至哉坤元！万物资生，乃顺承天。坤厚载物，德合无疆。含弘光大，品物咸亨。牝马地类，行地无疆，柔顺利贞。君子攸行，先迷失道，后顺得常。西南得朋，乃与类行；东北丧朋，乃终有庆。安贞之吉，应地无疆。

象曰：地势坤，君子以厚德载物。

文言曰：坤至柔而动也刚，至静而德方，后得主而有常，含万物而化光。坤道其顺乎？承天而时行。积善之家，必有余庆；积不善之家，必有余殃。臣弑其君，子弑其父，非一朝一夕之故，其所由来者渐矣，由辩之不早辩也。《易》曰“履霜坚冰至”，盖言顺也。直其正也，方其义也。君子敬以直内，义以方外，敬义立而德不孤。直方大，不习无不利，则不疑

① 《周易正义》卷七，《十三经注疏》，第79页。

② 《周易正义》卷八，《十三经注疏》，第88页。

③ 《周易正义》卷八，《十三经注疏》，第88页。

其所行也。阴虽有美，含之以从王事，弗敢成也。地道也，妻道也，臣道也。地道无成，而代有终也。天地变化，草木蕃；天地闭，贤人隐。《易》曰“括囊无咎无誉”，盖言谨也。君子黄中通理，正位居体，美在其中，而畅于四支，发于事业，美之至也。①

在这里，作者强调之意义有四：第一，赞扬坤德的宽大广博，无所不包，君子之道亦如是；第二，“积善”；第三，直内外方，敬义结合；第四，“黄中通理，正位居体”，地为黄色，坤为理，以乾通坤，谓之通理，即立天下之正位。

乾、坤两卦为《易经》母体，而孔子深明此义，为制《文言》，强调此两卦的精神内核。所以，这两卦论君子最多也最为全面。乾、坤两卦以下，《易》之经传，特别是《易传》，几乎每一卦都与君子的行止联系在一起，与乾、坤两卦经传所揭示的道并行不悖。其论述君子之特点，如修德、顺势、谨慎、节俭、社会责任感、博大宽容、谦虚、仁政、穷则独善、好学不厌，凡此种种，其核心是强调君子有远大的理想、强烈的责任、优良的道德，于政治则宽惠爱民，有社会责任感；于个人则进德修业、节俭自律、顺应时事，不与黑暗势力妥协。《易传·系辞下》引孔子之言曰：“君子安其身而后动，易其心而后语，定其交而后求。君子修此三者，故全也。危以动，则民不与也；惧以语，则民不应也；无交而求，则民不与也。莫之与，则伤之者至矣。”②君子处事，先安其身，次易其心，次定其交，安身是审时审世，易其心是进德修业，定其交是掌握主动权，而后则无往不胜。

《易传》《论语》所言君子人格的内涵极其丰富，对于我们今天的文化建设具有特别的现实意义，主要表现在以下方面：

第一，君子有远大的理想，遏恶扬善，在天下实现仁，而最终理想则是大同。

《周易·大有》曰：

君子以遏恶扬善，顺天休命。③

《论语·里仁》曰：

---

① 《周易正义》卷一，《十三经注疏》，第17～19页。

② 《周易正义》卷八，《十三经注疏》，第88～89页。

③ 《周易正义》卷二，《十三经注疏》，第30页。

富与贵，是人之所欲也，不以其道得之，不处也；贫与贱，是人之所恶也，不以其道得之，不去也。君子去仁，恶乎成名？君子无终食之间违仁，造次必于是，颠沛必于是。①

《论语·泰伯》曰：

可以托六尺之孤，可以寄百里之命，临大节而不可夺也：君子人与？君子人也。②

《论语·卫灵公》曰：

君子疾没世而名不称焉。③

《论语·卫灵公》曰：

君子谋道不谋食。耕也，馁在其中矣；学也，禄在其中矣。君子忧道不忧贫。④

《论语·里仁》曰：

君子之于天下也，无适也，无莫也，义之于比。⑤

《论语·里仁》曰：

君子喻于义，小人喻于利。⑥

《论语·季氏》曰：

求！君子疾夫舍曰欲之而必为之辞。丘也闻有国有家者，不患寡而患不均，不患贫而患不安。盖均无贫，和无寡，安无倾。夫如是，故远人不服，则修文德以来之。既来之，则安之。今由与求也，相夫子，远人不服，而不能来也；邦分崩离析，而不能守也，而谋动干戈于邦内。吾恐季孙之忧，不在颛臾，而在萧墙之内也。⑦

《论语·阳货》曰：

---

① 《论语集释》卷七，《新编诸子集成》，第 232 ～ 235 页。
② 《论语集释》卷十五，《新编诸子集成》，第 525 页。
③ 《论语集释》卷三十二，《新编诸子集成》，第 1102 页。
④ 《论语集释》卷三十二，《新编诸子集成》，第 1119 页。
⑤ 《论语集释》卷七，《新编诸子集成》，第 247 页。
⑥ 《论语集释》卷八，《新编诸子集成》，第 267 页。
⑦ 《论语集释》卷三十三，《新编诸子集成》，第 1137 ～ 1139 页。

子路曰："君子尚勇乎？"子曰："君子义以为上，君子有勇而无义为乱，小人有勇而无义为盗。"[①]

《论语·微子》曰：

君子之仕也，行其义也。道之不行，已知之矣！[②]

《论语·里仁》曰：

君子怀德，小人怀土。君子怀刑，小人怀惠。[③]

《论语·宪问》曰：

子曰："君子哉若人！尚德哉若人！"[④]

《论语·宪问》曰：

子曰："君子而不仁者有矣夫，未有小人而仁者也。"[⑤]

第二，君子有独立自觉的人格，明于去就出处，不趋炎附势。

《周易·大过》曰：

君子以独立不惧，遁世无闷。[⑥]

《周易·明夷》曰：

内文明而外柔顺，以蒙大难，文王以之。……内难而能正其志，箕子以之。[⑦]

《论语·学而》曰：

人不知而不愠，不亦君子乎？[⑧]

《论语·雍也》曰：

女为君子儒，无为小人儒！[⑨]

《论语·卫灵公》曰：

① 《论语集释》卷三十五，《新编诸子集成》，第 1241 页。
② 《论语集释》卷三十七，《新编诸子集成》，第 1277 页。
③ 《论语集释》卷七，《新编诸子集成》，第 250 页。
④ 《论语集释》卷二十八，《新编诸子集成》，第 952 页。
⑤ 《论语集释》卷二十八，《新编诸子集成》，第 957 页。
⑥ 《周易正义》卷三，《十三经注疏》，第 41 页。
⑦ 《周易正义》卷四，《十三经注疏》，第 49 页。
⑧ 《论语集释》卷一，《新编诸子集成》，第 8 页。
⑨ 《论语集释》卷十一，《新编诸子集成》，第 389 页。

子路愠见曰：“君子亦有穷乎？”子曰：“君子固穷，小人穷斯滥矣。”[1]

子曰：“直哉史鱼！邦有道，如矢；邦无道，如矢。君子哉蘧伯玉！邦有道，则仕；邦无道，则可卷而怀之。[2]

《论语·雍也》曰：

君子周急不继富。[3]

第三，君子有宽广的胸怀，博大宽仁谦恭。

《周易·同人》曰：

唯君子为能通天下之志。……君子以类族辨物。[4]

此指君子明白和而不同、方以类聚、物以群分的道理。

《周易·睽》曰：

象曰：君子以同而异。[5]

此指君子求大同而存小异。

《周易·解》曰：

君子以赦过宥罪。[6]

此指君子宽厚待人。

《周易·谦》曰：

亨，君子有终。彖曰：谦亨，天道下济而光明，地道卑而上行。天道亏盈而益谦，地道变盈而流谦，鬼神害盈而福谦，人道恶盈而好谦。谦尊而光，卑而不可逾，君子之终也。象曰：君子以裒多益寡，称物平施。[7]

此指君子追求天道，谦虚谨慎。

《周易·观》曰：

中正以观天下，……观天之神道，而四时不忒，圣人以神道设教，而

---

① 《论语集释》卷三十一，《新编诸子集成》，第 1050 页。
② 《论语集释》卷三十一，《新编诸子集成》，第 1068 页。
③ 《论语集释》卷十一，《新编诸子集成》，第 371 页。
④ 《周易正义》卷二，《十三经注疏》，第 29 页。
⑤ 《周易正义》卷四，《十三经注疏》，第 51 页。
⑥ 《周易正义》卷四，《十三经注疏》，第 52 页。
⑦ 《周易正义》卷二，《十三经注疏》，第 30 ～ 31 页。

天下服矣。……先王以省方观民设教。[①]

此处“先王”等同于君子，指先王应天顺民，根据民俗以设教化。

《周易·旅》曰：

象曰：君子以明慎用刑，而不留狱。[②]

此指君子勤政慎刑，重视民生。

《论语·公冶长》曰：

子谓子产：“有君子之道四焉：其行己也恭，其事上也敬，其养民也惠，其使民也义。”[③]

《论语·颜渊》曰：

君子敬而无失，与人恭而有礼。四海之内，皆兄弟也。君子何患乎无兄弟也？[④]

《论语·季氏》曰：

侍于君子有三愆：言未及之而言谓之躁，言及之而不言谓之隐，未见颜色而言谓之瞽。[⑤]

《论语·颜渊》云：

君子成人之美，不成人之恶。小人反是。[⑥]

《论语·述而》曰：

君子坦荡荡，小人长戚戚。[⑦]

《论语·子路》曰：

君子泰而不骄，小人骄而不泰。[⑧]

《论语·宪问》曰：

---

① 《周易正义》卷三，《十三经注疏》，第 36 页。

② 《周易正义》卷六，《十三经注疏》，第 68 页。

③ 《论语集释》卷十，《新编诸子集成》，第 326 页。

④ 《论语集释》卷二十四，《新编诸子集成》，第 830 页。

⑤ 《论语集释》卷三十三，《新编诸子集成》，第 1153 页。

⑥ 《论语集释》卷二十五，《新编诸子集成》，第 863 页。

⑦ 《论语集释》卷十四，《新编诸子集成》，第 504 页。

⑧ 《论语集释》卷二十七，《新编诸子集成》，第 939 页。

子曰：“君子道者三，我无能焉：仁者不忧，知者不惑，勇者不惧。”子贡曰：“夫子自道也。”[①]

《论语·颜渊》曰：

司马牛问君子。子曰：“君子不忧不惧。”曰：“不忧不惧，斯谓之君子已乎？”子曰：“内省不疚，夫何忧何惧？”[②]

《论语·卫灵公》曰：

君子病无能焉，不病人之不己知也。[③]

君子求诸己，小人求诸人。[④]

第四，君子注重道德修养，好学而自尊。

《周易·蒙》曰：

象曰：君子以果行育德。[⑤]

《周易·小畜》曰：

君子以懿文德。[⑥]

此指君子培养温柔圣善之德。

《周易·大畜》曰：

刚健笃实辉光，日新其德，刚上而尚贤。……君子以多识前言往行，以畜其德。[⑦]

《周易·大壮》曰

君子以非礼弗履。[⑧]

《周易·晋》

君子以自昭明德。[⑨]

---

① 《论语集释》卷二十九，《新编诸子集成》，第 1011 页。
② 《论语集释》卷二十四，《新编诸子集成》，第 827 页。
③ 《论语集释》卷三十二，《新编诸子集成》，第 1102 页
④ 《论语集释》卷三十二，《新编诸子集成》，第 1103 页。
⑤ 《周易正义》卷一，《十三经注疏》，第 20 页。
⑥ 《周易正义》卷二，《十三经注疏》，第 27 页。
⑦ 《周易正义》卷三，《十三经注疏》，第 40 页。
⑧ 《周易正义》卷四，《十三经注疏》，第 48 页。
⑨ 《周易正义》卷四，《十三经注疏》，第 49 页。

《周易·否》

君子以俭德辟难，不可荣以禄。[①]

《周易·颐》

彖曰：天地养万物，圣人养贤以及万民。……象曰：君子以慎言语，节饮食。[②]

《周易·节》

彖曰：天地节而四时成，节以制度，不伤财，不害民。……君子以制数度，议德行。[③]

《周易·蹇》

象曰：君子以反身修德。[④]

《周易·损》

君子以惩忿窒欲。[⑤]

《周易·益》

君子以见善则迁，有过则改。[⑥]

《周易·升》

君子以顺德，积小以高大。[⑦]

《论语·季氏》曰：

君子有九思：视思明，听思聪，色思温，貌思恭，言思忠，事思敬，疑思问，忿思难，见得思义。[⑧]

《论语·宪问》曰：

子路问君子。子曰："修己以敬。"曰："如斯而已乎？"曰："修己以安

---

① 《周易正义》卷二，《十三经注疏》，第 29 页。
② 《周易正义》卷三，《十三经注疏》，第 40 ～ 41 页。
③ 《周易正义》卷六，《十三经注疏》，第 70 页。
④ 《周易正义》卷四，《十三经注疏》，第 51 页。
⑤ 《周易正义》卷四，《十三经注疏》，第 53 页。
⑥ 《周易正义》卷四，《十三经注疏》，第 53 页。
⑦ 《周易正义》卷五，《十三经注疏》，第 58 页。
⑧ 《论语集释》卷三十三，《新编诸子集成》，第 1159 页。

人。”曰：“如斯而已乎？”曰：“修己以安百姓。修己以安百姓，尧、舜其犹病诸。”①

《论语·阳货》曰：

亲于其身为不善者，君子不入也。②

此即言君子不入“不善”之国。

《论语·雍也》曰：

质胜文则野，文胜质则史。文质彬彬，然后君子。③

《论语·季氏》曰：

君子有三戒：少之时血气未定，戒之在色；及其壮也，血气方刚，戒之在斗；及其老也，血气既衰，戒之在得。④

《论语·卫灵公》曰：

君子义以为质，礼以行之，孙以出之，信以成之。君子哉！⑤

《周易·兑》

象曰：君子以朋友讲习。⑥

《论语·学而》曰：

君子不重则不威，学则不固。主忠信。无友不如己者。过，则勿惮改。⑦

《论语·泰伯》曰：

君子所贵乎道者三：动容貌，斯远暴慢矣；正颜色，斯近信矣；出辞气，斯远鄙倍矣。⑧

《论语·乡党》曰：

君子不以绀緅饰，红紫不以为亵服。⑨

---

① 《论语集释》卷三十，《新编诸子集成》，第 1041 页。
② 《论语集释》卷三十四，《新编诸子集成》，第 1201 页。
③ 《论语集释》卷十二，《新编诸子集成》，第 400 页。
④ 《论语集释》卷三十三，《新编诸子集成》，第 1154 页。
⑤ 《论语集释》卷三十二，《新编诸子集成》，第 1100 页。
⑥ 《周易正义》卷六，《十三经注疏》，第 69 页。
⑦ 《论语集释》卷二，《新编诸子集成》，第 33 ～ 36 页。
⑧ 《论语集释》卷十五，《新编诸子集成》，第 520 页。
⑨ 《论语集释》卷二十，《新编诸子集成》，第 665 ～ 667 页。

《论语·子张》曰：

子夏曰："君子有三变：望之俨然，即之也温，听其言也厉。"①

《论语·学而》曰：

君子食无求饱，居无求安，敏于事而慎于言，就有道而正焉，可谓好学也已。②

《论语·雍也》曰：

君子博学于文，约之以礼，亦可以弗畔矣夫。③

《论语·季氏》曰：

陈亢问于伯鱼曰："子亦有异闻乎？"对曰："未也。尝独立，鲤趋而过庭。曰：'学《诗》乎？'对曰：'未也。''不学《诗》，无以言。'鲤退而学《诗》。他日又独立，鲤趋而过庭。曰：'学《礼》乎？'对曰：'未也。''不学《礼》，无以立。'鲤退而学《礼》。闻斯二者。"陈亢退而喜曰："问一得三：闻《诗》，闻《礼》，又闻君子之远其子也。"④

《论语·子张》曰：

虽小道，必有可观者焉；致远恐泥，是以君子不为也。⑤

《论语·子张》曰：

子夏曰："百工居肆以成其事，君子学以致其道。"⑥

如果仔细考察《易》，并结合《论语》的本意，我们可以知道孔子对君子人格的要求就是仁、义、礼、智、信、温、良、恭、俭、让。这十个字是一切君子修养人格所应遵循的不二法门，而这其中又以仁为最重要。仁就是爱人，就是"己所不欲，勿施于人"，"己欲立而立人，己欲达而达人"。君子通过对仁、义、礼、智、信、温、良、恭、俭、让的把握，确立自己高尚的君子之人格，修身、齐家、治国、平天下，最终实现仁政理想。

---

① 《论语集释》卷三十八，《新编诸子集成》，第 1315 页。

② 《论语集释》卷二，《新编诸子集成》，第 52 页。

③ 《论语集释》卷十二，《新编诸子集成》，第 417 页。

④ 《论语集释》卷三十三，《新编诸子集成》，第 1168 ～ 1169 页。

⑤ 《论语集释》卷三十八，《新编诸子集成》，第 1307 页。

⑥ 《论语集释》卷三十八，《新编诸子集成》，第 1312 页。

四　人格自觉与文化自觉

人格建设实际上是文化建设和学术建设，而文化建设和学术建设归根结底又是人格建设。一个健康的文化价值，首先必须建立在健康的人格价值的基础上，因为文化建设是人的文化建设，文化自觉是人的文化自觉，所以人格自觉就与文化自觉建立了关系。

贺麟先生在1938年5月的《云南日报》上发表了《抗战建国与学术建国》一文，提出“学术建国”的新主张，认为武力建国固然无稽，即使道德建国也必须建立在学术基础之上，“学术是建国的钢筋水泥，任何开明的政治必是基于学术的政治。一个民族的复兴，即是那一民族学术文化的复兴。一个国家的建国，本质上必是一个创进的学术文化的建国。抗战不忘学术，庶不仅是五分钟热血的抗战，而是理智支援的情感，学术锻炼意志的长期抗战。学术不忘抗战，庶不致是死气沉沉的学术，而是担负民族使命，建立自由国家，洋溢着精神力量的学术”。[①] 贺麟先生60多年前提出的这个命题，把文化学术建设提高到关乎民族复兴的决定性的地位上来，同时又强调学术的民族使命，反对死气沉沉的学术。到了1987年3月12日，贺麟先生在《文化与人生》再版序言中，特意强调把过去让人莫名其妙的题目《抗建与学术》恢复为《抗战建国与学术建国》这个旧题，可想而知，到了晚年的贺麟先生在对革命救国进行长期的观察思考以后，仍然相信学术建国之不可替代的价值。

贺麟先生关于学术建国的论断，实际与费孝通先生在二十世纪九十年代以后经常倡导的“文化自觉”具有相同的学术背景和精神实质。费孝通先生指出：“文化自觉，意思是生活在既定文化中的人对其文化有‘自知之明’，明白它的来历、形成的过程、所具有的特色和它发展的趋向。自知之明是为了加强对文化转型的自主能力，取得决定适应新环境、新时代文化选择的自主地位。”[②] 费孝通先生在许多场合都提到文化自觉的问题，虽然没有像贺麟先生一样把学术和救国

① 贺麟：《文化与人生 贺麟全集》，上海：上海人民出版社，2011年，第28页。

② 费孝通：《中华文化在新世纪面临的挑战》，《费孝通文集》第十四卷，北京：群言出版社，1999年，第404页。

明确地联系在一起，但是他强调取得适应新环境、新时代文化选择的自主地位，实际上也是一个关乎生死存亡的关键问题。一个民族的存在价值不是体现在其动物性生存之中，而应该是与其文化生存形态相联系的。文化的进步程度决定了这个民族对人类，包括对自己民族的贡献的大小；而一个民族对人类的贡献，也决定了其存在价值。

作为一个文明古国，中国有着五千年文明史，有着广袤的国土、十几亿人口、数十个民族的文化传承。在这样的国度里，文化建设的意义极其深远，而文化建设，就是要树立国人的文化自省，培养人文精神，因为文化建设最终是人的建设，是新的完美人格的树立，只有实现完美人格，才能最终使中国变成文明、进步、自由、民主、富强的国家。所以，文化自觉归根结底应该是人格自觉。

费孝通先生指出："如果大家能同意现代化是当代世界中人际关系的新发展，那么也当可以认为现代化应当是一个'文化自觉'的过程，即人类（包括学术人）从相互交往中获得对自己和'异己'的认识，创造文化上兼容并包、和平共处局面的过程。从这个角度来理解现代化，为的是在跨入21世纪之前，对20世纪世界'战国争雄'局面应有一个透彻的反思；为的是避免在未来的日子里'现代化'的口号继续成为人与人、文化与文化、族与族、国家与国家之间利益争夺的借口；为的是让我们自身拥有一个理智的情怀，来拥抱人类创造的各种人文类型的价值，克服文化隔阂给人类生存带来的威胁。"[①]

如果说费孝通先生关于文化自觉的表述实际包含了文化建设重要作用的话，那他关于现代化与文化关系的论述就是旗帜鲜明地肯定文化建设关乎未来社会的安危。塞缪尔·亨廷顿《文明的冲突与世界秩序的重建》一书也是把文化问题看作是未来社会存亡的关键。[②]

既然文化建设如此重要，站在文化自觉的高度来看待中国的文化传统，正是

---

① 费孝通：《人文价值再思考》，《费孝通文集》第十四卷，北京：群言出版社，1999年，第201～202页。

② 参看塞缪尔·亨廷顿著，周琪等译：《文明的冲突与世界秩序的重建》，北京：新华出版社，1998年。

学术建国理念的实践。文化建设落实到根本就是人格建设，因为文化是通过个人和团体的行为所体现出来的。建设一个可以跨入未来的文化，离不开以人为本的建构理念。中国传统文化中着力强调的君子人格既是符合中国国情、具有民族品格的理想人格，同时也是符合现代价值观念、可以引导我们文化建设方向的价值判断体系。

正像贺麟先生指出的那样，“五四时代的新文化运动，可以说是促进儒家思想新发展的一个大转机。表面上，新文化运动是一个打倒孔家店、推翻儒家思想的一个大运动。但实际上，其促进儒家思想新发展的功绩与重要性，乃远远超过前一时期曾国藩、张之洞等人对儒家思想的提倡。……新文化运动的最大贡献在于破坏和扫除儒家僵化部分的躯壳的形式末节，及束缚个性的传统腐化部分。它并没有打倒孔孟的真精神、真意思、真学术，反而因其洗刷扫除的工夫，使得孔孟程朱的真面目更是显露出来”①。

君子人格虽然是儒家所倡导的观念，但是，它是建立在儒家大同理想基础上的，根植于仁爱之中的，这也就决定了其与时俱进的本色。

原载《东南大学学报（哲学社会科学版）》2004年第1期

① 《文化与人生 贺麟全集》，第12页。